This is a Simplified – Chinese translation edition of the following title published by Cambridge University Press:

The sociology of war and violence
ISBN9780521731690
© Cambridge University Press 2010
This SimpliThe sociology of war and violencefied – Chinese translation edition for the People's Republic of China (excluding Hong Kong, Macau and Taiwan) is published by arrangement with the Press Syndicate of the University of Cambridge, Cambridge, United Kingdom.

© China Social Sciences Press 2021

This Simplified – Chinese translation edition is authorized for sale in the People's Republic of China (excluding Hong Kong, Macau and Taiwan) only. Unauthorised export of this Simplified – Chinese translation edition is a violation of the Copyright Act. No part of this publication may be reproduced or distributed by any means, or stored in a database or retrieval system, without the prior written permission of Cambridge University Press and China Social Sciences Press.

Copies of this book sold without a Cambridge University Press sticker on the cover are unauthorized and illegal.

本书封面贴有 Cambridge University Press 防伪标签，无标签者不得销售。

田宏杰 / 等译

[爱尔兰] 锡尼萨·马莱斯维奇
(Siniša Malešević) / 著

战争与暴力的社会学

THE SOCIOLOGY OF WAR AND VIOLENCE

CAMBRIDGE

中国社会科学出版社

图字：01-2021-3137号

图书在版编目（CIP）数据

战争与暴力的社会学/（爱尔兰）锡尼萨·马莱斯维奇（Sinisa Malesevic）著；田宏杰等译．—北京：中国社会科学出版社，2021.7（2023.4重印）

书名原文：The sociology of war and violence

ISBN 978-7-5203-8298-4

Ⅰ.①战… Ⅱ.①锡…②田… Ⅲ.①军事社会学—研究 Ⅳ.①E0-052

中国版本图书馆CIP数据核字（2021）第069032号

出 版 人	赵剑英
责任编辑	杨晓芳
责任校对	王　潇
责任印制	王　超

出　　版	中国社会科学出版社
社　　址	北京鼓楼西大街甲158号
邮　　编	100720
网　　址	http://www.csspw.cn
发 行 部	010-84083685
门 市 部	010-84029450
经　　销	新华书店及其他书店

印　　刷	北京明恒达印务有限公司
装　　订	廊坊市广阳区广增装订厂
版　　次	2021年7月第1版
印　　次	2023年4月第2次印刷

开　　本	710×1000　1/16
印　　张	22
插　　页	2
字　　数	261千字
定　　价	118.00元

凡购买中国社会科学出版社图书，如有质量问题请与本社营销中心联系调换
电话：010-84083683
版权所有　侵权必究

谨以此书
献给我的母亲武卡，
一位历经两次残酷战争浩劫的幸存者；
同时也献给我的两个孩子埃里克斯和卢卡，
希望他们永远不要经历有组织暴力的残酷。

目　　录

译者序 ·· 1
《战争与暴力的社会学》书评节选 ······················ 1
致谢 ·· 1
前言：战争、暴力与社会 ······························ 1

第一部分　集体暴力和社会学理论

第一章　传统社会思想中的战争和暴力 ············· 3
　一　引言 ··· 3
　二　"圣三位一体"（The "holy trinity"）和有组织暴力 ······ 4
　三　古典社会思想中的好战传统 ···················· 14
　四　好战思想的现实意义 ···························· 30

第二章　组织型暴力的现代社会学研究 ············ 34
　一　引言 ·· 34
　二　战争和暴力的来源：生物、理性还是文化？ ···· 35
　三　组织唯物主义：战争、暴力与国家 ············· 53
　四　从强制到意识形态 ····························· 61
　五　结论 ·· 66

第二部分　时空中的战争

第三章　现代时期之前的战争和暴力 ··············· 69
　一　引言 ·· 69

二 战争之前的集体暴力 ······ 70
三 古代的战争和暴力 ······ 72
四 中世纪时代的战争与暴力 ······ 81
五 早期现代性的制度性种子：战争、暴力与纪律的诞生 ······ 88
六 结论 ······ 95

第四章 有组织暴力与现代化 ······ 96
一 引言 ······ 96
二 现代化与暴力：本体论层面的不和谐 ······ 97
三 经年累月的强制官僚化 ······ 98
四 强制的离心式意识形态化 ······ 107
五 介于意识形态和社会组织之间的战争与暴力 ······ 117
六 结论 ······ 120

第五章 战争社会地理学 ······ 122
一 引言 ······ 122
二 旧世界 ······ 123
三 新世界 ······ 140
四 结论 ······ 147

第三部分 战争：理念与实践

第六章 民族主义和战争 ······ 151
一 引言 ······ 151
二 战争与团体同质性 ······ 152
三 民族"团结性"的结构根源 ······ 162
四 结论 ······ 171

第七章 战争宣传与团结 ······ 172
一 引言 ······ 172
二 战争宣传 ······ 173
三 杀戮、死亡和微观层面的团结性 ······ 187
四 结论 ······ 198

第四部分 战争、暴力和社会分工

第八章 社会分层、战争与暴力 …… 203
- 一 引言 …… 203
- 二 无集体暴力的阶层化？ …… 204
- 三 通过战争和暴力实现的阶层化 …… 207
- 四 战争与社会分层的起源 …… 217
- 五 社会等级制度的正当化 …… 227
- 六 结论 …… 235

第九章 战争的性别化 …… 237
- 一 引言 …… 237
- 二 战斗的男性化本质？ …… 238
- 三 文化的馈赠？ …… 245
- 四 父权遗存？ …… 249
- 五 性别、社会组织与意识形态 …… 255
- 六 结论 …… 265

第五部分 二十一世纪的有组织暴力

第十章 新型战争？ …… 269
- 一 引言 …… 269
- 二 新型战争的范式 …… 270
- 三 新型战争的社会学 …… 272
- 四 民族国家与全球化之间的战争 …… 276
- 五 现代战争的目标 …… 281
- 六 新与旧之辨 …… 285
- 七 结论 …… 287

人名译名索引 …… 291

译者序

　　暴力，究竟让我们趋之若鹜还是避之不及？

　　战争，是可怕的浩劫还是英雄的史诗？

　　人类，似乎兼具和平的使者和暴力嗜血者的双重人格，这种矛盾纠结的双面性从何而来？

　　如果说古代人是野蛮的，那么，现代人真的更文明吗？

　　暴力从哪里来？是基因的力量，是文化的馈赠，还是一种无形力量的推动？

　　军队只是男性的世界吗？为什么女性被普遍排除在战争冲突以外？

　　社会分层和战争是相伴而生的吗？阶层化和战争又有着怎样的关系？

　　经济全球化在多大程度上改变了战争？新型战争与传统战争存在本质上的差别吗？

　　战争，这一人类历史中最重要的社会现象，被主流社会学理解为落后于时代的过往残余或是短暂的异象，其根源部分来自两次世界大战的残酷阴影。锡尼萨·马莱斯维奇的《战争与暴力的社会学》的问世，一改社会学界主流在战争研究方面的集体缺席，成为这一研究领域极富原创性的破冰之作。正如《加拿大社会学杂志》所评论的："本书既是社会学理论的力著，又是比较历史社会学的佳作，该书问世本身便是重大贡献，一针见血地指出了战争与暴力的社会学研究无人问津的学术空白。"锡尼萨·马莱斯维奇挖掘了社会学思潮中的好战传统，卓越地承继了传统社会学理论的精髓，在加利福尼亚大学的迈克尔·曼（Michael Mann）教授看来，该书"以其权威和智识，评述了古往今来社会中围绕战争展开的聚讼纷纭，堪称社会学领域的绝佳综述文献"；麦吉尔大学的约翰·A. 霍尔

(John A. Hall)教授则认为，该书"对比较视野下的战争史及相关的核心社会变量进行了分析，堪称该领域的翘楚之作"；而普林斯顿大学的米格尔·A. 森特诺（Miguel A. Centeno）教授更是盛赞该书"迈出了将战争研究重归社会学范畴的重要一步"。

锡尼萨·马莱斯维奇是爱尔兰都柏林大学的社会学教授、爱尔兰国立大学的兼职教授和瑞典乌普萨拉大学访问学者，2010年荣选为爱尔兰最高学术殿堂——爱尔兰皇家科学院院士，2014年成为欧洲科学院院士，布鲁塞尔自由大学客座教授，伦敦政治经济学院访问学者，维也纳人文科学研究所客座研究员。他在种族与民族学、战争研究方面富有极高造诣，曾与著名人类学家欧内斯特·盖尔纳（Ernest Gellner，1925—1995）合作共事于爱尔兰国立大学，并曾执教于中欧大学民族主义研究中心国际关系研究所。

锡尼萨·马莱斯维奇在民族主义、有组织暴力研究方面取得了一系列杰出的研究成果，其主要代表性著作包括：《意识形态、合法性与新状态》（2002）、《作为意识形态的身份认同：理解种族与民族主义》（2006）、《民族国家与民族主义：组织、意识形态和团结》（2013）、《民族主义与战争》（2013）、《欧内斯特·盖尔纳与历史社会学》（2015）、《有组织野蛮行为的崛起：暴力的历史社会学》（2017，获美国社会学协会杰出著作奖）、《根深蒂固的民族主义：一项社会学分析》（2019）等，在权威学术期刊上发表论文90余篇，应邀在全球进行了120余次演讲，其著作被翻译成中文、克罗地亚文、波斯文、土耳其文、泰文、葡萄牙文、日文、印度尼西亚文、波兰文、俄文、塞尔维亚文和西班牙文等多国文字出版发行，在国际学术界尤其是社会学界享有崇高的盛誉。

锡尼萨·马莱斯维奇坚持认为，作为个体的人倾向于避免冲突，倾向于以非暴力的方式来解决问题，而这也是其《战争与暴力的社会学》的理论前提和核心论点。正如其所言："暴力之所以引人注目，恰恰因为我们并不擅长，也远离我们的日常生活。"战争，一种暴力形式的极致体现，又如何让和平的个体克服内心的矛盾纠结，摇身一变组合为精诚团结的集体，奋不顾身地投入大规模暴力冲突之中的呢？在该书中，锡尼萨·马莱斯维奇的基本思路是：纵览人类战争史，有组织暴力（organized violence）的形成植根于相应的社会条件，具言之，是两个漫长的过程，即"经年累月的强制官僚化"（The cumulative bureaucratization of coercion）和"离心式的意识形态化"（Centrifugal ideologisation），两者交互作用，彼此促进，给战争带来前所未有的影响，因而也是进行战争研究的重要切入点。如果对这两个概念进行简单表述，可以归纳为官僚组织和意识形态。但是，这种表述过于静态、微观，或许正是基于这种考虑，锡尼萨·马莱斯维奇在该书中使用了自己独创的概念——"经年累月的强制官僚化"和"离心式的意识形态化"，以期勾勒出一幅动态的、宏观的社会学图景。这两个表述可谓贯穿该书的一根红线，将数个与战争密切相关的概念——诸如民族主义、社会分层、战争宣传、团体凝聚力、性别分工——彼此"串联"起来，从无数的实践中归纳出那些真正共性的能够触动战争爆发的东西。

作为社会学家，最宝贵的品质是什么？也许有人会回答是敏锐的洞察力，但或许更重要的是一种超越其所生活时代的忘我精神。当社会学者仅仅基于自身所生活的时代进行观察研究时，容易陷入一种时代自我中心主义（chronocentrism）。可以看出，锡尼萨·马莱斯维奇不仅避免了陷入时代自我中心主义，也对欧洲中心主义保持一种警觉，这从其关于战争所展开的完整考证可以看出，其研究从理论到实践，从前现代到现代，从欧洲到其他大陆，对战争的复杂性有着长期的观察、充分的认识和深刻的思考。下面，笔者将在介绍展示该书重要观点的同时，亦对其独到的价值和意义进行简要述评。

一

从19世纪末期到20世纪下半叶，社会学的研究兴趣经历了从军事主义向和平主义的过渡。由于二战后民众对战争与暴力的深恶痛绝，反军事主义（anti-militarist）社会理论占据主导地位，导致社会学的研究领域发生转移，对种族斗争、人种多元论的关注度下降，将一些突出好战性的观点作为纳粹暴行的根源性思想进行肃清，转而聚焦于社会阶层化、性别不平等、社会福利等内容，呈现出"和平主义"（pacifist）的倾向。然而，许多当代评论家将这种对战争与暴力研究的忽视归因于传统社会学（肖［Shaw］，1984；吉登斯［Giddens］，1985；曼，1988 等），锡尼萨·马莱斯维奇承认这种批评的合理性，但却认为其过于草率，在他看来，传统社会学思想中其实蕴含着丰富的"好战"（bellicose）传统。

在第一章理论综述部分,锡尼萨·马莱斯维奇穿梭于传统社会学思想的茂密丛林之中,搜寻那些为人所忽视的与战争有关的理论精髓,有耳熟能详的大师,有相对边缘的学者。从表面来看,很多学者的理论似乎是和平主义的,貌似与暴力毫无关系,但恰恰是这些看似陈旧的理论中的某个概念、观点,对解读战争与暴力可谓发蒙起蔽。从这个意义上讲,锡尼萨·马莱斯维奇仿佛社会学界的一个拾遗者,感恩古典思想理论的价值,将其中一些既存的概念作为研究展开的起点,指出现代社会学中的研究范式其实与古典理论一脉相承。易言之,古典理论基础间接地为当代社会学提供了滋养。

"圣三位一体"(holy trinity)在社会学中的地位也是在这种社会学基础上奠定的。本书中的"圣三位一体"不是指基督教教义中的圣父、圣子、圣灵,而指传统社会学思想的三位经典代表:卡尔·马克思(Karl Marx)、埃米尔·涂尔干(Emile Durckheim)和马克斯·韦伯(Max Weber)。毋庸置疑的是,三人具有非常杰出的分析敏锐度和思维延展性,但是,三人之所以能够在战后社会学发展中登堂入室,其作品最终成为社会学导论和大学课堂的标准化教材,一个重要的原因在于,他们的研究领域契合了战后社会学发展的"和平主义"倾向。作为启蒙主义传统的直接继承人,涂尔干是三位当中最具和平主义者特征的,聚焦于塑造团结性的集体机制(collective mechanisms),认为人类社会生活基于双方的自愿性,冲突只是规则中的例外情形,战争是反常的行为,无法避免消亡的命运。这些观点都强化了涂尔干的和平主义者特征,然而,正是他的团结理论(theory of solidarity),对社会学做出了极具价值的贡献。首先,涂尔干的《自杀论》(1952)是社会学领域第一部系统研究自杀的作品,成功地论证了战争和自杀呈负相关性这一命题,因为"大规模战争会强化社会融合","强制民众团结起来应对共同的危险"(涂尔干,1952:208)。其次,涂尔干同样利用团结理论分析第一次世界大战,将其评价为"短暂的病态","一种会导致机体团结复苏的大规模道德沦丧"(涂尔干,1915)。涂尔干为战争研究提供了一条线索,即战争与集体团结之间存在着必然的关联,解释战争的关键在于研究人类团结性的运作机制。

尽管马克思的社会变革理论研究聚焦于现代性的社会经济基础,但他深谙社会秩序变革过程中暴力所发挥的重要作用。马克思关注的暴力手段并非在真实战场上和敌人厮杀，而是剥夺和重新分配资产阶级的财产。然而，在论及战争暴力与现代国家之间的关系时，马克思在社会学层面有两个极其重大的贡献：第一，他对战争与暴力的理解在巴黎公社（1871）时期发生转变，在《法兰西内战》《〈共产党宣言〉新序》和《哥达纲领批判》等同时期作品中，强调了暴力革命夺取国家政权的重要性。第二，马克思和恩格斯认为，暴力也是社会迅速变革的机制，同时强调暴力依赖于经济先决条件以及特定的生产方式，没有了经济条件，强制力便不复存在。

与涂尔干和马克思相比，韦伯对于集体暴力的研究兴趣更加明显，他的社会理论部分依托于一种尼采式的本体论，强调政治生活具有显著的强制性特征。韦伯对官僚化进行了深入研究，他对官僚合理化的分析成了当代社会学的主要研究对象。韦伯关于现代性（modernity）的著名隐喻是"理性铁笼"（iron cage），这一现象渗透进社会生活，形成一种日常的惯例。这种惯例化尽管缓慢，却向前有条不紊地推进，传统的社会行为形式逐渐让位于对效率的理性追求，裙带关系逐渐被官僚制度取代。典型的官僚制度受到规则的支配和精英的领导，是一套等级化的社会统治模式。锡尼萨·马莱斯维奇认为，当代社会学者在对韦伯的官僚制进行研究时，忽视了两个至关重要的事实：第一，很多社会学理论在官僚合理化的经济或文化特征上的研究可谓浓墨重彩，也不遗余力地探究官僚政治和资本主义的关系，然而，官僚制的真正源头却在于军队，官僚制的内核是纪律，而"军纪乃是孕育一切纪律形式的母体"（韦伯，1968）。第二，官僚理性模式向来与暴力垄断机构相伴相随，换言之，没有发达的社会组织，暴力的效力便无从保证。

通过将马克思、涂尔干和韦伯"圣三位一体"思想理论中与战争和暴力研究相关的内容抽离出来，锡尼萨·马莱斯维奇深刻揭示了传统社会学思想中所渗透的丰富的军事主义观念，而这种军事主义观念，正是19世纪末20世纪初社会学研究的根本特征。事实上，古典社会学思想一直存在着强大的军国主义传统，19世纪末20世纪初，欧美许多国家不约而同地将研究的中心聚焦于战争、暴力与国家权力，形成了多样化的研究范式：德国好战集权国家主义（German belligerent statism）、奥地利—美国群体斗争范式（Austro-American group struggle paradigm）、德国社会自由主义（German sociological libertarianism）、意大利精英理论（Italian

· 5 ·

elite theory）、英美进化论（Anglo‐American evolutionary theory）以及法德社会暴力形而上学（Franco‐German social metaphysics）。

德国好战国家主义受到19世纪普鲁士独特地缘政治的影响，对启蒙运动的普世主义（universalism）和理性主义（rationalism）嗤之以鼻，对国家报以敬畏之情。特赖奇克（Treitschke）否认启蒙主义倡导的人民主权，认为国家是凌驾于个人之上的、拥有无边权力的绝对道德。不同于特赖奇克对国家与战争的颂扬，他的学生辛策（Hintze）发展出一套更为成熟的权力及暴力研究路径，对权力转化（power transformation）进行历史社会学层面的阐释，从古希腊罗马的政治危机，到欧洲封建体系以及13、14世纪的等级制国家乃至18、19世纪的专制制度，进而总结出两个极具影响力的历史性因素：社会阶层结构和国家外部秩序。施米特（Schmitt）对权力与政治的理解，不仅比特赖奇克和辛策更为宽广，而且将民主化进程作为国家与社会相互渗透的开端。特赖奇克曾有这样的联想："权力乃国家之原则，正如信仰乃教会之原则，爱乃家庭之原则"（特赖奇克，1914：12）；施米特就此进行了更为宏观的回应：如果道德的疆域要区分善与恶、经济领域要区分盈利与非盈利、美学要区分美与丑，那么，政治范畴的本质则在于区分朋友与敌人。概言之，上述三位德国好战国家主义突出代表的共同之处在于，一方面将强制力视为社会生活与政治活动的核心，另一方面认为依托于暴力的国家所向披靡、无所不能。

与德国好战国家主义的宏观性历史视角不同，其他"好战性"研究范式则多以组织机构（agency‐centred）为中心展开。奥地利—美国群体斗争范式的代表人物是贡普洛维奇（Gumplowicz）、拉岑霍费尔（Ratzenhofer）和沃德（Ward）。贡普洛维奇与涂尔干的思想有种一脉相通的呼应，在他最重要的经典之作《种族斗争》（Rassenkampf）中，将群体（groups）作为社会行动的核心，因为文化的相似和行为的意志形成了强烈的集体感情，群体斗争是社会变革的基础。作为贡普洛维奇的搭档，拉岑霍费尔进一步发展了群体斗争理论（a struggle theory），透过激烈的社会冲突观察人类生活，解释暴力征服后形成的国家。在他的理论中，集体利益是社会冲突的关键动力，社会是集体利益角逐的战场，并在不同层次进行利益类型的区分。受到贡普洛维奇和拉岑霍费尔的影响，沃德提出了"协同作用"（synergy）的概念。这一概念来自碰撞与冲突的宇宙原则，但随着对立和竞争变得温和，从而实现了妥协与合作。沃德坚信国家可以主导社会发展，并基于此，创造了"目的性智力"（telesis）概念，即恰当运用教育与科学可以引导社会不断进步。

尽管受到德国好战国家主义的影响，也承认国家具有强制性特征，但德国社会自由主义的特点在于其反国家集权的自由主义思想。奥本海姆（Oppenheimer）认为，世界历史是政治手段和经济手段彼此博弈的过程，前者体现为暴力，后者体现为和平，而他乐观地认为经济的重要性会逐渐重于战争。罗斯托（Rustow）提出了"超级阶层化"（superstratification）、"高雅文化"（high culture）和"文化金字塔"（culture pyramid）三个概念来解释世界历史的发展模式。

意大利精英理论的代表人物是帕累托（Pareto）和莫斯卡（Mosca），他们关于战争和暴力的观点却鲜少受到关注，都认为历史是有序的少数人对无序的大多数的恒久统治，在这一过程中，强制力不可或缺。

至于英美进化论，表面上其好斗性特征声名在外，但其实却是军事主义色彩最为寡淡的，这似乎是一种悖论。其代表人物之一是提出"适者生存"（survival of the fittest）概念的斯宾塞（Spencer），不同于达尔文主义（Darwinianism）的自然选择（natural selection），他认为后天获得的生物特征也可以遗传给后代。斯宾塞区分两种理想的社会类型，即工业社会和军事社会，前者的特征是和平、自愿性与契约性，后者则呈现显著的阶层固化、暴力性和权威性。紧随斯宾塞的步伐，萨姆纳（Sumner）同样认为自然选择是推动社会变革的关键动力，基于群体分化提出了"种族中心主义"（ethnocentrism）的概念来解释群体内优越感和对外的敌对性，与外部的冲突会强化内部的凝聚力，反之亦然。据此，战争与和平之间存在着辩证关系。

法德之暴力形而上学，或为古典社会思想中好战性最强的一种研究方式。其代表人物索雷尔（Sorel）和西梅尔（Simmel），尽管他们很少被归入同一学术传统之内，并且认识论框架截然不同，但都认为暴力的存在无论在社会层面还是本体论上都具有必要性。索雷尔倡导激进的社会变革模式，极具非理性主义色彩，这一过程被其称为"英勇进取"（heroic aggressiveness），既需要暴力也需要意识形态推波助澜。西梅尔将战争理解为一种"绝对情景"（absolute situation），能够实现对社会及其核心价值的剧烈改变，在这种绝对情景中，人们不再纠结于日常生活中多与少的量的权衡,从而在终结"拜金主义"(mammonism)的同时,逃离"日常生活的无趣循环"(cyclical repetition of everyday life),实现了人生阅历的升华和对平庸生活的超越。由此可见,两人都赋予战争一种颠覆社会关系、改变人类灵魂的意义。而锡尼萨·马莱斯维奇正是通过挖掘古典社会学理论中对战争主题极具启发价值的观点,对传统思想进行了范式划分,进而提取出重要概念,并将其作为本书研究的理论根基。

二

社会生物学(sociobiology)是达尔文主义研究范式的现代版,其出发点是社会行为具有生物学根基,与动物攻击行为一样,战争在很大程度上是生物过程的产物。阿扎尔·盖特(Azar Gat)的《人类文明战争》(2006)是晚近关于战争与暴力的最全面解读,呈现了史料丰富的战争调查报告,从狩猎采集时期直至21世纪伊始。锡尼萨·马莱斯维奇对盖特的观点提出了质疑,认为其不能对人类社会行为进行充分的解释。在谈到人类与动物的区别时,锡尼萨·马莱斯维奇运用生动的比喻指出:"关键问题在于,对于社会现象的生物学解释通常不是全盘皆错,而是往往不足以解释社会和文化的发展。我们能够认同人类与他们的动物同伴之间有诸多相似之处,但问题在于,如何去解释动物和人类的区别。这就等于通过关注其相同的化学成分来对比钻石和石墨一样(两者都是碳的同素异形体)。其中可能忽略的事实是:并非化学成分而是不同的结构特性(更不用说社会价值和文化意义)造就了它们的区别,一个出色耀眼,另一个寻常普通。"

通过经济理性的功利主义视角观察战争所具有的悠久传统,从孟德斯鸠(Montesquieu)、亚当·斯密(Adam Smith)一直延续到晚近的新马克思主义者(neo-Marxist)、全球化主义者(globalist)和理性抉择模式(rational choice models)。早期功利主义视角认为,在自由贸易扩张背景下,双赢的商品和服务交换会凸显战争的非理性,战争变成了明日黄花。当代的功利主义视角更注重实证研究,仍然强调经济理性是战争发起的主要诱因,随着新自由主义经济特征的变化,有组织暴力也发生了变化,战争已经变成经济政策的一种工具。锡尼萨·马莱斯维奇指出功利主义观点的本质在于,将暴力行为的内在复杂性简单地归结为商业利益最大化。他以卡利瓦斯（Kalyvas）的专著《内战中的暴力逻辑》（2006）为例，对其过度的理性主义和工具主义认识论进行了批判。

文化主义理论关注的焦点是社会意义和价值，认为人类本质上是规范驱动型生物，暴力活动的来源可能是不同的宗教信仰、世界观和文明的冲突。菲利普·史密斯（Philipp Smith）是通过文化参数对暴力进行社会学解释的代表，认为由于文化塑造了个人和社会行动，只有理解战争的叙事结构，才能解释战争。锡尼萨·马莱斯维奇批判史密斯过分强调文化作用，忽视其他社会学因素，因此仍然无法全面解读战争的复杂性。史密斯将社会生活比作课本，将人类生活的物质性归纳为文化符码与叙事（cultural codes and narratives）。但锡尼萨·马莱斯维奇认为，这种研究路径并不能解释，为何不同的人对于这些解释性编码的理解是不同的，比如，越是远离战场的人越是会全盘接受对敌人残酷形象的描述，而前线的士兵却并不像后方民众那样痛恨敌人。

三

（一）现代性与暴力在本体论上的不协调

现代性与暴力存在着本体论上的不协调性。启蒙主义哲学的精神将人的自主性赋予前所未有的光环，现代社会信奉和平与宽容，似乎已经隔绝了中世纪黑暗时代的全部残酷与野蛮，即便是极左或极右的党派也不会公开大肆鼓吹战争。然而，锡尼萨·马莱斯维奇尖锐地指出，现代战争的血腥暴力程度超过以往任何一个年代，种族灭绝在系统化和组织化中推进，并上升到史无前例的规模。

锡尼萨·马莱斯维奇指出，启蒙主义价值观的确立是通过暴力手段，进而还要借助暴力对这些理念进行强制性传播。法兰西共和国正是依托于强大的官僚组织，从"让所有合格男性为共和国效力"的征兵制度，到管控、镇压拒服兵役者和脱逃者的严苛管理制度，再到配额式的"战时总动员"（弗里斯特［Forrest］，2005）。19世纪的普鲁士所向披靡的军事能力也是来自于组织能力，普鲁士主义（Preussentum）就是"在一种精确定义的等级制度中应运而生的"（霍华德［Howard］，1991）。现代民族国家就是一个充分官僚化的政治实体，拥有强大的基础结构，并且确保法律在本国领域内有效贯彻实施。民族国家的出现也与技术和组织变革密切相关，19世纪后半叶的大量发明创造（蒸汽船、电报、铁路、机关枪、罐装食品、铁丝网等）给战争带来颠覆性改变，因此，这一阶段有时被称作"第二次军事革命"（赫斯特［Hirst］，2011）。军人身份实现职业化，成为国家雇员，对集体的服从替代了个人战斗能力，统一的制服替代了鲜艳的军服，依靠技能和战斗经验获得在军队体系中的晋升。同时，在官僚制度的发展中，暴力越发发展为一种理性手段，当战争不再需要近身相搏，而是依靠远程控制来实现时，"机构层面的客观理性化和施暴者个体的主观理性化"（马丁［Martin］，2005）被彼此结合起来。锡尼萨·马莱斯维奇全面描述了官僚组织发展给战争带来的变化，这是现代化与暴力在本体论上不协调的重要原因之一，另一个原因则存在于思想之中，涉及我们的认知、理念、价值等主观层面的内容，也就是离心式意识形态化。

意识形态旨在描绘出一幅理想社会的壮美蓝图，表现了建立有序社会的决心，革命受到信念的驱动，人们坚信存在一种普遍且唯一的真理，指向一条通往幸福的道路。让我们再把目光投向启蒙时代的知识分子们，他们致力于建立一个更加美好、更加理性、更加正义的社会，阻碍这一目标实现的事物就被贴上非理性甚至是邪恶的标签，而邪恶必须被消灭。启蒙思想的守护者们就像勤劳的园丁一样，聚精会神地拔除了所有可能毁灭新社会完美图景的"肮脏杂草"（盖尔纳，1983；鲍曼［Bauman］，1989）。正是传承了启蒙运动的衣钵，达尔文主义者在解读社会生活时结合了"文明使命"（mission civilisatrice）的帝国霸权学说，成为帝国扩张至为重要的意识形态黏合剂。

锡尼萨·马莱斯维奇尤其强调了意识形态经历的一个离心式（大众化）发展的过程。起初，军国主义在很大程度上局限于某些社会团体和阶层之中，并非与所有民众相关。一战之前，欧洲绝大多数国家的农民和手工业者不具有完整公民权，对国家缺乏认同感，不像政府官员和中产阶级以国事为己任。换言之，在欧洲，民族主义思想的传播受众曾经限于特定人群。然而，随着军国主义者掌控了国家的行政管理、教育机构、出版业和大众传媒喉舌，将对民族国家的崇敬以"离心式"的方式发展成为基本的社会价值观，国家的存在是神圣和永恒的，国家的荣耀与威望不可撼动。

随着经年累月的强制官僚化和离心式的意识形态化，近现代民族国家拥有了与前现代国家截然不同的特征。在前现代社会中，被统治者是不同阶层、不同文化背景、未受过教育且缺乏平等意识的农民；在现代民族国家内部存在一种归属感和认同感，拥有同一文化，形成大众的、离心式的意识形态。因此，现代人会很容易得出这样的结论，认为自己所处的时期更加文明、暴力程度更低。实际上，暴力仍然存在，只是不再是向内的，而是向外的，即国内的和平和对外的战争并存，近现代时期是一个对外暴力肆虐的阶段，从法国大革命、拿破仑战争、殖民地大屠杀到两次世界大战。

（二）战争之社会地理学

为了在更广阔的时空范围内研究战争和现代性之间的关系，锡尼萨·马莱斯维奇将目光投向欧洲之外，探究战争与现代性之间的复杂关联。他认为，对于中华帝国、印度半岛、撒哈拉以南的非洲、拉丁美洲而言，战争具有破坏效果，阻碍了经济社会的发展；而奥斯曼土耳其帝国、沙皇俄国、日本和美国的崛起则表明，战争是集中实现现代化的先决条件。

前现代国家的能力是有限的，具有浓厚的文明和原初意识形态色彩，几乎不存在跨越阶级的文化统一性。早期国家的政治实体属于"顶峰政府"（capstone governments），即处于顶层的政治精英之间进行横向的彼此协调，但社会由不同社群构成，这些社群在种族、宗教和语言上各不相同，因此，精英阶层并不能纵向深入地渗透到社会之中，顶峰政府和社会结构之间是分离的。在中华帝国和古罗马帝国中，处于顶层的社会精英对农民阶层有一种居高临下的包容。12世纪时，亚洲国家在经济和技术上都领先于欧洲国家。中华帝国不仅拥有无数的发明，也是城市化的先锋，较早具备了实现工业化发展的前提条件。但帝国的征税能力有限，无法支付高昂的军费，科举制度的运作昂贵且复杂，封建皇帝缺乏渗透到乡村区域的权力，儒家原生意识形态的重文轻武导致对军队的轻视和不信任。中华帝国对世界上的其他文明不感兴趣，将自我封闭起来。清朝时期的战争大多数是国民起义、局部战争、继承人之战，产生了极强的破坏力，不利于社会进步。

印度半岛所推行的种姓制度（varna），是根据职业划分出的内婚制群体，是导致印度社会结构不稳定的主要因素，使印度的战争具有更强的破坏性。加剧这种破坏性的还有权力（power）和权威（authority）的制度性分离，国王仅拥有权力，依赖于婆罗门阶层的权威，政权低于权威。婆罗门的超然物外和对政治的漠然，常常导致无政府状态，国王的统治越是危机四伏，其掠夺和自利性就越强。中华帝国和印度的案例都表明，战争对于社会的发展是具有破坏性的。

奥斯曼土耳其帝国的军事成功得益于意识形态和社会组织之间的相互平衡，一方面，帝国拥有一神论教义，围绕其构建了帝国稳定持久的文化与政治根基；另一方面，强大有力的社会机构确保了军事机器有效有序的运转，例如，通过壮丁征召制度（devshirme）建立起的精英士兵招募体系，摧毁了亲缘裙带关系，形成了韦伯式的官僚组织。沙皇俄国惊人的崛起速度同样依赖于高效社会组织和东正教原始意识形态的结合，使其从15世纪晚期蒙古金帐汗国的小微附属国（莫斯科夫公国，Moscovy），发展为17世纪末期能够召集十万士兵的帝国，再到19—20世纪世界国土面积最大的国家。

日本15世纪幕府系统崩塌、中央权威瓦解，领主之间的长期战争成了社会发展的催化剂，战争结束后日本进入了250年的社会稳定期。在这段时期，日本在闭关锁国的状态下发展出一套自给自足的体系，实现了经济的独立和繁荣，同时确保了对暴力的垄断。这使日本积聚了可以在明治维新期间急速转型的力量，推动了军事改革，践行了另一条通往现代化的转型道路。

美国内战是国家和民族建立的核心催化剂，联邦政府的力量发展壮大，国家组织的能力也今非昔比，内战带来了美国官僚制度和意识形态力量的迅猛发展。内战时期所使用的道德性表述"战胜邪恶的奴隶制"，起到了建立美国主流意识形态的作用。如同启蒙主义高举理性旗帜一样，美国以人性道德、政治进步、普遍自由的名义进行了一系列战争，例如美西战争和半殖民地的征服。

可见，战争会带来不均衡的影响，这在欧洲以外的国家尤为凸显，而正是战争在全球范围内所带来的不同影响，有时阻碍了现代化的到来，有时则为现代化的发展注入了一针强心剂。

（三）战争与民族团结性

锡尼萨·马莱斯维奇对战争与民族团结性之间的关系进行了分析，

对十分盛行的自然主义视角和形成论观点进行了批判，论证了大众意识形态和强制官僚化才是民族团结性产生的结构性根源。

人们普遍认为，战争的爆发会推动团体内部的团结和民族的同质性。这种自然主义观点起源于奥美集团斗争范式，认为团体是社会行动的基本单元，将暴力冲突理解为一个团体为了统治另一个团体而采取的集体性策略。从生物学进行解读的自然主义采用"广义适合度"（inclusive fitness）原则，认为战争是通过消灭非亲缘的对手进而实现自我繁殖。另一种文化历史主义视角盛行于军事历史学家之中，认为战争深深植根于特定社会的文化基础。

锡尼萨·马莱斯维奇指出，按照自然主义的假设，因为拥有相似文化和生物标志就会自动转换为有效的集体行动，事实证明这种假设经不起推敲。自然主义者还赋予团体以个体属性，比如，自由而骄傲的希腊人、聪明机智的土耳其勇士、原始并有着复仇倾向的蒙古人。而一个民族有成千上万的个体，从实践层面不可能对如此绝对的论断进行检验。换言之，自然主义对族群成员的描述过于具体化、简单化，无法概括复杂的、动态性的团体形成过程。自然主义也没有将战争（war）和战斗（fighting）、杀戮（killing）这样的军事活动相区分，尽管两者是战争不可或缺的组成部分，但却不是战争的全部构成。试图从文化差异性来解释战争原因的自然主义也引人质疑，因为"如果使用不同的语言、举行截然不同的仪式、崇拜彼此不相容的神明就必然导致暴力冲突的话，那么战争，将成为几乎所有社会在所有时期永恒的特征"。

形成论的观点和自然主义恰恰相反，其研究路径建基于这样的假设：团结性和文化同一性不是战争的原因，而是战争的结果。形成论具有法德之暴力形而上学的思想根源，西梅尔就强调过民族团结性与外部战争威胁的关联。他曾说："从本质上看，法国的民族团结意识源于与英国人的战争，也只有摩尔战争使西班牙成为一个真正的民族"（西梅尔，1955）。在形成论中，有三种观点颇有影响力：新涂尔干理论强调战争会使群体边界清晰化、强化固有成见，有助于培养民族身份认同感、铸就民族意识；在现实主义者看来，民族团结性和文化同一性并非源于共同的道德价值，而是强制性国家机器的产物；第三种形成论观点则关注一种普遍存在的、跨历史的战争动机，认为集体团结性是利益驱动下的个人行为结果。锡尼萨·马莱斯维奇认为，较之自然主义者观点，形成论在解释战时团体凝聚力上有显著进步，但仍无法避免一些认识论瑕疵。首先，形成论没有区分在像民族国家这样的大规模政治实体和微观层面的小团体中，团结性的运行原则有何区别。其次，形成论强调的战争具有激发群体内部团结性的功能，经不起许多历史事件的检验。例如一战末期，尽管离战争胜利咫尺之遥，尽管民族团结的号召始终在回响，国内政局的混乱和社会两极化让德国军队士气一落千丈，从而遭遇亚眠战役的惨败。另外，还有案例表明，战争会摧毁民族凝聚力，例如，古希腊城邦之战以及一战中的奥匈帝国。

一言以蔽之，民族团结性既非战争之因（自然主义），亦非战争之果（形成论）。在此基础上，锡尼萨·马莱斯维奇进一步论证了，民族团结性起源于战争之外，形成于战争号角吹响之前，是运行若干世纪的两大历史性、结构性进程的产物：大众意识形态和经年累月的强制官僚化。

大众意识形态的发展并不是一个自上而下的单向进程，而是一个循序渐进的双向交互运动：一方面，国家利用核心机构传播意识形态（从教育系统、大众传媒、士兵征募到社会福利和公民义务）；另一方面，家庭网络和社会团体在构建并强化道德标准方面发挥了积极作用，围绕这些标准形成了国家主义叙事框架。大众意识形态化是相对抽象的概念，与其关联紧密的更为具体的表象是比利希（Billig）（1995）所描绘的日常民族主义（banal nationalism）。顾名思义，日常民族主义并不认为民族主义意识形态植根于战争呐喊和英雄影响，而更多的是一种无意识的惯常行为，存在于身边日常的甚至琐碎的物品和言语之中，从一份报刊、某个品牌，到日常使用的货币、每日天气预报。正如锡尼萨·马莱斯维奇精准地比喻道：战争的爆发并不会创造民族主义，只是打开了一台运转数个世纪之久的烤箱，让一些曾经被视为理所当然的隐含之物变得具体明确、清晰可见。此外，锡尼萨·马莱斯维奇还指出了民族主义意识形态的发展和公民的受教育程度有关，换言之，制度性强制和个人世界观的转变是共同推进的。民族主义的羽翼渐丰是基于个人对自己所生活的国家的国情的反思与深刻认识，因此，文化普及程度对民族主义的发展有着至关重要的推动作用。

日常民族主义似乎是低调的，但并不意味着没有摧毁力，事实上它无处不在。日常民族主义的冷漠、惯性和审时度势，配合以官僚组织的客观、理性和工具驱动型的道德准则，将暴力转变为一种以目的为导向的手段，暴力褪去了仇恨与激昂的外衣，只关注障碍的排除和目标的实现。在官僚理性的强制手段之下，确保了士兵征募的推进和专业军事训练的展开。一旦战争启动，大众意识形态和理性官僚化就会协同运作，民族主义就不再日常普通，而是发挥出巨大的能量。

四

首先，战争宣传往往被赋予一种魔力，将爱好和平的普通人迅速转变为嗜血的杀手，比如伍德罗·威尔逊政府建立的鱼笼委员会（Creel Commission），再如希特勒（Hitler）、戈培尔（Goebbels）富有煽动力的激情演讲。

与通说不同，锡尼萨·马莱斯维奇认为，将宣传力量过分夸大的原因，在于对社会行为进行了过于简单化的理解，将人类设定为无反思精神、欠缺个人意志的存在。事实上，尽管人类是善变的，但很少轻易受到影响，也不会囫囵吞枣地接受颠覆固有行为模式的宣传信息。成功的宣传要从已经存在的某些内容中汲取养分，即运用社会现实中已有的价值和观念。

其次，宣传并不等于谎言。战争宣传包括黑色宣传（black propaganda）和白色宣传（white propaganda）。黑色宣传故意利用虚假信息，其典型是打造某个电台，欺骗本国听众让其误以为听到了敌方播音员的播报，例如，忠心耿耿的普鲁士军官却猛烈抨击纳粹政策，这与其说是在彻底改变英国听众对纳粹的认知，勿宁说是将他们对典型英国人的刻板印象进一步定型升级。与黑色宣传的信息欺诈不同，白色宣传则是对来源真实的信息进行单方面诠释，有选择性地透露一些事实，配合以巧妙的语言技巧或策略，例如，进行假设、大量使用委婉语，等等。

宣传过程的重心往往是将敌人非法化，不仅是对敌方的军队，而且是针对民族、种族、国家进行集体的非法化。例如，非人格化方式，包括将敌人划归至劣等人种或彻底的非人类化（恶魔），或者是与那些被贴上传统负面标签的族群进行类比（一战时英国媒体把德国人和匈奴人相提并论）。因此，观察交战双方的战争宣传，往往有两种方向性的策略，一方面，对己方的战争行为进行正当化；另一方面，将敌方进行集体去人格化或是指责其行为方式违背公认的社会规范。

再次，战争宣传并没有与民主社会绝缘。战争宣传往往被认为与独裁国家相伴而生，民主制度即便进行宣传也不过是一种应战独裁国家的防御性策略。汉娜·阿伦特（Hannah Arendt）（1951）进一步认为，极权政体和非极权政体在宣传方面的区别体现在对待事实的态度上，前者会以假充真、颠倒黑白。

锡尼萨·马莱斯维奇则认为，宣传不是独裁社会自上而下的创造，而是民主化与自由化的附生之物。英国可谓宣传植根于民主政体的绝佳体现：从内战期间保皇党人和议会党人演奏起宣传的开篇序曲，到19世纪末政治宣传领域的领跑者，最终成为20世纪无可争议的战争宣传大师。从使尽浑身解数争取支持者的国内党派之争，到迎合国人内心优越感的、对大英帝国丰功战绩的报道，宣传的受众也从最初的特权阶层逐渐发展蔓延到几乎每一位英国公民。

又次，战争宣传并不是从古至今所有战争不可或缺的产物，而是一种现代性现象。宣传作为一种"心理战"，被理解为跨越历史阶段的普遍现象，盛行于从古至今的大小战争之中。宣传是一种说服，"说服的概念是人类本性的必然构成部分"（泰勒［Taylor］、奥唐奈［O'Donnell］，2006）。针对这一观点，锡尼萨·马莱斯维奇首先指出了"人类本性"概念的不确定性，进而反驳，"说服"（persuasion）并不具备"宣传"（propaganda）的有组织性、系统性和传播性。

宣传的实质是自我合法化的工具，在战争的背景下主要是对杀戮和死亡进行正当化辩护。宣传成功与否还需要一个重要前提，即公众对相关内容充满渴望和期待，换言之，宣传能否爆发出巨大的能量，取决于其所针对的事件是否会成为公众的焦点。1863年林肯的盖茨堡演讲在当时的反响寥寥，对比两次世界大战期间排山倒海的公众群情振奋，鲜明的反差正说明了宣传需求的重要性。宣传的需求正是民众对正当化的诉求，需要基于大规模的群体动员、公民的政治参与度、全社会范围内对平等主义伦理的认同、科技的先进程度等，这些都是现代性的体现。概言之，宣传也是一种现代性的现象。

最后，宏观的战争宣传并不会直接激发前线士兵的"亮剑精神"。尽管战争宣传进行了大规模的自我合法化运作，也并不必然表明士兵会被这种宣传"洗脑"而大开杀戒。许多关于战争的记载表明，战场上的士兵对于向对方开火并不情愿，甚至心照不宣地践行着一套对方不开火、我方也不开火的"共同存活"原则。

那么，到底如何让前线士兵敢于"亮剑"呢？锡尼萨·马莱斯维奇认为与两种社会因素的干预有关：一是严格的强制性命令的规制；二是对微观团结社会机制的依赖。微观层面的团结机制有深刻的传统"好战"理论根源，涂尔干（1933）和韦伯（1968）都曾经从社会学层面对这种微观团结进行过解读。如果说一名新兵奔赴沙场时还是受到宏观层面意识形态的感召，而能让他们在战场上坚持下来则是战友情谊，这种集体忠诚甚至被描述为"亲缘关系"（kinship）。离战场越近，意识形态宣传的图景就越暗淡；离战场越近，敌人的形象也就越接近真实的人，曾经的仇视憎恨甚至会转变为惺惺相惜。当意念中的魔鬼转变为眼前真实的人，杀人就变得并不比赴死容易，士兵对近距离杀戮普遍持一种抵触、排斥的心理。在这种情况下，社会组织的强制力登场的时候到了，动用一系列社会性和技术性手段来帮助士兵对抗恐惧，重点是要使杀人过程匿名化、平凡化、远程化、官僚化和高效化，例如，动用远距离炮轰和高精度导弹让战场的空间越发遥远，既避免了士兵因近身战斗而受到的心理折磨，又保证了较高的致死率。

五

自 20 世纪下半叶起，阶层化始终是社会学最重要的主题之一。在这一领域占据主导地位的是两种研究路径：一种是关注不平等经济基础的马克思主义模式，另一种是从社会分工的政治、经济、文化来源为切入点的韦伯主义模式。锡尼萨·马莱斯维奇充分肯定这两种模式为阶层化提供的富有价值的分析路径，进而将暴力与战争在创建和维护社会等级制度上所发挥的作用，阐释为阶层化最重要的特征。

在少数将社会阶层化与战争和暴力进行关联的学者中，锡尼萨·马莱斯维奇选取了斯坦尼斯拉夫·安德烈斯基（Stanislav Andreski）和迈克尔·曼（Michael Mann）的研究进行述评。安德烈斯基认为，战争和社会不平等之间不仅存在着必然的关联，而且阶层化的存在与两个重要因素有关：一是群体规模大小；二是战争参与率。首先，群体规模是预测不平等程度的晴雨表。群体的规模越大，对组织协作的要求就越高，从而使社会等级制度的引入成为一种必然。其次，军事参与率（MPR =

military participation ratio）是衡量社会平等状况的重要指标。近乎人人皆兵的前现代集群（部落和酋邦），社会更公平，MPR 较高；随着社会化程度提升，武器的垄断带来了特权和社会地位的垄断，MPR 便随之降低。而锡尼萨·马莱斯维奇对安德烈斯基的质疑在于，群体规模与社会等级化程度未必会成正比，人口规模小的国家，阶层化程度可能更高。另外，军事参与率的概念作为分析工具过于粗糙，不足以分析阶层化和战争之间的复杂关系。

曼着重研究战争在社会包容和社会排斥模式转变中的作用，认为地缘政治和军事力量的扩张对社会结构的改变发挥了决定性作用，同时，社会结构的转变又会反作用于国家的地缘政治行为。公民权的扩张对此就是很好的说明。国家统治者将公民权作为一种社会控制机制，阶段性地、有选择地将公民权利授予不同阶级，对内安抚国内政局，对外满足地缘政治野心。随着公民权扩张到不同的阶级，支持国家实现地缘政治目标的民众基础越发强大。锡尼萨·马莱斯维奇认为，曼的观点尽管提供了一个更为精致的解释模型，但过分强调军事和政治权力之间的分离，而忽视了意识形态的作用。

锡尼萨·马莱斯维奇特别关注人类从游猎采集到定栖狩猎采集的过渡阶段，酋邦（chiefdoms）作为这一过渡时期出现的前国家组织，为研究军事组织和阶层化提供了重要的实证史料。酋邦大多定栖于自然资源丰富的地区，相比于游牧族群会更频繁地面对周期性战争。酋邦的构建以单一血脉的亲缘关系或家族世袭领导制为中心，分层模式基于对年龄、性别、婚姻和军事地位的区分。公元 5 世纪征服了西罗马帝国的日耳曼人和其他蛮族入侵者，实际上是多个酋邦的联盟；欧亚大陆上疆域最为广袤的蒙古帝国也可以直接追溯到早期蒙古酋邦的军事组织。促进社会分层出现的不是农业生产和国家的形成，而是征服战争。部落和酋邦在向城邦网络转型的过程中，主要基于的并非经济因素，而是军事因素。现代英语中最常见的表述阶级的词是 class，其本身就是军事语境的产物，古罗马语中的 classis 这一概念本就专指罗马市民的军事分工。

诚然，战争与暴力在前现代时期起到了维持社会分层的重要作用，那么，在现代工业社会秩序中，强制力是否就没有用武之地了呢？锡尼萨·马莱斯维奇的回答是否定的。只是现代国家的暴力垄断更为隐形，已经成为一种难以察觉的例行公事。教育体系便是一种以强制手段推行的、正当的社会等级制度。这并不是说教育本身具有暴力性，而是现行教育体系是不能遭到撼动和妨碍的，其正常运行受到司法制度强有力的保障。

在前现代社会，人们的价值观受制于当时的历史条件，将社会不平等作为自然而然的状态接纳，也不会去思索战争是否具有正当性的问题。高扬"理性"与"天赋人权"旗帜的启蒙主义运动是对人类心智的一次整体开启，如康德（Kant）（1784）所说，"启蒙是人从自我导致的监护中释放出来的过程，监护是一个人在没有他人的引导时没有能力运用自己的理解"。当人们脱离蒙昧，开启心智，习惯于运用自身的智慧，便会抵抗暴力与社会不公，而对这两者进行正当化的意识形态力量便登上了历史舞台。正如锡尼萨·马莱斯维奇所说：现代政府不可能轻易地发动征服战争，对于大多数国家来说，企图实施任何有组织暴力之前，都需要在国内和国际范围内付出巨大的努力来证明其行动的正当性。同样，现代国家不能奴役其公民或者在法律上制定歧视条款，否则会受到全世界的强烈谴责，包括被驱逐出重要的国际组织。

六

为何战场一直几乎是男性的专属舞台？对此，存在男权主义、文化主义和女权主义三种观点。男权主义或者从生物学的视角来解释这一现象，认为男性具备更优质的参战基因和遗传素质，或者侧重社会学的因素，针对男性的侵略性进行心理学研究。两者最大的区别在于，生物学视角强调先天基因，社会学视角则认为侵略性是一种能够在社会中后天习得的行为。文化主义则更为关注这种分工现象的结构性基础，儿童会接受不同的道德理性模式训练，男孩被培养成为保障安全的"工具性角色"，女孩则被训练为提供情感支持、养育子女的"表达角色"，也就是说，分工的差异被理解为一种"文化的馈赠"（cultural givens）。女权主义研究路径聚焦于妇女在发挥个人潜能过程中所面临的社会障碍，即传统的父权社会结构阻碍了妇女取得卓越的成就。

锡尼萨·马莱斯维奇认为这些视角都不能解释为何女性被普遍排除在战斗角色以外。随着酋邦和早期国家的发展，正如战争与社会分层密切相关一样，战争与性别分化几乎同时登上历史舞台，甚至很难说孰因孰果。女性不能成为战士的主要原因是，她们作为唯一能够孕育新生婴儿的性别，承担着提供新战士的职能，战场对女性的排斥正是组织需求的产物。现代社会到来后，战争需求促进了军工产业的长足发展，此时的社会组织又依赖女性劳动力的支持，在这种组织需求的背景下，一切女性生理和文化上的弱势便瞬间消失不见。总而言之，组织的转型总会影响性别分工的变化，随着战争结构性需求的转变，对于女性究竟该奔赴前线还是留守后方，不同的立场会有不同的回答。

"男子气概"和"女性气质"作为一种群体道德，并非文化所导致，而是基于社会性根源，也就是意识形态根源。两者之所以相互排斥，是因为来自一种渗透到整个社会秩序之中的二分法，显著区分了民事和军事领域，构建了战争的道德范畴。和平时期，文明价值胜于武士精神，而在战争场景下则实现了彻底的翻转，军事领域优先于民事领域，作为军事代名词的"男子气概"自然优先于"女性气质"。意识形态中对道义责任和亲情纽带的表述，赋予了"男子气概"崇高的道德使命——保卫自己无辜的父母和妻儿，而"女性气质"则是必须履行的平民职责，让勇猛杀敌的父兄与丈夫不会陷入敌人之手。概言之，性别分化对于战争具有工具化的作用，也赋予战争以社会意义。

七

新型战争范式的研究对象是20世纪末期至今的暴力冲突，已经受到来自国际关系、政治学、安全研究等学科学者的普遍关注，形成了跨学科研究的趋势，主要观点认为，20世纪末期以来的战争，在范围、方法、财务模式、打击对象等方面均有别于传统战争。采用社会学视角和理论，对新型战争范式进行观察和解释的前沿学者包括马丁·肖（Martin Shaw）、玛丽·卡尔多（Mary Kaldor）和齐格蒙特·鲍曼（Zygmunt Bauman），他们采用一种更为宏观的社会学视角，在全球化的背景下将这种战争的转型，解读为重大社会变革的象征，将新型战争区分为两类典型形式：一类是寄生性或掠夺性战争；另一类是基于先进技术的西方式战争。从宏观角度看，新型战争的成因是全球化背景，鲍曼认为这是一种过渡的背景，从稳定到流变，从有序到混乱，从域内转向域外，权力从民族国家转向了跨国公司。肖部分采纳了乌尔里希·贝克（Ulrich Beck）

的风险社会概念，即风险社会作为"现今工业化必然的结构条件"。在肖看来，风险已经取代了阶级，成为后现代时期不平等的核心形式，这对现代战争的理论与实践产生了深远的影响，新型的战争实质上是风险转移战争，由发达国家挑起，为了降低本国领导人的政治风险和本国士兵的生命风险，将风险转移给弱势的敌方军事人员和普通平民。卡尔多重点分析了掠夺型战争，认为国家的经济自主权受到了新自由主义经济全球化力量的侵蚀。

锡尼萨·马莱斯维奇尝试对新型战争范式的解释力度和解释缺陷进行考量，并主要从两方面展开：其一，新型战争的社会根源是什么？其二，战争的核心目标为何，以及如何发生了改变？关于第一个问题，与新型战争范式的推崇者相区别的是，锡尼萨·马莱斯维奇并不认为晚近的战争与经济全球化力量具有如此紧密的关联，此外，市场自由化也并不意味着鲍曼所提到的那种混乱无序的状态，经济自由化并不意味着民族国家自主权的丧失。新型战争范式所强调的暴力私有化，也不是全球化时代的特征，而是出现在全球化时代到来之前。"空间时代"（the era of space）并非如鲍曼和卡尔多所认为的一去不复返了，当今世界里的空间比以往任何时候都更加重要。正因为对领土和边界的神圣有着根深蒂固的认识，这种认识渗透进了意识形态和组织架构，任何对这一规则的破坏都会被认为缺乏正当性并受到严厉的制裁，任何关于领土的讨价还价或让步也会为公众所蔑视。

第二个问题关于现代战争的目标。新型战争范式的支持者认为，新型暴力冲突与意识形态和民族主义无关，而更多的指向身份。锡尼萨·马莱斯维奇针对这一点进行了反驳，认为任何身份从本质上讲都是一种意识形态，即使其体现为某种文化，但实践中则体现为某种政治任务。离心式意识形态所采取的方式也是对其核心要义反复宣称，以实现持续不断的从中心向后的"辐射"。而民族主义仍然是新型战争的原生动力，其行动纲领也是基于一整套的地缘政治逻辑。

作为知识分子，或许我们终生无法获得真理，却始终努力地观察、思考、分析、总结，只是为了不断地接近真理。柯林斯（Collins, 1992）曾说："优质的社会学研究就像一个隐藏的宝箱。"社会学研究的重要意义，不是对征表现象的简单归纳，而是对非显性的、深层次因素的挖掘。20世纪战争的滚滚硝烟并不遥远，正是那段见证了旧的死亡与新的生长的历史，让人们深切意识到和平年代的弥足珍贵。然而，身处和平年代不应成为将和平视为理所当然的理由，而应对有组织暴力保有必要的警醒与洞察。未曾亲历过战争，才更有必要去探求其内在生成机理和深层运行机制，最终并非仅仅为了透析战争与暴力，而是为了珍爱并守护和平，以使人类最大限度地远离战争和暴力，远离那个"陌生的国度"。这也是译者译介本书的朴素心愿与学术初衷。让我们跟随锡尼萨·马莱斯维奇跳出自己所处的时代，以社会学的钥匙开启观察人类战争史的视角，在宏观的社会图景中去探究贯穿战争史的主线与推动战争的核心动力——从古代正面交锋的战争，到近代远距离展开的战争，再到以软暴力形式呈现的没有硝烟的战争——弥补"久居"和平年代的我们对战争认知的盲点，抑或消除曾经深以为然的偏见。

　　本书翻译历经十年，数次推翻重译，译稿亦随我从北京远行马赛讲学、哈佛访学，见证了查尔斯河的美丽和我在哈佛法学院的苦读深思，亲历了2020新冠肺炎疫情在全球的肆虐及其治理一如"十年译一书"的艰辛。终于决定封笔交付出版和读者评判之际，心里有忐忑，毕竟学识能力有限，翻译错漏疏误难免。但更多的是期待，祈盼学界同人不吝赐教指正，帮助译者和这本译著共同成长，从而不断优于过去的自己。而更为坚信的是，战疫必胜，新冠肺炎疫情必将成为过去，一如人类的战争和暴力，因为我们人性中的善良天使，因为我们同属人类命运共同体，"没有一个冬天不会过去，没有一个春天不会来临"，唯愿家国富强，世界美好！

　　是为序！

田宏杰
2020年春于北京

《战争与暴力的社会学》书评节选

本书兼具理论敏锐度与历史洞察力，迈出了将战争研究重归社会学范畴的重要一步。无论是学生还是资深学者，都将领略到马莱斯维奇的学术观点，即战争是如何造就了今日的我们。

——普林斯顿大学米格尔·A. 森特诺（Miguel A. Centeno）

马莱斯维奇评述了古往今来的社会中关乎战争的聚讼纷纭，展现了其权威与智识，向社会组织及意识形态中心论提出了有力的质疑。本书堪称战争社会学领域的绝佳综述之作。

——加利福尼亚大学，迈克尔·曼（Michael Mann）

本书对关于战争和暴力的理论文献进行了敏锐的剖析，表述清晰，涉猎广泛，必为学者和学生们带来至为珍贵的指引。

——伦敦政治经济学院约翰·哈钦森（John Hutchinson）

《战争与暴力的社会学》既是社会学理论之力作，亦为比较历史社会学之佳作。马莱斯维奇的核心论点在于，社会学理论——尤其是基于意识形态组织和强制官僚化的社会学理论——助益于对战争、现代性和社会变革的理解。此书是一部极其重要的原创性论著。作者认为，大规模集体暴力基于结构性的组织能力以及正当化的意识形态。他回溯了传统社会学理论中被遗忘的"军事主义维度"，尤其是马克斯·韦伯的思想精髓，并且结合了迈克尔·曼更为宽广的分析对象要素，即意识形态如何在社会及实体层面展开组织构建。本书前两章的篇幅集中在理论综述，后面的章节则探究了古代及现代的有组织暴力、民族主义、宣传、战争与社会分工、战场团结性以及性别与有组织暴力的关系，让我们透过有组织暴力社会学的棱镜来重新审视我们对社会分层、民族主义、团结性、性别的研究路径。每个案例中都兼具了历史与当代的论据，进行了重要且令人信服的社会学分析。

马莱斯维奇的这本专著之贡献主要体现在两方面，而至关重要的便是这本书的问世。他直指战争与暴力的社会学一直受到忽视的状态，立足于历史及当代社会中的战争与有组织暴力，既尝试填充学科之间的鸿沟，亦对涉及关联性话题的当代理论进行了纠偏。例如，在第八章对战争与社会分层的论述中，他论述了强制力与意识形态在塑造社会等级与不平等模式方面所起到的关键性作用。在关于21世纪有组织暴力的第十章中，基于实证层面有力地质疑了"新型战争"范式的若干观点，尤其是那些关于全球化和地域性的论述。这些关于社会分层和全球化的当代理论与教学的修正得到了认可，论据的实证性及合理性让整个说理部分极为翔实。

本书的第二个重要贡献在于，其分析的理论框架植根于"社会思潮中的好战性传统"，一方面强调了经常受到当代形成论及后结构主义理论忽视的对重要社会理论的承继性，另一方面从比较历史社会学的实证传统中提取了变量。尤其是作者对强制力和社会分层的历史关系进行了细致的勾勒，引用了众多学者的文献著作，包括奥托·辛策、迈克尔·曼、查尔斯·蒂利（Charles Tily）、约翰·A. 霍尔等。研究结果既富有历史厚重感，亦包含当代的战争与暴力分析。

——《加拿大社会学杂志》

本书是一项重大贡献，立足于对意识形态和官僚制度发展的解读，既是对重要知识领域的综述（社会学理论，比较视野下的战争历史以及相关的核心社会变量分析），同时又是一部学术创新之作。堪称该领域之翘楚。

——麦吉尔大学约翰·A. 霍尔（John A. Hall）

致　谢

在此对阅读过本书草稿或在多次会议及工作坊中聆听过我讲述本书部分内容的同事所提供的支持和建议，表示诚挚的谢意：约翰·布鲁伊（John Breuilly）、斯图尔德·克莱格（Stewart Clegg）、兰德尔·柯林斯（Randall Collins）、布兰丹·弗林（Brendan Flynn）、约翰·哈钦森（John Hutchinson）、理查德·詹金斯（Richard Jenkins）、克里尚·库玛（Krishan Kumar）、迈克尔·曼、尼尔·欧·窦茶泰（Niall O'Dochartaigh）、约翰·雷克斯（John Rex）、凯文·瑞恩（Kevin Ryan）、安东尼·D. 史密斯（Anthony D. Smith）以及戈尔达纳·乌兹莱克（Gordana Uzelac）。特别鸣谢米格尔·森特诺、约翰·A. 霍尔以及斯泰西·斯克莱夫（Stacey Scriver）对我的鼓励和对全部手稿的评议，感谢斯泰西对编辑本书提供的宝贵帮助。同时，对剑桥大学出版社安排的匿名评审给予本书的建议深表感激。

本书第一、二章的部分内容曾以不同的形式出版过［《团结的杀手和自私的和平主义者：暴力、战争与社会行动》，《权力杂志》，2008 年第 1 卷第 2 期：207—216；《集体暴力与权力》，载 S. 克莱格和 M. 豪格尔德（M. Haugaard）主编，《智者权力手册》，伦敦：Sage，2009，274—290，另载于《和平主义者如何成为开国元勋？》，《欧洲社会理论杂志》2010 年 13（2）］。第十章是已出版过的论文《新型战争的社会学：评估现代暴力冲突的成因和目的》的修订版，载于《国际政治社会学》2008 年第 2 卷第 2 期：97—112 页。感谢相关发行人允许我摘录上述论文。

前言：战争、暴力与社会

人类与暴力和战争之间的关系充满着复杂与矛盾。一方面，人类对暴力行为有着近乎普遍的谴责，这体现在对人身伤害行为予以严格的禁止性规范，这一价值观念得到世界各国法律体系的强化和支撑；另一方面，我们的流行文化、小说、历史书籍、大众传媒、艺术、游戏、儿童玩具以及其他日常生活的诸多表象，却充斥着暴力的图景与手段。尽管没有一个意志健全的人会公开支持对他人的有组织性杀戮，然而，人类对战争与暴力的着迷甚至痴狂却显而易见并且广泛存在。仅需翻阅一下过去几十年的畅销书便会明显感到，人类对刻画暴力活动和好战分子的书籍、纪录片和电影有着无穷尽的渴求。[①] 较之市场对描述希特勒和纳粹的电影及书籍的趋之若鹜，甘地和特雷莎修女的善行事迹却只引来观者寥寥。虽然和平与兄弟之爱是得到公开宣扬的理念，但博得公众眼球、让人为之痴迷的却是战争与暴力。

所有这些都暗示着人类是一种虚伪的生物，在文明举止和无私道德的包裹之下隐藏着一个伺机伤害其同胞的休眠中的野兽。从马基雅维里（Machiavelli）和霍布斯（Hobbes）的早期作品，到当代现实主义者和新达尔文主义者对"人性"所作的阐释，这种观点一直以不同形式支配着人类的诸多社会及政治思想。用马基雅维里的话说："人类普遍是一种忘恩负义、薄情善变、道貌岸然、趋利避害的存在。"（莫斯科维奇，[1532] 1997：63）持相似观点的霍布斯则认为，原始的"人性状态"呈现出地方性暴力特征，关乎对利益、安全和名誉的凶残争夺——这是

[①] 例如，加德纳（Gardner）和雷斯尼克（Resnicks）1996 年的一项研究显示：1973—1993 年，美国主要电视网上播出的 2000 种电视节目当中，六成以上具有暴力特征，一半以上节目中的主角都参与了暴力活动。

"一场所有人对所有人的战争"（霍布斯，[1651] 1998）。

然而，这一非常流行的对于人类与战争和暴力之间关系的理解，却遭到了另一种同样具有影响力的观点的反驳，其源头可追溯到卢梭、康德和潘恩的思想。而在当下，这种视角也反映在一些专题文献中，主导着冲突解决与和平研究领域。这种观点的根据在于，将人类定位为一种本质上爱好和平、充满理性、慈悲为怀和互助协作的生物，其暴力行为是因为被诸如私有财产制、阶层分化、制度化贪欲等"社会疾病"缠身所致。正如卢梭所言："第一个人以栅栏圈地后宣称'这是我的地盘'，发现人们天真地相信了他的话，这个人就是文明社会的真正奠基人。或许没有人能够拯救人类脱离无数的犯罪、战争、谋杀、恐怖与厄运，没有人会拉起木桩、填平沟壕并且大声告诫自己的同胞：当心那个骗子的鬼话；你们一旦忘记土地上的果实属于我们但是土地本身并不属于任何一个人的话，你们就会被毁灭。"（卢梭，[1755] 2004：27）

这两种截然对立的观点给出了两种不同的假设：前者认为我们生活在一个充满不安与暴力的私利世界，被霍布斯描述为"恶狼在捕食着身边的同类"；后者则认为，我们所处的自然状态是一种精诚团结、无私利他、和平友爱的和谐集体。在前者眼中，社会是人类秩序的外部捍卫者，平息我们所有人的心魔；后者则认为，现代社会要为人类的善良本性遭受侵蚀而负责。

在过去的三个世纪里，这两种截然对立的观点始终引发着深思，然而，两者均未从社会学视角对人类与战争和暴力的关系进行精准剖析。暴力并非人类自我保护天性在生物学或心理学层面的固有反映，亦非人类获取利益的便利工具，人类的许多暴力行为具有深刻的社会性。社会性并不必然隐含着对和谐与和平与生俱来的倾向。恰恰相反，正是我们的社会性，而不是个体性，使得人类兼具慈悲的利他主义者和狂热杀手的本性。近期的实证研究（霍姆斯[Holmes]，1985；格罗斯曼[Grossman]，1996；伯克[Burk]，2000；柯林斯，2008）清晰地表明，人类作为独立个体并不擅长暴力行为，而且与主流表象相反，大量的个人暴力行为都难成大器，杂乱无章且持久性较弱（详见第八章）。正如柯林斯所言，大多数小群体之间的斗殴都是来势汹汹的速战速决："1881年发生在亚利桑那州墓碑镇O. K. 畜栏的枪战持续了不到30秒的时间"，而"电影却用了长达7分钟时间来呈现这一事件"（柯林斯，2008：14）。在现实生活中，人们更倾向于避免暴力，而不是享受暴力。与马基雅维里和霍布斯的判断相反，单独的个人并不喜欢争斗——当我们处于孤立和弱势的时候，我们常常会避免激烈的争执，并且选择逃离。那种所有人对所有人的战争是一种实证意义上的不可能：因为任何成功的暴力行动都需要组织性，并且有组织的行动需要集体协作、等级制度和任务分工，因而所有战争都不可避免的是一种社会事件。

所以，暴力既不是人类与生俱来的攻击性，也不是经由外因诱发而生的"社会疾病"，而是一种依托于密集社群行动的现象。作为人类，我们能够也倾向于既自私自利又团结一致。马基雅维里—霍布斯和卢梭—康德争论之中的关键悖论在于，由于双方都缺乏社会学视角的分析，进而都对社会现实做出了误判。问题在于，当我们在霍布斯对自然状态的想象——作为一个自私的自我保护者——框架内行事的时候，行动的出发点却是基于卢梭所阐述的理由，而且整个行为过程也几乎始终处于卢梭所描述的情景之中。我们需要杀人，同时也需要为他人去牺牲自己。我们的社会嵌入性是我们自私自利和利他主义本性的根源所在。在他人面前的时候，我们最善争斗和杀戮，以此让人印象深刻、愉悦他人、慰藉他人、掩饰恐惧、获取利益、逃避羞耻或者出于其他原因。正是这种极其相似的社会纽带使得我们平等，经常同时成为牺牲品和杀人犯。历史的经验表明，生命的"困窘、肮脏、残酷和短暂"不是发生在我们"独处"的时候，而是发生在——也恰恰因为——我们生活在群体之中的时候。

我们与战争和暴力的关系大多取决于自身的社会属性这一事实决定了，理解战争和暴力之前，必须先了解社会。换言之，没有全面的社会学分析作为基础，就无法对战争和暴力做出恰当的解释。不幸的是，当代学术界许多人并不支持这种观点，关于战争和群体暴力的传统研究并未与社会学发生过明显的互动，当代主流的社会学界也从未过多关注战争和群体暴力的研究（肖，1984；约阿斯［Joas］，2003；温默尔［Wimmer］、米恩［Min］，2006）。本书的主要目的就是阐述应用社会学工具全面理解战争和暴力活动变化特征的内在必要性。本书尤其聚焦于暴力和战争给社会生活转型带来的历史与现实冲击，也关注社会生活对暴力和战争的反作用。尽管群体暴力和战争书写了很多记录在册的人类历史，也是推动现代社会秩序形成的决定性因素，但大多数的现代分析倾向于回避对社会生活残酷起源和性质的研究。然而，无论我们喜欢与否，暴力都是人类主体性的核心构成之一，尤其是现代主体性，因为我们都知道，一旦缺少有组织的暴力活动，人类的现代性将变得不可想象。

这并不是说人类本身倾向于实施暴力或者喜欢暴力。相反，正是由于我们在行为规范上对暴力充满厌恶，作为单独的个体常常怯于实施暴力行为，且我们的生活中缺乏暴力，所以我们才会觉得战争和杀戮如此令人着迷。从日常生活的角度看，暴力之所以令人着迷，是因为它们是鲜见的、难得的和奇异的。我们的痴迷植根于对那些不同寻常、不守常规的、奇特而又在一定程度上捉摸不透的事物所怀有的恐惧与敬畏。由于伤害他人与我们的社会化形成严重对立，也鲜少亲眼所见或亲身参与，才使其更具诱惑性。人类对暴力和战争的痴迷并不标志着我们具有"暴力本性"，而是很好地暗示了这些暴力现象的古怪、不寻常和非典型性。激发我们好奇心的，往往是那些我们所知甚少甚至几乎从未经历的事物，而非那些司空见惯的寻常之事。暴力之所以引人注目，恰恰因为我们并不擅长，也远离我们的日常生活。莫斯科维奇颇具讽刺地评论道，魔鬼的形象"之所以能发挥强大的作用力，正是因为我们不会在大街上看到他"（莫斯科维奇［Moscovici］，1986：157）。

既然人类在大多数情况下对暴力都谨小慎微，也并不擅长暴力，暴力又为什么会如此持久地存在于人类的历史长河之中呢？尤其值得探究的是，为什么暴力在现代社会中呈现愈演愈烈之势呢？

为了回答这一问题，要对众多个体参与大规模暴力行为尤其是战争行为的社会条件形成进行探讨，这也正是本书所聚焦的内容。核心的论点是，尽管作为个体，我们既不愿意也不擅长使用暴力，但是社会组织和意识形态化进程（ideologisation）能够且始终在推动我们向狂热且熟练的杀人机器转型。关键在于，任何持久的集体暴力行为，尤其是类似战争行为的大规模冲突，都必然包括两个至关重要的组成：复杂而又具有结构性的组织能力和强势而又合法化的意识形态。由于暴力并非自然而然地发生，诸如战争的大规模暴力的形成要求具备高度组织性的社会控制机制，以及表述清晰、制度化的思想学说来赋予行为以正当化。柯林斯（2008：11）曾作出恰如其分的阐述："没有良好的社会组织，大规模参与的争斗就不可能出现。"我不会基于生物学、文化性、个人主义或集体理性主义的层面来解读战争和其他形式的暴力冲突，而是着重探讨组织性和意识形态的作用。更确切地说，我对战争、暴力与社会之间关系的分析会透过一架由两大历史进程交会形成的棱镜来展开，即经年累月的强制官僚化和离心式的（大众）意识形态化，他们要为现代社会中有组织暴力的愈演愈烈承担主要责任。

经年累月的强制官僚化
（The cumulative bureaucratisation of coercion）

马克斯·韦伯（1968）强调了那几乎无法逃离的、逐渐渗入日常社会生活并将之惯例化的理性铁笼（iron cage），通过这个表述对现代性做出了最有力的判断。从社会行为的传统形式向工具理性和价值理性主导的社会形式加速转变导致了一种社会环境的诞生：个人纽带与任人唯亲的关系被非个人的规则和官僚制度所取代，以一种缓慢但稳定的节奏推进着。在传统权威中，领袖主导地位的核心是一种世袭的个人权利，然而，官僚组织的运作则是基于一套稳定的抽象法律体系。尽管传统的和官僚制的组织形式都具有严格的等级制度，然而与临时性的传统权威不同的是，典型的官僚管理制度是围绕着规则支配的（rule-governed）、精英领导的、透明的社会等级统治模式建立起来的。官僚制管理模式的核心特征在于它拥有知识特权（也就是认知权威），根据韦伯的观点，这使之成为比历史上任何制度都更为高效的社会行为形式。换言之，官僚式的社会管理模式取得的非凡历史成就，在很大程度上要归功于其工具性效率。

尽管韦伯对官僚制合理化的分析已经成为当代社会学的一大主流理论，但是多数分析者遗漏了两个关键的事实。首先，尽管很多社会理论都关注官僚制合理化的经济或文化特征及其所导致的结果（例如：拉什[Lash]、尤里[Urry]，1987；斯克莱尔[Sklair]，1991，2002），尤其是官僚政治和资本主义的关系，官僚制的原则范围以及官僚制的源头领域——军队。正如韦伯（1968：1152）强调的那样，官僚制理性的核心组成部分是纪律，而"军队纪律是一切纪律形式的母体"（参见第一章）。因此，为了充分研究官僚制的发展进程，我们必须将注意力放到强制组织所承担的角色上。

其次，理性组织模式官僚制的诞生和扩张，历来都与暴力垄断机构相伴相随。换言之，没有发达的社会组织作为保障，就无法发挥暴力的效力，也自然无法以暴力相威胁。纵观历史，正是战争催生了大规模社会组织，也持久依赖于这些组织的存在（详见第九章）。尽管主流观点认为，较之祖先们生活的年代，现代社会的暴力性弱化了，并且理性官僚制可以防止胁迫行为的发生，但是，所有的官僚制度都深深植根于胁迫性控制之中。由于官僚统治依赖于纪律的灌输和控制，并且始终依赖于纪律性活动，因此，它对服从有绝对的需求。在这个意义上，对工厂工人、公务员、教师或者护士进行管理所应用的官僚组织原则，通常来说与军人和警察非常相似。这不仅暗含着界限明晰的社会阶层、劳动的分工和精英治理的社会流动性，并且暗示着规范化地执行命令、严格遵守各自组织的规章制度以及忠诚于自己的组织。此外，所有的这些组织需求都得到了法律法典的支持，以保障对不服从者实施惩罚。换言之，规制我们大部分生活的组织性原则都呈现出深刻的强制性特征，不过既然它们起源于军事领域，也就不足为奇了。

然而，需要强调的是，这种官僚化进程的初级形式是伴随着石器时代战争的打响而形成的，并在之后持续地发展。社会组织的强制力在过去的一万年间不断增长，又在过去的两百年里加剧强化，在近代已经成为民族国家的统治形式（详见第三、四章）。诸如国家的现代社会组织不仅尝试在其辽阔的领土上垄断了暴力的使用，最终波及到世界上大部分区域，而且他们已经逐渐具备动员和征募所有社会成员参与战争的能力，导致了冲突中死亡人数的激增。因此，在前现代社会，官僚强制刚刚具备雏形，杀戮被限制在一定范围内，而现代社会的官僚机制能够在数月甚至数天内导致上百万人丧生。正如埃克哈特（Eckhardt，1992：272）指出的，中世纪中期伊始，世界上已知国家的战争死亡人数总和只有6万人；而在20世纪，直接死于战争的人数就高达1.1亿。因此，尽管存在偶然事件、特定时期的逆转现象和历史性波动，强制官僚化仍然是一个经年累月的历史进程：随着时间的推移不断成长，伴随其壮大的还有社会组织的破坏力。换言之，随着人口数量的发展与扩张，人们对服务多样性、物资及象征性的商品的需求愈发膨胀，只有大规模的社会组织才能保证这些商品的定期供应。然而，随着人们对社会组织的依赖性增强，这些组织也在扩张自身力量，持续扩展强制力的广度和深度。这一点在战争的不断转型中尤为突出，起初仅限于狭窄的贵族圈内，类似仪式性的小规模冲突造成的伤亡也非常有限，而后逐渐扩展为一种全体性事件，席卷了数以百万计被动受到意识形态影响的公民，决意毁坏全部与他们为敌的社会。

诚然，社会组织并非无所不能的超人，不能完全决定人类的行为；它是发展中的、动态变化的实体，在持续的人类活动中产生并依托其得到发展。然而，正是这种动态的、历史的偶然性，最终创造了人类生存所需要的——在某些方面比较适应的——社会组织普遍存在的环境。经年累月的强制官僚化在很大程度上不会违背民意：尽管它在本质上是一种强迫性机制，但它并不会强制人们违背个人意志。刚好相反，它是一种需要得到社会各阶层默许和持续支持的过程。它是人类长期行为的产物，且更具有压制性，恰恰由于它需要并依赖于持续的意识形态合法化。质言之，官僚压迫是累积性的，因为它是一个不断持续的历史进程，包含了有组织性破坏能力的持续强化。在韦伯看来，社会组织的官僚化是因为它需要源自于军事领域的、不断扩张的官僚理性化；社会组织的强制性是因为它不仅仅包含对暴力和战争的控制与运用，而且还能够建立对暴力威慑的垄断，实现国内社会秩序的和平稳定。

离心式的意识形态化（Centrifugal ideologisation）

由于人类个体慎用暴力，也并不擅长使用暴力，因而成功的战争需要复杂的社会组织作为支撑。社会组织内部纪律发挥效力，禁止士兵们逃离战场而保证他们持续战斗；社会组织能够将混乱的、不统一的小规模冲突，转化成一台具有大规模破坏力的组织机器。然而，如果这种行为不被大众所认可，那么，没有一个社会组织会长期立于不败之地。与此尤其息息相关的是那些使用暴力的社会组织，因为暴力行为本身是一种几乎被所有人视为非法行为的社会活动。是故，经年累月的强制官僚化常常与意识形态的合法化呈现出紧密的关联性。

由于意识形态是社会学中最具争议性的概念之一，因此，首先对这一术语的含义进行正本清源便至关重要。传统意义上，意识形态被认为是一个支配社会与政治行为的、精确而封闭的概念体系。通常，如果个人无条件地忠诚于所拥护的教义框架内的原则，又或者，如果个人为遵从一种特殊的意识形态蓝图而做出违背其个人利益的行为，那么，就可以说他们是符合某种意识形态的。这种严格的思想体系的典型代表群体，包括封闭性宗教派别的追随者和激进的政治组织。最新的学说则对这种理解提出了质疑，强调意识形态信仰和实践的灵活性与可塑性，以及意识形态对理解某人的社会政治现实所发挥的不可或缺的作用。迈克尔·比利希（Michael Billig）曾在极具影响力的著作（1988；1995；2002）中进行了大量阐述：大众对意识形态信息的接受总是缺乏系统性且常常充满矛盾。信仰总是扎根于共享的范畴和可辨认的意识形态传统概念之中，并且信仰普遍被视为显而易见的、正常的和自然的，而非意识形态的，并且这种思想范畴极少或从未被当作是一个完整统一的意义系统。其实倒不如说，大众的信念和实践总是遭遇到"意识形态困境"，其根源存在于充斥着不同阶层权力斗争的社会环境之中。因此，当意识形态遭遇日常生活的复杂性和偶然性时，人们会发现自身处于持续的"与常识相矛盾"的情形之中。除了意识形态信仰和实践的灵活性以外，迈克尔·弗里登（Michael Freeden）（1996；2003）还强调了其认知必要性。在他看来，意识形态绘制了一个人的社会和政治世界。社会现实和政治事件从来不会为自身代言，因此需要一个解码的过程，而恰恰是对于特定意识形态图示的运用，可以帮助一个人理解并融入这些现实和事件的语境中。意识形态为偶然的行为、事件和形象赋予了连贯性及结构性，意识形态叙事得以创造出一个社会普遍理解的含义。因此，意识形态最好的定义应该是：一种具有相对普遍性和复杂性的社会过程，人类参与者得以借此明确表达他们的行为和信念。意识形态是一种"思想—行动"模式，充满却并非必然决定着人们的日常社会实践。由于很多意识形态内容表现的是对特定的（想象中的）社会秩序的卓越恢宏的愿景，因此它超出了人类的经验，且不可预测。大部分关于意识形态的论述都引用出众的知识性陈述、先进的道德规范和集体利益，并且常常依靠公众情感，来证明现实的或潜在的社会行动具有正当性。意识形态是一个复杂的过程，在使权力关系合法化或对其进行驳斥的过程中，意识和实践结合在一起。

尽管在战争和其他有组织的暴力行为出现之时，某种形式的原始意识形态已经萌发，但是现代时期才是成熟意识形态产生的摇篮，也是意识形态持续离心化的过程（参见第三、四、六章）。鉴于传统的统治者广泛利用原始意识形态的合法化效力例如宗教和神学来论证征服和高压统治合法化，现代性也确实需要对暴力行为进行详尽且完美的合法化证明，事实上也确实实现了。在众多对此进行解释的缘由中有三点尤为突出：

第一，奈恩（Nairn）曾恰如其分地指出，现代性为社会秩序带来的结构组织空前转变，已经把普通人带入了历史之中。换言之，现代国家的官僚制组织、世俗、民主、自由观念的传播、大众文化程度的迅速提升、便宜实惠的出版物及印刷物的普及、军队征兵范围的扩张、公共领域的持续发展等，都促进了一个全新的、政治化程度更高的公民群体的出现。中世纪农民既无兴趣亦无可能参与到他们所依存的政治体运作之中，较之于此，现代社会早期的人们不仅易于接受对他们现实生活的政治解读，而且他们也有能力并愿意主动参与到政治进程中去。因此从这时起，离心（大众）意识形态化才开始扩张；意识形态成为大部分民众的中心，这也顺应了大众对于理想社会秩序进行表达的需求。

第二，以人类理性、自治、宽容与和平作为现代核心价值的启蒙主义原则（及其后来的浪漫主义和其他思想）的逐渐传播，使得这一时期暴力行为的使用较之以前任何一个时期都缺少合法性。生命权、自由权、法律面前人人平等、维护和平、禁止"残酷罕见的刑罚"——这些18世纪和19世纪初由众多知识分子倡导的被视为另类的思想逐渐成为普世信条，写入了几乎所有现代国家的宪法并受其保护（详见第四章）。原则上，较之于其他时代，现代社会对向其他人类同胞施加暴力的行为持有很低的容忍度。公众将折磨和公开的绞刑普遍看作野蛮的行为，这种行为在现代社会没有容身之所。

第三，由于这一历史时期也见证了大规模暴力冲突前所未有的扩张，社会组织和大众需要在充满暴力冲突的社会现实和极度反暴力的时代规范之间寻求一种和解。在20世纪被杀害的人口比其他人类历史时期的总和还要多，所以现实与所宣称的理想之间的矛盾导致了本体论层面的不协调，解决这种不协调就成了20世纪迫在眉睫的任务。因此，意识形态在为这些看起来荒唐而又矛盾的事情做出解释和正名时就始终处于中心地位。这样一来，意识形态从两方面成为日常生活的基础，一边是暴力行为的主要掌控者（如社会组织及其领导者），另一边则是普通民众，他们渴望着一种心安理得：希望自己的战斗是出于正义的原因，对残暴敌人的施暴行为不过是一种具有必要性的罪恶（详见第七章）。

此外，随着现代社会组织的不断壮大，他们需要在必要的时候利用意识形态"胶水"来"黏合"不同的公民，使他们成为能够并愿意支持战争和其他压迫行为的准同质实体。为了达到这一目的，统治者利用意识形态化过程，试图将微观层面的团结投射到多数民族国家的意识形态范畴中（详见第六章）。从这个意义上讲，意识形态离心化是一个大众现象，从历史观点而言，它从社会组织（或者社会运动，或者两者皆有）的中心已扩展到已涵盖空前广泛的民众范围。之所以说它是离心式的，是因为它是由政治和文化的精英创造出来的，其最初起源于小范围的虔诚追随者之中，然后从意识形态活动的中心（即国家、宗教组织、军事机构或社会运动）辐射到更广大的民众中去。然而，这并不意味着意识形态化是一个单向的、自上而下的过程。确切地说，它的强度和普遍性依赖于双向性加强：社会组织负责传播意识形态信息并将其制度化（通过大众传媒、教育机构、公共领域、政府机构、警察和军队），民间团体和家庭网络中的小群体负责搭建起一个规范化联动平台，让意识形态的宏观叙述和"面对面"互动的微观层面的团结得以贯通。

本书计划

任何尝试从意识形态角度讨论战争和暴力的书籍都会遇到一个障碍：一方面，尽管有大量关于战争与暴力的文学作品，但是它们大部分缺乏社会学依据；另一方面，现代社会学已经为研究社会现实设计出了行之有效的概念工具和分析工具，但是主流社会学者中的绝大多数对研究战争和有组织暴力表现得兴趣寡淡。这意味着，由于几乎社会生活的各个方面都受到战争与暴行的影响和塑造，因此亟须对涉及战争与暴行的规模庞大的社会进程和社会制度进行深入的理论和实证研究。然而，由于在一本书中很难实现包罗万象，所以不得不有所选择地加以呈现。例如，本书仅用有限的篇幅探讨了特定类型的集体暴力行为，比如警察行为、革命、种族灭绝或者恐怖行为，只有这些是被社会学主流学派广泛关注的有组织的压制行为。[①] 实际上，本书聚焦于界定战争与暴力社会学领域的一些核心观点。因此，第一部分提出了理论基础；第二部分在特定的

---

① 有关革命的研究参见穆尔（Moore），1966；蒂利，1978；斯科克波（Skocpol），1979；戈德斯通（Goldstone），1991；有关警察行为和监视行为的研究参阅吉登斯，1985；丹戴克（Dandeker），1990；莱昂（Lyon），2001；有关种族灭绝行为的研究参阅鲍曼，1989；曼，2005；有关恐怖主义行为的研究请参阅哈菲兹，2006；佩普，2006以及甘贝塔，2006。

历史和地域框架内进行暴力与战争的社会学研究；第三和第四部分探讨一些塑造战争、暴力和社会之间关系的专题问题，比如民族主义、政治宣传、团结、社会分层和性别差异；最后一部分关注现代战争。

第一章分析传统的社会思潮对研究战争与暴力所做出的贡献。文章认为，与已经建立的观点相反并且区别于当代社会学研究的是，传统社会理论专注于对战争与暴力的研究，设计出了复杂的概念和模型用以检测和分析暴力压制的社会表现。此外，笔者会试图说明，实际上大部分传统社会思想都赞同"军国主义者"对社会生活的理解。在很多方面，传统的社会理论家们在分析角度、认识论层面甚至道德领域都持有共同的立场，即将战争和暴力看作推动社会变革的重要机制。对这种丰富且全面的理论传统的结构性忽略，与20世纪两次世界大战后占主导地位的对古典文化进行规范的"和平主义者式"的重新解读是息息相关的。

在第二章，笔者提供了一个对于当代战争与暴力社会学研究的批判性的调查报告。尽管大部分当代主流的社会学研究仍旧忽视这一研究课题，但是仍然有某些出色的个人研究成果值得评议。笔者首先对工具主义、文化主义和社会生物学解释进行了批判性评价，而后着重讨论该领域最具成效的理论范式——组织唯物论。笔者认为，组织唯物论作为一种特别的研究传统，其内在价值主要体现在重启并间接修复了与战争和暴力有关的传统社会思想中的概念、观点和解释模型。

第三章研究战争与有组织暴力活动的社会和历史起源。其中会追溯集体暴力与战争的发展和演变——从中石器时代初期，经由远古时代和中世纪，直至现代。在所有历史时期里，战争、暴力和社会的关系都是通过经年累月的强制官僚化和离心式的意识形态化的双重视角来进行分析的。与通行的看法不同的是，笔者认为战争是一个历史性的奇特现象，既从社会机构和意识形态的发展中取其所需，同时也刺激了对方的发展。

第四章通过探讨现代社会的矛盾性对上述观点做了进一步扩展，现代社会的矛盾性在于——作为历史上最为文明的时期，同时又见证了较之以往更多的毁灭和流血事件。这种情形被定义为一种本体论上的不协调，亟需意识形态的辩护和参与其中的社会组织的扩张。因此，本章列出了18、19、20世纪战争中经年累月的强制官僚化和离心式的意识形态化的发展及剧烈扩张。

第五章尝试超越西欧历史经验的范围，将目光转向东欧、亚洲、非洲和南北美洲，观察在那些地方有组织暴力和社会发展之间的关系。本章的焦点在于，战争作为飞速现代化的传播媒介，起了何种作用。尽管笔者认同那种假设欧洲为早期现代化创造了独特历史条件（即所谓的"欧洲奇迹"论调）的普遍观点，与"欧洲主义者"立场的区别在于，笔者会重视欧洲以外的多样化案例，在那里，战争是内涵式社会变革的催化剂。

战争和民族主义经常被认为是一对孪生兄弟，因此第六章会着重分析它们之间的密切关联。笔者概括并批判了两种占主导地位的阐释，两者均认为战争和民族主义之间存在直接的因果关系。与那些将强烈的国家依附性作为战争的主要原因的自然主义理论和那些将民族主义理解为战争的必然产物的形成主义方法相比，笔者认为这两者之间的关联性并非自然产生的。恰恰相反，笔者明确提出了另一种解释，将问题的重心放在大规模暴力冲突中群体团结的特质，关注离心式的意识形态化和经年累月的强制官僚化在培养民族气质方面所起到的作用。

第七章分析在战争宣传和微观层面的团结一致，如何在战场上发挥作用。本章的目的在于，消除已被普遍认同的关于战争宣传影响力的观点和谣言，并且评估是在何种内在动机作用下人们参与旷日持久的大规模暴力冲突。笔者认为，战争宣传并不是一种无孔不入、能够快速和显著改变大众看法的力量，实际上，大多数的战争宣传都只具有微弱的寄生性力量，他们只能对已经得到普遍认可的观点进行补充或者具体化。因此，宣传的最大受众是那些远离战场的人群。相反，前线的士兵大多数对宣传信息知之甚少，因为他们获得激励的主要途径是小群体在微观层面上的凝聚力。

第八章会对阶层化进行批判性的社会学研究。它聚焦于组织性强制力在建立、维持和再造社会等级——这一主流社会分层理论的典型要素——过程中发挥的常常被忽视的作用。笔者认为，由于社会分层来源于暴力，因此它仍然具有强制性机制；尽管新近出现了表象上的不易分辨性，但所有的社会不公最终都是建立在强制性组织基础之上的。本章从经年累月的强制官僚化和离心式的意识形态化的双重视角，对社会分层的变革进行了特别的探讨。

第九章对性别和战争的关系进行了相似性分析，尝试揭开女人普遍与前线战斗绝缘的谜底。与现有的关于这一现象的男权主义、文化主义和女权主义的解释相反，笔者主张一种全新的解释，即着重强调社会组织和意识形态所带来的决定性影响。尽管没有人质疑战争性别化对于保持战争持久性的作用，但是在社会学意义上更为有趣的是，这一区分是由组织机制和意识形态机制创造并加以巩固的，同样，它对发起和维持战争也是必不可缺的。

最后一章涉及对所谓的"新型战争"进行的社会学分析。有观点认为这些新型战争爆发于一种真空区域，而这一区域能够将全球市场的协调机制从互不相连的地方化政治形式中分离出来。本章聚焦于近期战争的目的和成因，借此对新型战争范式的社会学解释进行批判性分析。笔者认为，尽管研发了精密的模型作为支撑，然而这些分析并不具有坚实的基础，因此也欠缺说服力。现代暴力冲突的原因和目的并没有发生巨大改变；实际上，在很多方面，近期的战争都遵循这一条从现代性诞生之初就出现并且不断上升的轨迹——经年累月的强制官僚化和离心式的意识形态化。

第一部分

集体暴力和社会学理论

第一章 传统社会思想中的战争和暴力

一 引言

大多数当代评论家会批评传统社会学家忽视对战争和集体暴力的研究（肖，1984；马斯兰［Marsland］，1986：8；吉登斯，1985；斯克鲁顿［Scruton］，1987a；1987b；曼，1988：147；约阿斯，2003）。阿什沃斯（Ashworth）和丹戴克声称，由于战争和暴力普遍存在于人类历史之中，"那么，对于他们的研究却大部分处于社会学分析的边缘地带就值得让人注意了"（阿什沃斯、丹戴克，1987：1）。据称，大部分社会理论家们都普遍认为这种研究的匮乏归因于启蒙运动，该观点从普遍理性、经济增长、科学进步以及世界和平的视角来定义现代化（Tiryakian，1999：474—478；约阿斯，2003）。战争和暴力通常被认为是原始时代非理性的返祖现象，并且会随着现代化的到来和传播最终消失，而并非社会生活固有的内在结构性特征。尽管其中有一些合理性，但是这种评判未免过于严苛与草率。对战争和集体暴力研究的明显忽视与传统社会思想本身没有太多关系，却与二战后的社会和政治思想发展有紧密的联系。本章的核心前提是，传统社会思想并没有忽视战争和暴力。相反，正是由于20世纪下半叶反军事主义社会思想理论居于主导地位，将社会学与战争研究隔离开来，同时忽视了社会学本身所具备的丰富多样的"好战"传统，并且用严格的"和平主义"① 语境重新解释传统理论。事实上，传统

---

① 此处用于"和平主义者"和"好战"等术语的引号用以说明仅仅是在进行单纯的描述，并不具有标准规范性意义。

的社会思想比马克思、涂尔干和韦伯的"圣三位一体"①的思想更为宽泛,明显具有更为弱化的"和平主义者"特征,而这三个人是二战后社会学经典理论的主要代表人物。在社会学作为单独学科领域崛起的19世纪末20世纪初,当时的方方面面都有"军事主义"社会思想的烙印。这种思想传统中的很多内容都是值得回顾的,因为一旦拨开这种规范的好战性外表,我们会收获丰富的社会学概念和观点,有助于我们了解战争与暴力所蕴含的深刻的社会现象。

这一章分为四个部分:第一部分为引言,第二部分探究马克思、涂尔干和韦伯对于战争和暴力的理解,第三部分分析"好战的"传统社会思想的核心理念;第四部分简要评价关于这一思想与当代的关联性,对该话题的深入探讨详见下一章。

二 "圣三位一体"(The "holy trinity")和有组织暴力

尽管在20世纪后半叶马克思、涂尔干和韦伯被毫无争议地确定为社会学的"奠基人",但是这一成果并非是完全必然的。事实上,当19世纪末20世纪初社会学迈出其制度性第一步时,这三个人在很多方面的影响力远不及加布里埃尔·塔尔德(Gabriel Tarde)、费迪南德·滕尼斯(Ferdinand Toennies)、维纳尔·桑巴特(Werner Sombart)、莱斯特·沃德(Lester Ward)、列奥波特·冯·维泽(Leopold von Wiese)、欧尼斯特·特尔洛奇(Ernest Troeltsch)、路德维希·贡普洛维奇(Ludwig Gumplowicz)等人,此处仅仅列举的是一小部分。马克思和韦伯都是耳熟能详的名字,但两人的贡献主要在其他领域,均非公认的社会学家,涂尔干的影响力也无法比拟奥古斯特·孔德(August Comte),后者影响了从土耳其到巴西的政治家们,涂尔干也无法与赫伯特·斯宾塞(Herbert Spencer)相提并论,赫伯特的著作在英国和美国都是畅销作品(瑞思乔德,2005:56)②。尽管如此,作为传统社会思想之经典代表的"圣三位一体"的出现,在很大程度上与其对20世纪后半叶现代化进程方向的理

---

① "圣三位一体"指基督教圣父、圣子、圣灵三位一体,这里指马克思、涂尔干和韦伯。——译者注。

② 瑞思乔德(2005:56)指出,19世纪最畅销书籍排行榜中,赫伯特·斯宾塞的《社会统计学》的销量仅次于《圣经》和哈利耶特·比彻·斯托的作品《汤姆叔叔的小屋》。

解有密切关联,他们的观点和模式的独创性、深刻性、复杂性和适用性很难被质疑。正如莫泽利斯所说的那样,马克思、涂尔干和韦伯并不是被判决强行归入社会学界的,他们被接受是因为他们的概念模型、理论和分析框架在"认知度、分析敏锐度、合成能力、思维的延伸和原创性"等方面,较之其他人的著作更为卓越。然而,他们的杰出只是事实的一部分,因为"圣三位一体"的成名本身也有一个社会学基础——两次世界大战的遗产。

二战后的许多社会学家和普通民众一样对战争和暴力感到厌恶,这也促使社会学学科的研究兴趣重新聚焦,远离那些主导19世纪末期的理论。因此,社会学家们开始关注社会分层、性别不平等、福利、理性主义、世俗化理论、城市化以及规范体系,而不再是"种族斗争"(race struggle)、"通过暴力手段实现群体选择"(group selection through violence)、种族主义、人种多元论、文化性和生物性差异以及战争。20世纪50、60、70年代的发展和进步模式倾向于一种独特的"和平主义"社会学,这也导致关于军事主义的传统社会思想遭到了清除。在某种程度上,由于纳粹战争罪行和由战争带来的大屠杀被认为是世纪之交时那些"好战"知识分子所提倡的观点和理论的直接产物,因而传统社会思想中的这一理论遗产被大量"清除"。结果是,社会学主要关注的"和平主义"主题——地位和阶级划分、教育、工业化、犯罪、官僚政治以及文化和宗教改革——越发强化了像马克思、涂尔干和韦伯这样的传统社会理论家的重要性,因为他们在这些领域都做出了卓越的贡献。同时,关注于其他领域的社会学流派被边缘化了。几十年后,"圣三位一体"已经登堂入室,成为社会学导论教材和全世界大学课堂中的制度化及标准化内容。

而近观19世纪末20世纪初,我们就会发现那个时期呈现出一幅完全不同的社会学思潮景象。那个时候占据社会和政治思想统治地位的主题和作者,与现在我们普遍认为与社会学相关的主题和作者并不相同。路德维希·贡普洛维奇、弗朗茨·奥本海姆(Franz Oppenheimer)、古斯塔夫·拉岑霍费尔(Gustav Ratzenhofer)、亚历山大·罗斯托(Alexander Rustow)、莱斯特·沃德(Lester Ward)、阿尔比恩·斯莫尔(Albion Small)、威廉·麦独孤(William McDougall)、弗兰克·萨沃尔尼安(Franco Savorgnan)都是一些在大部分情况下不会出现在教科书中的名字。同样，像"为生存而奋斗"、"Kriegsbegeisterung"（战争热情）、"好战的本性"、超级分层、人种差异、Eroberrerstaat（殖民国家）这样的词汇，在现代的社会学中是没有地位的。然而，正是这些作者以及类似的理论观点，在社会学迈出基础性的第一步时普遍流行。换言之，19世纪末和20世纪初的社会思想具有深刻的军事主义思想烙印。

不过，在对社会研究的丰富且多样的"军事主义"传统进行研究之前，有必要将马克思、涂尔干和韦伯的理论也容纳进这个历史语境之中。尽管他们三人的核心研究兴趣在于其他领域，但也难免受到自身所处时代社会精神的影响，从而不得不在研究中涉及暴力问题。此外，当他们构建关于社会变革的具有普遍性的社会学庞大理论体系时，也必须考虑到集体暴力和战争在现代化中的作用，无论其存在是如何的零星分散。

（一）涂尔干：和平主义、战争与团结

作为启蒙传统和强调其对人类进步必然性的直接继承者，埃米尔·涂尔干（Emile Durckheim）在分析意义和规范意义上都是几位奠基者中最提倡"和平主义"的。他的注意力一直都坚定地集中在创造和再造团结（solidarity）的集体机制上。在涂尔干看来，社会进步存在于复杂的相互依存的团结网络之中，这一网络建立在规范一致性基础之上，与仅仅建立在相似性基础之上的前现代化团结模式鲜明对立。然而，在这两个历史时代——前现代和现代，人类都主要被看作规范驱动型的生物。在涂尔干的进化功能理论中，人类的社交性基本都趋向一致：社会生活大部分都是建立在双方同意的基础上的，社会冲突是例外而非惯例。因此，现代化到来的特征，是一种形式的一致性（机械团结）转变为另一种更为优越的一致性（有机团结）。

由此看来，集体暴力并没有真正的生存空间，因此，涂尔干将战争解读为一种反常的行为，一种注定消失的历史遗存。正如涂尔干说的那样："在战争中，我们有的只是一些反常的生存状态，而这一状态的最后一丝痕迹终将会被消除"（涂尔干，1986：43），或者说"这一时期的战争，除了一些短暂的倒退以外……已经变得越来越具有间歇性，不再司空见惯"（涂尔干，1992：53）。在一个稳固的进化脉络中，他认为，工业和科技的发展都需要和平，也会促进和平，暴力则属于前现代的农业社会，在现代社会秩序中没有容身之地。这一切都暗示着涂尔干对于战争和暴力似乎未做任何评论；然而，他曾做出的两个有价值的社会学贡献都直接起源于他的团结理论。首先，在对自杀的研究（1952）中，涂尔干成功验证了一个命题，即战争和自杀是负相关的。他认为除了利他性自杀之外，战争的爆发往往会导致自杀率的下降，因为战争，特别是民族战争会加强社会和道德的融合。涂尔干清晰地表述道："大规模战争会唤起集体情感，激发党派精神和爱国主义……将积极性集中到一个共同的目标上……强化社会融合……因为他们强制民众团结起来应对共同的危险，每个人都很少考虑个人的安危而更多地关注共同的目标。"由于战争提升了政治性和道德性融合，因而对于胜败双方的自杀率造成了直接影响——降低了体现自私和道德沦丧的自杀率。

其次，第一次世界大战以其前所未有的残酷性给涂尔干带来了巨大的震动，他必须对这一历史错误做出解释。运用他的团结理论，涂尔干认为，这次大战是一个短暂的病态，一个大规模的社会道德沦丧状态，而这一状态也将导致机械团结的复苏（涂尔干，1915；涂尔干、丹尼斯，1915）。这一病态之源，归于"一种德意志战争思维"（a German war mentality），在涂尔干看来，这是一种破坏了人类文明有机进化发展的异常现象："如果一种状态与人性背道而驰，那么它便难以长久维持。"（涂尔干，1915：45）尽管他的重点在于批判德国军国主义者"膨胀的欲望"，但是他确实明确表达了对主导欧洲社会和政治思想的军国主义"时代精神"的反对。涂尔干名义上所针对的目标是海因里希·特赖奇克（Heinrich Treitschke）——一位主张国家权力是无限的、全能的、逾越社会规范的代表德国军国主义思维的知识分子。然而，他实际上针对的目标更为宽泛——整个社会和政治思维中的现实主义传统，从马基雅维里到特赖奇克以及更多人，他们曾尝试将国家从社会及其道德世界中剥离出来。正如涂尔干所言，这样知识传统下的"国家不受道德良知的管辖，唯自身利益是图，无视任何法律"（涂尔干，1915：18）。对此，涂尔干驳斥指出，国家是最杰出的道德权威，这种权威性也同时深深植根于个人的道德自律之中，国家是这种自律的产物，亦是其捍卫者。"正是国家将个人从社会中救赎出来……国家的基本职责是……坚持不懈地号召个体践行一种道德的生活方式"（涂尔干，1992：69）。因此，他的和平主义思想并非空中楼阁，而是深入植根于团结理论的土壤之中。在涂尔干看来，和平主义与一种独特的组织形式——民族国家（patrie）密切相关，仅仅依靠引用简单的国际主义思想来阻止战争的任何尝试都注定走向失败，因为"在有组织的社会之外我们将无法生活"，现存最高形式的社会组织就是民族国家，然而国际主义通常对一切组织化的社会彻底嗤之以鼻（涂尔干，1973：101—103）。换言之，为了理解并以此阻止战争，我们必须了解制度化团结机制，这一机制永远不会被摧毁，而只能转化，这就使得"民族的爱国主义"（national patrie）涵盖了"欧洲的爱国主义"（the European patrie）和"人类的爱国主义"（human patrie）。总之，涂尔干认为，战争与集体团结协作之间不可避免地存在着一条纽带，因此，为了解释战争和大规模暴力冲突，必须先破解人类团结的机制。

（二）马克思：资本主义和革命暴力

如果说冲突和暴力对于涂尔干的研究兴趣来说相对边缘化，那么，马克思和韦伯的情况无疑完全不同。他们不但被视作社会学冲突理论的创始人（柯林斯，1985），而且他们还受到西方现实主义政治思想的影响，这种政治思想聚焦压迫性和人类行为的实质性（materiality）。尽管马克思社会变革理论的核心被锁定在现代性的社会经济基础研究上，但他深知在社会秩序变革中暴力所具有的历史重要性。虽然马克思主要的关注领域在于，以阶级斗争为视角看到资本主义的必然倒退，但是，他对现存的"社会构造"变革的重视，无疑暗示了他对集体暴力机制的研究兴趣。

马克思（甚至恩格斯）精通军事历史，对克劳塞维茨（Clausewitz）的战争理论赞赏有加（泽梅尔［Semmel］，1981：66），他清晰地引用其论述，认为集体斗争和革命暴力对阶级斗争是不可或缺的。然而，由于阶级斗争与生产及其所有权模式的变革有关，因此，他所关注的焦点并未过多地涉及真实战场上杀死或击垮资产阶级，而是在于剥夺和重新分配他们的财产。动力并不在于消灭，而在于剥削那些剥削者。因此，暴力语言要么是被运用于某种隐喻意义之上，比如"阶级斗争"或者"廉价的资产阶级重型火炮"（马克思、恩格斯，1998：41—42），抑或被用来对和平共产主义秩序的必然到来推波助澜，使这一惊人的社会进程提前实现。尽管马克思和恩格斯的著作中包含大量的军事主义辞藻，但是，他们主要将暴力与革命性剧变短暂的终极阶段相联系："当阶级斗争接近紧要关头，统治阶级内部的分解过程就会……呈现出一种暴力性显著特性。"（马克思、恩格斯，1998：45）即便在这种情形下，对武力使用也是从防御意义的层面进行定义并实现其合法化的，以作为对资本主义国家固有的压迫性以及资本主义残酷性的无情回应。如梅洛·庞蒂（Merleau‐Ponty）（1969）所言，马克思主义所理解的革命暴力，其概念化和合法化基于一个前提，即从长远来看，它能够促进一切暴力的灭亡，尤其是消除资本主义制度下暴力呈现的主要形式——阶级剥削。

然而，在涉及战争、暴力和社会之间关系时，马克思和恩格斯提出了两个社会学层面的相关观点。第一，与涂尔干在一战时期的经历相似，马克思对于战争和暴力的理解在短暂的巴黎公社时期（1871）及之后发生了变化。在《法兰西内战》（1871）一书中，马克思对"工人政权"的最终失败进行反省，他认为暴力是现代化不可或缺的组成部分，具言之，是资本主义现代化的组成部分。他指出，现代国家中强制性机构所扮演的角色，在进行任何社会秩序变革时均具有决定性作用。巴黎公社被镇压的残酷事实使马克思清醒地意识到，如他所言，"工人阶级不能简单地操控现存的国家机器并使之为自身所用"。反之，权力从资产阶级到无产阶级的转移，亟需摧毁现存的国家结构，并在革命原则的指导下对其进行再创造。换言之，马克思发现了现代化中社会秩序的经济、政治和意识形态基础之间的内在关联。尽管在他的早期著作中，暴力大多具有短暂性，但自此之后它开始居于核心地位，因为马克思将国家解读为资本主义强制性机构。在这一语境下，如果不消除资本主义强制性结构基础——国家机器本身，那么资本主义就不可能被终结。德拉克（Drake）简要总结了马克思的观点："国家暴力为无产阶级的暴力回应进行授权，其前提是革命事业能因此得以推进。"（德拉克，2003：27）在《法兰西内战》《〈共产党宣言〉新序》《哥达纲领批判》以及那个时期的其他作品中，马克思均强调了暴力革命夺取国家政权的重要性。他将中央集权制国家结构的历史，从早期专制主义追溯至资本主义社会，那时它作为"反抗封建主义的万能武器"，随后日渐演变为资本控制劳动力的工具，一种实现社会奴役的组织力量，或是一台阶级专制引擎。马克思意识到中央集权民族国家的威力，因之提议采用一种与法国大革命时期资产阶级所采用的相似策略，那就是，毁灭国家机器。然而，与资产阶级前辈有别之处在于，新的政体为"无产阶级专政"所取代，它作为政治、经济和意识形态的先锋，其军事基础在于"武装的人民"。用他自己的话讲:"当旧政府权力中仅具有专制功能的机构被去除时,其合法功能将会被社会自身从一种占据社会主导地位的权威机构中夺走,进而被归还到承担责任的社会主体手中。"(马克思,1988:58)将"武装人民"作为唯一合法且"尽责的社会代理人"的理念至关重要,因为其开创了一种"无产阶级民兵"的军事学说,在列宁、毛泽东的"武装无产阶级"以及"农民游击战争"理论中得到了充分的阐述,对中国和苏联无产阶级取得国家政权起到了关键性作用。因此,除了其理论的经济学基础,马克思还需要承认暴力在资本主义现代化进程中的主要作用,尤其是民族国家强制力的主要作用。

第二,紧随首位"辩证唯物主义者"赫拉克利特的脚步,马克思和恩格斯认为,暴力是社会快速变革的机制。正如马克思在《资本论》中写的:"暴力是旧社会孕育新社会的助产师。"(马克思,1999:376)在旧社会秩序被废除之前,新的社会秩序不会产生。他在《共产党宣言》的结尾直截了当地指出:"他们(共产党人)公开宣称,只有通过暴力推翻现存的一切社会制度,其目的才能达到。"然而,对于马克思主义来说,暴力和战争并非自成一格,而是与特定的生产方式有着极其密切的联系。在恩格斯对杜林强力理论的反驳中,暴力被视作以经济力量为基础,陆军、海军、组织机构、战争战术策略均依赖于"经济先决条件",而非由"将军们和天才们自由创造而来"。具言之,"无论何时何地都是强制力的经济基础和工具帮助'强制力'取得成功,如果没有这些基础,强制力就不再是强制力"(恩格斯,[1878]1962:55)。从这一观点来看,战争和军国主义的历史性扩张归功于科学发明和技术发展(特别是在武器方面),而这又需要巨额的资金投入。因此,资本主义被认为是武器生产的基础,因为"金钱必须借助于经济产量来提供;这也再一次说明经济秩序又是确保武力的前提条件"(恩格斯,1962:49)。总而言之,马克思对战争和暴力并非漠不关心,而是将战争和暴力视为社会变革的重要发电机,是现代社会国家权力动能强大的传输载体,也是资本主义经济结构的一个重要工具。

(三)韦伯:通过暴力达到的合理化

如果说对于马克思和涂尔干研究集体暴力的兴趣还尚存疑的话,那么对于韦伯,则完全不用质疑。韦伯的社会理论部分植根于尼采哲学本体论，尤其强调社会生活的强制性特征。韦伯不仅将权力和暴力、现代国家和暴力联系在一起，而且他还通过不可调和的终极价值视角来观察社会关系。在韦伯的思想里，暴力具有物质性和理想性起源，世界观固有的非理性常常是在战场上决定的，然而西方资本主义和工具理性的起源也与欧洲军事主义封建国家的多元化有着部分关联。事实上，韦伯并没有提出一种集体暴力或战争理论，他的现代性理论对结构理性和价值理性的重视程度要高于血腥杀戮的非理性及其破坏性。然而，他的核心观点，诸如理性、官僚主义和文化声誉，有着很深的军事主义渊源。由此而论，韦伯在理解战争、暴力和现代性彼此之间的关系方面至少做出了四项重要贡献。

第一，韦伯的研究认为，现代化的诞生与扩张经由一条理性化路径，并与结构性暴力紧密相连。而西方理性主义的发展，在很大程度上依赖于纪律性手段，而这应归功于战争。正如韦伯所说，"军队纪律是一切纪律形式的母体。"（韦伯，1968：1155）在他的分析中，科技进步和经济增长都需要纪律性社会行动。因此，最终影响整个社会领域变革的战争领域变革和纪律伦理与实践的变革彼此形成紧密关联。正如韦伯所说，"冷静而又理性的清教徒纪律使克伦威尔（Cromwell）的胜利成为可能……火药和所有的战争技术……仅仅由于纪律的存在而变得至关重要……纪律对战争运行造成的不同影响甚至在政治和社会秩序领域发挥了更大的作用"（韦伯，1968：1152）。具言之，韦伯将合理性持续增强的军事纪律作为现代欧洲国家官僚组织的基础。他还将军事纪律和资本主义工厂等而论之，认为缺乏纪律性实践的合理化进程是不可想象的："在其主人的控制下，工厂或者其他地方，尤其是在官僚制国家机器中，合理化的全过程与组织机构中物质性工具的集中化是并行的。因此，随着对经济政治需求的满足日趋合理化，纪律不可阻挡地控制了更大的范围。"

第二，对韦伯来说，政治最重要的工具是暴力（韦伯，1994：36）。所有政治最终都建立在武力使用或者以武力相威胁之基础上，韦伯将暴力视作国家存在的目的和理由。尽管现代国家被定义为在特定的领土范围内合法垄断武力，但是韦伯并未将国家理解为一种物质，而是仅仅通过其暴力手段来理解国家："现代国家只能依据一种国家独有并区别于其他政治性团体的独特方式进行社会学定义，即物理暴力。"（韦伯，1994：

341）虽然他认为社会秩序依赖于三大支柱——合法性、贸易和强制力，但是，真正将政治生活同其他人类活动区别开来的是，暴力之使用或暴力之威胁。随着合理性进程的不断发展，政治领域呈现出与经济、艺术或者宗教领域严重分离的趋势，根据韦伯的观点，政治领域逐渐倾向于发展自己的道德标准，并与其他范畴的道德世界呈现相互竞争状态。正是在战争的环境下，政治范畴证明了其道德自主性和强大的动员能力："战争，作为现实化的暴力威胁，能够在现代政治共同体中创造出痛苦、集体归属感，并以此在战士群体中释放一种无条件自我牺牲的团体精神。"不仅如此，战争还可以释放对于贫困人群的同情和爱，而这冲破了自然形成的团体之间的壁垒，并且这是战争带来的普遍现象（韦伯，2004：225）。战争，作为有组织的暴力性社会行为，在士兵们面临持续的死亡威胁时，能够深深地影响个人和集体的意义感。在这一过程中，它创造出的是一种"团结至死"的精神，可以将一般个体对于死亡不可避免的忧虑，转化为一种为特定的高贵事业而做出的自我牺牲："怀抱死亡，只有在这种死亡的沉重中，一个人才坚信自己已深知可以死得其所。"（韦伯，2004：225，斜体字部分）换言之，不管战争造成的灾难性破坏如何，它能为个人和集体的牺牲创造条件，因之提升社会生活的意义并赋予"实施暴力的政治实体"以尊严。

第三，韦伯关于西方理性崛起的言论，可以在结构层面部分追溯到欧洲封建国家的军事起源，以及由国王、诸侯和采邑所形成的社会构成，这种构成以其多元化的权力基础创造了一种无政府环境。与马克思在经济概念语境下对封建主义所作的理解不同，韦伯首先将封建主义看作一种建立在独特军事机构之上的秩序，这种军事机构是由"统治阶级界定的，投身战争或服务于皇室，受到持有土地的特权阶层的支持"（韦伯，1976：38）。封建主义（feudalism）有别于世袭制（patrimonialism），在世袭制下武士们成为国王的附属品；而在西欧的封建社会模式里，封建主义依赖于契约安排，在这里，隶属并不意味着征服，相反，附庸武士对其主人的忠诚是通过较高社会地位的提升而得以确保的，这源于一种"崇高的荣誉观念"。这种个人忠诚感和勇士荣誉感，与骑兵对步兵的统治力相互结合，在欧洲创造出一种相对不同寻常的局面，即多重的权力自治最终为社会秩序的合理化以及资本主义扩张创造了条件。正如韦伯所言："西方充分发展的封建主义的特性在很大程度上是由这样一个事实

决定的，即：它构建了骑士存在的基础——与平民……以及古代东方拥有土地的士兵形成鲜明对照。"（韦伯，1968：1078）

第四，对于韦伯，战争是推动社会变革的一个重要渊源，并且与声誉之观念紧密相连，正如他所说："文化声望与武力威望息息相关。每一次战争凯旋都会增强（国家的）文化声望。"（韦伯，1968：926）它在历史上的早期形式是"圣战"，韦伯将其定义为"一种以上帝之名而发动的战争，特殊目的在于报复亵渎神灵的行为，在圣战中必须对敌人施以禁令，将其与其拥有的一切毁灭殆尽"（韦伯，1963：86—87）。尽管圣战在古代便已出现，但是直至一神论宗教体系出现以后，圣战才开始普遍存在，因为它宣扬一种地位上的集体优越感。当犹太教开始声明"他们，作为耶和华的子民，宣称并免除他们的上帝对他们的敌人的威望之时，圣战开始被伊斯兰教（包括迫使异教徒屈服于某种政治权威）和基督教（异教徒只能选择改变信仰或者毁灭）肆意利用"。随着社会生活日趋合理化，战争伴随社会活动的其他形式逐渐实现惯例化、工具化和官僚化。军事实践和理论的普遍理性化逐渐替代了古代武士的个人英雄主义，现代军队的特征不再是个人的勇气与情感外化，而在于它作为高效的官僚制战争机器。在韦伯的分析中，战争作为一种社会活动，避不开渗透至人类生活各个方面的合理性普遍逻辑。

以上对"圣三位一体"的概述清晰地表明，马克思、涂尔干和韦伯并没有忽视战争和暴力在社会学上的重要意义。反之，涂尔干对于好战性的认识恰恰激发了他对另一种"和平主义"的团结机制的研究兴趣，马克思和韦伯则认识到战争和暴力是社会变革的力量性工具。尽管这些奠基者并没有提出关于战争和有组织暴力的成熟理论体系，然而他们的功不可没。此外，他们对于这些话题的分析、研究和辩论，表明了一些更具重大意义的事情——他们都在反思在那个时代占据主导优势的、原则上体现"好战性"的观念。正如笔者在下一部分将要进行的阐述，19世纪末20世纪初的特征就是社会思想中军事主义观念的盛行。不仅战争和暴力构成了德国学术界的军团灵魂（esprit de corps）（曼，1988；2004），而且相近观念也在欧洲和北美学术圈内得到广泛传播并相当流行。回顾这种"好战性"思想传统意义重大，它不仅表明这是一种在那个时代占据主导地位的研究与解释范式（这与主流学术观点不同），而且也阐述了它对于现代社会学的内在关联意义。正如笔者将在后文详细阐述的那样（在下一章会更加全面地论述），尽管这种思想遗产的绝大部分内容已因遗忘而落满尘埃，但现代政治社会学要极大归功于社会思想中经典的"好战性"传统。

三 古典社会思想中的好战传统

汉斯·约阿斯（Hans Joas）（2003）最近对很多人已经提及的德国社会思想中军国主义传统的存在进行了驳斥。他认为，那些被视为这一传统之代表的思想家们之间，几乎毫无共性可言。尽管他的质疑有正确之处，毕竟好战性并非德国思想界的专属，但是他将这种研究范式的社会影响力及其内在一致性进行最小化的做法却是个错误。尽管这些思想家在政治观点、学科兴趣以及来源国上有显著的差异，但是欧洲和北美诸多颇有影响力的作者，不约而同地将其研究聚焦于战争、暴力和国家权力领域。此外，他们通过一种独特的"好战性"方式来解读社会和政治生活，所做的全部考量又使各自成为某一独特知识传统的代表。换言之，在古典社会思想中存在一种强大的军国主义传统，其概念非常宽泛，涵盖了多种相互区别的研究路径：德国好战国家主义（German belligerent statism）、奥地利—美国群体斗争范式（Austro-American group struggle paradigm）、德国社会自由主义（German sociological libertarianism）、意大利精英理论（Italian elite theory）、英美进化论（Anglo-American evolutionary theory）以及法德社会形而上学（Franco-German social metaphysics）。

（一）德国好战国家主义

基于利奥波德·冯·兰克（Leopold von Ranke）的历史浪漫主义和理想主义，并且在德国（特别是19世纪俾斯麦的普鲁士）独特的地缘政治地位影响之下，许多颇具影响力的德国知识分子开始潜心研究暴力和权力在创造国家的历史进程中发挥的作用。尽管兰克的理论遗产对启蒙运动的普世主义与理性主义抱有敌意，也包括对科学方法论及因果性的坚决抵制进而支持历史独特性，但是普鲁士政治家们形成了对于国家的敬畏之情，重视外交政策在理解社会关系中的重要作用。尽管这种"好战"思想传统有很多颇具影响力的代表人物，但其中有三位社会思想家尤为突出：海因里希·冯·特赖奇克（Heinrich von treitschke）、奥托·欣策（Otto Hintze）和卡尔·施米特（Carl Schmitt）。

特赖奇克是一位既博学又杰出的公众人物，其观点在19世纪末20世纪初几代德国知识分子身上都留下了印记。对于特赖奇克，国家力量在很大程度上等同于一个国家追求自身意志的能力。实际上，国家被定义为力量："国家是人们通过合法形式联合而成的一股独立力量"，或者说"国家是一种包含进攻和防守的公共力量"（特赖奇克，1914：9、12）。从这一角度来看，国家完全被人格化、具体化和简练化了，因为它获取了固定不变的似人类能力——人格、意志和需求。用他自己的话说："如果我们记住这种伟大的集体人格的本质就是力量，那么，捍卫自己的力量就成为国家至高的道德义务。"（特赖奇克，1914：31）在这种理解之下，不仅没有一种存在于国家之外抑或凌驾于国家之上的权力，而且国家存在的目的及理由就是力量的积累、保存和利用。为此，他进一步强调："权力乃国家之原则，正如信仰乃教会之原则，爱乃家庭之原则。"（特赖奇克，1914：12）在此意义上，国家履行两个本质职能：在领土范围内，伸张正义；在领土之外，参与战争。作为一个主权实体，它的权力无论对内或对外均无界限，因为国家可以在愿意的时候以希望的方式，或发动战争，或镇压叛乱。此外，"无战争则亦无国家"，因为国家的创建只能通过战争手段。特赖奇克部分认同冯·兰克的观点而指出，国家的制度来源于战争，因为国家的雏形本就建立于强大部落对弱小部落进行征服的基础之上（阿霍［Aho］，1975：38）。

与启蒙思想的原则相反，特赖奇克认为，国家不是建立在人民主权基础上的，实际上"是违背人民意愿的"（特赖奇克，1914：39）。正是战争的经历将个体塑造进民族国家之中："只有通过战争，一个人才能真正成为人。"（戴维斯［Davis］，1915：150）正是对军队的控制，国家才得以定义。对此，特赖奇克简要指出："国家不是艺术学院，更不是证券交易所；国家是一种力量。因此，如果它忽视军队便违背了自己的本性。"（特赖奇克，1914：100）正如乔伊森（Droysen）和东克尔（Duncker）等其他深受黑格尔目的论影响的普鲁士历史学派代表人物，特赖奇克将历史理解为一种道德进程：一个特定国家的成功——很大程度上取决于其打赢战争的能力——这被解读为更高道德产生的指示器。国家是一种凌驾于个人之上的绝对道德，拥有无所不能的力量，并通过与其他国家的外部冲突来塑造自身的存在。

奥托·欣策是特赖奇克的学生，这一事实显见于他的早期作品之中，其中偶尔会体现出"对国家的神秘信仰，这种信仰将国家看作为一种具有自己生命的高级实体"（吉尔伯特，1975：13）。不过，欣策虽然重点强调国家权力以及外交政策和战争对形成现代秩序的重要意义，但却发展出一种更加复杂的研究权力和集体暴力的方法。不同于特赖奇克的规范军事主义以及对战争和国家的颂扬，欣策开始对历史社会学上权力转化的本质进行诠释。回顾宪法国家发展的历史，欣策认为："所有的国家机构最初都是军事机构，即为战争而设立的机构。"（欣策，1975：181）一些代表性政治机构，比如议会，都可以在战士集会中找到其根源，因为政治团体中的成员资格取决于一个人的作战能力。通过广泛探索古希腊和古罗马政治机构、欧洲封建体系、13世纪和14世纪的等级制国家（Standstaat）结构和起源以及18世纪和19世纪初期的专制秩序，欣策总结出创立国家的两个决定性历史因素：社会阶层结构（structure of social classes）和国家外部秩序（external ordering of states）。这两个因素均与战争相关联，因为内部和外部冲突往往呈反比。欣策以罗马为例："无论群体在何处具有足够的适应性，比如罗马，来自国外形势的压力都会促使有政治权利的公民数量逐步扩张，因为国家需要大量的士兵。从实质上说，正是这种外部压力和内部灵活性的结合，才使罗马从一个城市国家发展成世界帝国。"（欣策，1975：183—184）他明确了国家和军事力量变革的三个决定性历史时刻：a）部落和氏族体系，其中，"国家和军队实际上是完全相同的单元"往往通过亲属团结和相当程度的社会平等得以巩固；b）封建时代，大规模非职业步兵向全副武装的骑兵转变进而改变了战争的本质，与此同时，一个具有多重金字塔结构的松散中央权威，让位于一个等级森严并且最终具有世袭制特征的社会结构；c）军国主义时代，在这一时期战争的蔓延导致了频繁的财政危机，促进了税收和国家中央集权化、普遍兵役的发展（武装国家）以及一种被新平等主义原则所定义的宪法国家结构，在这其中"战士和平民的区分——战斗者和补给者的区分得以消除"（欣策，1975：207）。从这一角度看，现代时期或者如欣策所称的军国主义时期，更倾向于有组织暴力，因为此时个人并不是作为帝王的雇佣军或者奴仆而参与战争，而是被社会化的、将自己的民族国家视为一个至高无上的道德权威，值得"一个群体、一个集体人格"为之奉献生命。换言之，对于欣策如同对于特赖奇克一样，恰恰是"权力政治和权力制衡政治"创造了"现代欧洲的根基"。

尽管卡尔·施米特是一位法学家和法学理论家，而不是社会理论家，但是他的政治学理论却是好战集权主义传统不可或缺的一部分。如同特赖奇克和欣策一样，施米特关注的重点是社会生活的强制性、冲突驱动性及权力驱动性。然而，与前两位思想家相区别的是，施米特在更加广阔的范围内理解权力和政治，而不是仅仅局限于民族国家的权力范畴。他认为政治行动历史性地先于国家变革，且一旦民主化进程启动，国家和社会得到全面发展，便会相互渗透，在这种情形下，"曾经的国家事务因此变为社会事务，反之亦然，纯粹的社会事务也变成了国家事务"（施米特，1996：22）。换言之，施米特将激进的集权国家主义融入了逻辑结论之中，认为国家和社会变得难以区分。施米特认为，政治不应该仅仅被消极性地定义为宗教、文化和经济的对立面，而是应该有自己的积极性定义。施米特回应了特赖奇克理论中关于信仰与教会、爱与家庭以及权力与国家的联想法则，他认为如果道德的疆域要以区分善与恶为特征、经济领域要区分盈利与非盈利、美学要区分美与丑，那么政治概念也需要一个纯粹的范畴化区分。在他看来，政治的本质性区分在于朋友与敌人。质言之，政治应该脱离于道德，并用自己的方式来进行研究："政治敌人并不必然代表道德层面之邪恶和美学层面之丑陋；同样不必以经济上的竞争者身份出现……然而，他是别人，是陌生者；……存在主义层面上有区别的异质物，因此在极端情形下便有了与他存在冲突的可能性。"（施米特，1996：27）这两者并不被施米特理解为社会行动的标志抑或隐喻，而是被视为社会行动的本质性、存在主义范畴。政治行动内嵌于对抗性之中，归根结底作为战争的一种形式而存在：如果在主权国家层面不存在外部威胁以维持对敌友双方的区分，那么这种两极分化就有可能在国内进行自我复制，政党政治就会呈现出更深刻的对立性。[1] 无论政治的最终效力是如何植根于它潜在的致命性之中："朋友、敌人以及战斗的概念获得了其真实的意义，正是因为其涉及物理杀戮的真正可能

---

[1] 施米特将克劳塞维茨"战争是政治的延续"的格言，以其他方式吸收到他的朋友—敌人区分中来，"战争，对克劳塞维茨来说，不仅仅是众多的工具之一，而是朋友—敌人分类的最终解决方案。战争有它自己的法则……但是政治保留了它的大脑。它没有自己的逻辑。"

性。"战争由敌意中产生。战争是对敌人存在的否定。因此，权力政治和冲突是社会生活的基石，如果不消除政治生活本身，就无法彻底根除朋友—敌人之间的分化。

尽管这三位思想家的观点之间存在显著差异，但是他们都认同两个核心观点：一是强制力被视为社会生活与政治生活的核心；二是国家被视作一种由暴力创造并维持的、无所不能的独立政治力量。

（二）奥地利—美国群体斗争范式

好战的集权国家主义具有特殊的结构性和宏观历史性，而多数其他的"好战的"思想派别更加具有以组织机构（agency - centred）为中心的研究视角。正如随后将要讨论的那样，尽管古典社会思想中的"好战"传统呈现出实质的差异性，但是他们普遍使用的论据中都暗含着相似的逻辑——社会生活在很大程度上是以不同群体之间的冲突为特征的。在他们的分析中，暴力和战争都承担着重要的角色，要么作为群体斗争的主要手段，要么作为获取或维持权力的社会机制。

尽管路德维希·贡普洛维奇、古斯塔夫·拉岑霍费尔和莱斯特·沃德仅仅作为大陆和美国社会达尔文主义的边缘型代表人物被提及，但他们的观点和理论几乎与达尔文主义没有共同之处。实际上，贡普洛维奇的实证主义社会学在很多方面算是涂尔干思想的认识论前身，因为他曾第一个提出社会现实具有独一无二的特性，且认为社会生活不能被归纳为一种生物学意义上或者心理学意义上的现实。贡普洛维奇对将生物学或者唯器官变化论的表象归因于社会进程的观点持批判态度，在他看来，社会无非是多个群体的集合："社会进程的真正元素是群体，而非单个的人。"（贡普洛维奇，[1883] 2007：39）在他的理论中，群体决定了个人的思想和行为，并因此倾向于发生无止尽的冲突。在其最重要的一部著作《种族斗争》（*Der Rassenkampf*）（1883）中，他认为群体是社会行动的核心动力，基于文化相似性和共同行动所产生的集体间的强烈情感让他们团结在一起，这一过程被他称为"同源化"（syngenism）。[①] 作为一种在历史长河中发展形成的集体凝聚力的重要源泉，"同源化"促进了种

[①] 有必要弄清楚的是，在很多19世纪末20世纪初的社会学文学中，"race"一词经常被用作社会群体的同义词，而尚无其后来固有的生物学和种族主义寓言。因此，贡普洛维奇的"race struggle"其实真正的意义是"group struggle"。

族优越感的形成，导致群体之间相互竞争。在他的"历史周期"观点中，群体斗争是社会变革的基础：社会生活是一个群体征服另一个群体的过程，因而具有内在暴力性。同源性的分类促使了游牧部落、宗族和族群的形成，所有这些都会参与到周期性的突袭或者战争中。贡普洛维奇将家庭、个人财产和法律的起源都追溯到这些暴力的群体掠夺中，获胜的勇士为了彻底消灭失败的一方，会占有他们的女人、财物并行使对被俘者的权利。进一步而言，国家作为一个集权化的、基于领土之上的组织，其起源也是战争。根据贡普洛维奇的观点，国家通过一个暴力的过程而出现，在这一过程中一个群体征服另一个群体并借此将奴隶制制度化，以直接剥削被征服的群体。随着这一过程的深入，较小的群体被并入一个规模更大、实力更强且由高度阶层化的劳动力分工体系支撑的组织实体之中（贡普洛维奇，1899）。这一过程在意识形态层面的强化借助了法律体系的出现，即一套仅仅为了强化征服群体的特权而设计的法律体系。在贡普洛维奇看来，这是一种普遍的现象，在现代化过程中这种现象被复制成一种更为复杂的形式，即国家之间为了霸权和征服而战。人类文明的发展与战争紧密相连，因为成功的征服战争带来了文化、艺术和科学的兴起：战争的胜利者创造出一种寄生性的安逸贵族阶层，而将被征服的战士转化为工人。尽管现代社会和国家具有明显的复杂性，但贡普洛维奇认为，种群斗争在整个历史中几乎都是基于相同的原则展开的，且直至今日仍维持着其原有的强度。

古斯塔夫·拉岑霍费尔是一位哈布斯堡王朝的将军、军事史学家、社会学家，也是贡普洛维奇亲密的合作伙伴，他将群体斗争理论带上了一个新的台阶。拉岑霍费尔同样透过激烈的社会冲突视角来审视人类生活，并解释暴力征服后形成的国家。在他看来，社会生活的源泉可以从霍布斯式的"绝对敌对"的逻辑中找到。与贡普洛维奇使用的方法相似，他关注群体行动而不是结构，因为他将社会学理解为"人类之间相互关系的一门科学"（拉岑霍费尔，1904：177）。他赞同导师的实证主义认识论，认为社会学的核心工作就是寻找指导社会生活的普遍规律。然而，他关于人类发展的一般解释要比贡普洛维奇更具发展性、目的性和乐观精神。尽管从严格意义上讲，他无论如何都不能算是社会达尔文主义者，但他仍然借用自身所处时期的标准进化论方案，来解释人类社会从原始阶段到高级阶段的逐渐转变。在这种背景下，他指出每一个阶段的发展都是以内外部的斗争为特征的，并且社会进步和群体暴力是紧密联系的：
"战争是社会发展的结果。"（拉岑霍费尔，1904：186）在他看来，那些主宰了人类社会的征服国家（Erobererstaat）终将被一种文化国家（Kulturestaat）取代。

尽管如此，不同于贡普洛维奇将有形的群体作为社会行动的主要煽动者，拉岑霍费尔认为，集体"利益"是社会冲突的关键动力。在他的理论中，社会实际上是集体利益角逐的战场。这些利益是指导集体行动的积极的社会推动力量，并且它们自身难以被察觉，因此需要一种对于现实生活的抽象分析（本特利［Bentley］，1926：252—253）。拉岑霍费尔对在不同抽象层次上发挥作用的多种类型的群体利益进行了区分：从"一般利益""国家利益""阶级利益"和"亲属利益"，到"等级利益""金钱利益"或者"信仰利益"（拉岑霍费尔，1881；斯莫尔，1905：252）。这里的核心是，由于利益是多种多样的，个人和群体不可避免地成为竞争和争夺不同利益的动态主体；因此，整个集体与特定利益之间不存在必然的重叠。然而，由于社会生活是被不可调和的利益所驱使的，在这种意义上，集体利益仍与冲突和暴力息息相关。

莱斯特·沃德深受贡普洛维奇和拉岑霍费尔理论的影响，还与阿尔比恩·斯莫尔共同在美国宣传他们的思想。沃德进行了赫拉克利特式的论述：冲突是所有创造的源泉，无论在物理、生物还是社会层面皆如此（沃德，1913；1914）。他提出了"协同作用"（synergy）的概念，这种理论被理解为"始于碰撞、冲突、对抗和敌对"的宇宙原则，但是，"由于运动始终存在，形式发生了转化，我们有了更加温和的对立和竞争方式"，最终实现了妥协与合作（沃德，1914：175）。区别于依据固有的遗传基因性质划分种群的社会达尔文主义，沃德吸收了贡普洛维奇的关于阶级分层以及国家均源于一个群体对另一个群体暴力征服的解释。他认为，所有大型的政体都是通过暴力出现的。最初，被征服的种群会怀有对其征服者的强烈厌恶，但是逐渐会被强制同化，而共同的"民族情感"的出现会协助实现政体的统一进而建立民族国家。沃德认为，战争和暴力都是社会生活的正常状况，并且是社会进步最重要的动力。在他看来，对历史的社会学分析显示出"战争一直是人类进步的主导条件……当种族（社会群体）停止斗争的时候，社会进步就会停滞……如果和平的传教士能够让他们的忠告被所有人接受，那么世界可能会普遍和平，甚至大部分人都会满意，但是社会从此会止步不前"（沃德，1914：260）。①
然而，并非所有形式的集体暴力都被认为对社会发展有利。沃德将那些被认为有害的革命暴力与那些原则上具有重要价值的战争区分开来，因为前者破坏了人类长期以来建立的有机的社会秩序，而且没有用一种更好的社会秩序取代它，而后者通过征服创造了更为复杂的社会单元。用他自己的话说，成功的战争带来的结果是保留了"不同社会结构中最精华的部分，并将其整合，进而创造出不同于且优于以往任何结构的全新的社会结构"（沃德，1914：247）。尽管沃德的方法大体上与贡普洛维奇的模式相一致，但是他明显脱离了贡普洛维奇的悲观主义思想。沃德是以国家为主导的、有计划性的社会进步的坚定信奉者。在这一语境下，他创造出了"目的性智力"（telesis）的概念，不同于在无意识状态下运转的"遗传智力"，"目的性智力"被认为是一种有意识的、具备科学发展性的社会机制，可以推动积极、进步的社会变革。因此，沃德提出"目的性智力"理念，在这一理念之下，社会的进步可以通过科学和教育的运用而得到方向性的指引。

（三）德国社会自由主义

弗朗茨·奥本海姆和亚历山大·罗斯托（Alexander Rustow）在对国家暴力渊源进行解读的时候，显然受到了奥地利群体斗争学派的深刻影响。然而，他们的理论前提虽然都涉及了国家内在的强制性历史及特征，但得出的结论却与贡普洛维奇和古斯塔夫完全不同，因为这二人都有反国家集权的自由主义规范思想。

继承了奥地利的冲突传统，奥本海姆发展出一套国家征服理论，该理论认为："国家，在其起源上完全是，在其存在的第一个阶段也基本完全是，建立在一部分获胜的群体对另一部分被击败的群体的强迫基础之上的社会制度。"（奥本海姆，[1926] 2007）在他看来，国家在本质上就是一种暴力机构，其出现是暴力冲突的结果，通过这些暴力冲突，占统治地位的群体压迫被征服的群体。从这一点来看，国家是一个等级制的、以阶级为基础的组织，不断地需要一个群体征服其他群体。然而，不同

---

① 在沃德看来，战争并不是社会研究方法的一种形式，"因为人类的整个历史过程都是以不断的战争为特征的，由此断定疾病一直是人类社会的首要条件和主角"。

于贡普洛维奇，奥本海姆将社会行动的政治手段和经济手段区分开来，他认为政治手段具有本质上的暴力性（例如，强盗行为），而经济手段通常是和平性的（例如，劳动）。因此，世界历史被看作这两个领域不断竞争的历史，因为诸如战争这样的政治手段——被定义为有组织的大规模抢劫——已经在历史层面被证明是占有他人劳动力的更有效机制。奥本海姆认为，只有在游牧部落出现以后国家才开始产生，因为居所固定的农民中产生不了高效的武士："所有国家产生的原因就在于农民和牧民、劳动力和强盗之间形成的对照……游牧民的好战性格是国家崛起的一个重要因素。"（奥本海姆，2007：28）但是，最初游牧民族的武士们都扮演着"熊"的角色，喜欢摧毁比其更脆弱的敌人，逐渐地，随着国家制度的发展，他们的角色转变为"养蜂人"，会宽恕自己的敌人，以便通过获取敌人的贡物来实现对其的剥削。在这一过程中，国家的统治者们会完善法律并确立宗教权威，以证明其"统治状态"具有正当性。然而，根据奥本海姆的观点，纵然时间流逝，国家的核心特征却始终保持不变："国家依靠相同的原则来维持自己的存在。最初的国家是战争式劫掠的产物；并且国家也在依靠战争式的劫掠得以存续。"（奥本海姆，2007：85）同样的原则也被应用于更高级形式的国家体制中："征服土地和人民是一个领土国家存在的根据；在不断征服土地和人民的过程中，国家日益强大，直到……其社会学上的界限，取决于国家接触到了与其类似并无法征服的其他国家。"（奥本海姆，2007：85）然而，与奥地利斗争理论形成鲜明对照的是，奥本海姆对于用经济手段取代政治手段的可能性持乐观态度，因为不断增强的全球商务和贸易导致了"经济的重要性逐渐胜过不断削弱的战争和政治关系的重要性"（奥本海姆，2007：153）。

亚历山大·罗斯托的理论开始于一个类似的命题，即：现代国家体系的产生可以追溯到优势群体的征服活动。他介绍了三个关键概念来解释世界历史的发展模式："超级分层"（super stratification）、"高雅文化"（high culture）和"文化金字塔"（culture pyramid）。超级分层指的是军事征服这一历史性普遍进程，通过一个群体侵略另一个群体的领土并建立自己的控制，从而创造出"在内部结构上基于鲜血和暴力的人类社会组群"（罗斯托，1980）。虽然一方面，这一过程通过明确区分征服者和被征服者来建立阶层化的社会关系；但另一方面，它却自相矛盾地促进了"高雅文化"的发展。尽管高雅文化是强制专业化的结果，但是，根据罗斯托的理论，一旦它得到全面发展，就会产生各种可能性，"借此，奴役制可能会被战胜，与人类天性相一致的独立和自由会再次实现"（罗斯托，1980：13）。这种自相矛盾的历史发展状况又是通过"文化金字塔法则"来定义的，这里罗斯托的意思是指：文明的任何实质性进步都需要大型组织机构的存在，这种机构只能够——在历史上也曾经——通过使用强制性手段被建立，即将众多小部落统一到一个征服型群体的掌控之下。一旦这种具有先进性劳动力分工体系的政体被建立起来，就会促使一些具有专业性且富有创造力的文化生产者从统治阶级中产生，从体力劳动中解放出来。换言之，如果没有超级分层的暴力"原罪"，便不会有先进文明的诞生。在罗斯托看来，古希腊时代西方高雅文化正是冉冉升起于征服和阶级分层周期的第一个间歇期，因为希腊城邦通过一个相对柔性的政体在公共生活和个人自由之间实现了某种平衡。在他的分析中，任何通过超过必要最低限度来强化国家或者授予统治者权力的尝试，都将导致他所说的"封建"秩序的产生，这一秩序将会以牺牲人类自由和社会团结为代价再次引起超级分层。因此，他指出了欧洲历史上很多时期因"封建"社会关系的复辟而导致的个人自由的丧失，包括导致政治神圣化的攻击教会统治的宗教改革运动，因为反宗教改革运动导致了神学上的专制主义，为独裁主义及后来的极权主义政治铺平了道路。类似的情况还有，欧洲国家的殖民主义和帝国主义扩张为新时期的超级分层打开了一扇门，因为奴隶制和领土征服开启了西方封建趋势回流的闸门。

（四）意大利精英理论

尽管维尔弗雷多·帕累托（Vilfredo Pareto）和加埃塔诺·莫斯卡（Gaetano Mosca）都是社会学领域精英理论的著名代表人物，但人们对他们关于战争和暴力的分析则鲜少关注。他们都将历史解释为有组织的少数人对无组织的大多数人的永久统治，并且他们也突出了强制力在这一过程中所发挥的不可替代的作用。具言之，他们都认同两个必要且共存的、能够确保精英统治在任何社会和政治秩序中都存在的成分——意识形态和武力。

在帕累托的精英循环理论（帕累托，1935）中，从社会大众中涌现出的新精英阶层的崛起抵消了旧统治者的衰落，并将历史变成了"贵族的坟墓"。然而，任何精英，暂且不论其出身，为了获取和保持权力，都不得不依靠意识形态霸权（推论），甚者会依靠武力。尽管认识到了强制对社会变革的重要性，但帕累托仍将暴力和武力加以区分："暴力（violence）……不能与武力（force）相混淆。通常，我们在很多案例中会发现，当一些失去力量的个人或者阶级企图继续维持自己的权力时，常常会因为肆意使用暴力而使自己变得越发被深恶痛绝，因为他们肆意地使用暴力。最强大的人仅仅在最需要的时候才出击，在那个时候任何人都阻止不了他。""图拉真非常强大，但是他并不暴力；卡利古拉非常暴力，但是他不强大"（帕累托，[1902] 1973：79）。因此，武力被视为是成功统治的基础，不管是在一个特定的社会内部还是在与其他社会的关系上。对于帕累托而言，一个精英统治阶层的肆意挥霍和无节制放荡，都势必导致自己被新出现的精英阶层以暴力形式推翻，同时无力保护自己的国家，从而常常导致被其他国家征服。第一种情况可以用法国大革命的结果加以说明："在18世纪末期，当法国的统治阶级正在全神贯注于培养'敏感细腻'时，断头台上的铡刀已经在暗影中被打磨得锋利无比了。"这种慵懒而轻浮的社会生活如同国家的寄生虫，在优雅的晚宴上高谈阔论自己要使这个世界摆脱迷信、要征服贱民，所有人都想不到自己最后会被粉碎（帕累托，1973：81）。第二种情况更加司空见惯，那就是，"也许在这个星球上，没有一英尺的土地没有在某个时间被刀剑征服过"。从这个意义上讲，帕累托认为殖民政策只不过是在"文化使命"和"人道主义情感"伪装之下的强权政治，对非洲的争夺和对半殖民地半封建中国的控制，都是靠赤裸裸的武力来完成和维持的，也只能通过武力来推翻。帕累托认为，意识形态不能与强制力相比，因为它只不过是获得武力的一种手段。帕累托间接地与韦伯相呼应，认为"要想获取反映社会真实性的法律或权利，武力是必需的"，因为权利和法律都来源于武力，因此"只有通过武力，社会制度才得以建立，也正是通过武力才得以维系"（帕累托，1973：80—81）。

莫斯卡的一般论点也大致相似，其也认为武力是维持社会发展和少数统治的核心。如其所言："历史教导我们，持枪使矛的阶层常常会将其规则强加于那些使用铁锹和梭子的阶层之上"（莫斯卡，1939：228）。然而，他的理论更加关注的是使有组织的少数人得以统治无组织的多数人的组织性与制度性机制。这在莫斯卡关于军事行动和战争的分析中得到尤为显著的体现,在这一分析中,他指出现代国家的诞生与发展深深植根于权力集中化以及官僚机构扩张化在两个关键领域持续发展的过程——军事领域(对军队的有效控制)和财政领域(对金钱的有效控制)。在《统治阶级》(1939:222—243)一书中,他对军事组织进行了比较历史分析,以表明无论是职业军队的建立还是广泛募集的军队,都无法阻止少数人统治的出现。这种缺乏专业军事组织和与战争有关的专家的全民皆兵的募兵方式将会产生一个问题,即"在危险发生的时候将不会有士兵挺身而出",届时,军队会被规模较小但更有组织性的一方轻松击败,尔后这一方就会控制这个被征服的社会。而职业化的军队模式又会产生另外的问题:"在(现代的)官僚制国家……职业军队将会吸收所有的好战性元素,他们随时可能因一时冲动而擦枪走火,这就使得他们很容易对整个社会发号施令。"(莫斯卡,1939:228)因此,军队需要在经济、军事和政治统治阶层之间达成一个微妙的平衡和权力共享,以防止向军事统治倾斜。此外,在这两种情形中,军队的效率部分依赖于它严格的等级体系,这种体系可以将劳动力成功地区分为少数人的军官阶层(常常从社会的统治阶层中招募)和数量居多的服从性的"列兵和军士"。尽管这种区分未免过于武断,正如莫斯卡指出的那样,但它确实呈现在历史上所有有组织的、成功的职业军队中,从古埃及到中国满清的军队直至现代军队,概莫能外。如果没有严格的社会分层,军队就不会高效,因此也无法打赢战争。莫斯卡将人类看成一种根本的冲突驱动型生物,与帕累托一样,他对无战争的未来世界景象持悲观的态度。在他的分析中,冲突永远不会消失,只会从一个领域转移至另一个领域:"利益冲突和利用残暴武力来遂己之意的情况永远不会消失……当那些组织(现代职业军队)被解散或弱化时,我们又拿什么来阻止那些由强者、勇者和暴力者构成的小规模组织再次复苏从而欺压弱者、践踏和平呢?当大规模战争消失以后,它难道不会在家庭、阶层、村落之间的争吵中小规模地获得再生吗?"(莫斯卡,1939:242)

(五)英美进化论

真正自相矛盾的是,唯一拥有显著的好战名声的传统社会思想,恰恰却是所有思想中最缺乏军事主义色彩的。经常被轻蔑地称为社会达尔文主义的早期社会进化理论,主要在赫伯特·斯宾塞和威廉·G.萨姆纳

（William G. Sumner）的著作中得以体现，对现代性持有一种友好的观点。斯宾塞和萨姆纳以一种目的性和进步主义的方式来定义社会生活，从而将人类社会看作从原始主义、暴力向复杂、先进与和谐迈进的过程。

尽管斯宾塞发明了"适者生存"（survival of the fittest）这一新概念，并且将浓厚的唯器官主义思维和生物学意象运用到社会世界中，他对进化发展的理解与其说是达尔文主义，不如说是拉马克主义（Lamarckian）更为确切。换言之，有别于达尔文将进化解读为不设定方向、意义和目的之自然选择（natural selection），斯宾塞坚定地认为，已获得的生物特征可以遗传给后代，而且进化发展将达到一个终点，一种完美的状态——一种均衡。在斯宾塞的理论中，社会秩序类似于自然，因为它也是从简单、未分化的同质性发展为复杂的、已分化的异质性的过程。在这种背景下，他提出两种理想社会类型：军事（militant）社会和工业（industrial）社会。工业社会被认为是和平的、分散的、经济上繁荣的、有社会机动性并且本质上是出于自愿的、有契约的社会安排；军事社会则恰恰相反：层级分明的、暴力的、集权的、独裁主义的、服从性的，而且社会阶层稳定。因此，斯宾塞认为战争是未分化社会的一种现象，它重视强大而集中的内部控制体系，因为他们会定期处于与相邻社会的冲突之中。在这种社会秩序下，军队和社会合二为一："军事社会是这样一种形式，即在它的内部，军队是被动员起来的国家，而国家是静止的军队。"（斯宾塞，[1876] 1971：154）这种带有激烈冲突的不稳定的社会环境强化了纪律、对权威的信仰、自给自足以及好战型社会的阶层化结构具有的核心价值地位，从而使其能够在外来攻击面前用集体的力量捍卫自己。在这样的社会中，没有个人存在的空间，因为"每个成员都为整体的利益而存在"。具言之，这是一种强制合作的社会，"这种被用于对付周围敌对社会的社会结构被置于一种中央集权的调控体系下，所有的社会部分都必须服从于这一体系；就如同人类的有机体一样，所有的外在器官都必须听命于主神经中枢"（斯宾塞，1971：159—160）。不过，虽然他认为军事主义是前现代化的事物，但斯宾塞非常清楚特定社会秩序的复杂性使得其无法确保内在和平的实现。外在冲突的出现或缺失是更好的预测手段，因为进入持久冲突状态的社会倾向于发展出一种好战的社会结构，无论其组织复杂与否。

萨姆纳在区分简单的、有显著同质性的前现代化社会和具有复杂的异质性的现代社会秩序时紧随斯宾塞的步伐。他同样断定自然选择是社会变革的关键动力，这在社会世界中被认为等同于不受约束的行动自主性："如果存在真正的自由的话，那么它就是自然选择的产物；但是如果存在社会偏见、垄断、特权、正统、传统、普遍的妄想……那么选择就不会出现。"（萨姆纳，1911：222）萨姆纳同样通过"生存竞争"（competition of life）的生物学隐喻来理解战争，他认为，不同于个人出于生存本能的奋斗，这里的"生存竞争"是一种集体现象，他将"我们群体"与敌对的外界区分开来。在他看来，正是"生存竞争""创造了战争"（萨姆纳，1911：209）。与斯宾塞采用的方式相同，萨姆纳也是在群体分化的背景下设想好战性的出现的。他提出了种族中心主义（ethnocentrism）的概念来解释"天生的内群体优越感"和因其而生的"对外群体的敌视"之间的关系。但是，萨姆纳这里关注的角度并非心理学的，而是社会学的，因为他通过群体间冲突的激烈程度来分析群体内的同质性现象："与外来群体战争的紧迫性是群体内和平的原因"，并且"这种紧迫性也催生了群体内的政府和法律"（萨姆纳，1906：12）。换言之，战争与和平之间存在着辩证联系，因为内在的凝聚和友好依赖于外来的冲突，反之亦然。具言之，敌人的距离和实力直接决定了战争的量级："邻敌越接近、越强大，战争就越激烈，双方内部的组织和纪律就越严密"（萨姆纳，1902：12）。然而，萨姆纳的理论在两个方面区别于斯宾塞的理论。首先，他认为战争是随着文明的演进而不断扩张和强化的："众所周知，一个人在最原始和最不文明的状态下不会常常发动战争；他恐惧战争。他更应该被描述成一种和平的动物。真正的战争是伴随与较为发达的社会的碰撞而发生的。"（萨姆纳，1911：205）战争的实践与政治组织的产生是联系在一起的。尽管冲突是人类的一个普遍特征，与其他动物一样，但战争的制度确是一个社会的产物，它依赖于文明的进化。其次，不同于斯宾塞将战争看作一种几乎纯粹的破坏性力量，萨姆纳发现，战争在人类历史中无意地带来了一些有益结果："当人类为荣誉和贪婪、为复仇和迷信而争斗的时候，他们实际上是在建立人类社会。他们在获取纪律和凝聚力；他们在学会协作、坚持、刚毅和耐心。"（萨姆纳，1911：212）这样，战争不仅仅是促进了科技进步、科学发明和教育发展，"而且它还发展了社会组织，创造了政治制度和阶级"，并且建立了"更大的社会单元和国家"。换言之，对萨姆纳而言，"战争是一种粗鲁的、不完美的（自然）选择"（萨姆纳，1911：222）。这并非意味着，萨姆纳提倡军事主义。恰恰相反，萨姆纳将战争理解为一种需要人类去补救的自然现象和社会现象："一位将战争作为工具的政治家要承认自己的无能；一位将战争作为党派游戏的筹码的政治家则是罪犯。"（萨姆纳，1911：224）

（六）法德社会形而上学

或许古典社会思想中最好战的方式体现于乔治·索雷尔（Georges Sorel）和格奥尔格·西梅尔（Georg Simmel）的著作中。尽管这两位思想家很少——如果有的话——被认为归于同一学术传统之内，但是他们对于战争和暴力的理解却有诸多相似之处。尽管他们有不同的认识论框架，但他们都将暴力解读为一种社会和本体论上的必备要素。集分析论和规范论为一体，他们将战争和杀戮的体验看作实现个人和群体意义的强劲动力以及剧烈社会变革的点火器。尽管他们的起点完全不同，但是他们对于暴力和社会的形而上学分析具有相当程度的重叠性。

对索雷尔而言，暴力是推动社会变革不可或缺的机制（索雷尔，[1908] 1950）。他尤其关注无产阶级暴力，他认为这是推翻资本主义国家剥削者的核心手段。然而，不同于传统的马克思主义，索雷尔提出了一种唯意志论的、具有强烈非理性主义色彩的革命性改革模式。在他看来，这种激进的变革既需要意识形态手段也需要暴力手段：大罢工的政治神话和阶级斗争的激烈化。索雷尔将大罢工的理念理解为一种浪漫、传奇且强有力的标志，能够推动无产阶级行动。吸收了柏克森派的直觉概念，索雷尔认为人类，当然也包括工人，是会被总罢工的神话所传递的情感驱使的。尽管这种政治神话提供了一种意识形态的动力和指引，但是社会变革的主要工具仍然是阶级斗争（class war）。他将这一过程称为"英勇进取"（heroic aggressiveness），与标准的战争并无区别："无产阶级的暴力行动……是纯粹的战争行为；他们具有军事演习的价值，并且标志着阶级分化。"（索雷尔，1950：105）其目的在于强化阶级差异，实现工人和资产阶级的两极化，分清敌我，以实现革命的成功。换言之，阶级斗争并不是一种隐喻，而是一个真实的、暴力的冲突，并且只有通过使用暴力且一方战胜另一方才能够得到解决。就这一观点而言，如果没有流血以及作为社会战争短暂战场的暴力罢工，就不会产生更好的社会："如果不为暴力辩护，那么社会主义也不会长久存在……罢工是一种战争现象……社会变革就是这种战争的延伸，而在这其中每一次罢工都是一个片段。"（索雷尔，1950：301）在索雷尔的理论中，暴力是与唯物主义颓靡中提炼出来的社会道德之涅槃现象联系在一起的。通过利用这一革命的、纯洁的和正义的暴力，工人们被神圣化了。他的革命工团主义被认为是文明的一种崭新的、更高阶段的道德，而这一阶段需要流血牺牲。从这一角度来讲，暴力行动自古以来就是不可避免的，因为古老的、非正义的、道德沦丧的社会秩序不能通过改革来转变，只有借助武力才能得到解决。

西梅尔对于全面战争表达了一种相似但语境更为宽泛的观点。尽管他的早期著作将冲突理解为一种社会秩序的要素并且是微观层面的群体动态变革的必经阶段，但在他后期的著作中，则更多在剧烈变革的宏观社会环境（比如战争）中对上述观点进行发展。在西梅尔看来，所有的社会冲突都显示出一些普遍的特征，比如他们是群体融合之源泉，他们通过强化集体两极化来加强群体外部的边界，他们强化集体内部的忠诚并且协助实现群体结构集中化（西梅尔，1955［1908］）。然而，战争并不仅仅限于一种社会冲突。在他看来，战争构成了一种"绝对情景"（absolute situation），一种能够剧烈改变整个社会及其核心价值、原则与实践的独特社会事件。西梅尔在写于第一次世界大战期间的作品中声称："我们中的大多数正生存在一种所谓的绝对情景之中。我们过往生活的全部境遇都关乎多与少之间的权衡，这似乎是每天的常态。而现在，所有这些都不再是问题了，因为我们面对的是一种绝对的选择。是否或是何时牺牲或妥协，就此我们不再有多与少的关乎数量的纠结。"（西梅尔，1917：20）战争升华了个人阅历并且再造了一种超越平庸的生活意义。一方面，战争意味着终结了利己的崇拜财物的消费主义痴迷（他用的术语是"拜金主义"和"灵魂的混乱"）；另一方面，战争又作为一种"统一的、简单的、集中的力量"，使得个人的生活变得从属于更高的集体自我保护目的。战争提供了一种逃离"日常生活的无趣循环"的机会，因为其带来了一种"关乎生存的渴求安全感的经历，从而将我们的个性从压抑中解放出来，再次向社会性原动力敞开"（约阿斯，2003：65）。尽管其中包含血腥和杀戮，但是，战争是一种可以释放个人潜能的完整事件，因为它"为生活的全面提升创造出一种手段和模式"（瓦迪尔，

1991：231）。正如索雷尔一样，西梅尔将战争的暴力经历看作一种社会关系和人类灵魂的转变。战争的环境被认为"孕育着巨大的可能性"，宣示着集体的团结并且潜在地创造出全新的人。士兵们以自我牺牲的方式增强了自身所归属的集体的意义，在这一过程中，社会的道德体系重获新生，出现了建立全新社会秩序的可能。

四 好战思想的现实意义

20世纪两次世界大战带来的可怕经历——其结果导致了近7000万人死亡，对社会学理论产生了深远影响。任何与将战争和暴力解读为中性甚至是间接正面的概念和主张相联系的观点，在学术界都没有一席之地。一方面，19世纪末的军国主义理论要对两次世界大战造成的恐慌部分答责；另一方面，对于社会生活的"好战"解读，被认为对于理解二战后工业社会的现实毫不相干。其结果是，古典社会思想中的"好战"传统在很大程度上被遗忘了——或被彻底地抛弃，或是在社会层面受到下意识的抑制。但凡尝试认真温习这些著作的行为，都会被简单地扣上意图恢复社会达尔文主义的帽子，进而招来批判，理由是其具有道德上的可谴责性，以致20世纪后半段的社会思想基本上是"和平主义"理论的天下。结果是，主导20世纪后半叶多数社会思潮的"和平主义"理论，以一种"非好战性"视角诠释了马克思、涂尔干和韦伯，将阶级和政治的不平等（新马克思主义、冲突理论）、规范的系统功能论（结构功能主义）或官僚理性化（新韦伯主义），作为工业时代社会生活的核心议题。

然而，如同20世纪下半段和21世纪初期所清晰表现的那样，集体暴力和战争并没有消失。相反，冷战在两个超级大国之间引发了无数场第三世界国家的代理人战争（proxy wars），其结束却见证了集体暴力和战争在全世界范围的扩张。正如霍尔斯蒂（Holsti）（1991）和蒂莉（2003）所论证的那样，20世纪是人类历史上迄今为止最为血腥的世纪，其间爆发了250场现代战争，造成了超过1亿人死亡。随着在非洲、伊拉克、阿富汗以及许多其他地区有组织恐怖袭击和持续性战争的急剧增多，这个世纪的前景也堪忧。换言之，战争和暴力并非一种异常现象，而是人类社会实践不可或缺的一个组成部分，因而它本身需要严谨的社会学对其进行研究。然而，当代社会学在很大程度上倾向于忽视战争和集体暴力。

由于始终受到两次世界大战遗留的规范性偏见的影响，许多现代的社会学研究都既对战争表现出强烈排斥，又对其存在展现出公然忽视。

尽管（主要是美国）军事主义社会学拥有较为悠久的传统（斯托弗[Stouffer]等，1949；加诺维茨[Janowitz]，1953；1957；西格尔[Segal]，1989；伯克，1998），并且从20世纪80年代起，比较政治历史学家重新燃起对战争的研究兴趣（例如，吉登斯，1985；蒂利[Tilly]，1985；曼，1986；豪尔，1987）——笔者将在下一章中重点探讨——但是他们的关注点既不是在军事机构的作用上，也不是在战争对国家形成所产生的历史影响上，更不是在战争和暴力的社会学本身。正如温默和米恩所指出的那样："社会学家讨论战争只是将其作为他们感兴趣的其他现象产生的原因，而鲜少将其作为一项独立的待解释的事物。"（温默、米恩，2007：868）

因此，为了清晰地给直接参与这些进程中的战争和暴力作出一个有说服力的当代社会学分析，最重要的就是重新回顾古典社会思想，正如笔者在此尝试去展示的那样，古典社会思想提供了关于战争和暴力的丰富概念和理论源泉。为了使古典理论与之相关，最重要的就是消除其中一些理论中呈现出的规范的军事主义既有观念，并且将它们作为分析社会学而不是作为本体论或者道德理论加以阅读、解释和运用。那就是，用一种非本质主义的、非具体化的和非道德主义的论述来重新定义这些启发性模式，可以使我们为战争和暴力的社会学研究开发出一种建设性的概念工具。在19世纪80年代后期，社会学研究兴趣复苏于"将战争作为国家创立催化剂"这一层面，从而间接地促进了古典理论研究中部分观点的复兴。正如笔者将在下一章论述的一样，现代政治历史社会学家的理论和古典的"好战"传统之间有着清晰的联结和交叠。然而，这些相似之处以及传统理论的直接影响几乎无人知晓，并且也从未有过恢复这种"好战"传统的严肃认真的尝试。然而，如果我们的目标是去解释为何战争和集体暴力与社会关系之间产生持久的相互影响的话，那么我们就必须仔细研读这些传统著作，因为它们提供了丰富的、需要清醒审视、运用和进一步阐述的概念工具。一些被遗忘的概念，比如贡普洛维奇的"协作理论"、拉岑霍费尔的征服国家与文化国家的区分、罗斯托的"超级分层""高雅文化"和"文化金字塔"、西梅尔将战争作为"绝对情景的理解"以及索雷尔的"英勇进取"，这些对于建立能够对战争与暴力在社会秩序中所起作用进行阐释和分析性理解的模型可以说息息相关且意义非凡。协作理论侧重于以文化为框架的群体团结在战争行为的动员和普遍正当化中所起的作用；英勇进取的概念意在探究"暴力对抗是大多数美德的基础"这一假设，因为为了群体利益而甘冒战争风险的个人行为常常被群体成员公认为最高的群体道德。正如笔者会在后文详细阐述的（详见第七章），近期对战场行为进行的社会学、历史学和心理学研究确认了这些概念模型的解释工具作用，因为小群体的团结而不是强烈的意识形态承诺或者个人利益被认为是动员士兵参加战斗的决定性因素。这些研究清晰地证实了贡普洛维奇的观点，即微观层面的团结和社会关系中的共生特征是联合集体行动的基石。他们还基于实证主义研究而赞同以下观点：战争带来的灾难性后果加强了群体内的道德水平，借此，大部分士兵在战场上对自身所在的军团会产生如对至亲家人般的感知。

此外，有概念将战争定义为一种超越并彻底改变了社会关系、核心价值和日常生活的绝对情景，这种概念的可用性依赖于已经在大规模战争环境下取得的实证研究证据。在两次世界大战和越南战争中对社会行为的广泛研究已经证明，与普遍的观念相反的是，杀戮行为并不会"自然而然地"出现在训练有素的士兵身上，而是需要大量的强制性约束和控制（格罗斯曼，1996；柯林斯，2008）。而且，与其去杀掉潜在的仇敌，人们常常更愿意为了一个亲密的群体而牺牲自己。正如笔者在后文（参见第六章、第七章）尝试说明的，不仅战争体验和宣传常常成反比，因为对敌人的非人化是随着与战场距离的渐远而逐步递增的，而且士兵们的社交感在这种"绝对情形"中骤然增强，他们的生命取决于小群体中纽带的牢固程度，不仅使这些纽带因此而变得十分神圣，而且群体本身就会变得比群体中的任何一个成员更为伟大（伯克，2000：237；柯林斯，2008：74）。

同样，在以征服为驱动的国家向文化国家转变的历史变革理论中，文明的发展深深根植于源自暴力阶层化的文化金字塔，这一论点也需要彻底的历史性及理论性检验来评估其价值。关于"新型战争"的最新研究表明，正如罗斯托所指出的那样，以前的殖民力量（征服国家）已经实现内在的和平和高度的发达（文化国家），而这往往以向世界上更加穷困之地发动战争为代价（超级分层）（卡尔多，2001；鲍曼，2002；肖，

2005）。这些学说可能会被解读为证实了罗斯托的观点，因为他们将新型的暴力冲突看作掠夺战争，是因为肆虐的经济自由化损毁了本已非常羸弱的南方国家的根基。这种"新型战争"范式的主要支持者，比如鲍曼和卡尔多，均间接地建立在罗斯托的理论基础之上，因为他们认为全球化是这样一种力量，它导致国家衰败并最终创造一种马基雅维里式的环境——武装军阀利用身份政治来散布恐怖和控制国家残存的结构。尽管这种经济学的解释夸大了"新型战争"的历史新颖性，但正如笔者将在第十章所阐述的，其显然为进一步展开新的研究开辟了道路，这在很大程度上要归功于这位未被认可的先行者——亚历山大·罗斯托。

所有的这些都不否认，由古典理论学家发展出的一些甚至大部分的概念和理论，都可能被质疑或者不适用于现代的战争和暴力冲突形式。现实情况可能是，新近的考古学、历史学或者心理学的研究结果，让某些或许多由古典理论提出的观点显得多余和过时了。然而，由于社会学在大多数情况下不是一门清晰的累积学科，不可能在事实和价值之间进行简单的区分，那些"陈旧"的观念不一定就会易于学术退化并被充满敬意地埋葬。正如亚历山大（1987）指出的那样，在社会世界中没有任何实证数据未被理论所腐蚀，因此新的实证研究证据几乎总是需要重要的理论性转移以引发基础的范式变化。结果，社会学家不会因为缺乏关联和过时而抛弃前人的理论，而是会始终对前人的观点、概念及理论心存感恩，因为其在与同时期理论持续交锋的过程中，在持续更迭的社会背景下，曾经的理论会重获新生。因此，真正重要的是，古典"好战"社会思想家们提出的概念工具，对于当代的战争和暴力研究，是否仍然具有启发性价值。由于大多数的主流社会学家继续回避对于战争和暴力的适当研究，那么将古典理论提供的已经存在的概念作为研究起点，而不是随臆想而落笔，似乎便具有合理性了。正如我们会在下一章了解到的那样，某些古典观点已经在现代的政治和历史社会学中间接地实现了复兴，这一事实也说明，其解释价值是显而易见的。然而，为了圆满实现对经典著作的分析性回顾，既然无论我们是否喜欢都不能否认其价值，那么，尤为重要的便是，摒弃我们在二战后形成的规范性偏见，并且尝试去理解战争和暴力并非病态的反常现象，而是社会生活不可分割的部分。

第二章　组织型暴力的现代社会学研究

一　引言

专门撰写关于战争和暴力的现代社会学研究似乎有些荒谬,因为从严格意义上说,并不存在这样的研究领域。在社会学领域,不仅不存在已创立的以战争为焦点的专业杂志或职业机构,即便存在,也仅是数量极其稀少的研究社会结构、机构与战争或其他形式的组织型暴力之间关系的书籍或者期刊文章。[①] 不同于政治科学、人类学、地理学、国际关系、安全研究和军事历史,在这些学科中战争和暴力占据了大量篇幅,拥有数不胜数的文章、书籍以及发展良好的研究范式,在这一层面上,现代社会学几乎毫无建树。这并不是说没有对战争和暴力进行研究的个别社会学学者,也不能说这些话题从未被那些研究兴趣集中于其他方面的社会学家研究过。问题的关键在于,与古典学派的前辈们不同,现代主流社会学研究仍固守其对战争主题几乎是彻底的忽视。这种固执已经导致这一研究领域的完全边缘化,尽管其研究焦点深刻塑造了人类社会历史的最重要的社会现象之一:战争。此外,学科内对这一话题的忽视,导致大量关于战争和组织型暴力的研究都欠缺社会学依据。大多数的研究仅仅提供一些关于个别战斗的细节性、描述性叙述,对于人物和事件的史诗性描述,或者是对组织型集体暴力中的高度复杂的社会进程进行简单的"常识性"解释,而并未尝试为战争过程中的社会行为以及战争

---

① 有必要强调的是,尽管有一些致力于研究军事社会学的期刊和组织,但是其主要关注的是武装力量和社会的关系,而不是将战争作为一种尚未沦落为军事活动的社会学现象来研究。(比较:恩德、吉布森,2005:250)

如何影响社会结构的变迁提供清晰的解释性分析。

本章关注了罕见但堪称典范的研究案例，其间，现代社会学家采用了一种极富创新性的方式参与到对战争的研究之中，目的在于说明如何以及为何社会学分析对于理解战争和暴力是不可或缺的。尽管系统性广泛研究的缺乏已经抑制了清晰且丰富的研究范式的发展，但仍然存在一些关于战争和有组织暴力的独特社会学研究路径。本章的第一节对战争和暴力的社会生物学、工具主义、文化主义解读进行了简要的批判性分析。第二节关注社会学内部的研究视角，这些视角尽管本质上聚焦于一些战争以外的话题（比如说国家的产生和演变、西方的崛起以及现代化的诞生，等等），但是它仍然为理解战争和暴力详细介绍了最有效的也是最有活力的解释模式：组织唯物主义。本节和本章的最后一节强调这一方式的优点和缺点，并且指出了这一视角和古典"好战"社会思想之间的关联。本章的最后一部分简要概括了一种替代性的社会学解释，其尝试通过强调意识形态和强制性官僚制的关系从而超越组织唯物主义。

本章的核心观点是：现代战争与暴力社会学取得最大成功的条件，即能够有创造性地构建于传统社会思想的基石之上。尽管这些经典思想遗产中的许多内容都不为人知晓并欣赏，但毫无疑问，其仍然强有力地推动着战争和暴力的现代社会学研究体系的构建。

二 战争和暴力的来源：生物、理性还是文化？

不同于其他的社会学现象，比如阶级、种族划分、性别、宗教、权力和教育，战争很少能成为社会学教科书的主角，而且当它出现时，也没有独特的社会学理论可供参考来应对这一现象（艾哈迈德和威尔克 1973；恩德和吉布森 2005）[①]。因此，虽然某个人了解大量的关于宗教或教育的社会学理解（比如马克思主义、韦伯主义、互动论、功能主义等），但是战争仅仅被认为是一个不需要社会学理论化的、不证自明的、

[①] 比如，涵盖战争内容的少数基本著作之一，吉登斯（2009）编写的《社会学》（第六版），其中包含题为"国家、战争和恐怖主义"的一章。这甚至是"9·11"之后学术的最新发展，因为该书此前的版本很少提及战争的内容。然而，在这里对战争的研究同样是在现代战争事件的语境下展开的，比如伊拉克战争和"反恐战争"。

一目了然的灾难。① 显然，教科书只反映主流社会学中占统治地位的观点，而这种观点或者将战争理解为过时的、落后于时代的残余现象，或者将其理解为一种不需要深入分析的暂时的异常现象。正如笔者在前面章节提到的，大多数的现代社会学者怀有对战争和暴力研究的强烈偏见，其部分来源于两次世界大战留下的阴影，特别是对我们所认为的它的社会达尔文主义历史的坚决排斥。然而，正如笔者已经阐述的那样，这段历史在理论上比其被贴上的邪恶标签所能容纳的内容更为宽泛也更为丰富。通过将关于战争和暴力的不同的社会学解释贴上社会达尔文主义的标签，进而将他们的核心观点与分析模式非法化，社会学已经将这一重要的研究领域拱手相让给了其他学科。同样，由于其他学科的主导地位，也是用这种方式，为"新达尔文主义"和"类达尔文主义"的复苏和发展打开了后门。换言之，经过尝试将社会达尔文主义从其类别中分离出来，社会学发现自己处于一个自相矛盾的境地，即由于它没有掌握关于战争的综合理论，无法挑战现今流行的关于战争和暴力的新社会达尔文主义解释。

因此，在从事关于战争和暴力的现代社会学解释之前，亟需对表面上主导战争和暴力研究的也是最受欢迎的观点——达尔文主义在现阶段的化身——社会生物学（sociobiology）先进行一个简要的批判性述评。

(一) 战争的基因种子？

值得注意的是，虽然主流的社会学在研究战争时大都排斥其古典传统，（错误地）认为其受到达尔文主义的"侵蚀"，但是很多关于战争和暴力的现代解释都敞开双臂迎接进化论（Theory of revolution）。实际上，我们可以说达尔文主义的观点从来没有像今天这般具有影响力和受欢迎。虽然在19世纪末，这些观点已经盛行于知识分子和一小部分受过良好教育的中产阶级内部，但现在的大众传媒、网络、热门电影和价格实惠的书籍，已经使得进化论的核心原则拥有更加广阔的受众。手边可用的社

---

① 正如恩德和吉布森对31篇导论性的社会学文章进行分析后得出的那样，即使是在拥有长期军事社会学思想传统的美国，这些话题仍然无迹可寻："没有任何课本将军事制度或者和平运动，如同对宗教、医疗、家庭、经济或教育那样，视为美国社会的一种重要的社会制度。军事对于学生们来说，是一种社会学上隐形的制度。"这一分析同样说明，像关于战争和组织型暴力这样的话题，很少引起人们的注意。

会生物学文献伴随着宗教权威的制度性弱化、科学威望的不断提高,以及个人竞争的新自由主义伦理的持续扩张,都为社会现象的生物学解释普及做出了贡献。因而重要的是,分析这一研究范式的现代版本——社会生物学,尤其是其解释战争和暴力的方式愈发必要。

社会生物学始于这样一个命题,即很多社会行为都有着生物学的根基,是长期进化的产物。从这个意义上来说,人类行为也同样受到遗传原理的控制,蜥蜴和蝴蝶的行为同样受到这种原理的影响。社会生物学的核心观点在于,动物(包括人类)更倾向于以一种被证明是对特定物种进化有利的方式来做出某种行为。通过关注生命形式的进化起源,社会生物学家认为,在大部分情况下,社会行为是自然选择的结果。通过这种选择,一个有机体受到驱使,而朝着自我复制的方向行进。将一个基因当作是自然选择的一个基本的、最佳的单元,社会生物学家们认为对社会行为的解释可以参照基因复制的过程。用道金斯(Dawkins)的话说(1989:2):"我们,以及其他的生物,是由我们的基因创造出来的机器。"然而,不同于强调个人选择的古典达尔文主义,社会生物学家的目的在于,将自然选择的生物学原则拓展到集体层面。因此,研究焦点转移到了亲缘选择原则(principles of kin selection)和"广义适合度"(inclusive fitness)的观点上。这一观点始于威尔逊(Wilson)的早期作品(1975;1978)延伸至更具当代性的研究著作之中(道金斯,1986;1989;范登伯格 [Van Den Berghe],1995;范德登南 [Van Den Dennen],1999),社会生物学家通过整体适应度的概念来解释社会行为,认为当有机体无法直接繁殖的时候,它们可以间接地通过与它们基因最近的亲属实现复制。[①] 广义适合度的概念被用来解释无私的行为;有人主张同胞兄弟姐妹之间较堂兄弟姐妹或者远房表兄弟姐妹之间更加相互喜爱,因为他们明显拥有更多的相同基因(也就是说,同胞兄弟姐妹之间分享一半的相同基因,堂兄弟姐妹分享八分之一的相同基因,而远房表兄弟姐妹分享十六分之一的相同基因)。

尽管社会生物学家认识到了文化和环境对人类生活带来的影响,但他们仍然认为文化的作用要次于自然:"不可否认文化的重要性,但是文

[①] E. O. 威尔逊将包容适应度定义为:"一个人的自身适应度加上他对非直系后代的亲属适应度的全部影响;因此亲缘选择的总体效果与个人有关。"

化是建立在生物学基础之上的上层建筑。文化产生于生物进化之中；它并没有扫清生物学的印记，也不是从零开始的。"（范登伯格，1981：6）

遵循进化论的核心认知，众多学者发展出了一套全面的对于战争的社会生物学解释，从廷伯根（Tinbergen，1951）、达特（Dart，1953）、洛伦兹（Lorenz，1966）以及艾布尔·艾贝斯菲尔特（Eibl – Eibesfeldt，1971）的早期著作，到一些更为复杂的现代著作（肖、王，1989；范霍夫[Van Hooff]，1990；范德登南，1995；雷德利[Ridley]，1997；艾布尔·艾贝斯菲尔特、索尔特[Salter]，1998），对战争与暴力的理解一直是通过自然选择的视角来实现的。鉴于早期的动物行为学家，比如洛伦兹写到了"争斗本能"和"自然的攻击冲动"，现代的社会生物学家们将基因作为暴力冲突的主要媒介。[①] 尽管如此，恒久不变的核心论点是：人类的暴力仅仅是动物行为的一种延伸，这其中包括为了让个人的繁殖成功率最大化而对资源和领土进行的侵略性争夺。

现代社会生物学的创始人 E. O. 威尔逊（E. O. Wilson）在宣传人类特有的"天生具有侵略性的、好战的生物"这一形象时极具影响力。他认为，人类与其他动物一样，具有已经进化了上百万年的在基因上根深蒂固的侵略本性。因此，战争制度本质上只不过是这种好战倾向的延伸："纵观历史，战争仅仅代表最具组织技巧的攻击行为，在每种形式的社会中都频繁出现，从采集狩猎的群体到工业国家。"（威尔逊，1987：101）从这一点来看，个人攻击行为和组织型暴力之间并没有什么区别：所有的暴力都可以被归纳为一种攻击冲动，无论是性控制、领土防卫、狩猎中的掠夺性攻击、社会群体中的等级制度的强制抑或是大型社会中被用来维护社会秩序的"有纪律性攻击"。对威尔逊来说，攻击行为包含着一种强烈的基因和遗传基础，因为它从内分泌系统和神经系统的一系列多层次的反应进化而来，并且通过荷尔蒙的分泌得到调控（威尔逊，1978：148—154）。具言之，攻击行为与高剂量的睾丸酮和低含量的雌性激素相关联，因此威尔逊总结道："男性尤其具有侵略性，特别是在针对另一个男性的时候"，而"从遗传学上来讲，女性则具有亲和友善的基因天性，并且很少采取身体上的冒险行为"（威尔逊，1978：125—130）。据此，

---

① 洛伦兹（1963：3）将战争看作一种根植于"争斗本能的怪兽和与同种族人作对的人"之中的一种侵略形式。

战争是由自然选择的规律塑造的一种攻击形式，凭借这种形式，男人冒着生命危险来提升他们自身的基因繁殖潜能，或者是他们近亲属的基因繁殖潜能（包括对于他们潜在的伴侣——女性的保护）。

尽管在社会生物学内部存在很多不同的立场，但是仍旧存在一个普遍共识：与其他形式的动物攻击行为一样，战争普遍存在并且很大程度上是生物过程的产物。正如肖和王所写的著作的标题所指出的那样，社会生物学家认为存在"战争的基因种子"。尽管现代的社会生物学家对决定论的认可程度在逐渐减弱，但是新达尔文主义的核心原则仍然未曾动摇，即战争和组织型暴力与生物的攻击性有着紧密的联结。为了以这样一种视角来阐述问题，让我们将目光聚焦于近期关于战争和暴力最全面的解读——阿扎尔·盖特（Azar Gat）的《人类文明战争》（2006）。

盖特呈现了一份富含实证性和历史广泛性的战争调查报告，其中运用了进化论的标准论据，描绘了有组织暴力在宏观层面的转变，贯穿了以狩猎采集期为起点直至21世纪伊始的战争。盖特的核心目标是说明战争是一种在已知的任何社会形态中普遍存在的现象，并且，与大多数社会科学家所认为的正好相反，战争不是人类独有的行为。对于盖特而言，战争是一种集体攻击行为，为了对其作用进行解释，最关键的是要理解支撑其动力性的普遍逻辑原则。而这正是攻击行为有别于性和食物的关键之处，这两者均是基于生物性驱动的维持生命体存活的目的，而攻击行为仅仅是一种手段，是生命形态用以确保自己存在的"先天的而又可选择的策略"。盖特的核心论点之一是："与资源和繁殖相关联的竞争是人类冲突和斗争的根本原因，正如其他所有动物种类一样。"（盖特，2006：87）盖特对于攻击性来源的解释借鉴了生物体的遗传构成，即个体行为被自我繁殖的目的所驱使。当直接的基因繁殖不能实现的时候，就产生了一种通过亲缘关系间接繁殖的趋势，并且较之远亲或者非亲，近亲属常常会被选择。在这种"盲目的自然选择"的过程中，攻击行为常常被用来作为一种获取尽可能多的潜在伴侣的手段（以最大化一个人的繁殖潜能），而这样做的结果就是，间接地排斥或者直接消灭与之竞争的男性。盖特认识到文化对于解释过去一万年以来剧烈的社会发展和巨大的科技变革时所起的重要作用，但是，与所有的社会生物学家一样，他将文化的发展看作是沿着预先设定的生物学轨道运行的过程。尽管农业文明以及后来工业文明的发展已经通过某种方式拆散了"目的和适应性行为手段"之间的原始关联,但是盖特发现相似的侵略与征服的生物学原理即使在暴力行为已经大大减少的现代西方社会仍然有效。换言之,盖特认为,"正是进化形成的近似机制——欲望之网——控制了人类行为,即使是在大多数的原始适应性原理已经被弱化的地方也是如此"(盖特,2006:672)。

这一社会学论点的主要问题并不是其真实性,而是对社会行为往往不能进行充分的解释。虽然争论我们与其他动物的基因同源性和我们的生物学基础(显见于我们拥有吃饭、喝水、睡觉、生育等基本需求)没有什么意义,但重点在于人类社会已经进化到了如此复杂的水平,以至于具有了在其他动物王国中完全不能找到的社会性的独特层面。换言之,生物学忽略了人类行为无意识地产生的一些成果,比如说社会结构、文化和意识形态以及制度和社会机构,这些成果已经获得了实质的自主性并且能够产生出新的社会动力。社会学论点在应用到早期人类阶段时很有说服力,但是在处理农业和工业社会的问题时就显得捉襟见肘,而这并非一种巧合。在后来的历史时期当中,不断扩展的文化和政治动态绝佳地阐明,人类的生活随着文明的出现而被改变的程度。因此,此处的关键问题在于,对于社会现象的生物学解释通常不是全盘皆错,而是往往不足以解释社会和文化的发展。我们能够认同人类与他们的动物同伴之间有诸多相似之处,但问题在于如何去解释动物和人类的区别。这就等同于通过关注其相同的化学成分来对比钻石和石墨一样(两者都是碳的同素异形体)。这可能忽略一个事实:并非化学成分而是不同的结构特性(更不用说社会价值和文化意义)造就了他们的区别:一个出色耀眼,另一个寻常普通。

这种普遍存在的解释缺陷在威尔逊和盖特对于战争的概念性理解中体现得尤为明显。他们将战争归纳为一种攻击行为、打斗和杀戮,却失去了其社会渊源、功能和结构。与作为心理反应的单纯攻击行为不同,战争是一种社会现象,它需要有组织的社会行动、集体目的性、对武器的系统性运用、复杂的语言协调和仪式主义等多种元素。在很多方面,正如我们将要在本书中论证和阐述的那样,战争与攻击行为是完全对立的。战争是一种包含生物和心理反应的社会机制,因为它需要为了特定的政治目的而有组织地使用武力。为了理解战争,我们必须将它与"种内杀戮"和其他的暴力行为区分开来,因为战争的独特之处在于其社会学特征——它的组织性结构以及意识形态上的正当性。人类急剧增长的发动大规模战争的能力（20世纪所有战争的总和就是证明）与"自然的攻击性"以及"欲望之网"毫无关联，而是与诸如社会组织、政治制度、现代民族国家、意识形态信条以及地缘政治等独特的人类创造有着很大的关系。战争不应当以唯意识论的方式而被当作"通常支撑人类动机系统的、仅通过暴力手段才能实现的人之欲望"（盖特，2006：668）的产物，而是应当被当作一系列复杂的、具有高度偶然性的事件和过程的集合来进行研究，这一集合需要力量的动员，人、资源以及产品和通信技术，这一切相加才形成了可以剧烈改变常规社会生活并且能够创造出新的社会动力的事件和过程。战争是一种社会性的而非生物性的存在。

此外，虽然当社会生物学家们利用实证方法揭穿了旧卢梭主义关于高贵的或者温和的野人的神话，并且将人类发展置于一个更大的进化论背景下时他们的观点是具有说服力的，但是，他们的一般观点在尝试去涵盖整个人类历史时却彻底失败了。尽管进化论的核心前提在讨论早期人类发展的时候常常会引起很多共鸣，但是当讨论现代世界的时候它们似乎不能令人信服。比如，当威尔逊和盖特通过关注农业和工业时代来阐释自然选择的连续性时，他们常常会将实际的和象征意义的亲属关系合并在一起，依靠暗喻或者比喻的语言来复兴这种社会生物学的论点（特别关注，盖特，2006：416、432）。如果亲缘选择是一个貌似合理的解释模式的话，那么它就不能在真实的和象征的亲属关系之间转换——如果它不能被证实是真实的话，那么它就绝对不是亲属关系。同样地，他们所主张的运用同质的、有边界的群体概念来操作的实质认识论，将性别、种族和国民身份归纳为准生物学属性。正如笔者将在后文会阐述的那样（详见第六章和第九章），由于社会生物学将文化和性别具体化，因此既不能解释性别和战争之间的关系，也不能解释在发生暴力冲突时的群体凝聚力和民族主义问题。

（二）经济人（Homo economicus）与暴力冲突

当战争和暴力没有被归纳为生物学范畴之时，人们常常通过经济理性的棱镜去观察它们。从孟德斯鸠、亚当·斯密（Adam Smith）、理查德·柯步登（Richard Cobden）和诺曼·安吉尔（Norman Angel）到最近一段时期涌现出的新马克思主义者、全球化主义者和理性抉择的模式，关于战争的经济学理论在社会科学领域有着悠久的传统。除了立场的显著多样性，所有关于集体暴力的经济学理论都认为，社会秩序很大程度上是被经济理性逻辑所塑造的，尤其是个人或者团体利益。这种功利主义方式的早期支持者认为，自由贸易的扩张会使战争作为旧事物遭到淘汰，因为这种和平的商品和服务的交换会最终证明对双方都是有利的，进而使得暴力的实施显得非理性。正如安吉尔指出的那样："在我们这个时代，一个征服者唯一要贯彻的可行性政策就是，让一块领土上的财富继续由其所有者占有；认为一个国家的财富会随着领土面积的扩张而增加的想法是荒谬的、虚幻的。"① （安吉尔，[1909] 2007：139）尽管早期的马克思主义理论通过论证资本主义和领土扩张是完全共生的而走向这种解释的对立面，因为帝国主义的征服提供了新的市场和新的资源，但是这一观点同样将战争和暴力归结为经济的范畴。在列宁的理论体系中，帝国主义对非洲的争夺以及第一次世界大战仅仅是另一种更高形式资本主义的范例："资本主义发展程度越高，对原材料的需求就越旺盛，竞争也愈发激烈，其在全球范围内对原材料的掠夺会越狂热，对殖民地的需求就会越迫切。"（列宁，1938：82）

这些观点的当代版本更为复杂，也更多地建立在证据研究基础之上，但是它们仍然强调经济理性是战争发起的主要原因。当代两大学派主导着绝大多数的学术讨论：全球化理论和社会行动的理性选择模型。其中，全球化理论主要关注据称已在20世纪末21世纪初改变了组织型暴力特征的宏观结构转变，而理性选择模型主要关注微观的层面，即在战争条件下，个人理性如何塑造集体行动。

主张全球化的理论家们，比如鲍曼（1998；2002a；2002b；2006）、萨森（Sassen）（2006）和卡尔多（2001；2004；2007）将现今的社会、政治和经济状况理解为一种历史的例外。他们共同主张的一个观点是，这种全球化的、新自由主义经济的特征已经变革到如此地步，以至于它的能量已经超越了大多数单独的民族国家。他们认为，科技的迅猛发展提供了新的通讯和交通方式，这些方式"腐蚀"了社会组织的传统模式，并且"消除了时间和空间的距离"。萨森强调全球化"包含了大量的微观

---

① 安吉尔的畅销书《大幻觉》的撰写和出版是一个历史的悲喜剧转折，这本书将战争理解为一种黑暗的、久远的过去时代的残留，并且强烈地主张在历史上所有最激烈的战争前夕，贸易都是抵御暴力的一道壁垒。

层面的进程，这些进程已经开始消解一些业已建立的国家层面的东西——无论是政策、资本、政治主体、城市空间、时间框架或者其他的一些动力和领域"（萨森，2006：1）。详言之，重点在于这种变革深刻的阶层性，全球化也因此被认为是一种催生新型不平等的力量。以鲍曼自己的话说："这种时空距离在科技上的消除使得人类的生活条件趋于两极化，而不是变得均衡。"（鲍曼，1998：18）在这一语境下，他们的论点是组织型暴力同样也被改变了。鲍曼和卡尔多呼应了赖特·米尔斯（1958）的观点，断言战争已经变成了经济政策的一种工具：随着新自由主义全球化的发展，它损害了大多数单个国家的政治权力，跨国公司在政体崩溃的废墟里攫取利益。同时，军事力量逐渐发展成为一群雇佣军，他们能够通过提供服务索取高额的回报而迅速地、成倍地增加收益。因此，他们认为所有的现代战争都与全球化有关，诸如2003年伊拉克战争这样的"新帝国主义"战争，被认为是攫取物质资源的斗争（例如石油），而很多发生在非西方的、没落国家的内战被认为是无情逐利所导致的直接结果。

这种观点的本质问题在于，它将暴力行为的内在复杂性简单地归结为商业利益的最大化。尽管这种观点的支持者所认为的全球化的新自由主义模式可能催生更显著的社会不平等可能是正确的，但这并不能全面说明战争和暴力的特征。这种经济主义的论点不仅夸大了国际贸易应有的新颖性，而且错误地贬低了民族国家的政治和军事力量的作用。虽然不可否认，近几年很多国家基础性的专制权力受到明显的削弱，并且一些国家（比如索马里和刚果民主共和国）实际上已不再是单一的组织实体，但这种状况在历史上并不罕见，并且也没有实质性的证据证明这一过程是跨国公司的贪婪所直接导致的（赫斯特、汤普森［Thompson］，1999；霍尔，2000；纽曼［Newman］，2004）。正如笔者在后文（详见第十章）中阐述的那样，这些全球化论者的很多核心主张（尤其是他们的"新型战争"概念）是建立在过多的普遍原理和实际错误的数据之上的。尽管持续发展的新技术和不断变革的全球经济已经对现代战争造成了巨大影响，但是它们的影响力仍旧次于地缘政治、意识形态和官僚权力等传统力量。

理性选择理论更多关注暴力冲突中的个人行动或抉择。这种理论的出发点在于，人类主要是一种理性的、利己的生物，并基于此来分析个人和群体的决策动态。尽管在理性抉择模型中也存在实质的多样性，但无不认为个人是效用最大化者，人们常常会根据一系列固定的、几乎普遍适用的偏好来选择最佳的行动。尽管一个人的行动常常会被经验和社会规范所限制，但是他们认为，许多人类行为可以通过观察个体的工具理性来得到解释和预测（埃尔斯特［Elster］，1985；赫克托［Hechter］，1995；布东［Boudon］，2003）。

当这一模型被运用到战争的研究上时，其聚焦于个人参与暴力行动的动机（费伦［Fearon,］1995；温特罗布［Wintrobe］，2006；莱汀［Laitin］，1995；2000；2007）。他们借鉴个人在经济生活中的收益和损失权衡来研究战争与暴力。莱汀（2007：22）坦言道："如果存在发动内战的经济动机的话……那么也是存在于期待获取归国家所有的税收。"关键的问题在于使用暴力存在风险，并且用经济术语来说，是一个成本高昂的策略，因为其所带来的结果往往对冲突双方均无裨益。因此，研究者们的重点是关注群体间暴力运作背后的基本原理。例如，费伦（1994；1995）、温格斯特（Weingast）（1998）和沃尔特（2002）在内战的语境下分析信任的作用。由于战争环境会造成个人的不安全感，那么对于参与其中的人来说，知道谁可以信赖便至关重要了。战争很难停止，因为双方都不愿意相信对手解除武装的表面承诺。在对这种艰难抉择进行研究的过程中参照了博弈论中的问题，比如囚徒困境或者斗鸡博弈，两者都证明了个人理性如何会经常导致群体的非理性。在新近建立的独立国家的多种族背景下，那些诸如身处后殖民环境之下的国家，会面临一种"可信承诺"（费伦，1994）的问题，小众群体可能会怀疑占统治地位的群体做出的确保完全的代表权利和充分保护的承诺。结果就是，来自少数群体的个人就会觉得与其坐等观望自己的权利是否被尊重，不如从中脱离出来。此外，理性抉择论者认为，一旦战争变得激烈，得到可靠的信息就会变得十分困难，因而"信息不对称"和媒体垄断对于个人决定是否参与战争便有着直接的影响。是故，如果群体中的个人受到敌人在消灭他们整个群体之前不会停战的信息轰炸，该群体中的大部分人都会理性地选择与这样的敌人作斗争（温格斯特，1998）；因之，在所有的这些研究中，应该首先考虑个人的工具理性和经济机会，因为战争被理解为一种（通常是非计划中的）理性选择的结果。

尽管功利主义的模型被广泛运用到暴力的研究中，但是仍然缺乏一些从这一观点出发的关于战争的综合性社会学论述。对这一模型的研究中最深入的是斯塔西斯·卡利瓦斯（Stathis Kalyvas）关于内战动态的著作。尽管这一理论在近期的许多出版物中得到了发展（卡利瓦斯，2003；2005；2007；2008），但最充分的阐述还是其《内战中的暴力逻辑》（2006）这本专著。由于这本书代表着社会学关于战争研究的理性传统的一个里程碑，因此，至关重要的是对其中的论述进行批判性研究，以证明功利主义模型的内在弱点。

与那些将战争理解并刻画为一种非理性、集体疯狂和混乱的产物的普遍观点及新闻描述形成鲜明对比的是，卡利瓦斯尝试证明集体暴力存在一个逻辑性结构。他特别关注的是内战中暴力的选择性使用，在此他认为，暴力是地方行为人的不满与政治精英的策略和动机相交叉的产物。质言之，地方行为人将自己的个人不满反映到核心的精英群体所表达的更广泛的政治叙述中。由此，内战不再被认为是一种政治生活的所有部分都政治化了的事件。相反，它们为政治活动的私有化创造了条件：人们常常向权威谴责自己的邻人来解决个人的仇怨。实际上，卡利瓦斯仍旧认为理解内战的最好方式是着眼于微观层面——局部的分裂与斗争，而不是通常用来阐述内外部冲突意义的官方宏观意识形态框架。

尽管暴力作为一种战略上的手段常常被不同的群体和个人利用，但它不能被简单地归纳为一种行为人借以实现机会最大化或者结果最优化的个人合理性模型。反之，暴力行为是一个动态的、复杂的、互动的过程，它反对那种一切人对一切人的霍布斯式的战争形象。在卡利瓦斯的观点中，暴力并不是人类与生俱来的东西，它的发生恰恰来源于人类对它的厌恶。与流行的观点相反，内战的进程并不是以敌对群体的持续使用暴力为标志的，而是更多地被地方的领导人用来控制他们群体内部的活动。正如卡利瓦斯阐述的那样，当某一个社会角色拥有近乎霸权的地位时，或者当任何一个社会角色都无法完全统治某一特定区域时，往往会发生暴行。内战暴行的残酷程度和范围与无情的帮派暴力大体相当，因为二者都建立在相似的原则基础之上。暴力作为一种威慑而存在：统治者形象地提醒，对于人们的不服从行为自己具有监控及制裁能力。在一个人设法取得完全控制的情形下，或者在某块土地根本未被控制的情形下，就不需要（在后一种情况下是不可能）施加过多的暴行。

卡利瓦斯的理论对很多关于集体暴力的常识性理解提出了挑战。基于大量的实证研究，进行了定量和定性数据分析，并且使用了大量关于内战和暴力的原始研究和二次研究，卡利瓦斯得以解开有关内战特征的很多谜团：比如关于暴力等级和范围、内部理性以及宏观和微观世界的关系。他对希腊内战的微观动态分析尤其精彩。然而，除了卡利瓦斯对这些解释策略模型的偶尔批判，他的论证仍然深刻根植于一种过度的理性主义和工具主义认识论之上，而这一认识论将人类概念化为一种追求合理利益的经济人。卡利瓦斯将暴力限制在一个狭小的框架内——行为人要么是一个功利主义者，要么受到非理性的文化信条的驱动。这种策略从根本上减少了复杂性，使战争境遇成为单一变量演算，即行动者是否选择告知邻人们："绝大多数个人通过谴责间接地参与暴力的制造。"（卡利瓦斯，2006：336）这种策略的缺点在于，社会行动通常比上述程式所涵盖的内容更为丰富多样、错综复杂，不仅实际情况是功利主义模式倾向于事后的解释和同义反复的推理，而且它们过度的唯意志论和目的性的社会行动观点倾向于反对任何关于个人抉择的不对称性的严肃分析（马莱斯维奇，2004：94—110）。

此外，将意识形态行为作为一种异常现象而不是一个多层次的过程来进行检验，卡利瓦斯和赫托克（1995）、莱汀（2007）及其他一些功利主义者一样，忽略了当代意识形态研究的发展。卡利瓦斯接受了很多关于意识形态的多余的理解多少有些令人惊讶，因为他有能力阐明一些关于暴力的陈腐观点。意识形态并不是社会病理学的一种形式，而是一种多层面的社会过程，通过它，个人和社会行为人来表达他们的信仰、阐释他们的行为。我们不应该将"意识形态非理性"假定为一种前提条件，相反，最重要的是将意识形态理解为一种渗透到大部分社会和政治实践中的"思想行动"的形式，并且它是通过某种特定社会秩序的独特贯穿性安排得以传达的（弗里登，1996；2003；马莱斯维奇，2006）。人们并不认可将意识形态看作一种绝对的、封闭的构思系统，而是将它看作一种零碎的、非系统化且充斥着矛盾的样态。

严格的功利主义认识论的适用迫使理性选择模式转变为与历史无关的分析，这种分析缺乏对现代和前现代的集体暴力形式的重要区分，而这种严格功利主义认识论的适用也产生了一个更为深层次的问题。比如，卡利瓦斯（2006：116、121）和赫托克（1995）都没有对发生在农业社会时期的战争，比如伯罗奔尼撒战争（前431—前404）以及三十年战争（1618—1648）与发生在现代时期的战争，比如美国南北战争（1861—1865）以及西班牙内战（1936—1939）做出区分。尽管毋庸置疑的是，人类行为的很多方面都是普遍的也是超历史的，但是随着复杂的官僚制度的发展以及现代社会组织潜力的日益增加，暴力冲突的特征已经发生了显著变化。实际情况是，不仅现代时期的技术、科学和工业的结合使得暴力变为一种更为有效的行使国家权力的手段，而且意识形态动员的发展和扩张同样将战争从一部分贵族的特权变成了一种大众现象。正如笔者在后文（详见第四章）要论述的，现代战争与以往的战争有典型的区别，因为大规模战争需要复杂的组织、科技的发展、集中化的权力以及先进的意识形态疏导机制，所有这些都是现代性的产物。只有在现代时期非外部的暴力才彻底失去了其合法地位，而其中"内部的和平"被不断累积性官僚压迫和离心式的意识形态化模式所取代。

（三）战争与暴力的文化基础

战争和暴力的生物学和功利主义理论关注的焦点在（基因的或者经济的）利益之上，而文化主义理论关注的焦点却是社会意义和价值。从斯宾格勒（Spengler）（1991 [1918]）和汤因比（Toynbee）（1950）关于文明的兴衰的早期作品到更近期的亨廷顿（Huntington）（1993、1996）的研究中，关于暴力的文化解释已经得到了较为广泛的普及。无论它们强调的是宗教信仰、文化实践的差异或是文明碰撞，几乎所有的观点都认为，人类本质上是规范驱动型的生物。战争和暴力都被概念化为文化的产物：虽然一些观点强调，不同世界观或理论信条之间不可调和的矛盾正是暴力活动的来源（比如圣战和基督徒十字军等），但是仍有其他一些观点强调象征性、形式主义和表意是战争的关键特征。特别是，在军事历史中有一个建立已久的传统，这种传统尝试通过引用文化和文明参数来解释战争的不同方面。比如，自波希战争（前499—前448）以来，欧洲和后来北美的历史学家们都采用了一种"西方战争形式"的结构来区分西方和非西方的战争发起模式。根据这种极为流行的观点——以某种形式从希腊、罗马和欧洲中世纪时期存续至现在——这两种斗争的模式实际上是相互对立的："东方的"战争被认为是以伏击、远距离击杀以及避免短兵相接为特征，而"西方的战争形式"则是近身搏斗至死的范例。一些非常具有影响力的军事历史学家们，比如汉森（Hanson）

(1989、2001)和基根(Keegan)(1994),认为这种文化的区分来源于古希腊城邦制国家的历史特殊性,并且其本身在西方理性主义最终崛起的过程中是极为关键的因素。他们认为,自由城邦的独特位置使得两支重装步兵部队之间可以展开以投掷方式进行的会战。这反过来也促进了为正式宣战与和平谈判提供平台的法律体系的诞生,并且也逐渐地将战争从无组织的小冲突和对指挥官的英雄崇拜,转变为有纪律的军队集体参与到一个单一的具有决定性的竞赛中去。① 正是在这个意义上,基根认为(1994:387),文化是"决定战争本质的主要因素"②。

尽管这种比较粗糙的文化决定论模式已经被证明存在概念缺陷以及事实错误(林恩[Lynn],2003;赛德巴图姆[Sidebottom],2004)③,但是很多更为精巧的文化主义者的论点则已经在社会学界得到了许多共鸣。比如,一些历史社会学家,如莫斯(Mosse)(1991)、温特(Winter)(1995)、安东尼·D.史密斯(Anthony D. Smith)(1999)和哈钦森(2005)直接或间接地利用涂尔干关于团结和宗教的理论来解释集体记忆、神话和庆典在使战争经历具有社会意义的过程中所起的作用。莫斯和温特都探索过伴随现代战争而产生的集体回忆的特征。莫斯(1991)将他所谓的"战争经历的神话"的起源从拿破仑一世时期一直追溯到第一次世界大战期间,强调战争是如何经由军人公墓、遗迹和纪念碑而被美化和神圣化的。此外,这种神话还通过诸如明信片、军事玩偶和纪念物这类日常普通的手工制品得以流传和增强。他特别关注到第一次世界大战的英雄神话,它们在后来不仅成为战胜国的,甚至也成为战败国民族崇拜的神圣图腾。莫斯认为这种对战争阵亡者的崇拜改变了大众对战争的感知,从而以国家名义发动的战争和牺牲逐渐被大众所接受。战争经验的神话让集体为国捐躯的概念具有了特别的社会意义。

类似地,安东尼·D.史密斯和约翰·哈钦森也分析了对过去战争的缅怀与国家形成过程之间的关系。具言之,史密斯(1991;1999;2003)

---

① 汉森(1989)认为马拉松战争和高加米拉之战以及坦恩围攻是西方军队决胜东方军队的典型例子。

② 基根的文化决定主义在他对大流士和亚历山大的军队的比较中得到鲜明体现:"大流士死于他的随从手中,他们希望让亚历山大发现大流士的尸体可以使自己免于死亡,这很好地体现了这两种不同的战争发动伦理中私利和荣誉之间的文化冲突。"(基根,1994:390)

③ 在第六章中笔者会对该立场专门进行简要的批判性分析。

探究了一个"被选择的民族"的观念的历史变革,借此,这种建立在"与上帝达成的契约"基础之上的宗教观念逐渐获得了一种官方的世俗国家的内涵。然而,对史密斯而言,这种观念的优点仅仅因为它维持着一种类宗教的光环才被存留,因为"只有带有强大的象征意义和集体惯例的宗教才能激发这种热情"(史密斯,2003:vii)。这里的重点是,只有在一种特定的道德义务被履行的前提下,那种作为被上帝选中之人的感觉才会带来一种集体优越感(被上帝保佑的神圣团契的存在)。在前世俗时代,这是一种具有神性的契约,而在现代社会这种神性就是国家本身。因此,史密斯用一种毫不含糊的新涂尔干主义言论指出,"荣誉之死"就是对规范承诺的运用。一些国家纪念日,比如休战纪念日,代表了一种"国家自我崇拜的反射行为",通过这些纪念日,"国家被当作人民组成的神圣团体,一个由逝去的人、活着的人和尚未出生的人组成的联合体,它的'真正自我'依赖于一些无名战士的内在品德,并以一些空荡荡的坟墓为象征"(史密斯,2003:249)。

这种涂尔干式的对社会行动的理解,在近期对大规模战争杀戮后的集体创伤的研究中得以显著地体现。杰弗里·亚历山大(Jeffrey Alexander)(2003;2004)、伯哈德·吉森(Bernhard Giesen)(1998;2004)和尼尔·斯梅尔瑟(Neil Smelser)(2004)等文化社会学家研究认为,价值的社会结构往往是在创伤性事件之后塑造的。然而,正如亚历山大指出的,恐怖事件(比如德累斯顿爆炸事件或者大屠杀)和创伤性的集体经历之间没有简单的因果关系。相反,集体创伤是一种以社会为中介的属性,它可能会也可能不会与实际事件有关。在亚历山大(2004:10)看来,"仅仅在集体的模式化价值突然被去除时,创伤的状态才会归因于某一具体事件。正是这种价值带来了震撼和恐惧感,而不是他们经历的事件本身"。吉森通过集体受害和集体罪恶的对立表述,来观察二战后德国集体创伤特征的改变,特别是他分析了大屠杀幸存者的集体创伤和纪念仪式,通过这种仪式,这些创伤逐步地得到调解,并最终被治愈。

尽管有很多文化主义的途径可用来研究战争和暴力,但是它们中只有极少部分有深厚的社会学基础。由于菲利普·史密斯(Philipp Smith)(1991;1994;2005;2008)的方式代表了通过文化参数尝试对暴力行为进行的社会学解释,因此,下面我们来看看他的一些著作。

与霍布斯主义的生物学或者经济学工具主义认识论形成鲜明对比的是，菲利普·史密斯很大程度上是通过卢梭主义的术语来解释社会行为的。他甚至清晰地表明："我们将集体暴力理解为一种或多或少是以让·雅克·卢梭（Jean-Jacques Rousseau）所谓的大众意志为基础的文化行为。"（史密斯，2005：224）史密斯将新涂尔干主义的结构分析与解释学以及叙述构造的研究联系在一起，认为战争最重要的特征是要在其文化基础中寻找。用他自己的话来讲："战争不仅仅是与文化有关，而且完全与文化相关。"（史密斯，2005：4、212）除了战争的一些相关的细节，史密斯主张，所有的战争或者更具体地说是所有的战争言论，在按照特定的叙述结构表达时都显示出相同的模式。在史密斯看来，人类主要就是文化的生物，并且由于文化的结构特性是普遍的，因此战争叙述的言论和规则"就总是旧瓶装新酒了"（史密斯，2005：35）。史密斯研究的一个核心目的，就是解密在为一个特定军事行动辩护的过程中不同叙述之间的文化逻辑。通过关注1956年的苏伊士危机、1991年的海湾战争和2003年的伊拉克战争这些实证案例，史密斯（2005）尝试去论证不同的社会行为人如何为相同的暴力冲突提供通常相互矛盾的描述。他通过使用完全不同的二进制代码，对比了美国、英国、法国和西班牙媒体以及一些政治精英对同一暴力性的历史事件所作的公开陈述。尽管对于一个听众来说，特定的政治行动往往通过"自由话语"来结构化和概念化，但是对于其他人来说，它们属于"压迫的话语"。比如，在苏伊士危机之前，对美国公众而言，纳赛尔是一个富有魅力的解放者，但是对于英法的公众而言，他不过是一个残忍的暴徒。或者再如，在整个两伊战争期间，萨达姆·侯赛因是一个英勇的进步的领导人，但是两次海湾战争将他至少在美国的公共场合变为一个贪婪的恶魔。

在史密斯看来（1994；2005），所有的战争都需要连贯的、可信赖的叙述，并且所有的叙述都建立在不同的二进制代码之上，而这些编码区分了神圣与世俗、善良与邪恶、理性与非理性。这些二进制代码常常会被编织进一个更庞大的叙事结构网中，这种结构尝试通过以下四种文化类型之一来表述某个特定的冲突：世俗型、悲剧型、浪漫型以及启示型。在这四种类型中，启示型叙述在"制造大规模社会范围的牺牲以及将其合法化上是最有效的"，并且，它本身也是"唯一的可以使战争在文化上被接受的叙述方式"（史密斯，2005：27）。尽管政治精英在这一过程中起到了至关重要的作用,但是他们无法强加一种没有"依据市民社会的共同准则来表达的"独特的战争叙述结构。史密斯总结到,由于文化模式塑造了个人和社会行动,因此不理解战争的叙述结构,我们便永远无法解释战争。

史密斯的论证以及一般战争研究的文化主义路径存在三个主要问题:首先,尽管新涂尔干主义者们对暴力冲突的文化背景、公众感知和叙述结构,对理解特定战争的逻辑的重要性的论证是正确的,但是他们无法解释暴力行为的起源和存续。尽管这种新涂尔干主义不像它的前身那般主张文化决定论的立场,但它仍旧过分强调文化的作用而忽视其他社会因素的影响,因此,它无法全面理解战争情形的复杂性。战争并不单纯是甚至根本不是一种话语、叙述或者文化符码,战争首先并主要是一种涵盖有组织的物理破坏、杀戮和死亡的物质事件。虽然我们能够认同任何的暴力冲突都需要集体诠释、公开表达和文化编码(cultural coding),但所有这些,对于发动和实施战争既不是充分的,也不是必需的。史密斯(2005:208)的坚定的文化主义观念建立在将"敌人的形象和对突发危机的夸张叙述看作是导致战争的(某种事物)"这一存疑的观点之上。文化符码当然会使得战争的努力更为顺利、更加可信并且毫无疑问更加有意义,但是它们并不会创造战争。尽管讲故事是社会生活的一个重要部分,但生活本身不仅仅是讲故事。虽然他尝试让自己远离一种理想主义的认识论,但总体来看,菲利普·史密斯对社会行动的理解,特别是对战争的理解,和亚历山大或者安东尼·史密斯一样,与卢梭主义和涂尔干主义的关于"人类本质是规范控制的生物"[①] 的观点有着深刻的关联。我们在他的作品中看到的是顽固的文化主义和体系化的功能主义结合成的一种观点,这种观点认为人类行为受到帕森斯(Parsons)社会学理论"一般价值模式"的约束。而个人和集体利益、政治动机或者国内的社会冲突在其作品中几乎没有存在的空间。

菲利普·史密斯认为,"社会生活可以比作一本课本",他将人类生活的物质性归纳为一系列的符号、代码和类型。这种研究策略实际上无法帮助我们理解一些人为何以及如何反对关于战争现实的主导性解释,

---

① 对安东尼·D. 史密斯的认识论更为全面的批判,参见马莱斯维奇(2006:109—135);史密斯对此批判的回应参见史密斯(2009:122—130)。

而其他人却盲目地接受它,或者为何那些最容易接触到敌人的残酷形象的人,比如前线的士兵,却最不痛恨敌人(福尔莫斯,1985;伯克,2000)。

其次,史密斯无法通过自己案例研究的选择来证实新涂尔干主义的理论模式。他的案例研究论证了每次战争的多层次特征,在其中文化符码与叙事(cultural codes and narratives)仅仅是一个更为庞大的现象和进程中的微小组成部分,然而地缘政治方面的、物质性的以及其他因素则显然比文化类型发挥着更重要的作用。文化符码并不是一种偶然的力量,而是对在政治上发起的社会行动的一种(重要的)补充。比如,当撰写关于苏伊士危机的文章时,史密斯不得不含蓄地承认地缘政治在决定各自的文化符码的方向上是具有决定性作用的。由于"苏伊士运河对于英国的战略重要性要远远超过对于美国的重要性",因而反映在两个国家对这一冲突完全不同的叙事表达上就显得很符合逻辑了。相似的是,在探讨美国媒体对1988年哈拉布贾毒气袭击事件的漠视和在2003年伊拉克战争之前美国媒体戏剧性地突然重视时,史密斯更多告诉我们的是媒体对政治精英行为的依赖,而不是普遍共享的文化叙事方式。

最后,几乎所有的文化主义者从文化中推导出战争。对斯宾格勒、亨廷顿和其他的军事历史学家来说,正是文明价值的内在不协调性和矛盾性导致了战争的爆发,而对于更为老到的新涂尔干主义者——亚历山大、吉森以及两个史密斯——来说,暴力是不一致的团结的副产物。然而,在这种研究传统中仍旧没有探讨的是另一种可替代性的假设,即文化本身就是暴力的产物。尽管雷内·吉拉尔(Rene Girard)(1977)和乔治·巴塔伊(Georges Bataille)(1986)将人类文化的基础与牺牲的起源联系在一起,借此文化(特别是宗教)作为一种控制暴力的社会机制而出现,但是他们并没有将文化解释为直接来源于暴力。反之,他们用一种涂尔干主义的方式通过神圣和亵渎这一组对立的范畴来审视文化,将牺牲的仪式作为阻止暴力升级的文化性障碍。对吉拉德而言,这种通过随机选择受害者来发动暴力行动,以此转移集体内部冲突的替罪羊机制,是一种控制暴力以及维持社会秩序的社会机制。然而,这样一种观点错误地假定人类本质上是暴力的,并且如果没有文化和文明的体系,那么将会发生所有人对所有人的战争。从吉拉德的观点来看,涂尔干主义又回到了它的原点:尽管始于对霍布斯的反对以及对卢梭的欣赏,但它的结局却是以一种类霍布斯主义的对战争的分析收场。因此，正如笔者随后要详述的那样（详见第六、七章），需要一种关注社会组织和意识形态的关于文化和暴力关系的替代性解释。

三　组织唯物主义：战争、暴力与国家

虽然社会生物学、工具主义以及文化主义的研究做出了一些极具洞察力的贡献，但是当代社会学领域只存在一种以系统化的、综合的方式来研究战争和组织型暴力的研究传统：组织唯物主义。[①] 尽管这种研究途径的焦点在于国家的起源、社会力量以及现代性的产生和扩张，但是组织唯物主义者投入了大量的精力来研究战争和暴力，因此，这种观点将强制看作核心的解释变量之一。然而，现代组织唯物主义很大程度上将其归因于"好战"社会思想这一事实，未受到认同和赞许。尽管大多数研究战争和暴力的现代社会学家，比如迈克尔·曼、兰德尔·柯林斯、查尔斯·蒂利、安东尼·吉登斯（Anthony Giddens）、约翰·A. 霍尔和詹弗兰科·波吉（Gianfranco Poggi）很少援引传统军事主义作为他们的前身，但是存在着对这两种研究传统之间的知识连续性加以论证的可能。此外，正是这种传统"好战"社会思想的延续，培养了作为组织唯物主义特性的协同创造性。然而，这种传统古典思想遗存却往往被忽视。反之，如果与传统思想具有某种联系，则几乎总会提到马克斯·韦伯作为历史比较法的奠基人和宏观社会学理论的发起人，这种社会理论超越了狭隘经济主义和文化主义，并且将强制性作为理论的核心。

在这种语境下，几乎所有的现代组织唯物主义者都赞成韦伯关于权力和国家的定义——两方都强调这些社会实体的暴力本质。然而，尽管韦伯强调权力关系的这种强有力的、近乎零和的特征，并且将国家描述为对武力的垄断，但他并没有为国家或者战争与暴力提供一种完全成熟的社会理论。韦伯发展出一种具有高度影响力的权力分层类型论，而这也为一些当代理论提供了支持；然而，正如笔者已经概述过的那样（详见第一章），因为在被一些组织唯物主义先锋学者引用的过程中缺乏足够

[①] 在某些方面，雷蒙德·阿伦（1958；1966）是组织唯物主义毫无疑问的先驱，并且他也是二战后少数认真研究战争的主流社会学家之一。然而，由于他的关注点更多的是国际关系的社会学和哲学理解，因此超出了本书的涉及范围。

的分析，韦伯的类型论无法最终形成一种关于战争、集体暴力和国家的完全成熟的理论。更确切地说，韦伯对暴力作用的关注在某种程度上是对他所处时代的反映：韦伯具有德国学术界的团队精神，而这种精神具有深刻的军事主义思想烙印。在某些方面，韦伯为这种"好战"传统披上了一件道德的外衣：用其完美的知识体系对这种好战传统进行建构，保留了军事主义传统的核心论点并使其在当代语境下重现活力，几乎未留下痕迹。作为韦伯理论的继承者，似乎比继承特赖奇克或者受人排斥的"社会达尔文主义"更加安全，并且承担更多的道德责任，然而，正是特赖奇克、古姆普洛维、罗斯托、奥本海姆、欣策和施米特所强调的国家的军事起源、国家的自治权及其权力无限性、战争在历史变革中的作用以及人类交际的好斗天性，才形成了现代组织唯物主义的核心要义。尽管韦伯引用了尼采哲学中关于国家权力声望的意志和荣誉的论述，但他严重忽视了国家得以产生和运行的更为广阔的地缘政治背景。尽管韦伯将国家权力定义为领土权和对暴力的垄断，但是他并没有探究它们出现的外部环境。而且现代国家并不是在一个地缘政治的真空中出现和运转的，其正是基于对其他类似国家互相承认的前提之下存在的。不仅如此，正是源自这种特赖奇克主义和贡普洛维奇主义视角，而不是从韦伯主义的角度出发，现代组织唯物主义才得以发展。因此，如果我们仔细分析他们的论点，我们就可能发现，支持组织唯物主义的当代历史社会学家与古典军事传统的社会思潮有着直接的联系。

查尔斯·蒂利（1975；1985；1992b）一生都致力于阐释国家的产生和发展与大规模暴力的使用之间的关系。尽管他通过坚持权力的"持续协商特征"并且使用相关的术语来定义权力，但他仍坚定地关注权力关系的矛盾的、不匀称的层面："权力是对人们之间以及社会情境之间交易的分析性概括：在 X 和 Y 之间的一系列互动过程中，如果（1）来自 X 的一个细微行为通常会引发 Y 的强烈回应，并且（2）他们之间的交流会给 X 带来不成比例的收益，那么可以合理地推论出 X 对 Y 拥有权力。"（蒂利，1999：344）具言之，他的关注点是他所认为的在现代占有统治地位的权力形式——民族国家的权力。尽管纵观人类历史，巨大的权力往往被掌控于极少数独裁者、暴君和皇帝手中，但正是现代时期的到来，首次为强制力通过民族国家的制度得到集中和垄断创造了结构上和组织上的能力。为了解释这种逐步出现并最终盘踞于统治之巅的力量，蒂利将它的历史足迹追溯到17世纪的欧洲，那时欧洲君主对于长期军事行动的绝对投入导致了统治的快速集中化、地域化和官僚化。易言之，为了直接地响应贡普洛维奇、拉岑霍费尔、奥本海姆和欣策的观点，蒂利（1985：170—172）认为"战争创造了国家"，或者更准确地说，"发动战争、资源开发和资本积累之间的互相影响塑造了欧洲国家的形成"。正如特赖奇克和莫斯卡一样，蒂利在根本上将国家分析为一种"运用强制力的组织"，这一组织对某一特定地域享有绝对的权力。在现代化早期，战争被证明是最有效的社会控制、国家扩张、资本积累和资源开发机制。结果，随着战争在强度和残酷性上都有所增加，现代性见证了20世纪大规模暴力行为的扩张——其间发生了两百五十场战争并造成了一亿人的伤亡——有史以来最为血腥的一个世纪（蒂利，2003：55）。

蒂利追随着拉岑霍费尔、特赖奇克和欣策的步伐，也将制造战争看作最重要的国家活动，通过这项活动，国家权力获得空前的自治权和对外的地缘政治优势，同时也稳定了国内统治。在一定领土范围内对暴力合法运用的垄断是国家间战争加剧的直接结果。拉岑霍费尔和罗斯托之间在此有着清晰的关联，因为他们都强调现代国家的中央集权特性和地域性本质，很大程度上要归功于暴力和战争的"原罪"。在很多方面，蒂利（1985）所定义的"国家像一个最终可以带来内部平定的巨大的政治球拍"的概念，恰恰类似于拉岑霍费尔的"征服国家"和"文化国家"的区分，以及罗斯托将文明的产生、发展与军事征服相关联的文化金字塔定律。因此，当蒂利（1992a：191）论述"我们今天稳定的社会民主制要归功于过去的掠夺式的军事国家"时，他仅仅是在重申奥地利—美国群体斗争范式和德国社会自由主义的思想家们发展出的一些核心观点。

此外，施米特式的朋友和敌人的区分，仅仅在现代国家建设的语境下才能够完全显现出来，因为在国家的疆域之外仇恨已经不存在，并且通过严格的治安维护和社会合法性的丧失，私人暴力行为被极大地消除。战争以及为战争所做的准备是剧烈社会变革的有力推动器，其后果就是形成庞大的国家机器并让市民社会充满发展活力。通过战争，国家完善了自己的财政管理、法庭以及其他的法律制度、地区管理和金融基础建设，可以对人民进行更为广泛的动员，比如说全民征兵又使得各种政治和社会权利向更广阔的人群稳定地扩展，进而强化了市民社会。总的来说，对蒂利而言，正如很多坚持"好战"传统的思想家一样，现代民族国家机构对权力的集中和垄断是广泛制造战争所导致的直接产物。

尽管迈克尔·曼（1986；1993）几乎已经被普遍当作一个新韦伯主义的社会学家，[①] 但是，古典军事主义传统对他的国家权力理论的影响与对韦伯的影响一样巨大。与蒂利相似的是，曼将社会学的关注焦点从社会转移到国家，因为国家自治及其地缘政治环境在很大程度上决定着一个特定社会的生存条件。相较于主导了大部分社会科学的一元的、固执的社会观念，曼更倾向于谈论"多层次重叠的、交叉的权力体系"。换言之，曼用一种特赖奇克或者奥本海姆式的脉络，较频繁地运用反思性方式，鲜少应用目的论，将社会权力和国家扩张置于社会变革的核心。一个社会性的世界首先被布置为一个错综复杂的权力体系的聚合物。具体而言，分析社会权力要通过四个核心的、相互关联的来源：政治力量、经济力量、军事力量以及意识形态力量。尽管它们被当作自治的、制度性和组织性的形式，但是曼（1986：2）同样认为它们是"提供可供选择的组织性的社会控制手段"的"相互重叠的社会互动网络"。

曼不同于韦伯，但与欣策很相似，他将政治和军事权力相区分，进而将军事主义当作一种独特的组织能力，他所说的军事力量是指"集中致命性暴力的社会组织"。尽管国家组织能力的产生和发展主要通过战争来实现，但是不能将国家力量简单地归结为军事力量。贯穿整个历史，国家的主要职能就是发动战争和平衡地缘政治布局，并且这也是国家活动及其权威的强有力的推动器，但是在历史上，军事和行政的控制模式很少能成为一个不可分割的实体。结果，现代民族国家成了一台强有力的战争制造机器，而这并不是它唯一的力量来源。换言之，在现代时期，一个国家的无限权力源于它的军事实力、对物质资源的经济学控制以及意识形态合法化。然而，它大多数的制度霸权都根植于它的领土化的组织能力。对于曼（1986：112—114）而言，"政治权力意味着国家权力"，持相近观点的包括贡普洛维奇、拉岑霍费尔、特赖奇克和施米特，但又与韦伯不同。政治的优势来源于国家对某一领土范围垄断的、集中的以及制度化的控制。国家这一行政权力的稳定提升与被曼称为"社会封锁"（social caging）的历史进程是彼此联系的，通过这种"社会封锁"，统治

[①] 参见霍尔和施罗德（2006）的大部分章节。

者们逐步限制个人自由来换取经济资源、政治和军事保护,这同时也促使社会分层机制的产生并触发了制度和管理集中化的长期进程。在较早的历史时期,社会封锁往往是借助封闭的河谷文明中的人工农业灌溉来得以实现的,但在现代社会早期,这一过程强化了民族国家的严格管理,而这最终为民主的到来提供了一个制度化的外壳(详见第三章)。

尽管不可否认的是,社会封锁的概念是曼自己的创造性阐释,但是这一概念与罗斯托的"文化金字塔"(cultural pyramid)、"超级分层"(superstratification)和"高雅文化"(high culture)的概念有很多相似的地方。曼和罗斯托都强调文明的出现需要大规模的组织,而这些组织反过来也需要强制性的整合手段。此外,曼(1988)用一种深刻的欣策主义方式证明,从历史层面上看,公民权利是被拥有国家政治权的经济、政治及军事精英们的利益塑造而成的,借此,市民权利和政治权利的扩张与国家的严重财政危机以及全民征兵制的推行有着直接的联系。现代国家的民主化过程,包括普选权和福利改革的扩张,在很大层面上都是大规模战争动员的直接产物。简而言之,曼(1986;1993)强调战争对民族国家的创立具有的决定性影响的分析模式,在很多方面都没有超出奥地利—美国群体斗争传统理论和德国自由主义社会的征服论的预见。尽管较之于曼的(或者蒂利的)结构化模式,这两种方法强调以机构为核心,但它们同样认为现代国家的起源和扩张源于战争。

尽管贾恩弗朗哥·波齐(Gianfranco Poggi)在名义上被认为是现代政治社会学家中最具韦伯主义思想的一个人,并且他自身也这么认为(波齐,2001:12—14),但是他的强制力量和暴力行为的言论实际上更倾向于古典"好战"传统,因为他对国家力量起源的理解具有独特的贡普洛维奇主义和欣策主义风格。尽管他继承了韦伯的政治、经济、意识形态三重区分模式,但他对社会力量的解读在更大程度上强调统治的强制性特征,因而只体现了韦伯主义的部分内容。不同于韦伯强调国家力量的行政和司法基础,并且极其重视不同宗教信条的内容,尤其重视中世纪基督教在欧洲出现的独特的理性化模式,波齐几乎将其注意力全部集中于社会力量的暴力源泉。不仅如此,虽然韦伯用一般的术语来描述政治力量,包括多种多样的形式(统治、合法化、权威、地位、强制等),但是对波齐(2001:30)而言,政治力量的构建和实施与强制行为存在唯一关联:"使权力有资格成为一种政治力量是由于……这样一个事实,即它实际上是完全建立在，并且本质上……是上级拥有的对不遵守命令的下属进行强制制裁的能力。"换言之，如果不提及组织型暴力，我们就无法恰当地定义政治力量。或者正如他近期简述的："（古希腊人）并没有认同我用暴力来鉴别政治的固执想法。"（波齐，2006：31）虽然对韦伯来说暴力不过是一种政治手段，但对波齐而言，暴力却是政治的本质。波齐曾提到过"原始政治经验的苛刻的物质基础"，这让人想到特赖奇克和沃尔德，并且他还赞同索雷尔和施米特的观点，认为政治力量在人类学上根植于一种制造物理伤害、痛苦和死亡的能力，因此，最终脱离了暴力的政治是无法想象的。① 从这一观点来看，所有形式的政治力量，包括"甚至是推论产生的法律"，都在根本上需要强制性的制裁。换言之，控制服从的能力是以暴力的威胁为先决条件的。科技的发展在范围（最凶猛的老虎用尖牙利爪一口气仅能杀死少量的动物，而一个人通过引爆一颗核弹就可致百万人口丧生）和形式上（比如多样化的屠杀策略与方式被设计出来）都增强了人类相互杀戮与伤害的能力。这种暴力的扩展直接地对政治力量造成了影响，正如波齐所言，这两者之间是内在地联系在一起的，从而也延伸了政治统治的范围和模式。随着现代国家结构的产生，根植于暴力的垄断与合法控制的政治力量也在以指数形式增长。（西方）现代民族国家的统治者在追求政治目的过程中对暴力的使用受到制度化的制约，这一现实并不意味着暴力随着现代时期的到来而消失。反之，正如波齐（2001：53）所论证的："政治体系将暴力作为一种强制手段而使用的出众能力被当作体制化的一种背景……并且这种既定的社会环境（无论多么具有偶然性）反过来也是荒诞而残暴的暴力行为的产物。"吸收了欣策和奥本海姆式的分析方式，波齐（2004：99）通过战争进化的视角来理解现代国家形成的过程："一开始，现代国家被这样一个现实所塑造，即本质上以发动战争为目的，并且主要关心的是建立和维持其军事能力。"通过强调暴力作为社会力量和国家建设的核心要素，波齐的论点与古典军事主义传统的社会思想有了无可避免的联结。

---

① 波齐（1978：5—13）在他关于国家形成的早期作品中鲜有地直接借鉴了施米特的观点，他认识到了施米特关于政治的言论在认识论上的重要性："尽管有些人可能会贬低施米特的观点，认为它是邪恶的魔鬼或是法西斯主义，但是历史已经反复地证明了他的正确性。一旦社会生活的危险性和根本混乱性被认可，他们的内涵中会保持着彻底的非道德性，并且今天会比以往更为可怕。"

兰德尔·柯林斯尝试调和宏观和微观层面的分析，这在现代组织唯物主义者中几乎是独一无二的，因为他将关于国家形成和地缘政治变迁的大规模结构历史研究与对社会冲突的面对面交流探讨相结合。① 柯林斯（1975；1986；1999）认为冲突位于社会关系的核心，在解释社会行为时涉及科技进步、可利用资源、关于特权的共同经验、交流和合作网络以及集体主观认知，但是最主要的还是依据社会地位斗争来解读社会行为。柯林斯采用了帕累托主义/马基雅维里主义的视角（尽管对它存在韦伯主义的曲解）来告诉我们："生活本身就是一个为地位而斗争的过程，在这个过程中没有人敢忽视他周围的人的能量，并且每个人都利用一切可用的资源，来让别人帮助自己在这种情况下展示最好的一面。"（柯林斯，1975：60）然而他对政治和国家力量的理解，与蒂利、曼以及波齐完全一致，并因而与传统军事思想相契合，他对政治的解读几乎完全是通过暴力的视角来实现的。柯林斯（1975：352）与特赖奇克和奥本海姆存在共鸣，甚至超过他与韦伯的共鸣，他通过国家依靠强制手段实现自己意图的不可阻挡能力来对其进行解读："国家，首先是军队和警察，并且如果这些群体没有武器的话，我们就不会有传统意义上的国家。"从这一点来看，政治力量与战争相关，而如同施米特所认为的那样，强制性威胁和政治则更普遍地涉及暴力的威力以及暴力组织。

与莫斯卡和帕累托相似，柯林斯（1974；1989）强调有组织的力量对现代官僚机构的产生和发展所起的重要作用。根据柯林斯的理论（1975：351—353），在前现代社会秩序中，私人暴力和政治或多或少是相同的，而现代民族国家垄断了这种手段（"国家由那些拥有枪支或其他武器并且随时准备使用这些武器的人组成"），从而导致了这样一种情形的发生，即"大多数的政治并不再包含实际的暴力，而是包含对控制暴力的组织的操控。"因此，在现代时期，政治权力的主导形式变成了国家权力。一个特定国家的力量是由其捍卫自身在国内（通过对市民社会团体的洞察和成功动员）和国外（通过提高和维护其地缘政治地位）的崇高荣誉的能力所决定的。柯林斯基于对韦伯理论的直接应用和对欣策理论的间接吸收，进而提出国家的地缘政治地位是以其国民的军事经验为

---

① 在他最近的著作中，柯林斯（2004，2008）将注意力转移到暴力冲突的微观互动层面，这个层面尝试将组织唯物主义的关键原则与新戈夫曼主义及新涂尔干主义对于暴力微观基础的分析融为一体。关于支持这一立场的评论，参见马莱斯维奇（2008a：212—214）。

基础的，战争的胜利会提升国家统治者的声誉并且增强国家的力量与合法性，而军事行动的失败则会导致相反的后果（柯林斯基，1981；1986；1999）。战争被看作历史上社会和政治变革的催化剂，并且是国家形成的主要原动力。一个人要想完全掌握国家的政治力量，必须了解某一特定社会秩序中的军队以及其他的强制性机构。现代自由民主为更多的言论、分歧、普遍代表和随之而来的权力共享打开大门，这一事实远不是社会持续进步的可靠指标。反之，这种历史的偶然是深深根植于其社会秩序的强制体系中的。正是在一些组织良好的、独立且能够调动不同利益的社会群体之间对资源的相对平衡的分配——无论是用强制的或者相反的手段——才创造了一个显著多级的社会和政治环境。

从上述简要的分析中可以得出一个明显的结论，尽管他们几乎完全认同并且自我认同韦伯主义的路径，但是最杰出的当代组织唯物主义者的理论都深深根植于传统军事主义社会思想之中。然而，由于他们极度警惕建立在这种备受质疑的理论传统之上的伦理内涵，因此，他们很少直接借鉴贡普洛维奇、拉岑霍费尔、特赖奇克、欣策、施米特、索雷尔以及其他人的著作。这也许是一种很大程度上多余的内化隐藏形式，因为这些思想家们将规范意义上原始法西斯主义的重负进行了成功的去本质化，使其融入历史语境之中，并且将其从传统军事主义中移除出去，从而为战争和暴力在社会生活中的作用提供了更为复杂的、解释性强的论述。传统军事主义者的若干著作会以目的论和本体论为开端，在某些情形下比如在特赖奇克、施米特、索雷尔和西梅尔的著作中甚至以对暴力和无所不能的国家力量的辩护开场，最终都是以曼、蒂利、柯林斯和波齐所写的关于社会冲突的一种纯粹的认识论和一种具有高度说服力的历史统治社会学收尾。这样，吸取了传统"好战"思想，现代组织唯物主义通过将分析重点从控制生产资料、个人理性、基因和文化，转移到一些对理解社会更为重要的事物上——对破坏手段的控制，进而严重地削弱了关于社会变革的工具主义、文化主义和生物学的理论霸权地位。正如柯林斯、波齐、曼和蒂利所作的可信论述及其在实证研究中的证明：如果提及暴力，则无法解释社会力量的转化及其持久的重要性；如果不深入研究社会生活的强制本质，则无法理解国家形成的起源以及现今世界上民族国家体系几乎毋庸置疑的制度化的至高地位。然而，尽管这些现代的解释在强调和分析政治和社会生活内在的强制性特征上具有高度说服力，但他们关于暴力的普遍合法化的论述似乎并不那么可信。换言之，这些理论模式广泛地并且在很大程度上充分地阐明了社会力量和组织力量，然而在理解意识形态力量方面，仅留下了狭窄的解释空间。

四　从强制到意识形态

尽管启蒙运动渴望在新时期能够产生一个无暴力的世界，在那里，冲突的利益和价值能够通过理性的讨论、对话和辩论得到调和，但是现代社会却成了历史上有记载的暴力性最强的时期。在得到对一种理想社会秩序憧憬的伟大愿景的支撑、具备最新的科技发现并极其善于动员庞大的群众基础的情况下，现代民主化的立宪国家已经被证明拥有无可比拟的邪恶性，并且作为战争机器比先前的专制政体和非平等主义社会更加高效。尽管前现代时期的统治者非常残暴，也没有任何农业文明时期的暴君可以与集中营大规模杀戮的疯狂效率，或者与机关枪、空袭或者神经毒气的杀伤范围和速度相抗衡。在数量方面，现代时期所有的革命、全面战争和种族灭绝，在历史上也不存在可比性。但是正是这个时代，比以往任何时代更多地宣称将人类主体的解放和自由作为其中心或者核心价值。作为启蒙运动的直接继承者，现代宪法秩序，包括统治者和市民，都相信理性、正义、自由、平等和人性是整个社会生活必须依靠的不言自明的法则。①

这种境遇——借此，现代化被规范地建立在对理性和人类生活的颂扬以及对暴力鄙视的原则之上，但同时，它又见证了比以往任何时期都更多的血腥和大规模杀戮——这看起来似乎是一个令人疑惑的悖论。然而，如果仔细研究现代时期意识形态力量的形式、内容和结构，我们就会发现，这种特殊的结果似乎就不具有神秘性了。尽管波齐、曼、柯林斯和蒂利已经巧妙地解释了为什么现代社会诞生于暴力并仍在结构上保持对暴力的依赖，但是，很大程度上并没有提供关于这一问题的答案：为什么生活在憎恶人类牺牲的社交环境中的、自我反思的现代人，却容忍并常常默许大规模的杀戮？为了妥当地回答这一问题，我们需要比组

---

① 比如，美国宪法序言中所陈述的那样："我们认为这些真理是不言自明的，人人生而平等，他们被造物主赋予若干不被剥夺的权利，包括生存权、自由权以及追求幸福的权利。"

织唯物主义者更加重视意识形态的力量。

尽管曼、波齐、柯林斯和蒂利都认可集体价值和信仰的重要性，但他们仍旧主要将意识形态作为一种二阶现实，或者几乎完全将意识形态力量归纳为宗教信条。例如，波齐（2001）将意识形态或者规范性权力与政治和经济权力一起看作"三种基本的权力形式"。他认为意识形态或者规范性权力固然重要，但却具有"衍生性质"，并几乎完全将其与宗教联系在一起。用他自己的话说："宗教权力被认为是一种意识形态/规范性权力的主要的甚至是根本的表现"（波齐，2001：71）。与他相似，柯林斯（1975：369、371）也不认为传统宗教和现代世俗意识形态之间存在明显区别："世俗意识形态的运作在很多方面都与宗教意识形态类似"，或者说，"现代意识形态是一组相同基本条件下的变体，其新形式适应现代条件下对道德团结的需求和服从于超越个人的组织的需求，这些构成了宗教的社会本质。"蒂利（1985；2003）对意识形态的关注更少，将其看作是一个由政治、经济和军事力量所塑造的附带现象。只有在曼（1986；1993）的作品中，意识形态力量才获得了较多的关注，他将意识形态看成是社会力量的四大核心支柱之一，并且对世界范围内的意识形态变革做了大量的历史分析。

曼（2005：30）通过意识形态力量理解"超出了经验与科学并包含可争论元素的人类社会内部的价值、规范、仪式的运用"。他将其先验的形式和内在的形式区分开来，其中先验的意识形态在很大程度上符合自治原则和普世信条，两者能够通过超越现有的制度和确立"神圣"权威来创造广泛的支持基础。内在的意识形态更多是指一套非独立的信仰和价值，以强化现存的权力体系和组织机构的团结。然而，即使这样，两种形式的意识形态都被看作一种微弱的力量，并且几乎从未作为关键要素得到充分的阐释。不仅曼认为前现代意识形态信条"不具有普遍重要性，仅仅在世界性的历史性时刻才会起作用"（曼，1986：371），加之法国大革命所激发产生的思想对欧洲其他国家的影响远比人们普遍假设的要微弱得多。更为重要的是，他认为从 19 世纪开始，意识形态权力尤其以宗教为代表总体来说受到了削弱。① 此外，曼用了一种对意识形态极具

---

① 在最近的一些著作中，曼（2006：345）已经认识到这一问题，并且现在似乎接受了后现代时期一直保持高度意识形态化这一观点。

工具主义色彩的理解，几乎将其研究重点完全集中于意识形态运动的作用和手段，对意识形态信息的目的和内容却少有论述（J. M. 霍布森[J. M. Hobson]，2004；戈尔斯基[Gorsky]，2006）。

现代组织唯物主义者对意识形态有着显而易见的忽视，这一点却并没有发生在他们的军事主义前辈身上。贡普洛维奇、奥本海姆、罗斯托、莫斯卡、帕累托、特赖奇克、施米特和欣策都清楚集体暴力的成功扩散和制度化需要强有力的正当化机制。此外，他们也正确地理解了：传统秩序中古老的一神论世界的瓦解，及其被现代普世原则和平等原则的竞争学说所取代的事实，为更为惨烈的血腥杀戮敞开了大门。在一个神灵已逝的后尼采主义世界里并不存在绝对道德。与陀思妥耶夫司基（Dostoyevsky）笔下的的伊万·卡拉马佐夫（Ivan Karamazov）相呼应——一旦神灵死去，那么任何事情都会得到许可。正如施米特（1996：54）所言，诸如人性、正义、进步和文明等思想都是特别有力的意识形态工具，因为它们都允许冲突中的一方"夺取一种反对其军事敌人的普遍观念"，且并不把他们看作可恶的敌人或者是值得尊敬的对手，而是把他们看作一种人类范畴之外的事物，那就是怪物；人类的世界里没有怪物生存的空间——他们应该无条件地被消灭。正如杜鲁门总统为自己向日本投掷原子弹所作的辩护："当你不得不去对付一只野兽的时候，你就应该把它当作野兽来看待。这是最令人遗憾的，但却是最正确的。"（阿尔佩洛维茨[Alperovitz]，1995：563）结果就是，虽然战争"在数量和频率上减少了"，但是在"凶残程度上却成比例地增加了"（施米特，1996：35）。

尽管一些传统军事主义者，比如特赖奇克、施米特和西梅尔常常更多地通过一种规范的、指定的立场，而不是从解释性立场来处理意识形态权力的问题，因为他们拥有无所不能的国家力量、军事主义的道德观念、刻板的民族主义以及公开的或隐蔽的种族主义，他们还宣称无法轻易将暴力与意识形态区分开。为了全面理解现代社会暴力的扩散，我们必须研究其意识形态基础。换言之，任何引用古典军事主义传统的成功尝试都需要考虑权力的组织强制力和意识形态本质。为了获取成功，权力需要合法化，强制权力更是如此。

当代历史社会学家的著作中呈现的意识形态言论有两个显著的缺陷。首先，这些论述存在一定程度的概念混淆，即意识形态的概念在被用作文化的同义词时（曼，1986；1993；2006）显得过于宽泛，而在被归纳为传统的宗教信条时（柯林斯，1975；曼，1986；波齐，2001）又过于狭窄并且缺乏历史精确性。正如我在其他地方（马莱斯维奇，2002：58—61）所指出的那样，尽管在现代时期的宗教信条中常常会获得意识形态属性，并且充当着完全成熟的意识形态角色，但是前现代时期的宗教缺乏像现代意识形态那样运作所需的制度和组织资源。当时的社会环境中不仅公民文化素养普遍缺乏、没有标准本国语言、公立教育体系尚未建立、存在印刷资本主义的运作（安德森，1983），而且传统的宗教也缺乏一个成熟的信息传播机制和官僚化的组织结构，而所有这些对意识形态权力都十分重要。由于他们呼吁理性并且为社会现实提供了一个合理的解释，因此规范的意识形态需要大众受过完整的文化素质教育。意识形态诞生于后启蒙运动时期的世俗环境之中，在那里，一个曾经丝毫不容置疑的垄断宗教（基督教）突然被意识形态多元化所取代。在这一新的历史背景下，宗教信条发现自己陷入与世俗世界观的竞争之中。与前现代时期的宗教信条不同的是，现代时期的意识形态常常获得的支持来自科学、人性、其他世俗道德，以及一些基于与神学世界观完全对立原则的集体利益。不同于宗教的是，意识形态是深深根植于泥土之中的，而不是悬浮于天空之上。正如古德纳（Gouldner）（1976）指出的那样，我们这个时代对意识形态的强烈诉求，仅仅是伴随着"比起来自彼世界的消息，对此世界的信息更感兴趣"的现代人类主体的诞生而出现的。意识形态明确提出了改变社会现状的宏伟蓝图，意识形态描绘的是一幅对现实社会进行改造的蓝图，这与对来世的许诺截然相反。自由主义、无政府主义、科学种族主义以及其他的一些思想都提供了可以动员数以百万计民众的社会变革的世俗蓝图和政治上的宏伟愿景。从马基雅维里时代起我们就知道，不受宗教道德约束的世俗政治一方面可以获得社会大众的拥护，但另一方面，在实现其意识形态目标的过程中又拥有一张极端残酷无情的面孔。在这种背景下，意识形态的出现是作为一种比传统的宗教更为强劲有力的社会行动的推动器。

这样，就将我们引入了现代历史社会学家的论述中存在的第二个问题——他们认为意识形态的解释力非常微弱。正如曼（2006：346—347）坦率地指出："观念和看法不会有任何作用，除非它们被组织起来。"但是，这种观点可以轻松地实现翻转，由于所有的组织都是以特定的观念为基础而建立和运行的，那么，没有观念的组织也无所作为。这并不是说,人类行动都是完全受到观念和价值,而不是物质或者政治利益控制的——这是所有理想主义认识论的普遍错误——而是离开对现代意识形态的正当化功能的理解,就无法对现代社会中强制力取得的显著成就进行充分的解释。换言之,意识形态力量并不是社会行动唯一的甚至不是必然作为主要的推动力,但是它的社会价值在于其使社会行动合法化的能力。当目标被当作终极真理,并且以毋庸置疑的科学权威和人文主义道德作为支撑的时候,所有的手段都得以合法化。在这种情形下,关于运用暴力的问题常常会转化为一个单纯的效率问题。一个在大型城市聚集区上空投掷可以杀死数十万人口的20000吨铀-233核弹头的决定,转变为一个投掷精确性和轰炸效率的问题。威廉·斯特林·帕森斯(William Sterling Parsons)机长在广岛投掷了第一颗原子弹后说道:"在所有方面效果都是成功的。视觉效果比任何一次试验都要好。投掷后飞机一切正常。"(杜鲁门[Truman]报告,1945:7)与之相似的是,实现一个种族纯粹化的社会蓝图,需要利用毒气室来作为一种最合理处理"人类废品"的迅速、可行和高效手段。拥有对集体团结的包容和普世主义渲染的现代意识形态信条,为集体动员提供了最强有力也是最坚定地拒绝妥协的社会机制(马莱斯维奇,2006)。作为终极世俗真理的保有者,从虚伪的道德束缚中解放出来且拥有现代国家的制度结构和大规模武器,意识形态同时作为集体行动的强有力的调动者和将这一行动合法化者的角色出现。然而,由于暴力与一般人类社会的本质相违背,因此它需要令人信服的社会正当化策略。尽管社会化的自我反思的现代人较之其前辈对人类生活更加充满敬畏,但他们同时也掌握了为大规模屠杀正名的强大理论工具,即意识形态信条。换言之,暴力需要依靠可以调和包容与排斥、公正和歧视、平等和偏执、人类普遍的道德原则和对其他人类同胞的大屠杀的意识形态信条才能够存续。用正义、平等和友爱的语言表达,并且以对"真理"的垄断为基础的现代意识形态叙事,善于将一些起初看起来似乎不可能的事物合法化和正面化:以人类自由的名义将成千上万的法国革命者送上断头台,以自由民主的名义在数十万的日本民众上空投掷原子弹,或者在鼓吹当代阿富汗、伊拉克或者巴基斯坦的穆斯林同胞一家亲的同时又杀害成千上万的穆斯林同胞。虽然原则上单个的人类生命是神圣的,但当意识形态目标受到威胁的时候,没有任何代价是不可以被牺牲的:为了"捍卫民主","建立我们至高无上的独立国家"，"建立一个种族或者民族纯净的社会"，或者建立一个以伊斯兰教义为基础的泛伊斯兰帝国而杀戮数十万人，已经成为"令人遗憾"但是可以接受的行为。在意识形态信条中，集体暴力为政治和强制行动找到了一个强有力的社会制度化机制。现代时期结构性暴力的迅猛增加，是与现代国家的组织和意识形态的复杂性深刻联系在一起的。一旦获得强有力的意识形态的支撑，那么强制力量将会无所束缚。

五　结论

尽管在现代社会被视为一种令人厌恶的东西，但暴力一直都是社会和政治生活中不可分割的一部分。尽管现代国家已经成功地将暴力垄断几乎隐形，但是，它们并没有彻底消除暴力行动。相反，现代民族国家所拥有的正逐渐成为其社会内部，以及国家地缘政治舞台上重要政治元素的强大力量，实际上正是来源于这种对暴力的不受任何挑战的垄断性控制。柯林斯说得很恰当，国家"位于所有的军队和警察之上"。更坦率地说，暴力和社会力量是内在地联系在一起的，因为没有任何力量最终不是建立在对暴力的操纵和控制之上的。然而，这两者之间的关系并不是单方面的，即强制力并不仅仅作为政治力量的一种手段而存在。相反，一旦猛虎出笼，集体暴力就会成为自己的主人，在自己的轨道上运转并创造出新的社会现实。这一点在现代战争中尤为明显，一方面，系统化暴力的运用急剧地改变了社会制度和人类之间的关系，从而生成新的社会和政治秩序；另一方面，它又急剧扩大了人类牺牲和杀戮的规模。正是在两次毁灭性的全面战争和一系列残酷的革命之后，包含自由、民主与公共福利的社会秩序才开始出现。且不论其对暴力的忽视，社会学不能忽略这一现代两面神雅努斯邪恶的另一面。尽管传统军事思想和组织唯物主义都已经重新产生了对战争、暴力和人类社交性之间关系的学术兴趣，但是仍然需要对使强制行为合法化和制度化的意识形态和组织过程做出更深刻的分析研究。然而，在我们处理暴力正在持续的官僚化和意识形态化过程之前，当务之急是厘清战争和强制行为的社会起源。

第二部分

时空中的战争

第三章 现代时期之前的战争和暴力

一 引言

关于战争和暴力的普遍描述都倾向于强调其普遍存在性和不可避免性。从小学历史课本到好莱坞大片，战争都被描述为一种起源于人类诞生之前的固有的、原始的现象。一位评论员曾使用象征性词句，将战争描述为一种"与人类一样古老，甚至比人类本身更为古老的事物"（洛[Low]，1993：13）。然而，暴力和战争均不是自然地出现在人类生活之中的。正如关于杀戮、死亡和其他暴力行为几十年的研究所论证的那样，我们这种物种既不擅长在心理上也不愿意使用暴力（霍姆斯，1985；格罗斯曼，1996；伯克，2000；柯林斯，2008）。人类不仅普遍倾向于避免战争冲突（大多数的小规模争斗不过是威胁恐吓而已），而且霍布斯主义关于一切人对一切人的战争的描述是不具备实证可能性的（柯林斯，2008）。尽管一些观点普遍认为，战争常常是混乱的、具有蔓延性的并且一般都是自发的，然而很多暴力行动都需要相当程度的组织性。不仅如此，战争制度在人类历史舞台上出现得很晚，并不是人类存在的一种原始的、固有的特征。然而，这也绝非偶然，因为发动战争需要复杂的组织和意识形态，而这两者都只能随着文明的发展而出现。

这一章探讨战争和暴力的社会起源。本章描述了从人类历史初期普遍存在的无组织的强制力形式到古代早期战争形式，直至中世纪时期更为复杂的战争模式的转变，再到为现代化早期的到来提供动因的理性战争模式转变。本章的论点主要集中于社会机构和意识形态雏形在刺激组织型暴力发展中所扮演的不可替代的角色，而组织型暴力最终播下了现代社会秩序的种子,于是才有了我们现在所生存的社会。本章特别关注组成现代化的两个持续的、互补的过程,它们可以一直追溯到上古时期:经年累月的强制官僚化和离心式的意识形态化。

二 战争之前的集体暴力

暂且不论战争近乎普遍的存在,从历史角度来讲,战争是一种出现得非常晚的社会现象。如果说,还有人会怀疑新达尔文主义将战争与侵害和争斗合并的观点的话,那么,几乎所有的社会科学家和考古学家都同意,在旧石器时代晚期和中石器时代早期,并没有战争存在的结构性条件。尽管对于战争的确切起源时间存在不同的看法,但大部分人都达成共识,即战争是在过去 10000 年内的某个时间段出现的(费里尔[Ferrill],1985:18—26;基根,1994:118—126;卡甘[Kagan],1995:4;赫尔维格[Herwig]等,2003:1—8;奥特拜因[Otterbein],2004:11)。[①] 将这一时间段放置于更大的历史环境中我们就会发现,超过 99% 存在于当时的智人没有过战争的经历。在中石器时代之前,人类大都居住在狭小的、孤立的、非定居的、人数很少超过 500 人的采集狩猎群体、部落或者其他有亲缘关系的族群(曼,1986:43)。[②] 正如卡特米尔(Cartmill)(1993)证明的那样,虽然南方古猿无法制造工具和武器,并且生命中的大部分时间都是在对将他们视为最理想美味的大型食肉动物的恐惧中度过,但是作为他们后代的直立人却是一种食腐动物,而不是猎人,他们不需要任何的武器。原始武器比如棍棒和矛的使用,在大约公元前 35000 年前开始普及,但这些工具的用途大部分被限制在对动物的狩猎和杀戮上。尽管存在少量的考古迹象表明,这一时期之前也出现过群体引发的冲突,但正如费里尔(1985:16)所说,直到"旧石器时代晚期","史前工具或者狩猎武器被用来对付人类"这一点并没有什么决

---

① 一些考古学家们在苏丹的捷贝尔·撒哈巴找到了古代的墓葬地点,其年代为距今 1.4 万至 1.2 万年前,并将其作为有记载的最古老的群际暴力冲突的证据,因为在发现的 59 具尸骨中,近半数有明显的暴力致死的迹象。然而,这远远不是一个结论性的发现,因为现在还不清楚究竟是什么导致了他们的死亡(冲突、执行仪式或者是其他原因)。

② 正如曼强调道:"人类之间直接面对面交流可能都有实际人数上限。人数超过 500,人们彼此就无法交流!集群狩猎人需要依靠面对面的交流。他们无法利用角色分工来进行快速交流,因为他们实际上除了性别和年龄之外,并没有其他区分的手段。"

定性的证据。

只有伴随着关键技术的进步，比如一些更为复杂的武器的发明（弓、狼牙棒、投石器和短剑）、战术和策略的发展、军队阵型的使用和大型防御设施的建设，我们才可以谈论类似于战争的群际暴力冲突。在社会学上有趣的现象是，这些军事和科技的进步，正是在人类开始将采集狩猎的生活方式转变为定居的农业生活方式的时候到来的。换言之，大规模集体暴力伴随着新石器时代革命的出现而产生并非偶然，在这一时期，游牧族群和部落逐渐被包括对植物的栽培和对动物的驯养、农业技术的扩展和人类饮食（越来越依赖于蔬菜和耕种的粮食）的急剧变革的永久定居的人类生活方式所取代。所有的这些改变都有直接的经济和社会含义。改进的、稳定的饮食使得人口得以大规模增长，而这也导致了旧石器时代晚期不到两三百万的人口，到了青铜时代早期或许增至1亿左右（基根，1994：125；吉莱恩［Guilaine］、扎米特［Zammit］，2005：31）。盈余食物的可得性在加速大规模贸易和确立领地归属的概念上起到了重要作用，而这两者都在塑造和发展社会分层制度上发挥了工具作用。随着社会上逐渐出现一些政治和宗教精英，青铜时代末期见证了一个社会等级化的雏形。所有的这些发展都汇聚于一个主要的结构性变革，这一变革对于战争作为一种社会制度的出现必不可少——它就是社会机构的诞生和扩展。这一发展在随后的历史中被证明是至关重要的，因为有组织压制的累积式扩展和意识形态化将会共同塑造我们所知道的现代生活的特征。

然而，我们说战争是一种相对近期的发明，并不代表我们认同史前人类都是天生和平的生物的观点。卢梭主义的"高贵的野蛮人"的概念，就是以某种方式复制了从启蒙运动早期经过浪漫主义时期直至统治了20世纪主流社会科学的概念，这一概念遭到了很多学者的怀疑，最令人信服的是一些被完好记载的人类学和考古学作家，比如基利（Keeley）（1996）、奥特拜因（2004）、吉莱恩和扎米特（2005）。他们清晰地证明，早期的人类偶尔也会使用暴力并且喜好杀戮。正如奥特拜因（2004：18）所说："采集狩猎的族群内部并不是和平的。谋杀事件的发生率相当高，并且对杀手和女巫的频繁处决也出现了。"然而，尽管战争需要杀戮和毁坏，但战争远不是随意的杀戮、争执和交战。基利、奥特拜因、吉莱恩和扎米特的言论并没有证明战争在文明出现之前就已经普遍存在了，而只是证明了在远古时期就存在凶残的暴力。很多坚持战争普遍存在性的社会生物学家和其他一些作者，都倾向于将一些个人杀戮或者任何的暴力致死情形与战争混淆在一起。比如，在尝试为自己所主张的"史前战争的存在"辩护时，基利（1996）假定大多数万人冢的出现都是战争的必然结果，因此，他偶尔会将个人之间的暴力冲突与由非暴力造成的死亡，比如疾病和饥饿混淆在一起，正如弗赖伊（Fry）（2007：54）所证明的那样。换句话说，尽管杀戮是战争的一部分，但是仅有杀戮并不能构成战争。

首先，战争是一个包含组织、仪式、群体调动、社会等级和许多其他早期人类所缺乏的社会先决条件所组成的社会制度。此外，史前社会的人口密度极低，相互之间的距离也很远，这就很难组织起超过三四十人的突袭部队。考古证据显示，第一批定居民并没有坚固的防御，常常居住在不能很好抵御进攻的地方。由于没有旧石器时代中期之前人类墓葬的证据，因此也不存在骨骸遗骸作为对曾经存在猖獗杀戮的证明，更遑论战争。简言之，史前的人类在动机、兴趣和喜好上很有可能与后来的人们并没有什么区别。区别在于双方的结构性条件——技术、文学、社会分层的缺失，以及最重要的，大多数社会组织的缺失，这些社会组织可以使早期人类建立更大规模、具备凝聚性的并且可以支持持久暴力冲突的社会网络。因之，战争之社会体制是伴随着文明的诞生而出现的，所以诸如"原始战争""史前战争"等常见概念中无疑存在着误读。

三 古代的战争和暴力

在考古学界几乎没有争议的是：新石器时代革命带来了农业、稳定的居所和一些重要的技术发明。然而，存在争议的是，农业的发明以及对农业的普遍依赖是否直接导致了城市生活的诞生，最先提出这一观点的是蔡尔德（Childs，1950）等人，或者还有另外一种方式的存在，即农业只是"稳固了某些已经正在形成的发展模式"（米拉尔特［Mellaart］，1975：277）。无论哪个最先产生，有一点可以确定的是，在农业和定居生活之间都存在一种被韦伯称为"选择性亲和"的关系。不过，重要的是，农业和城市生活都是在军事革命的背景下出现的——通过加强防御和武器制造。正如费里尔（1985：28）所言："大量不同类型的防御工事导致了——实际上也需要——农业的发现和动物的驯化。"安纳托利亚高原上耶利哥的城墙（公元前8000年）和加陶岗的壁垒（公元前6500年）常常被引用作为最初的"军事"建筑的典型范例，这表明，当时存在用于抵御潜在暴力入侵者的防御性建筑结构，也存在对这种结构的实际需求。[①] 尽管这些早期的人类据点表明存在类似战争行为的可能性，但要等到公元前3000年前后的时候，才能找到证明战争作为一种完全成熟的社会制度而存在的证据。[②] 埃克哈特（1990；1992）经过精密的数据研究确认，在文明出现之前几乎不存在战争。因此，青铜时代早期既是文明的摇篮也是战争的摇篮。正是此时，大规模暴力行为才作为一种由政治驱动的有组织的社会实践来运作。

那些大河谷为南美索不达米亚（苏美尔）、古埃及、印度河流域文明（哈拉帕文明）和古中国最早期文明的出现提供了动因。尽管威特福格尔（Wittfogel，1957）的"液压式官僚制社会"概念清晰而又盲目地夸大了这一情形，因为当时权力集中制和官僚制还处于初级阶段，但他对一些主要河流为灌溉提供了几乎用之不竭的水源的重要性的强调还是很有道理的。由于规律性灌溉的筹备需要行之有效的控制、协调和劳动分工体系，因而在初具雏形尚未成熟的原始意识形态信条的支持下，对规律性灌溉的筹备就成为催生社会组织以及政治和宗教官僚制的关键机制之一。食物储藏的产生为长期居住点的建立——城邦国家——提供了长远的动力，这些城邦国家的人口日渐稠密，进而提供了大量的劳动力，并进一步为经济、政治、宗教和军事的专业化以及社会分层的发展做出了贡献（详见第八章）。尽管占人口绝大多数的是农民，但是，常规性地使用储藏实物就创造出这样一种情形，即农民在需要的时候也可以扮演军人的角色。最重要的是，官僚组织的运转需要可靠的记录保存，而这最终也催生了文字书写的实践。

[①] 这里，有必要指出的是，存在一个关于这些城墙是由军事术语解释为防御壁垒，还是仅仅作为一个用于控制洪水的设施的持续争论（详见巴尔约瑟夫，1986；奥特拜因，2004）。

[②] 尽管存在一些重要的组织发展，比如复杂的宗教实践、贸易网络、精细化的建筑和强大的新式武器，这两个定居点的居民仍然缺少组成持久的社会机构的重要成分："文字、社会等级、可观的人口密度和国家的一些基本元素。"（费里，1985：24—31；曼，1986：41；基根，1994：124—125）

显然，上述并不是一种简单的、革命性的、单方面的前进，而是一系列具有高度偶然性的包含周期性反复、历史性起伏和"混合"模式社会组织的事件和过程。然而，最为重要的是行政和组织力量的持续增强并最终成为早期国家的重要组成部分，曼（1986：42—44、112—114）使用社会牢笼作为隐喻来形容这一历史发展过程。社会牢笼化是一个渐进的历史过程，通过这一过程，整个社会的公民在权衡个人自由和政治控制的同时，获得了军事保护、经济和物质资源以及安全感。通过创造一种往往被不同的政治、军事和宗教精英垄断的制度力量，这一长期的过程也强化了社会分层和行政集中化。换言之，文明是通过外部约束的强加而诞生的，因为一个组织化的整体已经被证明在军事上和经济上都优越于城邦国家形成之前典型的松散的"部族"亲属网络。制度创新、综合的行政能力、文化进步和技术发展都是通过强制而诞生的。

对维系这一过程的长期成功同样重要的是，由相同的宗教传统所巩固的一定程度的社会团结。贡普洛维奇（[1883] 2007）强调群体内部的文化相似性，他将这一过程称为"同源化"（syngenism）。尽管在认识到共同的价值观和实践的重要性上他是正确的，但他认为这些都是某种天生的集体情感却是错误的。社会牢笼化的关键矛盾在于这样一个事实，即随着国家形成过程的不断推进，其不可避免地趋于建立等级制度和尖锐的社会分层，而这又会削弱潜在的文化相似性的平等主义基础。然而，维系和创造这种共同的价值感和实践感却是符合统治阶级利益的。在现代时期，获得这种所谓的文化凝聚力的最有效的方式，就是通过行之有效的民族主义意识形态（参见第六章），而在前现代时期，培育群体内部凝聚力的关键社会工具就是宗教。在苏美尔、古埃及、中国商朝、中美洲以及其他早期文明中，一个政体组织力量的逐步发展是与以皇帝为中心的精密信仰体系的扩展齐头并进的，在这一信仰体系中，皇帝被当作上帝或者是神在地球上的唯一合法代表。尽管关于这些普通农民如何理解这些宗教信条的历史证据十分匮乏，但从少有的考古学发现中仍然可以看到，似乎所有的人都坚信他们的统治者有神圣的出身（伊恩索尔 [Insoll]，1996；安德瑞恩 [Andren]、科洛齐尔 [Crozier]，1998；A. D. 史密斯，1986；2003）。这些共同信仰在为皇家神圣权威服务的过程中对增强统治者政治力量发挥的作用，与军事胜利的作用可谓旗鼓相当。

正如在第一章中所陈述的那样，很多古典传统社会学理论都认同用征服的论点来解释早期国家的诞生。其中，贡普洛维奇、拉岑霍费尔和奥本海姆都认为，国家的形成直接地与一个群体对另一个群体的暴力征服和领土扩张相关联。从这一角度来看，国家的建制要归功于战争的存在。典型的代表是阿卡德人的美索不达米亚。萨尔贡是历史上第一位确知的皇帝，正如镌刻在尼普尔城邦的一座神庙中的铭文所述，他取得了34场军事战争的胜利，消灭了所有敌人，并且"作为众神的首领"，其不允许有任何对手的出现（麦克尼尔［McNeill］，1982：2），阿卡德人利用战争作为国家扩张的主要手段，并以此创造了一个存在了近两个世纪的庞大帝国。现存的很多关于美索不达米亚和其他早期文明的历史文献，大都记载着各种各样的军事行动和战争，从而造成一种印象，即前现代的世界无非是一个巨大的战场。然而，这显然有点过分地简单化了。尽管强制力是日常生活的一个重要组成部分——在宏观结构层面和微观的相互作用层面都是如此，但我们仍然无法论证，古代人比其他时期的人们都更暴力或者更好战。比如，尽管法老拥有完整的宗教和政治权力，而对这些权力的描述都是通过构建一个成功军阀的军事主义形象来实现的，但古埃及在早期的大部分时候（古王国和中王国时期）都是稳定有序，并且在某些方面可以说是相当和平的帝国。正如曼（1986：109）和基根（1994：130）指出的，在近乎700年的历史中，我们很少能发现集体暴力的出现：仅有"极少内部军事主义、对群众起义的镇压、奴役制或者法律强制性状态的痕迹"和"对外部威胁的漠视"。美索不达米亚帝国之所以比古埃及王国更为暴力，原因在于地缘政治环境的差异，而这种地缘政治环境与城邦战争的扩展有着直接的关系。埃及的地理位置（尼罗河以及周围的沙漠）阻止了其他权力体系（部落、城镇和独立的王国等）的出现，而这些权力体系却在饱受雨水灌溉的美索不达米亚平原上的农牧民中迅速涌现（曼，1986：78—102、108—113；基根，1994：130—133）。

当代历史社会学家在将战争和国家的创立联系在一起的时候，比他们的前辈们更为谨慎。较之于提出一种普遍的定律，他们更倾向于列举战争没有起到关键作用的例子来限制这种联系。尽管战争并不是国家形成的唯一机制，但它却往往是这一进程的核心助推器。群体斗争范式这一传统社会学理论认为征服是这一进程开端的观点是错误的,因为在征服开始之前,相当程度的社会组织化和集中化已经出现了。在后来的阶段,当组织化、集中化的实体证明自己比建立在亲缘基础之上的组织性较弱或者不具有组织性的网络在战争中更有效时,这种征服理论就变得更具说服力。然而,重要的是,即使是在一些战争并不是作为国家形成的重要推动力的案例中,比如古埃及或者南美洲,强制力在政体发展的过程中仍然起着重要作用。在这两个例子中,强制劳役是迫使农民群众参与大规模国家工程,比如庙宇、公路、采石场和运河建造的主要手段。这些国家工程规模之宏大,在这些建筑现存的遗迹中仍可窥见一斑——大金字塔遗迹和印加人修建的长达15000公里的铺面道路。正如麦克尼尔(1982:5)所言:"古代的大规模公共行动总是通过命令的手段得以实现的。"这些早期的有组织强制力形式和原始的意识形态模式相结合,正如笔者在后文中要证明的那样,将会成为社会发展不可或缺的事物,因为它们开启最终塑造了现代生活的两大长期历史进程:经年累月的强制官僚化和离心式的意识形态化。

强制力量的逐渐扩张,无论是直接通过战争的胜利,还是间接地通过大规模的公共工程,都是由社会组织所驱动的,同时也是社会组织发展的一个推动力量。在古代,制约其继续发展的关键障碍是可支配的食物。为了维持和供养一支常规军,统治者们定期侵袭周围的群体,因而他们就把战争当作了一种有组织抢劫的形式。食物和水的缺乏以及统治者离开都城都会限制军事扩张的进程,因为如果他离开首都超过3个月,食物和统治者的权力就将失去可靠的保障(麦克尼尔,1982:8)。有趣的是,古代的分析学家们在很大程度上将战争解读为一种赢利和掠夺,柏拉图和亚里士多德都利用经济术语来解读战争。共和战争被认为具有一种贪婪癖——对更多的领土、食物和权利的渴求(柏拉图,1996;弗兰克[Frank],2007:443)。在政治上,战争的艺术被描述为"一种关于获取的自然艺术"(亚里士多德,2004:14)。

军事历史学家们关注技术的变革,认为其对改变古代的战争特点具有决定性的意义,其中,最重要的就是青铜武器的引入、战车的发明及推广、组合弓以及后来的铁制武器的广泛使用。这些技术革新给如何作战带来了直接的影响,也同样对受到技术革新影响的社会阶层模式产生了深远的意义。由于铜的稀缺再加之冶炼和铸造包括战车的制造需要昂贵的劳动力成本，因而这些高等级的物品仅供少数人使用。结果是，严重依赖于这些物品的社会愈发体现出严格阶层化和等级化的特征，并明显分化出一个战士群体——通过对技术、武器和军用车辆的垄断，而将自己凌驾于社会其他人之上的技艺高超的士兵。从苏美尔到古代中国和印度，很多青铜时期的社会秩序都遵循了这一模式。相反，可以轻松获取并可被廉价大量生产（并且方便保存，一块铁片可以长期使用而铜器却脆弱易断）的铁的发现，导致了社会等级的瓦解和社会秩序的全面变革。

政治民主和公民参与的政治理念产生于一个依赖自我武装的农民社会——古希腊并不是一个历史的偶然。尽管大量的现代历史描述都强调希腊城邦国家（polees）的城市特征，这种印象主要来自为公共协商、民主政治和贸易提供空间的城市广场（agoras），但是，其80%的人口都是以农村为根基的小地主（汉森，1989：6）。希腊著名的重甲步兵方阵是由装备铁制长矛、剑和盾牌的公民武装组成的，几乎全部来自农民。他们组成一支密集的高度装甲化的步兵队伍，并被训练参与近距离作战。当时没有正式的军衔，因为"军事职位和其他普通职位一样都可以通过选举得到"（维勒［Wheeler］，1991：150—154；基根，1994：246）。重甲步兵方阵的军事优势主要在于其组织结构，由于重甲方阵可以保持士兵们在同一直线，因而杜绝了临阵脱逃现象的发生。这支部队的功能在于向前推进并摧毁敌人的前沿阵地，而不是大规模杀戮。破碎的方阵和逃跑的敌人很少会被追逐，且战争的伤亡数量通常非常低，很少能超过15%（汉森，1989：3—10；基根，1994：251；赛德巴图姆，2004：35—43）。重甲方阵的关键优势在于其冲击力，一方会以大规模的密集队形向前推进施压，试图冲破对方阵线。当一个敌方阵型被冲垮时，由此而生的震惊、恐慌和慌不择路的撤退表明，一场战役打赢了（费里尔，1985：103—104）。正如汉森（1989：4）总结的："希腊的重甲战争是希腊小型土地主之间的战争，他们都追求将战争限制在一个简单的、短暂的梦魇般的场合。"

尽管我们对于古希腊的普遍印象就是充满战争，斯巴达就是军事主义无所不能的象征，但是它们的组织暴力规模在与现代战争的比较下显得不值一提。希腊城邦国家的人口和疆域都很小，它们中拥有疆域最大的两个——斯巴达和雅典——加起来也仅比现代的塞浦路斯大一点点，而人口却不及塞浦路斯的三分之二。因此，军队规模都很小，并且战争造成的伤亡也很有限。通常古希腊的战争大多是形式化的，也是受限制的。即使是在古希腊军事历史的巅峰时期——长期的、消耗性的伯罗奔尼撒战争（前431—前404）也并不是以大规模军队和大型战役为特征，而是仅有两三次重要的陆地战役（赛德巴图姆，2004：xi）。尽管伯罗奔尼撒战争是希腊历史的一个分水岭，因为它摧毁了希腊的经济，破坏了大部分的乡村地区，摧毁了一些主要城市并造成了大量的人员伤亡，但是与现代战争相比，它的破坏力就小很多了。比如，雅典一方在27年的战争中总伤亡人数是5470个重甲步兵和12600个thete（体力劳动者）。相似的是，尽管亚历山大大帝参加了无数次战争，并且征服了他那个时代大量的已知疆域，但在他参加的所有战争中"仅仅折损了700人"。尽管他的敌人伤亡更大一些，但是"几乎所有的伤亡都发生在战斗结束以后……当敌人的士兵转身开始逃跑的时候"（格罗斯曼，1996：13；并参见帕斯卡尔［Picq］，2006）。

当下流行的关于古代战争的印象都是基于由胜利方所作的、在根本上不准确的叙述而产生的。比如，发生在图特摩斯三世率领的埃及军队和卡迭石一世国王率领的迦南人联盟军队之间的著名的美吉多战役（公元前15世纪），被现代人描述为包含了数百万军队和数千辆战车的战役。实际上，根据历史记载，这一战役只不过是一次"骚乱，只有83人死亡和340人被俘虏"（埃克哈特，1992：30）。

即使斯巴达也不是一个特别暴力的社会。斯巴达是一种非同寻常的军事主义社会秩序，它之所以变得声名狼藉，是因为它禁欲的、残酷的生活方式，其标志就是对健康男孩不择手段的、严格的军事训练和教育（agoge）。然而，这种军事主义教育仅仅是局限于"种族意义上"的斯巴达人（斯巴达卫队）——一个十分小规模的精英武士群体，在其力量达到顶峰的时候也只有8000人，并且从来没有超过10000人。由于斯巴达的公民与军事教养紧密关联，因此公民的数量（仅限于斯巴达卫队）一直在缩减（由于战争造成的死亡），以至于到了亚里士多德的时代（前384—前322）其人数已经少于1000人了（弗里斯特，1963；卡特里奇，1979）。斯巴达社会的其他人（占总人口的90%）是由非公民的 perioikoi/perioeci 和 skiritai（生活在斯巴达郊区的商人和居民）、neodamodes（解放了的农奴）、trophimoi（受过斯巴达教育的外国人）以及人数最多的希洛人，也就是常常在重要战役中人数会超过斯巴达人 10 倍以上的国有奴隶（卡甘，1995：19）组成的。① 换言之，斯巴达卫队是一个始终保持武装与警惕的统治者群体，因为他们需要依靠人数远在其之上的希洛人和其他人的劳动力和军事作战能力。

具有讽刺意味的是，欧洲大部分的军事主义传统都以他们所假想的、反映在所谓的"西方式战争"中的古希腊英雄主义为榜样，而古希腊军事上的成功却几乎与个人的英勇行为没有什么关系。② 古希腊的重甲步兵方阵是被当作一种防止士兵临阵脱逃的组织机制被发明和使用的，而不是用来激发英雄主义。当一位斯巴达士兵的母亲对自己的儿子说，他要么带着自己的盾牌从战场凯旋，要么躺在上面让人抬着尸体回来时，并不是为了唤起某种个人的勇气，而是在呼吁士兵的集体责任感、团结和（类涂尔干主义的）群体道德。凸面盾（大圆盾 hoplon）是方阵的基础防御物，由于"方阵在行进的过程中容易偏向右侧"，这就使得每个士兵都受到其相邻战友盾牌的保护（基根，1994：248）。因此，如果是遗失或者刻意丢弃盾牌，就会使得整个方阵在面对敌方攻击时变得脆弱不堪。在希腊的原始意识形态中，盾牌的社会重要性也得到了强化。正如费里尔（1985：103）指出的："古希腊的诗歌中充分体现了这种新式军事策略的道德内涵——保持阵型、全力以赴、战斗至死。没有比弃盾而逃更耻辱的事了。"

社会组织和原始意识形态对于暴力的结构性扩张的至关重要性，或许在世界上第一个完全成熟的疆域帝国——古罗马帝国——中最为清晰可见。罗马帝国拥有史无前例的威力和长久的生命力，其政治文化影响力深深地根植于军事能力。在它存在的大部分时间里，古罗马更像是一支军队，而不是一个国家。正如曼（1986：295）所言，军队是罗马力量体系的核心。尽管罗马军团是一个典型的军事机构，但它却不仅仅是一个军事机构："罗马军团调动经济、政治力量的能力，以及在一段时间内的意识形态动员能力，是其战无不胜的主要原因。"军队不仅仅是罗马在

---

① 希罗多德写道：希洛人在公元前 479 年的普拉提亚战役中超过斯巴达人 7 倍；而色诺芬写道：公元前 4 世纪的一次集会中，4000 人里只有 40 个斯巴达人。

② "西方式战争"这一短语指的是一种开放式的前线战斗，交战过程要与敌人面对面进行英勇对抗，它反对那种"非欧洲式"的埋伏战或者打完就跑的战争行为。关于"西方式战争"起源于古希腊和古罗马假设的评论，可以参照赛德巴图姆（2004）。

地中海以及更广阔的地区实现领土征服的马力充足的机器,还是政治、经济和原始意识形态扩张的工具。随着占领疆域的不断扩大,罗马军团不仅仅在战争中,而且在修筑公路、运河、桥梁、沟渠、大坝和城墙中,均体现出纪律化和高度的组织化,这一现实意味着,与以往的帝国不同,罗马可以牢牢控制占领的土地、促进经济增长并且榨取财富以用于未来的领土扩张。尽管罗马军团的起源可以追溯到古希腊的重甲军团,但是它的组织复杂性却使得它与古希腊方阵步兵模式截然不同。罗马兵团一方面高度规范化、职业化和组织化,而另一方面在运行上却很灵活。运用一个统一的指挥体系,将每百人划分为一个步兵队,意味着更容易对其进行控制,而且可以适应不断变化的战场情形,因为步兵队既可以单独行动、自主作战,又可以批量地被调派去支援那些消耗更大的持久性战役。此外,百人队的部队指挥官都是长期服役的职业军官,这也是历史上首次出现的,从而使得罗马军队成为一支具有很好的组织性、纪律性和结构性的武装力量。从这一角度来说,正如基根(1994:267)所强调的那样:"在罗马共和国之前没有任何的军队……能够达到它在招募、组织、指挥和供给上利用法律以及官僚主义进行调控的水平。"与希腊的重甲兵团不同的是,罗马兵团的士兵可以获得报酬(每日津贴制度在公元前3世纪被引进),这使得他们得以摆脱对土地的依赖,进而成为一支可以背井离乡奔赴战场的职业化军队(圣苏奥索[Santosuosso],2001:15)。坦白地说,罗马国家的强大在于其军事的强大,而其军事的强大在于其史无前例的社会组织。

当我们考虑这一在巅峰时期涵盖了7000万人口、超过300万平方公里土地的庞大政体只有300—400名公务员(曼,1986:266、274)的时候,我们就可以轻松地理解军队及其组织体系对这一国家存在的重要性。罗马帝国在某些方面,或许是证明集体斗争范式理论的某些关键原则最为明显的历史例证。这是一个典型的拉岑霍费尔式(1904)的 *Erobererstaat*(征服国家),依赖强制力使弱小的邻国向自己俯首称臣,然后将他们的一些人变为奴隶,另一些人变为顺从皇权的臣民。据估计,公元前1世纪,40%居住在亚平宁半岛的人是奴隶(霍普金斯[Hopkins],1978:102)。早期进行扩张的罗马类似于奥本海姆(2007)所说的"熊",即用强大的军事力量摧毁敌人;而建立了帝国以后则像是"养蜂人"式的统治模式,即通过同化和经济剥削进行统治。罗斯托(1980)

的文化金字塔模式很好地解释了罗马的例子，因为超级分层是用来压迫比自己弱小的敌人、获得奴隶并且建立统治集团的。此外，从军事力量中衍生出来的组织力量和额外的财富，创造和维持了专门从事非体力劳动的最为分散的群体，比如议员、将军、诗人和其他贵族。

然而，这些传统理论也存在一些问题，因为他们不能解释这样一个现实，那就是罗马军队并没有奴役所有人，而是倾向于关照战败国的精英们并逐渐将他们同化。实际上，如此庞大帝国的成功运转很大程度上依赖于臣服者当中的地方精英，他们会转变为罗马管理体系中不可或缺的一部分。是否保持他们的特权，甚至是未来可能的升迁，都依赖于他们在文化上、原始意识形态上被同化的程度。罗马帝国投入了大量的精力和资源对其公民进行罗马化："这种有意为之的政策包括教授语言、培养读写能力、建设剧院和圆形剧场，并且宽松地将一些地方性教派整合到罗马教派的麾下。"（曼，1986：269）换言之，社会组织和原始意识形态是罗马军事和政治霸权的基石。

四 中世纪时代的战争与暴力

罗马帝国的主要优势之一，就是依赖当地的精英来统治被它征服的省份（foederati），而当罗马帝国开始崩溃的时候，这一优势却成了主要劣势。公元363年对波斯劳民伤财的征伐、公元378年与哥特人进行的阿德里安堡战役，被认为是自公元前216年坎尼时代起罗马军队遭遇的最惨烈的失败，再加之经济的急剧衰退，都被认为是罗马帝国崩溃的原因。然而，一切重新统一东西帝国的努力都被西方政治制度的基石——军队的逐渐野蛮化彻底破坏。一旦大规模的"蛮族同盟""不像以前一样作为辅助者被合并于帝国官员组织统帅的团体中，而是作为他们自我统治下的联盟"（基根，1994：288），那么，罗马的军队以及罗马帝国本身在组织和意识形态层面都被"去罗马化"了。[①] 随着罗马化的不断缺失，罗马帝国已经不再拥有可以使那些不断骚扰西罗马帝国的迥然不同的部落聚合体保持对帝国忠诚的凝聚力了。

[①] 用基根（1994：280—281）的话说："君士坦提乌斯和埃提乌斯的'罗马'军队都有了日耳曼式的构成，他们手持日耳曼人的武器、丢失了罗马军团训练的所有表象，甚至还采纳了日耳曼式的战斗狂嗥，即baritus。"

此外，在军事方面，阿德里安堡战役同样是新时代出现的一个信号，因为重装骑兵证明是比罗马步兵更强有力的战争机器。正如欧曼（Oman）（1968：6）所言："随着这场战役的胜利，'哥特人'开始成为终极的战争主宰者、中世纪时代所有骑士的直系祖先，以及将要保持一千年统治地位的骑兵的开创者。"尽管骑兵并不是一个全新的发明，其可以追溯到公元前600年的亚述骑兵，并在此之后也多次重现于历史舞台，但是，缺乏完全控制马匹的能力使得骑兵仅仅承担了一些边缘化的角色，比如将步兵们聚集在一起。除了匈奴王阿提拉、成吉思汗以及帖木儿等游牧部落的勇士之外，大多数定居者组成的军队直到马鞍和马镫发明出来之后，才开始将骑兵作为一种重要的战争工具发展起来。①

东罗马帝国，即后期的拜占庭帝国，其存在的持续性很大程度上源于它能够发展出一种替代性的社会组织和原始意识形态模式。拜占庭帝国不仅将骑兵作为主要的战争手段，而且还在军事和行政组织上做出了彻底的变革。不同于西罗马帝国，拜占庭帝国更加集权化，拜占庭帝国的皇帝扮演着一个被神圣起源论神圣化的绝对统治者的角色。以法庭为基础的市民管理体系在8世纪末得到了充分发展，作为教会官员，sakellarios扮演着国家主要管理者的角色。在君士坦斯二世统治下以themata为行政区的新地域体系形成过程中，军事的重要作用得到显著体现。这些行政或者军事单位的运转是通过军事长官——古罗马的将军（strategos）——来实现的，并以这种方式凸显了国家官僚机构的军事特征。尽管用韦伯（1968：1013）的话来说，这是一种世袭的行政管理模式，国家的权威归属于皇帝和一些个人的意愿而不是政府机关，但这在那个时代仍是一种十分高效和复杂的行政组织模式。它对于行政机构和部门责任有着清晰的划分，并在第一个外国情报搜集组织——蛮夷局的创建中起到了帮助作用（安东努奇［Antonucci］，1993）。这种管理模式的社会重要性在8、9世纪尤为明显，那个时候的行政部门异常重要，以至于它成了通往贵族地位直接路径的代名词（安古尔德［Angold］，2001；内维尔［Neville］，2004；曼高［Mango］，2005）。

帝国对军事的改革促进了高效、纪律严明的陆海军队的建立。在将

---

① 马镫似乎发明于印度，并在公元5世纪被引入中国，在西欧的普遍运用则要到公元8世纪。

近5个世纪里（7—11世纪），东罗马帝国军队都拥有世界最强的战斗力和最杰出的组织机制（迪普伊和迪普伊 [Dupuy and Dupuy]，1986：214）。不仅整个君士坦丁堡城都有着坚不可摧的城墙的保护（直到11世纪），而且帝国还拥有引以为豪的强大经济、繁盛的农业和高效的税收机制，所有这一切都为建立一台强大而又成功的军事机器做出了贡献。然而，themata 这种行政区划系统也为自己的毁灭埋下了种子，因为它鼓励贵族阶层的成长，而这些贵族最后会通过控制军队而动摇中央政府。一旦这种行政区划系统崩溃（在11世纪），帝国就被迫对职业雇佣军产生更多的依赖，即 tagmata，而 tagmata 中很多人都是外国雇佣兵，他们并不像拜占庭帝国早期的士兵那么值得信赖。

除了组织能力和军事力量之外，拜占庭帝国还是第一个将基督教作为其规范的、国家资助的意识形态而完全制度化的政治体。查士丁尼一世（527—565年）在这方面做出了独特贡献，因为他的改革将罗马的法律编纂成法典并通行全国，恢复了国家内部的教会团结乃至政治团结，且最为重要的是，将东正教信条置于拜占庭帝国的核心。这一立法改革几乎规范了社会生活的所有方面，并完全与基督教教义相结合（例如皈依、洗礼、圣事的管理以及修道生活等）。东正教不只是官方国教，且还深深渗透并指引着每一个普通民众的日常生活，不仅大多数的拜占庭城市类似教会统治下的一个强化了的宗教团体，修道生活亦在当时非常流行并受到高度重视，而且在大众看来，帝国王朝与天国没有什么质的区别。正如曼高（2005：151、219）所强调："拜占庭人把上帝和天国想象成一个君士坦丁堡帝国宫廷的宏大复制品……如同宇宙的统治权归属于上帝，人类也同样臣服于罗马皇帝。"他们关注的核心不是尘世的生活，而是耶稣第二次降临之前命中注定的经历以及来世的生活。在普遍的理解中，宗教信息的意识形态复杂性被很大程度地忽略了。反之，民众关注的是对偶像的崇拜，也就是他们所喜爱的圣人——圣母玛利亚和耶稣基督的简化形象。

在西罗马帝国的废墟上建立起的一些小型王国，最初是缺乏早期拜占庭帝国所具备的制度化和原始意识形态力量的。经过王室之间几个世纪的破坏性内战以及对基督教的大规模皈依，加洛林王朝逐渐成为西欧大陆占据统治地位的军事和政治力量。在公元800年查理曼大帝的加冕礼上，教皇里奥三世赐予他 Imperator Romanorum（即"罗马人的皇帝"）的称号。这是一个分水岭,标志着西罗马帝国地缘政治混乱的结束,以及一支可以在军事和原始意识形态上挑战拜占庭帝国的新兴力量的诞生。加洛林王朝的统治体系很大程度上依赖于将首领和亲近随从(Gefolgschaft)之间的个人依附、彼此忠诚的日耳曼式战争传统和罗马的土地占有实践相结合:为了在和平时期(几乎没有机会去掠夺的时候)提供勇士们所需的资源,国王会以出租的方式将土地奖励给最勇猛的战士。借此,诸侯提供军事服务就与对君主所授予的土地使用权联系在一起,并且这种关系的相对恒久性也被教会的忠诚信条赋予了神圣意义(波齐,1978:18—30;基根,1994:284—285)。

这种长期存在的结合模式是封建制度的基石,尽管它是一种混乱而又脆弱的统治系统且存在职权的重叠和矛盾,但最终却为彻底改变欧洲甚至整个世界的剧烈社会变革的发生提供了最有利的结构环境。韦伯(1968)对此已经有了深刻的认识,他认为随后将要诞生的制度理性和官僚组织,很大程度上要归功于封建主义的军事特征。封建王国是建立在统治者和诸侯们订立的军事契约的基础之上的。将拜占庭帝国同西欧区别开来的最根本的因素是封建分封制度。早期的拜占庭高度的集中化和世袭化,这使得他们比西方处于混乱局面的部落联盟在经济和军事上都更有作为。然而,西方小王国多极的权力体系最终证明了它们在推动社会生活的逐渐理性化和扩展贸易、银行业、民事关系以及政治生活的契约安排方面更具优势。这里的关键区别在于统治者和他们的精英战士之间的关系:在拜占庭的世袭社会里,贵族们总是保持对君王的依赖,而西方的封建无政府秩序却创造出了国君和诸侯们相互独立的环境。没有任何的国王、王子、伯爵或主教可以建立对其他统治者的绝对统治这一现实意味着,最终促进建立起现代民族国家和市民社会的不同政治行动者的结构性自治,不是根植于这种社会秩序的优点之中,而恰恰是根植于其弱点之上。此外,由于诸侯不是国王的臣民,而是高度自治化的社会主体,因此统治者们必须通过物质(土地分封)和精神(身份等级)手段来确保他们的忠诚。尽管统治者离开了诸侯们的军事支持很难打胜仗或者保卫自己的疆土,但诸侯们也需要统治者的庇护、土地赏赐和社会认可。更为复杂的是,这种封建秩序包含了多样的权力网络交叠,借此,诸侯们可以对不同的国王、伯爵和主教宣誓忠诚,而他们自己也可以在同一块土地上提出不同的政治诉求(波齐,1971;赫尔维格等，2003）。

封建主义首先是一种军事秩序这一事实，在社会分层模式中体现得尤为清晰，其中，一小部分装配重甲的骑兵完全统治了包括农奴和城市工匠在内的剩余人口。社会等级并不取决于个人自由的程度或者财富的多少，而是取决于他是不是骑士（欣策，1975）。骑士是一种生活方式，它一方面隐含着大量费用昂贵的军事训练、价值不菲的武器装备以及对优质马匹的占有；另一方面，它意味着通过国王和教会的仪式认可的社会身份，它同样拥有一种崇尚勇气、荣耀和礼貌的骑士精神。麦克尼尔（1982：20）指出，对重甲骑兵的依赖"重复了战车在大约一千八百年前对社会和政治结构的影响"，因为"优势力量掌握在一小部分装备精良和训练有素的个人手中"，这就使对暴力的垄断可以转变为骑士的经济、政治和文化统治地位。

尽管基督教在西方扮演着同它在拜占庭类似的角色，即作为一种统治性的规范意识形态模式，但双方地缘政治环境的差异使得基督教的社会角色完全不同。虽然拜占庭宗教在很大程度上与政体相重叠，因而宗教实现了自身的强化并且创造了一种垄断局面，但混乱的各个西方小王国为了彼此控制，不得不努力争取自身的合法性，而这种合法性只能由教会提供。桑巴特（1913）和霍尔（1985）的论证很有说服力，他们认为欧洲大陆西部尝试建立统一而又庞大帝国的失败、这些小的政体之间相对持久的战争状态，以及教会在其中所扮演的独立的权力中介角色，都被证明对欧洲大陆大规模的社会变革和最终的现代化起到了不可或缺的作用。虽然这些小的政治体拥有相同的规范世界观（基督教原始意识形态）的事实抑制了小规模冲突和战争的扩大升级，但它们规律性的频繁出现，为经济、政治和科技领域的逐渐变革提供了动力，因为君主最终都不得不面对与国内新兴市民社会的谈判。韦伯（1968）清晰地指出，只有西欧的城市才拥有对其政府、财政和银行系统以及军队的完全自治权。通过这种方式，持续的军事压力迫使封建统治者与其新生的市民社会合作。换言之，作为更大意识形态世界组成部分的小政体之间的军事竞争，促进了这些社会内部契约关系的形成，而这在后来被证明对现代民族国家的诞生起到了至关重要的作用。

尽管封建的欧洲几乎一直持续着战争，但这些战争中的很大一部分都是小规模的，以伤亡人数较低和正规战役数量较少为特征。由于骑士代表了中世纪时代所有力量的核心，因而军队规模都非常小且军费开销昂贵，故其一般都尽量避免直接战斗，从而使战争常常演变成一场快速劫掠的远征。① 尽管大众对十字军东征的普遍认知是它集结了大规模军队并导致了惨重的战斗伤亡，但即便在保卫耶路撒冷（1183）的过程中集结的最庞大的一支军队也只有 15000 名士兵（比勒［Beeler］，1971：249—250），而在前往圣城的路上发生的绝大部分伤亡，都是由于劳累、疾病、营养不良，或者是平民和俘虏被任意屠杀而导致的结果。比如，1096—1097 年参加第一次十字军东征的 80% 的人没有生还（泰尔曼［Tyerman］，2004：147）。第一次十字军东征中总共有大约 12000 名士兵，其中骑士只有不到 1300 人；发生在 1097 年的著名的安提俄克围攻，只投入了不到 3000 名基督徒士兵来对抗人数稍多的穆斯林军队（赫尔维格等，2003：146）。大部分的封建战斗都是在一次具有决定性的攻击之后分出胜负的——"其中一方逃亡到安全的城堡就表明它被击败了"（赫尔维格，2003：164）。在最初的集合攻击之后，战斗很快就恶化为骑士之间一对一的较量。由于他们关注的是个人荣誉和声望，"因此也就不存在遵守军队纪律的普遍共识，在封建欧洲，正是世袭武士阶层的精神对此产生了不利的影响"（赫尔维格等，2003：148）。封建战争的一个关键特征是更多的士兵死在撤退的路上而不是死在战场上，因为撤退的过程极其混乱，并且弓箭手和步兵不再受到一整排长矛的保护（曼，1986）。正如埃克哈特所言，"古代与战争相关的死亡人数可能还不及 1945 年后的 1%"。

中世纪军队没有纪律性并且在战场上效率低下的现实，与他们所代表的封建王国的制度缺陷直接相关。行政部门的规模小得可笑，被公认为拥有同时代最强实力的国王亨利二世（1154—1189）的微薄收入能够很好地说明这一点。亨利二世的年收入大约共计 22000 英镑，并且王朝内官员数量极少，这表明其官僚机构的规模仅仅比首席男爵和传教士的家庭规模稍大一点，并且其预算"还不及坎特伯雷大主教的多"（曼，

---

① 正如赫尔维格等（2003：146）所说："纯粹的骑士是一种昂贵的生物。他们每人都至少拥有三匹战马、一件及膝长衫、头巾、金属护甲、头盔、长矛、宝剑、丝质三角旗、帐篷以及用来拖拉搬运炊具、水壶、食物和酒的驮兽——这种中世纪的'战争'的花费，相当于 15 匹母马或者 20 头公牛的价格，这等于十户农家耕种所需要的牲畜。换言之，要开始和维持一个骑士的生涯，需要花费至少 300 到 450 英亩肥沃土地的收入。"

1986：418）。在社会学上有趣的是，社会机构的缺失和中世纪战争中士兵死亡人数较低之间有着清晰的联系。虽然罗马帝国强大的军事机构可以维持和调动大规模的军队，迫使士兵们参战以致做出大规模牺牲，但封建世界里却没有迫使士兵严守军纪的结构性机制。中世纪时期战争数量少、时间短并且致死率较低的事实，与所谓的骑士精神和他们对贵族同伴的绅士以待没有什么关系，实际上，造成这一现实的结构性原因是缺乏可以强迫士兵们去攻击其他士兵的高效运转的社会组织。

中世纪时期最通俗的代表，也就是被人们误称为"黑暗时代"的时期，被认为是一个暴力无处不在的时期。被钉死在十字架上的囚犯、被当作女巫而活活烧死的妇女、被活活烹死的敌军士兵以及精致的酷刑技术的发明和使用，比如拇指夹、刺刑、倒挂、剥头皮、活生生烘烤以及阉割，所有这些印象都与欧洲历史上的这一时期紧密联系在一起。尽管中世纪的道德世界比以后的任何时期都更加容忍更多形式的暴力，但这些暴力行为的可怕特征很容易掩盖两个重要的事实。首先，这些暴力行为并没有像人们认为的那样被频繁使用。酷刑的使用被大大地限定在司法和教会调查以及审讯的范围内，因为它被认为是从嫌疑犯口中获取供述和证词的合法手段。比如，作为与酷刑有关的最臭名昭著的机构，西班牙宗教法庭也很少用这么恐怖的刑罚，只有2%的犯人遭受过长时间的酷刑折磨，而他们更倾向于使用监禁或者其他形式的处罚方式（比德斯［Peters］，1989；蒙特尔［Monter］，2003）。此外，尽管很多人认为暴力主要是一种公共事件，认为是对犯人和异教徒狂欢式的公开行刑，但实际上大多数恐怖的酷刑和处死都发生在城堡内部，远离公众的视野。在很多情况下，被驱逐出乡村或者市镇被认为是一种体罚，也被证明是一种更有效的处罚或者社会威慑形式。

其次，这些暴力行为的恐怖特征掩盖了其杀伤效率的低下。也就是说，这些残酷行为惊人的恐怖特征与它们杀死的人数并无关联。与其说是一种大规模杀戮工具，毋宁说中世纪的暴力更多的是一种强化现存阶级社会结构的象征性手段，其中的一些阶层社会曾经也存在过。正如柯林斯（1974：422）所言："折磨和羞辱是最好的表达威胁的方式和对完全统治之宣称的支撑形式……而肉刑和其他公开的惩罚是对个人社会形象的最彻底的破坏，因而它们也被优先用来维护群体间的阶级化。"

换言之，中世纪世界并不特别擅长实施大规模的暴行。当谈到战争伤亡和包罗万象的结构性暴力时，黑暗时期远远没有它的罗马帝国祖先或者——也尤其是——它的后辈所处的现代时期那般黑暗。如果军事效率被解读为调动大规模群体进行杀戮和牺牲以实现特定政治/军事目标的结构化能力，则其实现就依赖于两大核心成分——包罗万象的意识形态以及复杂的社会组织。除了拜占庭帝国早期的某段时间外，显而易见，欧洲在这一历史时期只拥有这两大要素的其中之一——关于基督教共同信仰的原始意识形态。①

五 早期现代性的制度性种子：战争、暴力与纪律的诞生

当迈克尔·罗伯茨（Michael Roberts）（1955）将16世纪末期引入的一系列技术、策略和战术的变革当作一种军事改革的时候，其在无意间引发了一场辩论，即究竟是什么时候，欧洲的军事发展经历了将其区别于世界其他地区的前所未有的变革。虽然在历史学家中仍然存在一些关于这一社会变革究竟是革命还是演进，及其发生的时间究竟更早（埃顿[Ayton]、普莱斯[Price]，1995；艾尔迪斯[Eltis]，1995）还是更晚（帕克[Parker]，1976；布莱克[Black]，1991）的争论，大部分人仍然认为，"中世纪晚期的技术进步导致了新型武器的产生，而这些新型武器又逐渐改变了从1450年到1700年之间的战争的各个方面"（蔡尔德，2005：20）。火药（发明于7世纪或者8世纪的中国）的应用、用于围攻的大炮和舰炮的发明和广泛使用、早期手枪（比如火绳枪和毛瑟枪）的逐渐推广、多层战船的发展、固若金汤的防御工事的创造以及众多其他科技发明，都给战争的性质带来了翻天覆地的改变。最重要的是，易于操作的手枪的相对低廉的制造成本对军队的社会结构以及整个社会秩序都产生了深刻的影响，因为几乎每个人都学会了如何给手枪上膛并射击。② 正如蔡尔德（2005：24）所言："这就是军事变革的实质：一支配

---

① 并且，即使是这种共同的意识形态信条也既无法克服东正教和西方基督教会之间不可逾越的制度鸿沟，也无法克服其实质上阶层化的特征（也就是贵族精英 vs. 农民）。

② 然而这里要着重强调的是，14、15世纪对枪支的引进确实是一个相当缓慢的过程。手枪常常要跟十字弩竞争，并且配备手枪的士兵也是逐渐被派到长矛兵军队中，而长矛兵军队自14世纪早期以来就在欧洲大部分军队中占据主导性地位（曼，1986：453；基恩1994：328—329）。

备廉价、粗糙的火药武器的人数可观的步兵部队，取代了曾经不可一世且军费昂贵的骑兵；军营招募、征兵制度以及属于大规模军队的时代来临了。在1550年到1700年期间，战争的胜负很大程度上都是由火药武器决定的，火药武器可以在重大行动之前扰乱敌军的秩序。"

尽管关注于武器、防御和其他物质方面的技术进步，但军事革命的概念同样包含新的军事原则的确立、线性战术的发展、控制和后勤的发展以及——也许是最重要的——欧洲军队规模的大量增加。帕克（1996：24）指出："法国国王查理八世在1494年带领18000人侵略意大利，但弗朗西斯一世在1525年进攻意大利用了32000人，亨利二世于1552年占领梅茨用了36000人。到了17世纪30年代，几个先进的欧洲国家平均拥有的军队数量可能已经到了150000人，在17世纪末期，法国已经拥有了40万名士兵（且几乎有同等数量的军队在对付他们）。"16世纪的军队数量增长超过了50%（索罗金［Sorokin］，1957：340），并且在1500—1700年间，绝大多数的军队数量都翻了十倍（赖特［Wright］，1965：655；帕克，1996：1）。

罗伯特的军事革命模式的意义，在于它彰显了科技变革在支撑欧洲战争方面发挥的非凡作用，但却过分强调科技的作用，并将其置于社会组织和原始意识形态之上。在此，需要重点说明的是，在很多方面，技术的革新都是与组织和信仰的变革齐头并进的。这些军事变革的主要发动者都是一些对宗教持异议的将军，如拿索的莫里斯（Maurice of Nassau）、古斯塔夫·阿道夫（Gustavus Adolphus）还有奥利弗·克伦威尔（Oliver Cromwell），这种现象绝非偶然。他们的军队所取得的无与伦比的成功，既基于对技术和战略发展的创新性应用，同样也深深根植于受宗教启发的军事信条以及新型社会组织的运用。尽管"武僧"的早期形式可以追溯到第一次十字军东征时期的圣殿骑士、条顿武士以及医院骑士团这些军事组织，但是，新教改革却是宗教武士创立上的一个分水岭。阿霍（1979）的观点令人信服：通过严加区分神圣和世俗并且秉持"自然世界是完全的世俗世界"这一观点，加尔文主义者、浸礼会教派和路德主义的军事指挥官们成功地将战争的科学和理性追求合法化了。早期的新教主义者认为，宗教和政治制度具有彼此完全对立的目的（也就是个人信仰vs.内在罪恶的物质世界），从而将政治生活和军事行动从所有的道德和精神义务中解放了出来。随着宗教改革运动的不断扩张，

· 89 ·

政治——被定义为罪恶和不道德的领域——具有了马基雅维里主义的所有特征,因为这两种领域的严格区分,让国家能集合一切可用的方法来追求自身政治目的的实现。就此而言,暴力使用成了国家政治最合理的手段。

此外,由于新教教义将政治制度解释为上帝的创作,因此新教也被认为是完全臣服于国家权威的虔诚的信奉者,即使国家是以一种残暴的形式出现也是如此。正如路德(Luther)(1974:103)所言:"战争和杀戮以及其他伴随着战争和军事管制出现的事物都是上帝的创作……挥舞着宝剑并用其进行杀戮的并非凡人之手,而是上帝之手。"通过坚持极端禁欲主义和宿命论,加尔文主义的观点在路德的基础上走得更远——将政治和战争理解为仅仅是执行上帝旨意的一种手段。如果个人的财富可以被理解为决定论的一个标志的话——正如韦伯主义(1930)对新教教义和资本主义之间的"选择性亲和"的理解——那么,战争的胜利也是如此:"因为上帝的意志是神秘无法预测的,只能基于事实对其进行破解,这意味着政府的政策拥有道德正确性和实践可行性。权力赋予它正确性"(沃尔策[Walzer],1965:38;阿霍,1979:108)。鉴于路德的布道出版物在1517年至1520年间销售了超过30万册,同时加尔文主义者的作品也同样流行,似乎这些观点在信奉新教的士兵中得到了强烈的反响(泰勒,2003:97)。

作为新教徒的将军们在追求实际的政治和军事目的同时,吸收了这种新颖的军事道德规范,这使得他们战绩斐然。军事长官们将新教的意识形态灌输给士兵们,以此建立了一支在很大程度上因受到宗教热情驱使而战斗的勇猛军队。克伦威尔的新模范军就是由致力于实现清教徒理想的全职士兵组成的,他们在战斗前常常会高唱圣歌,并将敌人看作魔鬼的武士在人间的化身。拿索的莫里斯、古斯塔夫·阿道夫和克伦威尔的军队都是由一种执行上帝旨意的正义感以及对邪恶敌人的"神圣仇恨"所驱使。由于这些士兵认为自己是上帝用来对邪恶之敌表达愤怒的一种手段,因而他们的战斗激情如同对敌人的残酷性一样没有限制。

然而,无论新教的意识形态如何强大,仅凭自身并不能保证其在军事上的胜利,事实证明,更为重要的是,新教徒对复兴罗马军事组织制度所作的尝试(麦克尼尔,1991)。除了拜占庭帝国早期之外,罗马帝国的灭亡在很大程度上也意味着纪律严明的军队在其后一千年的欧洲历史中的消失。信奉新教的将领们为军事社会组织播下了制度化的种子，从而最终孕育出了现代官僚制的民族国家。

在阅读过韦格提乌斯的罗马军事指南《军事的缩影》之后，拿索的莫里斯将其军队重新整合为规模更小、更易于协调、灵活性更强的单元。罗马模式的阵线又被重新引入，但由于这种阵型需要密集的演练，因而必须有一些既能打仗又能劳动的职业军人。依赖于可以同时胜任这两项任务的雇佣兵，后来的军事组织集中化也得到了保障（曼，1986：454）。莫里斯引入了密集的演练和对士兵的系统化训练，同时对军事行为设置了严格的规定（包括对平民待遇的规定）。莫里斯看重的是军事纪律、战场上的灵活性、权力的集中化、娴熟精干的领导层以及对军事长官的无条件服从。秩序和纪律通过一系列的手段得以实现，但其中最重要的一环是编纂成典的军事规章制度。古斯塔夫·阿道夫斯制定了军事条例（1625年的"瑞典戒律"），其中严格规定了士兵的行为规范：抢劫和强奸可以被处死；每一个团早晚都必须祈祷，且嘲弄祭祀的人必须处死；禁止士兵之间的决斗；军营中不能有放荡的女人；每一个团都有一个单独的军事法庭并且最重要的是，每一支部队在战场上的怯战行为都会使集体受到制裁。吸取了罗马的经验，法典的第5条规定如下："如果一个团集体从战场脱逃，那么每十个人中就有一个人被抽签决定执行死刑（砍手、斩首或者绞刑），其余九人将不得使用自己的旗帜，并且要睡在驻地之外，还要打扫军营，直到他们通过某项勇敢的行为洗刷自己的耻辱为止。"（弗莱彻［Fletcher］，1890：299—300）在这里，正如希腊和罗马的情况一样，我们可以看到社会组织———一种社会控制的外部机制如何成为军队的支柱。一旦找到了防止士兵们脱逃的制度和意识形态策略，那么距离战争的胜利就指日可待。

社会组织的迅速发展在军事领域的不断职业化和官僚化过程中也有清晰的体现。第一批军事院校就创办于这一时期——起始于色当（Sedan）（1606）、锡根（Siegen）（1617）和卡塞尔（Kassel）（1618），在这里，通过科学、技术和数学的最新发现来研习战争。聚光灯被用在了战争实践中：用来计算炮火的精确度，成功地建立防线、桥梁和运河、计算部队的最佳规模和军营大小，预估战场后勤补给的需求，等等。最早的军事手册和训练书籍在新组建的军官团和士兵中广为流传，其中很多地方都采用图像描绘而非文本叙述的形式,比如,第一本现代训练教材——《火绳枪、滑膛枪和长枪的操作训练》(1607)(麦克尼尔,1991;蔡尔德,2005:20)。从更广泛的意义上说,这些枪械使用手册在灌输现代主义、理性主义、思考和行动的训练技巧上被证明具有极其重要的意义,因为它们教授士兵们归纳思维、因果律和逻辑学,以及如何对任务进行排列统筹。正如基根(1994:342)强调的,这些手册与随后出现的工业安全指南有着同等的意义,因为它们"将流程划分为大量的精确行动——1607年莫里斯的橙色训练手册中规定了47个步骤——从火枪手拿起武器到扣动扳机的全过程"。

这些军事实践与中世纪时期呈现鲜明对比,彼时普遍的道德就是抵制一切形式的军事创新。比如,由于宗教方面的原因,早期的枪支(火绳枪、滑膛枪等)在几十年的时间里都受到抵制:"枪……被认为是魔鬼的工具,枪……被视为魔鬼的工具,从东方异教徒那里传入,研制于巫师之手,是一种用于远距离杀敌的'懦弱'的武器、一种只敢在远距离杀伤敌人的'怯懦'的武器。"(泰勒,2003:83)

借鉴另一个罗马的例子,古斯塔夫·阿道夫斯成为第一个引进制服的军事将领,这样一方面可以防止士兵在危难之际投靠敌方,另一方面又使军事行动成为一项更加规范化的、官僚化的工作——士兵作为国家雇佣的人具有其特定的权利和义务。官僚组织的集中性还体现在,逐渐实现在制定命令时明确指挥官、部队将领和行政人员的角色定位,建立一套直接由国库划拨的常规军饷制度。阿道夫斯同样发展了复杂的训练体系(比如,首次使用了在和平时期进行封闭性集训和演练)以及一套可靠的后勤供应体系:"其军队的衣、食、住都是通过军用仓库供给,而这些仓库都是由受过训练的军需官来管理的。"(阿霍,1979:114)此外,他还创造了征兵制度。尽管那个年代的大部分士兵都是雇佣兵或者志愿兵,但是1620—1682年间的瑞典仍然有赖于一套复杂的局部征兵体系(indelningsverket)。而这也是军官和士兵在由契约制的职业军人向全职国家工作人员转型过程中跨出的第一步,也是具有重要制度性意义的一步。

随着一系列重大的科技进步以及官僚组织和意识形态承诺的发展,战争变得更具持久性和毁灭性,造成的人员伤亡也在激增。火炮的应用愈发频繁、打击精确度更高,引入了新型战争策略,再加上信教人口的变化和新型社会组织的出现，这一切都对战争伤亡人数的增加产生了深刻的影响。这一时期最具毁灭性的一次事件——"三十年战争"（1618—1648）就是以战争中的高死亡率为特征的。比如，瑞士军队在诺林根战役中（1634）损失过半，而60%的撒克逊和神圣罗马帝国的军队在维特斯托克战役（1636）中丧生（李［Lee］，1991：53）。① 军队所到之处的劫掠、毁坏、饥荒和疾病，导致的结果是战争波及的地方遭遇了人口锐减：神圣罗马帝国的人口由1618年的2100万人锐减到1648年的1350万人；而波西米亚的人口从300万锐减到80万（李［Lee］，1991：55）。然而，"三十年战争"造成的过度伤亡更多的是这一时期的一个例外，而不是一种规律，因为这一时期的战争仍然被局限为一种仪式主义的实践，禁止对敌军士兵进行肆意杀戮，对平民自然更不待言。虽然新的科技发明，比如重炮和火枪，提供了一种大规模消灭敌军部队的手段，但是为这种行为提供正当化辩护的意识形态条件仍不够成熟，直到现代时期的到来。用蔡尔德的话说："杀戮并不是主要目的。欧洲的战争被认为是掠夺土地而不是杀戮人民的战争；敌军士兵只是这一场伟大游戏的一颗小小的棋子，他们本身并不是战争的目的。"

旷日持久的战争需要大规模的常备军，这些常备军基本上由较为廉价的步兵而不是昂贵的骑兵组成，因为骑兵对国家财政来说是一个巨大的负担。为了促进军队与相关的运输、住宿、训练、补给与食物之间的有效协调，军事管理机构必须更具完整性、集中性和地域统一性，这刚好反映了在国家层面上呈现出的相似趋势。正如蔡尔德（2005：34）所观察到的："在作战的时候，16世纪和'三十年战争'时期的军队常常会劫掠或者征敛财物；而在17世纪末组织良好的、纪律性强的国家力量，常常会自己购买一些军需补给。"伴随着国家集权化的不断加强，国家征收高额赋税的能力也在增强，而所征赋税几乎全部用于军事开销。比如，在9年战争期间，法国将总收入的74%用于军事支出（陆军和海

---

① 虽然与中世纪时期相比战争造成的伤亡急剧增加，但是较之于现代战争，绝对的伤亡数仍维持在相对较低的状态。比如，在这两次大规模战役中死亡的人数（隐藏在死亡率表象之下的）实际为5000人左右。直到现代时期为止，疾病造成的伤亡远大于战争本身造成的伤亡。正如琼斯（Jones）（1978：36）阐述的那样："在1490年西班牙军团围攻格拉纳达的战役中损失的20000人中，有17000人死于一次流行性伤寒……在莫斯科和别列津纳河之间的战役中每1个人死于战斗就有11个法国人死于受冻和损耗。"

军）；在西班牙王位继承战争中，英格兰花费了年收入的75%；而在1679—1725年间，沙俄的军费支出占了国家收入的60%—95%之多（蔡尔德，2005：33）。随着军事组织的扩张，国家及其官僚机构也随之扩张。一开始负责征税和与军队指挥官联系的政府官员最终成了现代时期庞大的国家和军事组织机器。对此，蒂利（1975）和吉登斯（1985）有着令人信服的陈述：战争与备战是国家发展的重要理由。然而，这与君主个人和军事领袖的布局计划没有太大关系，更多地则与欧洲历史的偶然性有关："国家的发展并不是意识力量强化的结果，而是急切寻找避免财政灾难的权宜之计的结果。这一威胁的产生，并不是竞争力量的蓄意行为，而是作为一个整体的欧洲经济和军事活动无目的的产物。"（曼，1986：434）在他们不断地努力将巨额资金投入战争（以及对新发现的海外土地进行征服）的过程之中，统治者们不得不集中他们的权威，而这也从根本上破坏了作为封建主义后期和地产政治时代（Ständestaat 等级制国家）特征的权力二元性，从而向专治主义统治迈进。这种专制主义统治模式，在国家形成的过程中发挥着重要的作用，因为它将国家解释为一种可以在其领土范围内垄断和合法利用暴力的"卓越的有边界的权力载体"（吉登斯1985：291），此为其一；它在追求正当性的过程中又不经意间创造了一片公共领域，此为其二。正如波齐（1978：83）所言："一个公共领域的存在很大程度上是由于专制国家绕开阶层（Stände）而直接与其普遍存在的主体沟通，在此过程中会借助法律、税收、标准统一且普遍存在的管理以及对爱国主义的振臂疾呼。"专制主义正是诞生于战争的背景之下，从而为专制主义国家向现代化敞开了大门。

　　因此，欧洲这一历史时期的独特性，在于其军事领域的制度化和组织合理化的空前增强，进而影响到所有社会行为的制度化和组织合理化的空前发展。正如韦伯（1968：1155）所言，军事纪律是产生其他一切社会规范的基石。逐渐并最终控制现代时期所有组织的理性主义的扩张，是建立在个人、组织和制度的自我约束理念和实践基础之上的，而这些理念和实践，部分与新教禁欲主义的意识形态理念有关，部分与军事强迫有关。要想在17、18世纪旷日持久的战争中获得胜利，仅仅依赖新教的意识形态热情是远远不够的，军事将领们还需要汲取罗马军团的组织经验。只有这种组织和意识形态机制的创造性协同合作，才能带来战场上的胜利。更重要的是，这种具有决定性的社会变革的结果，是一种新型组织外表下的纪律的产生。一旦得到充分的发展和表述，这种用来管理士兵的官僚机制就能够很好地运用在公民空间——民政管理、工业、教育、通信以及其他一些领域。换言之，正是军事领域的组织和意识形态变革的结合催生了现代化。

六　结论

这一社会历史层面的叙述从史前时期开始，在现代化早期达到顶峰，其中尤为引人注目的事实在于，集体暴力的普遍扩张与社会组织和意识形态的发展有着深刻的关联。考古学和当代社会科学的记载都表明，离开了工具的人类普遍不擅长暴力，也不愿意面对杀戮和死亡。在我们未记载的历史中，99%的时间里是没有战争的，即使是今天，除去极少的个人暴力场景，在脱离了组织和意识形态力量的时候，大多数人都会选择逃避而不是战斗。正是组织和意识形态信条彼此交错形成的制度陷阱，让我们的行为更加暴力。换言之，人们通过向社会组织让渡一些个人的自由，来避免持续的饥饿感、提升生活质量并确保自身安全，而与之交换的代价，就是增加了自己受到暴力侵扰的危险。因此，古典社会学家们非常清楚，文明既是文化发展和经济发展的摇篮，同时也是最具摧毁力的来源；战争是社会急剧发展的产物，而不是我们人类自身的特征。社会进步是一把双刃剑，因为人类的进步很多时候都伴随着战争和暴力的扩张。本书所说的两个关键过程，就是经年累月的强制官僚化和离心式的意识形态化，这两者都随着现代时期的到来而得到了强化。因此，下面就让我们一起来探究它们萌芽滋长的历史背景。

第四章 有组织暴力与现代化

一 引言

在对政治敌人非法化的尝试中，通常都会将其与蛮族或中世纪联系起来。这种政治标签被广泛使用，距离我们最近的例子，就是将南斯拉夫王位继承战争描述为根植于"古老怨恨"（卡普兰［Kaplan］，1993）的野蛮现象，以及将塔利班描述为"行为退化到野蛮状态的""中世纪汪达尔人"。之所以会有这样的描述，其根源在于人们几乎达成共识，认为现代社会不仅在道德性方面要优于中世纪，而且我们所生活的时代较之中世纪，呈现出更弱的暴力性特征。尽管现代社会普遍杜绝了让人毛骨悚然的肉体折磨展示和公开的损毁行为，但这并不意味着暴力行为的减少。恰恰相反，在现代化的刺激之下，暴力和战争愈演愈烈，甚至达到了史无前例的程度。在20世纪，有组织暴力造成的死亡总数占过去5000年战争死亡总数的近75%（埃克哈特，1992：273）。换言之，现代人类在这100年间杀死的总人数，是我们的先人在漫长的4900年间所杀总人数的22倍。与这一令人震惊的数字相比，中世纪的一千年里（500—1500）的伤亡人数仅占全部战争死亡人数的1.6%（埃克哈特，1992：273）。那么，问题出现了：为何公众的认知会出现如此明显的扭曲？我们又是如何能够将中世纪描述为未开化的野蛮状态，却将自己打造成文明教养与社会进步的典型呢？要回答这个问题，必须首先对社会组织和意识形态在现代社会的作用有所了解。

本章将探讨现代化的矛盾特征，尤其是它与战争和暴力的关系。与前文相呼应的是，为了理解现代时期最核心的本体论层面的不和谐，必须探索塑造了这种不协调关系的两个过程：经年累月的强制官僚化和离心式的意识形态化。

二 现代化与暴力：本体论层面的不和谐

启蒙主义哲学对个人自主性有着坚定和不容妥协的信仰，充满理性与进步是许多奇思异想的灵感之源。但是，前人鲜少思考的问题，也正是启蒙主义哲学极其独特的见解，乃是暴力和战争并非无法避免的自然出现的情况，而是人类行为的产物，因而在某种程度上是可以预防的。此观点从19世纪起得以超越知识分子的狭小圈子得到广泛传播，就成了大部分人认可的普遍规范。现代社会以厌恶人类同胞之间所有形式的暴力而自豪，并将战争嘲笑为不人道的、野蛮化倒退，属于曾经未受文明启迪的时代。人们倾向于将"黑暗时代"和其他历史时期看作野蛮冷酷的，却认为现代社会——在很大程度上——是宽容与对话的时代，倾向于和平解决冲突。这个时代的严肃党派、组织或运动，甚至左翼或右翼的极端团体（多数）都不会公开鼓吹杀戮，或为无缘由的战争摇旗呐喊。然而，也正是这个时代，比历史上记载的以往任何年代都更加血腥暴力。现代化的诞生见证了战争伤亡率的激增，并在20世纪时达到了顶峰。正如上一章提到的，战争中死亡人数的增加大约始于"三十年战争"（1618—1648），并在18世纪时经历大幅度增长。然而，19世纪战争中的死亡人数剧烈攀升，20世纪则简直可以被称为死亡世纪。根据霍尔斯蒂（1991）和蒂利（2003）的记载，20世纪中由战争直接导致的伤亡人数超过1亿，还有高达2亿人口死于战争引发的饥饿、疾病、营养不良、长期不愈创伤、叛乱和精疲力竭，在伤亡人数上超过以往任何时期的记载。此外，据曼（2001a）估测，还有1.2亿死于种族灭绝以及种族清洗的强制政策。此外，根据威廉·埃克哈特（William Eckhardt）（1990；1992：272—273）的统计分析，在过去的一千年里，战争中的人员伤亡数量呈现累积式攀升，战争导致的伤亡人数有着极为显著的升高：在10世纪和11世纪，战争伤亡人数加起来总共仅为60000人；在12世纪和13世纪，这个数字升高到了539000；在14世纪和15世纪，这个数字提高到了1379000；在16世纪和17世纪，死亡人数跃升至7781000。然而，过去的两个世纪见证了前所未有的人员伤亡，19世纪的伤亡数字超过了

1900万人，而20世纪更是达到了11100万人。简言之，这意味着从公元前3000年发生严格意义上的战争开始直到今天，近代（刚刚过去的三个世纪）占据了所有伤亡人数中的90%。

近现代也要为大规模杀伤性武器的发明和完善承担责任，从断头台到机枪、神经毒气，再到原子弹。集中营、毒气室、电椅以及精细化的酷刑技术也都是这一时期的杰作。

尽管在人类历史上有过大规模屠杀的某些片段，但现代时期有别于其他时代之处在于，群体灭绝行为得到系统化、组织化，并且上升到一个史无前例的规模，然而自相矛盾的是，其发生时间刚好是人类生命在名义上被看作最为宝贵的时期。换言之，这里的内在矛盾在于，此端的珍视人类生命、鄙视战争暴力的规范化世界与彼端的史无前例大开杀戒同时存在的冲突。有别于费斯廷格（Festinger）(1957)所说的认识论上的不协调，这里实际涉及存在论上的不协调，进而向人们提出质询：为什么可以一方面厌恶杀人行为，另一方面却容忍甚至毫不怀疑地拥护大规模杀戮？需要强调的一点是，这不（仅仅）是一个道德问题，而首先是一个社会学问题，也需要从社会学角度作答。尽管对这个问题无法给出简单的解答，我们仍将从与现代性相伴而生的组织和意识形态力量之间特殊的结构性互动中寻求答案。持续增加的社会性暴力组织，以及现代意识形态的不断扩张蔓延，为这种存在论上的不协调性提供了根基。

三　经年累月的强制官僚化

法国革命和美国革命的原则性理念，例如自由、平等、博爱以及追求幸福，在今天的世界里既显而易见又毋庸置疑，以至于常常会忘记，这些理念之所以得到近乎全世界的认可，主要不是归因于其逻辑和伦理层面的感染力，而是与法军和美军的刺刀火炮有着密切联系。不仅这些启蒙时期的价值观念最初是通过暴力革命手段创立的，因此其自身就体现了矛盾性，而且导致的后果更加野蛮，因为革命者将借助暴力把这些理念强加于他人视为己任。1792年的新法兰西共和国开启了将近20年无间断的战争，包括在旺代和布列塔尼对国内反革命运动的残酷镇压；新美利坚合众国在对北美大陆进行征服的过程中，也高度依赖高压政治和战争。许多法国的革命者认为战争是不可避免的，理由是如果革命不能继续扩张至法国疆域以外,那么其终将被毁灭。正如国民议会吉伦特派的代表韦尼奥指出的那样:"我们的革命已经向欧洲大陆上的所有君主敲响了最为猛烈的警钟,并展示了支撑王权的专制统治是如何被毁灭的。这些专制君主憎恨我们的宪法,因为它让人得以自由,因为君主希望统治一群奴隶。"(弗里斯特,2005:59)在这种语境下,"有权拿起武器"被理解为另一种自由公民的权利,进而为组建新的公民军队奠定了基础。

法兰西共和国的核心遗产是依据"让所有适合男性为共和国效力"(the levée en masse decree of 1793)的原则所组建的大规模军队,即一支由983000人组成的武装力量(基根,1994:352)。尽管新招募的军官和士兵在最初都受到了革命理念的感召,但为他们长期的听命服从提供保障的是前所未有的潜在的社会流动性以及全新的组织机制。正如林恩(1900:168—169)所指出的,在不到5年的时间内,军官团的结构改变得面目全非。在1789年,90%的军官是贵族,到了1794年,贵族只占军官比例的3%。这些军队的军事胜利部分取决于士兵数量上的绝对优势,部分则依托于其精英治理原则的理性主义根基(因而为那些出身卑微却天资极高的人开启了快速晋升的可能),最主要的因素则是新法国建立的强大社会组织。[①] "战时总动员"不仅依靠大众对践行革命理念的恪守承诺,也是一种依靠地方配额的强制机制,配额必须被完成,也会普遍使用抽签的方式勉强达标(弗里斯特,2005:64)。较之于拿破仑的个人魅力和军事天才,拿破仑战争期间革命军取得的辉煌胜利更多要仰仗法国政府征召和协调大量士兵的能力。法国政府残忍的管理制度能够监控、管制、镇压并严惩拒绝应征入伍者以及潜在的脱逃者。正如弗里斯特(2005:65)指出的那样:"宪兵的来访、对市长的常规性惩罚并动用荷枪实弹的士兵压制反抗的父母,这些都是征兵过程必要的组成部分。"通过这种方式,拿破仑的军队变成了当时有史以来最为庞大的军事力量,在1800年到1814年间达到了难以置信的200万人的规模。真正的技巧在于如何将无组织的人群转变为高效的战争机器,而拿破仑最为精通此道。法国督政府时期(the Directory)就已经进行了一些组织机构变革:永久

[①] 拿破仑很快意识到军队精英治理对取得军事胜利至关重要,他以饰品授予和政治通告的方式嘉奖士兵:"在1802年到1812年间被授予荣誉勋章的38000人中,只有大约4000人不是士兵。类似地,作为拿破仑集团顶级精英的法军元帅,也是从行伍之中提拔。这些依据功绩而受到重用者……来自各个社会阶层。"(弗里斯特,2005:63)

性总参谋部的建立；高度训练的职业军官；各营之间相互协调并组成更大的作战单位（旅、师、军），借此，其补给供应则来自更广泛的区域，作战单位得以在战场上灵活应战。尽管拿破仑对于战术发展的贡献极小，但他是军队组织管理方面的大师，他能够迅速地部署、调动并协调大量军队在战场上作战。这种新型组织模式在其后的150年里被大多数欧洲军队所采纳，将手握重权的最高指挥官和极具分散性和适应性的军团结构紧密结合（霍华德，1976：83）。

由于军队是首要的官僚机构，对其进行组织结构上的摧毁是制胜关键。正如柯林斯（1989：336）所言："战斗中被操纵的对象是社会组织，而不是物理上的身体或装备。军队进行战斗，不是为了杀死士兵、缴获武器或是占领阵地，而是为了消除对方抵抗的能力。组织既是战争武器，也是战争目标。"拿破仑的军队之所以如此强大，就在于他能够在单个战场集中大量的兵力，给敌军的组织机构迅速且致命的一击：法国军队"学会了迅速分散阵型，改变成纵队，以便在战场上的一小块区域集中大量的军队。纵观拿破仑时期，在横排和纵队之间的快速交替成为法国军旅生活的核心部分，纵队的使用可以起到震慑和猛击敌军的作用，或者在敌军侧翼发动突袭"（弗里斯特，2005：69）。[①]

与之相似，普鲁士在19世纪能够有如此之强的军事力量，以至于它能以如此之小的版图，却比其庞大的邻国更高效地动员更多的军队，也主要取决于其强大的组织能力。[②] 普鲁士以地域为基础，将被征募的士兵划归不同的军（corps）和师（divisions），每个军和师都被装备成为能够自给自足的作战单元。从1814年起就开始推行短期兵役制，但1858年威廉一世统治时期又对其进行了严格的重新组织，到了1866年，每个公民都有义务服3年的现役、4年的预备役和5年的储备军（弗伦奇[French]，2005：78）。所有的军事活动都由普鲁士总参谋部发起、策划、管理以及谨慎地协调，总参谋部也"使得战争成为了复杂的科学计算、管理计划和专业技术工作"（霍华德，1967：101）。铁路和电报的发明和引进，意味着军队不必再在前线附近囤积食物和补给，这就使得士

[①] 拿破仑深知组织的重要性。用他的话来讲："策略计划就像围城，在一点集中火力。一旦打开了一个缺口，平衡就被打破，剩余的一切都变得毫无作用。"（霍华德，1976：83）
[②] 例如，尽管普鲁士只有奥地利人口的一半，但是在1866年战争中，普鲁士能够动员245000名士兵，而奥地利能够集合的兵力不超过320000人。（弗伦奇，2005：77）

兵具备了更高的机动性，更有利于军令的下发传达，战争的时间也被拖得更加漫长。普鲁士在所有现存的以及潜在的战争前线建立了铁路系统，不仅为"与其说它是拥有军队的国家，倒不如说它是拥有国家的军队"提供了标志物（霍华德，1991：52），也说明普鲁士的军事效率深深根植于其善用新技术强化组织集权的能力。正是普鲁士的组织优越性——拥有比对手更迅速的组织调动和出击能力——确保了其在1870年普法战争中的胜利。普军严格的军纪取决于他们特殊的服务伦理，普鲁士主义（*Preussentum*）"在一种精确定义的等级制度之中应运而生，又在新教教义中得到道德强化"（霍华德，1991：52），但是这种军纪的强制推行也是通过严格的军事训练、恐惧感和服从来得以实现的。对此，弗雷德里克二世直言不讳地指出："一个士兵对长官的恐惧必须要超过对敌人的恐惧。"（安德烈斯基，1968：188）[①] 这场战争的明显结果是小规模、长期服役的职业军队的时代宣告终结，而普鲁士的服役期短、受到良好训练、由后备军人支撑并受到专业总参谋部管理的征募军队体系，为欧洲大陆上的所有军队提供了标准化规范。在向拥有大规模常备军的义务兵役制转型的过程中，国家必须实现进一步扩张和官僚化，因为其成了重要组织力量，负担起军队保障的职责（包括为部队提供食物、武器、军饷、服装、住房、训练与补给）。其结果就是军费开销的大幅增长：在1874—1896年间，德国的军费增加了79%，俄国增加了75%，英国增加了47%，而法国增加了43%（弗伦奇，2005：82）。

为了在财政上支持开销如此巨大的军队，政府不得不发展更加全面、更具渗透性的财政体系，以便能够从源头上进行强制征税，这也意味着国家行政管理的规模要进行必要的扩张。19世纪早期充斥着旷日持久的战争，相应地，国家财政也受到持续增长的军需开销的影响，1870年以后欧洲大陆长时间的和平状态使得各国军费开支稳定，但始终处于较高水平。现代官僚化民族国家的出现具有偶然性，并且从某些方面来讲，也是这些密集且昂贵的战争进程的残余之物。用蒂利（1985：172）的话来说："追逐战争的当权者将人们卷入战争，无论对方是否愿意，会从受控制者身上榨取战争所需的资源，并通过能帮助其借贷和采购的人实现

---

① 托洛斯基也提出了类似的观点，这或许能部分解释苏联红军在后来的俄国革命战争（1917—1923）中获胜的原因："一个士兵必须面对这样一种选择，如果他前进，他可能会死；如果他后退，则必死无疑。"（安德鲁斯基，1968：188）

资本积累的提升。发动战争，榨取资源，积累资本，三者交互作用塑造了欧洲国家的形成。"军事机构规模的增加也意味着政府官僚机构的膨胀：军费开支越多，"组织剩余"就越多，这鲜明地体现在普鲁士的案例中。当国家在制度上、组织结构上、基础设施上取得发展，并在这个过程中获得军事力量时，就能在其疆界之内垄断对于暴力的使用。因此，对国家的韦伯式（1968：54）定义将行政管理与暴力的合法垄断联系起来，是对现代民族国家的真正写照——一个充分官僚化的政治实体，在基础结构上足够强大有效，并拥有足够的强制力使其法律在疆域内得以贯彻施行。

民族国家这样一个有界限的力量型实体的出现，也与技术和组织的变革密切相关，这种变革有时被称为"第二次军事革命"（赫斯特，2001：7）或者"军事事务的革命"（赫尔维格等，2003：412）。尽管技术的进步贯穿整个17世纪、18世纪以及19世纪早期，但是19世纪后半叶发生了将会永久改变战争的重大突破。随着蒸汽船、电报、铁路、自动武器、机关枪、烈性炸药、罐装食品、铁丝网的发明和批量制造，战争进入了一个崭新的工业化阶段。这一阶段极为显著的特征在于科学、技术、工业和行政管理在结构融合上的增强。一旦一项特定的科学发现呈现出显著的实用性，国家和大型企业都会对其大规模制造产生浓厚的兴趣，这种成功常常会引发连锁反应，一个发现会导致另一个发现。蒸汽引擎的发明彻底改变了海陆交通的性质，作为将军队运往前线的手段，新型蒸汽船和火车的速度更快、更安全可靠，运输成本也更低。事实上，将士兵相对快速地运往边疆的能力，终结了让人精疲力竭的长途行军、临时性的小规模战斗以及旷野作战，进而创造出"前线"的概念（吉登斯，1985：24）。

铁路的延伸使军事转移速度提高了3倍，同时增加了运载能力，使得后备力量被迅速运送至前线，替换下受伤或患病的士兵，蒸汽船彻底地改变了大陆之间的商贸活动，而这些商业和贸易是构筑军事力量的坚实基础。交通运输方式的快速发展，要求通讯技术的革新以协调军队的调配。电报线缆先是被铺设到了紧邻前线的位置，随后又跨越不同的大陆（自19世纪70年代起到亚洲和非洲），从而使欧洲帝国势力能够在全球范围内掌控其舰队和陆军的行动。通过这种方式，电报也成为促进军队指挥权集中化的方式，因为它"确立可行的战略及政治方向，并极大地缩小了地方军事控制的范围"（赫斯特，2001：27）。后来在第一次世界大战期间，无线电通讯的发明和广泛应用使这种集权化更为严格。随着报刊的增多以及公众读写能力的提高，普通民众能够在第一时间获取到战事新闻，这可谓史无前例。例如，报刊对1854—1855年克里米亚战争的详细描述（霍华德，1976：98—99）激起了英国公众的极大兴趣，开启了对战争功过曲直的激烈辩论，也将市民社会卷入了战争事务的漩涡。[1]

交通和通讯方式的根本性转变恰好契合了武器制造的颠覆性变革。其中，最为关键的发展在于标准化大规模工业生产技术的应用，以及可更换部件在武器制造中的运用。米尼式弹头和来复枪的发明及广泛应用，使得射击的精确性提升到1000米的范围，将前线射杀区域从100米扩大到500米，同时也促进了更先进的军事发明的诞生（赫斯特，2001：28）。"贝西莫"和"美国"制造系统依靠半自动化机器将武器部件切割成指定形状，进而实现了极高的劳动生产率："然而在18世纪40年代晚期，尼古拉斯·冯·德赖泽要用30年的生产量，为普鲁士军队的320000士兵配备上新式'撞针枪'，然而，在1866年以后，安托万·阿方斯·夏塞波在4年的时间内，就能够为法军生产100万支其最著名的后膛枪"（赫尔维格等，2003：413）。类似的工业技术，诸如生产线、机械化、标准化、精准测量以及劳动力的精细化分配，都被同时运用在了军事和民用领域：这种工业效率系统同时被运用于柯尔特左轮手枪、辛格缝纫机以及麦考密克（McCormick）农用机（赫斯特，2001：28）。但是，需要强调的是，这些工业技术最初的起源和发展，都是以军事应用为目的。韦伯（1968）准确地观察到，军事活动范围的理性化和官僚化孕育了现代民族国家的管理能力。起初只是一种纪律性的伦理规范，最终发展成为整个社会秩序的结构合理化。从19世纪后半叶开始，国家的科学、技术、组织管理以及军事力量彼此融合、相互依存，以至于现在几乎无法想象它们能够分离开来独立运作。

---

[1] 然而，这些科学技术的变革并非势不可当，并且常常遭遇强烈的抵制。例如，由于英国舰队已经取得了领先地位，许多将军并不愿意接受这些改变。1828年，一位海军上将在他的回忆录中写道："统治者们认为他们有责任最大程度地阻挠蒸汽舰船投入使用，因为他们认为蒸汽的引入会对帝国海军的领先地位造成致命的冲击。"（刘易斯［Lewis］，1957：224；麦克尼尔，1982：226）

这种变化，也可见之于军队和士兵向国家雇员转变的过程之中。新的军队想要摒弃那些冗余的、通常情况下是仪式性的战争特征，例如，色彩鲜亮的军服、个人战斗精神、个人英雄主义的彰显和以决斗方式进行的传统战斗特征，所有这些都是以牺牲军事效率和官僚纪律为代价的。军队关注的焦点不再是个人英勇行为的胜利和亲民的态度，而是转向了驻扎在远离民众的兵营之中、身着统一制服的无名士兵。正如吉登斯（1985：230）所强调的，一方面，"在作为一个组织的军队内，制服有着和监狱式设施（监狱、医院、警察局、学校等）相同的纪律性内涵，有助于士兵褪去那些对常规服从模式产生干扰的个性化特征"；另一方面，制服将公民和军人区分开来，这意味着军人是一种"专业的暴力手段提供者"。军事职业化始于17世纪时第一批军事学院以及受过良好训练的军官的出现，在19世纪末20世纪初发展到极致。从现代社会开始，军事活动都是由特定的专业人员来完成的，他们接受长期的制度化训练，脱离于社会的其他部分，有一套基于技能和经验的固定的晋升机制，遵循抽象规则的一贯制，服从于不近人情的等级秩序，这是一种个人权威取决于其所处位置的等级制度，而与生产资料所有制无关，彼此之间的职务关系受到技术化的成文规则的约束管理。换言之，现代军队是韦伯式官僚政治的一个缩影。

一旦累积的强制官僚化进程完全成形，那些没有迅速适应这种变化的军队和国家就会输掉战争，并付出昂贵的生命作为代价。例如在美国内战期间，南部联邦军队于1862年对马尔文丘陵以及1863年对盖茨堡发动的攻击，都以一场屠杀告终，因为他们的正面突袭部队遭遇了北部联盟装备米涅式来复枪的大规模部队。在马尔文丘陵，李将军在两小时内损失了5000名士兵；而在盖茨堡，皮克特将军在不到一小时就损失了7500人。类似的情况还发生在克里米亚战争中，俄国将军缅什科夫在因克尔曼对装备来复枪的英国步兵发动了攻击，在一天之内损失了12000名士兵（赫斯特，2001：28；赫尔维格等，2003：415）。此后，武器得到了进一步发展，例如，后膛加农炮与机枪的发明与大规模生产、无烟高爆炸药的发明（立德炸药、柯达无烟炸药、麦宁炸药），这些武器会迅速致燃，将全部武器的波及范围扩大到前所未有的程度，战场会变得异常惨烈致命（霍华德，1976：103）。机枪也是新工业时代的一个强有力的象征——一种大规模制造的高效的、为大屠杀而创造的工业化武器。机枪典型的现代性受到其疏离性和非人道特征的强化：这是一种远距离射杀的武器，在一个看不见的无名士兵操控下向无数同样无名的士兵开火。这种武器是机器对抗个人时结构性不平等的典型代表，因为一名士兵可以杀死数千名士兵。其焦点在于工业化效率，死亡的数量超越了战斗的质量。机枪的出现破坏了传统军事的公平原则、对战友的感同身受、战场英雄主义，以及类似决斗一般面对面对抗的前现代战斗特征。它是对其逻辑结论所采取的工具和理性的完美象征，一种最适用于克劳塞维茨绝对战争理论的工具，一种完全绝缘于战争的感情和价值理性特征的武器。机枪是强制官僚化在现代时期的真正化身。

与传统时期不同，现代社会的秩序将战争和其他形式的集体暴力截然分开，伤害或者谋杀公民同胞的行为是一种残暴的、应受到严厉惩罚的罪行，然而，一个士兵在战争时期屠杀人数众多的敌军士兵却是英雄气概的象征。经年累月的强制官僚化是一个历史性进程，最终导致了暴力的外在形式和内在形式清晰的制度性分离。在前现代时期，政治实体尽管在名义上拥有对于大面积国土的统治权力，但其组织性力量拥有的控制能力却十分有限，随着基础性力量的增强，现代国家几乎可以将管辖范围延伸到每一寸领土。结果便是，对于传统统治者来说，将农民叛乱、盗贼行窃、海盗横行、掠夺行为、地方暴乱与不同贵族、自由城市发动的军事挑衅或全面战争进行明确区分，既无任何意义，又无任何切实可行的组织方式。与之相反，现代民族国家已经近乎普遍地垄断了合法使用暴力的权力，实现对领土完全的监控和管辖，因此也能够清晰地界定何为对外暴力和对内暴力。正如吉登斯（1985：188）所指出的，通过这种方式，"在维系统治的过程中，国家将其制裁能力从动用暴力转变为普遍行使行政权"，借此稳定国内政治局面、平息社会冲突。但是，通过将除了被国家合法化之外的其他所有形式的暴力都进行犯罪化而实现的国内安定，也意味着民族国家在边境上的暴力外化。换言之，尽管通说认为，相较于"黑暗时代"，现代社会的暴力性在减弱，可事实上，现代性在结构上比此前的任何时代都更为集中地体现了更强的暴力特征。但是，这些暴力中的绝大多数都是对外的，而非对内的：主要是战争和征服，而非杀人犯罪或者反政府暴乱。正如温默尔和米恩（2006）通过对过去两个世纪中发生的484场战争进行量化分析后得出的实证性论证，大多数现代战争由政体的制度性变革所致——或是通过19世纪较小的政治实体被并入帝国之中，或是通过20世纪全世界范围内民族国家的建立和扩张。由于现代战争与国家建设的竞争事业有关，大多数暴力都注定会在国家的边境之外持续发生。因此，暴力并没有随着现代秩序的进步而消亡，而是转变为对外的定向暴力。人类作为政治性和社会性的存在，很容易发生互相之间的矛盾冲突，当人们的行动被一个强有力的民族国家进行制度性限制，并同时将其引向边疆时，人们必定会适应这些可供选择的制度性出路，暴力便会体现于别处。现代民族国家并没有消除暴力，它只是促使暴力向外化的方向转型。

官僚制度的强制同时也意味着理性的增多和感性的消减。柯林斯（1974）认为，现代社会中的大多数集体暴力都体现为一种麻木不仁的形式——残酷而没有感情。在传统社会中，折磨与肉刑被用于确立并强化个人和团体在社会等级中的位置，彰显了一方在对抗另一方时的控制力和社会地位，而这也不可避免地让事件中的双方产生一些情感交集以及某种程度的共情（empathy），与之不同的是，现代社会中的暴力体现出更强烈的非个性化。一个人之所以遭受暴力，是因为他或她的行动成了实现某一特定目标的障碍。现代军队的正式化与去人格化，为最大限度的麻木不仁创造了条件：按规定委派任务和赋予责任、官僚制中等级化与分段化的组织结构、对于受害人的情感隔绝，所有这些创造出了一种冷酷无情的极致状态。正如柯林斯（1974：433）所说："官僚化的暴力是传统世袭社会中仪式性暴力在心理学层面的对立物；无论造成的结果多么痛苦和令人恐惧，也只是总方针政策在运行中的附带产物。"在官僚化的世界中，暴力只不过是达到目的的一种理性的（或者说在既定条件下最理性的）手段。随着现代战争越来越依托于远程控制技术（例如，高空轰炸、毒气室、远距离导弹的使用），暴力被非人格化了，人与人的联系越发疏离，使得人类的残忍冷酷肆虐蔓延。但是，我们应当牢记，官僚压迫化特别是战争在形成过程中包括了两个不同层次：在机构层面上的客观理性化，以及施暴者个体的主观理性化（马丁，2005）。这两个过程毫无疑问是相互关联的，并给彼此带来直接的影响，因为个体人类活动的主观规制最终需要现代国家机构的理性化，反之亦然。尽管本章到目前为止，仅在制度层面讨论了经年累月的强制官僚化，但我们也有必要分析问题的另一方面——主观认知、理念、价值与实践在战争和暴力语境中的变化。换言之，最重要的是，探究暴力的意识形态化过程。

四 强制的离心式意识形态化

可以被用来反对"人类天生有战争和暴力倾向"这种观点的最简单、最有说服力的主张在于如下事实,即绝大多数的暴力行动都需要复杂曲折的集体动员过程。正如安德烈斯基(1968:187)所指出的:"每一个好战的政治实体(意指所有政治形态中具有压倒性优势的大多数)都存在着精细的社会统筹,其利用人们的虚荣心、惧怕被蔑视、性的欲望、为人子女的孝心和兄弟友爱、对团体的忠诚以及其他情感来激发战斗热情。似乎有理由认为,如果人类存在着发动战争的内在倾向,那么这种刺激将变得毫无必要。如果人类被赐予了发动战争的内在倾向,就没有必要向他们灌输好战的美德,然而,在过往和当下社会都会耗费如此之长的时间进行思想灌输,仅仅这个事实就表明,人类并不拥有战争的本能。"

如果缺乏动机作为先决条件,个人和团体都不可能参与集体暴力行动,但除此之外,另一个先决条件具有更为重要的意义,即几乎所有的暴力行为都要求具备正当性。在绝大多数社会中,杀死其他人类都违背道德世界的公序良俗,从而需要一套强有力的、具备可信性的社会机制来为其正当性进行辩护。然而,正如笔者在前文所讨论的那样,前现代世界在原始意识形态中找到了这套正当化机制,它们存在于宗教信条、神话故事或者帝国理想之中,而现代社会则创造了更为强有力的社会认同机制——现世的和世俗化的意识形态。正如笔者在序言中所阐释的,意识形态在这里应当被广义地理解为一种普遍的社会过程,借此,个人和集体能够清晰地表达出他们的信仰、价值、观念和行动。由于意识形态的内容在大多数情况下超出了人类的经验范围,因而当它勾勒出集体权威的恢宏愿景时,不仅非常困难而且甚至是无法被证明的。意识形态能够有效地调动社会行为并使之合法化,因为它们能够有效地诉诸更高层次的道德规范、集体利益和情感,或者高深的知识。一方面随着启蒙运动、浪漫主义以及其他知识分子运动和社会运动的推进,另一方面随着法国和美国的革命以及拿破仑战争动摇了欧洲宗教权威的根基,新的世俗信条获得了不断生长的空间。根植于宗教基础的统治者的神圣起源说日渐败落,宗教自身的制度性及教义性根基也在动摇。由于宗教现今必须和已经拥有广泛群众基础的其他价值体系竞争，并要将其教义和实践合法化，因而其不得不在新的意识形态语境下重述其教义，以顺应世俗化的必然趋势。新近的后启蒙时期以及后革命时期创造出了一种让富含新教义的意识形态发展壮大的崭新环境，这些新的教义信条表达了市民的信念与心声：从雅各宾主义、约瑟夫主义、重商主义（Josephism）、詹森主义（Jansenism）、自由主义到保守主义以及许多其他的意识形态。发生在大众层面的核心意识形态转变在于，这是历史上第一次国家的权威不再被认为是王朝统治者的财产，其合法性存在的前提是国家必须投身于一些抽象理念的实现，诸如自由、正义、平等、友爱或是家国情怀。一旦农民和城市贫民认为自己与曾经的社会高层——主教、贵族和资产阶级——具有同等的道德价值，意识形态的时代便真正降临了。在这种语境下，笔者引入了离心式的（大规模）意识形态化的概念，意指一种在更为广阔的范围内传播的意识形态话语，它从特定社会组织（例如国家、社会运动、宗教机构、军队等）的中心向外辐射，并在民众中引起强烈共鸣。

法国大革命的直接后果是，在18世纪90年代早期显示出极强的意识形态狂热特征，这种狂热源自那些响应《垂危的祖国》所传达的战斗召唤的军官和士兵。高涨的革命热情，坚信为了维护唯一正义的、理性的、道德高尚的国家而对抗黑暗力量，受到鼓舞的成千上万人应征入伍，投身戎马生涯。意识形态的重要性是显而易见的，一个事实的证明就是：士兵会整齐地高唱革命赞歌，在1789—1799年间总共有3000首革命歌曲问世，士兵们身着共和国统一军服，颂扬革命领袖，反对皇权的口号声此起彼伏（泰勒，2003：152）。更为重要的是，军队也十分清楚意识形态承诺的重要性。公共安全委员会在一天之内向士兵们发放了29000份自己的杂志（泰勒，2003：152），而战争部长布绍特鼓励军队阅读每日最激进的政治观点，并利用公款向军队派发报刊，甚至马拉（Marat）和赫伯特（Hebert）的报纸都被送到了东部和北部的守备部队。总之，战争部购买了大约180万份赫伯特的《勒里·杜歇恩（Rere Duchesne）》用于对士兵的教育（弗里斯特，2005：61）。① 此外，随着法国大革命的理念

---

① 美国革命也刺激了新共和国对于社会秩序的观点的传播。例如理查德·普莱斯的著作《论公民自由》卖出了20万本（泰勒，2003：138）。

传遍欧洲，许多士兵也开始产生共鸣，不愿意和革命军继续作战。例如，在荷兰和意大利北部，有许多士兵因为意识形态的原因而迅速地转变了阵营（基根，1994：352）。在另一方面，君主制主义者和教会反革命势力依靠旺代和布列塔尼的农民来与革命军作战。这种意识形态的分歧很快证明了启蒙运动所主张的宽容原则的有限性，因为叛乱最后受到了无情的镇压，在80万名居民中，有1.6万人被杀（汤森德［Townshend］，2005：179）。

漫长且充满邪恶的战争其实是基于不可调和的价值观冲突，在这一背景下，摩尼教意识形态开始滋长，认为战争必须获得胜利，为此牺牲再多生命也在所不惜。这种坚定不移的狂热在圣茹斯特（Saint–Just）发出的消灭一切与共和国对立的事物的号召中，以及在卡诺（Carnot）"战争是一个暴力的状态，一方要么将它推向一个极端，要么回家，我们必须不断地消灭敌人，至死方休"（霍华德，1976：81）的宣言中，都得到了完美说明。这种史无前例的极端主义并不是革命理念的偏差，而是直接来源于过去被认为是绝对真理的意识形态的核心原则。由于启蒙运动的核心目标是建立一个更加美好、更加理性、更加正义的社会，任何与这一目标相对立的事物，都只能被认为是非理性的、非正义的，最终也是邪恶的，而对于邪恶的事物不存在对话或妥协的余地——邪恶必须被消灭。正如鲍曼（1987；1991）所论证的，这是一种决意建立有序整体的渴望。这一理念的核心就是描绘出理想社会的蓝图，并且在完全不考虑人员代价的前提下践行这项完美的设计。革命受到一种信念的驱动，坚信存在一种普遍且唯一的真理，这个真理一经发现，便会通往一条让所有人拥有幸福的道路。在他们看来，启蒙时代的知识分子拥有认知、伦理道德和美学的力量，可以区分科学与迷信、道德和非道德、美好与低俗，并且将自己视作这些基础价值的终极捍卫者。任何阻碍实现对完美社会秩序的壮丽愿景进行理性建构的人，只能被视作障碍而被清除。从这个意义而言，启蒙思想的守护者们就像勤劳的园丁一样，聚精会神地拔除了所有可能毁灭新社会完美图景的"肮脏的杂草"（盖尔纳，1983；鲍曼，1989）。由于现代性对任何含义不明的事物都没有耐心，不断前进的世俗共和国当然也无法容忍旺代省（Vendée）君主制主义者和牧师农民的存在。

随着科学水平的进一步提高以及新的社会学和政治学理论的出现，

意识形态在19世纪后半叶和20世纪初对战争的影响不断增强。尽管从1870年到1914年的这段时期经常被认为是一段长时间的和平时期，但隐藏在表面和平之下的，是欧洲军事势力对其他大陆发动的帝国战争以及国内区域性叛乱的镇压。根据霍尔珀林（Halperin）（2004：120）所做的记录，在这一时期，欧洲国家不仅发动了包括欧洲以外的34场和欧洲境内的12场战争，还参与了极为暴力的国内"阶级斗争"："暴力冲突是欧洲在19世纪和20世纪初工业化扩张进程的一个基础维度：跨国和跨境的战争；种族主义和民族主义；宗教及意识形态的冲突；骚乱、起义、叛乱、革命、暴动、暴力罢工和示威游行；政变、暗杀、野蛮镇压以及恐怖主义，都是1945年以前欧洲社会的特征。"

从J. A. 霍布森对殖民主义的传统解读到沃勒斯坦的世界系统模型，都高度关注帝国政权的经济利益，然而，从很多方面来看，19世纪末的欧洲帝国主义似乎主要是一个政治的、意识形态的、军事上的现象，而非经济现象。正如鲍尔奇（2005：94）所主张并记载的："帝国主义的前进，并不是由于来自伦敦、巴黎、柏林、圣彼得堡乃至华盛顿的经济压力或政治压力，而主要是因为处在边缘的人——其中包括许多士兵——在未接到军令甚至违抗军令的情况下迫切地为帝国开疆扩土。"

越来越多的达尔文主义者在解读社会生活时融合了"文明使命"（mission civilisatrice）这一帝国学说，并使这种阐释方式日益盛行，从而为帝国扩张提供了关键的意识形态黏合剂。这些价值体系都传承了启蒙运动的衣钵：文明使命，归根结底，是将原始的、未开化的原住民的粗野习性，转变为以殖民者为原型的、举止得体的文明人，社会达尔文主义者尤其强调这一过程具有必然性且呈现暴力特征，因为那些无法适应的人逃不过毁灭的宿命。备受追捧的英国社会达尔文主义者本杰明·基德（Benjamin Kidd）的著作《社会进化》（1894：46）被多次再版。在他看来："胜出的社会将逐步消灭其竞争对手；弱者会先于强者而消失；将最低效者置于从属地位或直接排除仍是人类进化的普遍特征。"早期的帝国主义征服不需要解释或者正当性辩护，19世纪后半叶的情况却有所不同，因为殖民活动需要提供意识形态上的合法化依据。对"欧洲殖民者的文化优越性"假设得到广泛认可，并逐渐根深蒂固，因为科学/生物学的论述也确认了这种不平等关系，帝国对于其统治下的劣等从属者肩负有道德义务（由凯普林在《白人的负担》一书中精妙地总结）。帝国的统治被认为是唯一理性和正义的政策，它"在世人眼中为世界上的黑暗之地开启光明……保守派通过支持法律与秩序使帝国的行动合法化，而自由派则认为，这是那些仍然作为学生的人要为最终实现自治进行的准备"（霍华德，1991：26—27）。最为重要的是，帝国主义一直是一项军事计划，因为只有通过战争的手段，帝国才能获胜，领土才能得以扩张进而被捍卫，从这个意义上来讲，"军事美德被视作帝国竞赛的不可或缺的组成部分"（霍华德，1991：63）。

随着兵变、叛乱和战争遍布殖民地，帝国实体被迫改变了方式，从过去的借贸易公司之手进行间接统治，转变为依靠本地雇佣兵支撑的强大军事力量进行直接行政管理。例如，在这一期间不列颠帝国被卷入了印度（1857年印度雇佣兵兵变）、南非（布尔和祖鲁战争）、埃及和加纳的阿散蒂地区的冲突之中。许多叛乱被无情地镇压了，德国在1904—1907年间对赫雷罗族和纳马人（非洲西南部）的大屠杀，被认为是现代社会的第一次由意识形态驱动的种族灭绝行为。

帝国军国主义和地缘政治竞争的成功与失败，也对欧洲本土产生了直接影响。20世纪初见证了作为帝国中坚力量的城市中产阶级以及文化和政治精英已不再对自由和反战主义理念抱有幻想，而是公开支持战争。尽管军国主义在德国有着更为悠久的（普鲁士的）传统，并在更广的范围内得到了中产阶级和知识分子的遵从；英国、法国和其他国家也被灌输了类似的美化战争的理念。德国的作家和将军们例如伯恩哈第、毛奇和戈尔茨或者视战争为一种基督教美德，它带来了高贵的精神、勇气以及自我牺牲精神，或者将战争作为国家处理事务的工具；英国的知识分子们，例如基德、洛和皮尔森等人，认为战争是国家取得进步的前提性条件，因此具有正当性、必要性及必然性。正如 J. A. 克朗姆所说："战争是国家生命中至高无上的行动，它是前进的动力，是追寻的目标，决定了我们的行动是伟大还是平庸。"（转引自霍华德，1991：75；弗兰奇，2005：83）

但是，需要强调的一点是，军国主义是一种在很大程度上与某些社会团体和阶层有关，而不是与所有人有关的现象。正如曼（1933）所说，由于在1914年以前，欧洲绝大多数国家的农民阶级和手工业者都没有获得完整的市民权，所以并不像中产阶级、知识分子或政府官员那样认为国家是"他们的"，对于战争荣耀的增加，或者漠不关心，或者消极反对。这种情况在欧洲大陆东部表现得更为严重，在那里，不享有公民权的农民阶级在数量上居多，而且中产阶级的规模也很小，在政治上无足轻重。相反，基于欧洲西部的政治和军事成就，国家的野心家、文化精英以及大部分的中产阶级为整个世界赋予了严格的地缘政治概念，对自己的民族国家产生了强烈的认同感。换言之，尽管作为非常强有力的全新意识形态，民族主义特别是激进的强硬的民族主义，仍然仅限于在欧洲的少数人口中得以传播。然而，随着宣传民族主义思想的核心制度性机制，例如，国家的行政、教育机构、出版社和大众传媒，都主要掌握在军国主义者手中，对民族国家的崇敬成了基本社会价值观，民族国家是个人牺牲自我为之奉献的神圣存在。欧洲超过40年的对社会阶级的研究、对英雄主义和勇敢刚毅的崇拜，以及对战争恐惧的缺失，所有这些共同形成了一种意识：国家是神圣、永恒的存在，其荣耀和威望不容置疑，若国难当头，必将英勇奋斗，以生命捍卫。这种观点也被许多政治领袖在最大程度上采用，用以引导政治提案；正如斯通（Stone）（1983）所展示的，外交或者私人的"高层政治"通讯文件关注的，全部是国家声望、国家策略和国家地位这些话题。

在20世纪早期，随着德意志第二帝国的建立和扩张，欧洲地缘政治的平衡发生了剧烈改变，新德意志帝国作为最富有活力的经济体迅速赶上了英国，欧洲军事力量之间的紧张不安、彼此恐惧以及愿望的冲突越发凸显，战争如箭在弦。第一次世界大战爆发的一部分原因，源于客观上的地缘政治、军事和意识形态差异，另一部分则是由于各国将对方的真实意图进行主观臆断所导致。如同所有的大型历史事件一样，它是许多偶然因素及其引起的连锁反应的结果。德国与英国之间有着明显的差异，前者是在军国主义王朝统治之下，由处在农业社会顶层的拥有大量土地的贵族（容克地主）所主宰的专制国家；而后者在经济和政治上得以自由发展，实现了工业化和城市化，并最终依赖其制海权和自由贸易成为世界财富的中心和最强大的帝国。而深陷种族冲突、专制主义和贫困漩涡的半封建奥匈帝国，高度保守且欠发达的俄国，经济和霸权地位衰退、被小佃农阻碍改革进程的法国，对于这些国家而言，战争意味着那场终将到来的社会转型的姗姗来迟。

尽管每个人都期待一场疾风暴雨且胜负分明的冲突，然而，结果却是一场旷日持久、局势不明的战争，一场欧洲历史上最为惨烈血腥的战争。虽然德国军队有着快速的调动能力以及现代先进科技的支持，但事实是，在战争的前两年，法国在付出巨大损失后守住了阵地，这也意味着冲突退化为伤亡率极高、军事胜利极少的恐怖消耗战。尽管普通的士兵很快不再对战争抱有幻想，常常对敌方战壕内的士兵感同身受，想方设法避免直接射杀彼此（阿什沃斯，1968；1980），但是军事组织确保了杀伤率的居高不下。[1] 军队动员的规模达到了史无前例的程度，德国和法国在1914年有400万名士兵，其中200万名法军和170万名德军士兵在西线战场相互厮杀（霍华德，2002：20）。此外，奥匈帝国有130万名士兵可供使用，而俄国动员了340万人。由于英国直到1916年才推行征兵制度，因此起初它只能依靠志愿兵。基奇纳勋爵的游说成功地征募了250万名志愿兵（赫尔维格等，2003：484）。由于数量庞大的人员被派往前线，社会剩余部分则有必要为了满足战争需求进行类似的重组和动员过程。武器装备的大规模生产和军事补给，需要大量的工厂和劳动力、持续不断的技术革新以及高效的大规模运输，而这都有赖于工业化的生产设备。这方面也包括了对大众传播系统、大规模宣传以及能够使复杂而庞大的社会系统协调运转的集权组织的依赖。

第一次世界大战是一场工业化的战争，但它也是第一次需要并包含全社会范围内为战争进行大规模动员的全面战争。这是第一次依靠最先进的组织、技术和意识形态工具，通过打破战士与平民之间、在前线作战者与后方支持者之间的界限，并最终破除公众和私人领域之间的界线来联合军队和市民的大规模暴力冲突。不论个人意愿如何，同仇敌忾地为战争贡献一己之力，成为社会全体成员的核心目标。国家的权力急剧扩张，接管了对于经济、政治和社会生活的控制权，从而遏制了资本和劳动力之间的斗争。国家描绘了一幅意识形态图景，由一个统一的、跨阶级的、跨性别的、跨年龄的精诚团结的国家，对抗一个残暴的敌人。作为一场起初为了达到力量平衡而发起的地缘政治冲突，后来转变为一种事关人类灵魂存续的意识形态斗争。当英国和法国媒体把德国描绘成无情而野蛮、妄图摧毁其他先进文明的军国主义国家的时候，德国的官

---

[1] 阿什沃斯（1968：411）指出：" '自己活，也让别人活下去'的原则是一个非正式的集体约定，这一约定产生于敌对双方军队的前线士兵之间，并将进攻行动抑制到一个中性的可容忍的程度。这种理解是隐秘而心照不宣的；它不以话语的形式呈现，而通过一种作为或不作为的方式被表达出来。这种规范也被制裁体系所支持。"

宣机构则把这场战争描绘成"既是为了对抗斯拉夫野蛮行为的独特文化（Kultur）而战；又为了抵抗轻浮、衰落的法国文明以及英国盎格鲁—撒克逊店主老板的物质主义"（霍华德，2002：40）。随着战事的逐步升级以及人员伤亡增至前所未有的水平，意识形态的冲突愈演愈烈。庞大的死亡人数使人们感到，其对这种牺牲负有道德上的责任，这种牺牲只能通过战争的终极胜利而得以救赎，因此，没有胜利的和平将会使这种牺牲变得毫无意义。战争加剧了正在进行的离心式意识形态化，对于大多数人而言，民族主义现在已经成为占据主导地位的推论框架。战争的规模和强度造成了对阵亡士兵的膜拜，它将在战场上的死亡作为一种关于勇气和国家重要性的公共事件以及"他们复活的序曲"而进行浪漫化和荣誉化；相对地，它认为平庸的、怯懦的、世俗的、私人性质的死亡毫无意义。军事公墓成为朝圣之旅的目的地，因为纪念战死者的目的在于，"使固有的苦涩的过去（和现在）变得可以接受，它之所以重要，不仅仅是为了让世人的心灵得以慰藉，而主要是表明国家的正当化，被纪念的士兵曾为国家之名而战"（莫斯，1991：7）。战争最终以1300万人死亡和超过2000万人受伤而结束（赫尔维格等，2003：511）。长达4年的恐怖的毁灭性战争，不仅没有为其发生的原因找到解决的方案，相反，它的结果造成了新的结构性问题，并最终导致了另一场全面战争的爆发。

　　第二次世界大战是到目前为止世界上发生过的规模最大、最暴力的军事冲突，导致了5500万人死亡（奥弗里［Overy］，2005：138）。它依靠国家高度发达的基础结构力量，这种力量足以渗透至社会的各个阶层，并能够以一种前所未有的程度和速度动员整个社会参战。正如奥弗里（2005：154）所记录的："主要的参战国动员了它们工业力量的一半到三分之二，并将国民产值的四分之三投入到战争之中。"造成战争爆发的一个原因是科学和技术的激烈竞争，这极速推动了科学探索的进程，促进了新技术在武器制造中的大规模运用，并最终影响到公民生活的其他领域。这是一场巨大的宏观层面的冲突，这种冲突需要强大复杂的社会组织协调，并整合社会和国家的不同部门，构成一个运转平顺的军事机器。为了动员和控制所有的人和资源，国家制定了高度强制的军事指挥计划。最重要的是，这场战争是永不妥协的意识形态工程，它使得科学种族主义、法西斯主义与自由多头政治相互斗争。纳粹德国和它的盟友致力于创造一个存续千年的德意志帝国，其中雅利安人处于统治地位，斯拉夫人被奴役，而犹太人和许多其他种族则被消灭；苏联的雄心则是展示工人阶级的先进性，最终在全球范围内带来资本主义的崩塌，并掀起共产主义革命浪潮。由英国、美国所领导，包括法兰西帝国的残余在内的少数西方多头政治国家，则主要希望实现贸易自由化以及自由主义原则的稳健扩张，因而倾向于和平的国际环境并且不愿意参战，这一点从20世纪30年代的绥靖政策以及40年代早期的所谓"假战争"（phoney war）中可以看出。然而，一旦暴力被释放出来，双方就会变得锋芒毕露、毫不留情。

人类在第一次世界大战中的暴行已是超乎寻常（许多禁忌被打破，例如，故意将民商用物作为摧毁目标（如商船等）），而在第二次世界大战中已几乎全无禁忌可言。整个城市遭遇地毯式轰炸，对被认定为敌方的军事和平民目标，不会显著区别对待。然而，二战所遗留的最为惨痛的记忆烙印是德国对其他族群施加的系统化种族灭绝政策，其中包括犹太人、斯拉夫人、吉卜赛人、同性恋者和残疾人。区别种族灭绝与传统大屠杀或者大规模杀戮之处在于前者在意识形态层面及组织方式的现代性特征。在这一过程中，现代国家垄断暴力以践行一个特定的理想社会蓝图，而具体到纳粹德国个案中，其所描绘的蓝图是一个无论是种族、身体还是性取向方面的纯净理想社会。这一"最终解决方案"的推进速度、效率践行和管理方式根植于先进的劳动力分配、等级化的任务分派以及工具理性——无一不是现代社会组织的标志性特征。正如鲍曼（1989：8）所说，这场针对犹太人的大屠杀在刻板的官僚化流程中运作推进，其间，纪律成了道德责任的替代品，集中营的运行和现代工厂体系的运作原则并无二致："那里制造的不再是产品，人类本身成了原料，最终的成品则是死亡，其日产量还被仔细标注于管理者的生产图表中。烟囱——现代工厂的标志——排放出人体被焚烧后产生的刺鼻的滚滚浓烟。在精巧完美的组织之下运转的现代欧洲铁路网，又为这些工厂输送了一种新的原料。"

复杂组织机构的向心力在战争初始阶段显露无遗，那时德国的闪电战在某些方面就是在重复拿破仑的策略，即行动迅速和高效协调，集排山倒海之力发起猛攻，通过摧毁对方的社会组织来挫败其士气。通过将装甲部队、空军、步兵大规模迅速调度与完美无缺的无线电通信结合起来，德国军队得以征服了欧洲大陆的大片土地。德国的空军上将米尔希揭示了闪电战的秘密："真正的奥妙在于速度，通过快速通讯实现快速攻击。"（韦尔什曼［Welchman］，1982：20）新技术的发明例如体积更小、质量更高的无线电通讯设备，以及新一代武器，包括大型坦克、大口径移动火炮、厘米级雷达和快速单翼战斗机，还有预先包装的批量生产的食品，所有这一切都改变了战争的面貌。战时军备竞赛最终带来了精巧非凡的技术突破，例如喷气式火箭、复杂武器系统和核武器的诞生。

不过，需要指出的是，尽管德国在战争开始时在组织力上更具优势，但其经济基础比对手脆弱得多。例如，同盟国拥有"至少两倍于轴心国的制造能力、三倍的'战争潜能'以及轴心国三倍的国家收入，这还是在将法国的份额归于德国的情况下得出的"（戈德史密斯［Goldsmith］，1946；霍尔珀林，2004：225）。随着战争的进行，这种结构上的弱点变得更为明显，德国的军事工业开始变得急剧滞后。到1942年，同盟国生产出了两倍于对手的钢铁、四倍于对手的飞机坦克以及七倍于对手的机枪和火炮（赫尔维格等，2003：512）。在同一时期，战线的过度拉长、在东线战场的重大损失以及恶劣的气候环境，迫使德国在1943年恢复了早期战争所使用的传统技术，包括对战马的严重依赖："在1942年德国工业只为八百万人的军队仅生产了59000辆卡车，但是在同一年，有400000匹马被运往东线战场。"（奥弗里，2005：146）由于德国的战争机器在东线战场被摧毁，因而第二次世界大战的巨大讽刺在于：打败德意志第三帝国的力量，正是那些被纳粹意识形态认为在各个方面都要落后的劣等民族——"东方的斯拉夫部落"。在斯大林格勒、库尔斯克、莫斯科和列宁格勒所发生的大规模的战斗耗尽了德国军队的力量；苏联红军"在1941年到1954年期间，消灭了德国及其盟友的大约607个师。德军坦克三分之二的损失发生在东线战场"（奥弗里，2005：148）。

第二次世界大战的直接结果，是产生了两个在意识形态上相互对立的超级大国，它们在接下来的45年里试图统治全世界。但是，对这两个超级大国在历史上的迅速崛起至为重要的是，它们为了获得第二次世界大战的胜利所构建的军事机器。美国在两次世界大战中都远离危险，这使得它的城市免于毁灭，而对美国经济的战争动员又使其工业产量显著增加，以至于美国的人均生活标准提升了75%（奥弗里，2005：156）。这场战争的经历不仅促使美国融入了世界经济，也迫使其军队完成转型、扩张并实现现代化；到1944年，美国军队成世界上现代化程度最高的军队。另一方面，尽管遭受了巨大的人员伤亡和城乡区域的大规模破坏，苏联成功地迅速恢复了实力。通过使其经济以及社会生活的大多数领域军工化，苏联展示了现代社会组织与现代战争动员之间的成功结合究竟可以走多远。两次世界大战的硝烟散去之后，现代国家的组织和意识形态力量得到了进一步增长。

五 介于意识形态和社会组织之间的战争与暴力

尽管绝大多数前现代的政治实体从军事力量中获得政治权力，这种政治权力偶尔也会得到原始意识形态的许可，现代社会在这一点上则有别于之前的社会形式，它既能够将其强制力施加到领土的每一个角落，也能够利用意识形态手段进行动员，使自身权力合法化。传统统治者不具备控制广阔领土的组织手段，因而必须依靠当地贵族的支持，与之相反，现代民族国家是官僚化的机器，能够在其疆界内垄断所有必备的暴力手段为己所用。类似地，前现代的统治者统治着来自不同阶层、文化背景多样的、未受过教育且缺乏普遍平等意识的农民；而现代民族国家则是从一个被普遍接受的信念中获得合法性，这个信念认为国家的所有居民都是一个民族的成员，这个民族首先是平等的，并且尤为关键的是，在文化上是同质的。这种从前现代到现代的统治方式的历史性转变，在很大程度上归功于本章中探讨的两个进程——经年累月的强制官僚化及离心式的意识形态化。正如笔者在本章和此前的章节中试图展示的那样，这两个进程的出现具有历史偶然性，其出现是一个渐进且缓慢的过程，但是一旦播下意识形态和组织机构的种子，它们就以指数级的速度成长，并创造出在基础结构、意识形态以及强制力方面都非常强大的现代民族国家。由于在国内垄断暴力并且增强意识形态的一致性，使国家得以发展和壮大，从而促使绝大多数现代人有一种感受，即现代时期的暴力程度不像历史上的其他时期那样高。随着民族国家的边界成为独特的、内部和平社会的边界线，任何将其与前现代世界进行的比较似乎必定得出日常暴力明显减少这一结论。毕竟，我们不会在城镇的广场上把异端分子钉在十字架上，不会把人的身体绑在车轮上，也不会对活生生的人施以烹刑。但是我们应当意识到，暴力并没有随着国内的和平而消除，只是转变了形式——主要通过外化的方式转变为战争。现代时期的诞生见证了对外集体暴力的肆虐蔓延——从法国和美国革命引起的剧变、拿破仑战争和殖民地屠杀到20世纪的两次全面战争。

在这一发展过程中有一个十分明显的事实：在19世纪和20世纪战争中出现的大规模牺牲并没有削弱现代民族国家的社会凝聚力。相反，巨大的死亡人数大幅提升了国内的社会凝聚力，而这一过程根植于牢固的意识形态基础——民族主义（详见第六章）。全体国民达成一个共识，即"我们的"民族在道德上和意识形态上是绝对正确的，"我们的"行动是具有普遍正当性的，这种共同的观念与现代社会组织的力量结合起来，就能把数百万人投入到战争机器之中，进而为这种存在论上的不和谐的出现创造环境。

现代观点认为，所有人都具有平等的道德价值，人的生命是宝贵的。为了将这种观点与每日的大规模杀戮行为加以协调，一个人必须对他或她的敌人的人格予以否定。在前现代世界中，并不存在否定敌人人格的结构上的必要性：不仅是因为当时的社会具有高度等级化特征，每个人都深知自己的地位，农民在面对贵族或者城镇居民时被认为是劣等物种，他们也自认低人一等；另外也因为绝大多数战争发生在武士贵族之间，他们按照一定的仪式性程序行事，始终保持对彼此的尊重。因此，通过宣称普遍的平等，现代时期也开启了难以想象的残暴之门，因为随着战争的时间被越拖越久，会为将敌人非人格化创造条件。通过这种方式，名义上的普遍平等在战争时期被证明是一个主要缺陷，因为为了使敌人的行为非法化，人们只能宣称他或她没有资格成为人类的一员。换言之，大规模的杀戮在发生之前，有必要克服一些由根深蒂固的价值所带来的阻碍，这些价值通过珍惜人类生命的首次社会化和二次社会化的长期过程被不断灌输。为了成功地做到这一点，民族国家和个人自身不得不把他们的敌人描绘并理解成对人类道德准则毫不尊重的怪兽和动物，其行为证明了内在的反人性。为了将他们从普世的道德准则中排除，纳粹政府不得不自相矛盾地既把犹太人描绘成低于人类的人种，又认为其拥有人类能力不可及的力量。为了使在德国社会中这一政治上无关轻重、很大程度上是隐形的小规模群体，从表面看就具有危险性、威胁性，并呈现很高的可辨识度，有必要用不同的概念去定义犹太人，在将他们形容为动物（寄生虫、害虫等）的同时，又将其描绘成精明巧妙的阴谋家，能够密谋夺取整个世界。大部分犹太人如此同化且融合于德国社会的事实，被用作他们拥有（超过人类和低于人类的）狡猾、精明和非人类天性的证明。类似地，20世纪初期的种族灭绝行动之一，1915年那场对亚美尼亚人的大屠杀，其精心策划者和实施者并不是一个专制、落后、腐朽的帝国，而是现代化的、世俗的土耳其青年西化运动，这场运动致力于创造一个现代化的、文化同质的民族国家。为了实现这一意识形态蓝图，他们只能将传统的亚美尼亚农民描述为威胁现代土耳其国家生存的阴险的"第五纵队"。同样地，他们也被同时认为是低于人类和超越人类的。

种族灭绝是现代时期的一个现象，这并不是历史的巧合，因为任何试图依据文化差异而毁灭整个民族的做法，都需要现代社会组织和现代意识形态的同时存在。尽管同时代的人倾向于认为，与其历史上的祖先相比，他们的生活受到了更少的外部束缚并在实质上更为自由，但现代国家组织机构和意识形态力量的普遍增长则做出了相反的印证。

任何社会组织的核心原则均在于等级制度。如果施令者和受令者不够明确，或者拒不服从的行为不受惩戒，那么官僚制将陷入瘫痪。一个官僚化的等级制度是以支配和服从关系的存在为前提的，因此，自动地执行命令就意味着外界强制以及服从意愿的存在。换言之，在前现代世界的等级关系中，一个人臣服于一个国王或专制君主，而现在这种关系已经被另一种更为高效的服从形式所替代——通过组织霸权而形成的制度性服从。由于等级制度现在被认为具有正当性（这也是现代社会意识形态力量增强的进一步表现），并且服从是基于制度化的规章制度而不是优柔寡断的个人意志，它便获得了更强的结构效力。但是官僚等级制比世袭统治系统更加合法且高效的事实，既没有使治理过程更令人愉悦，也没有减弱其结果的暴力性。相反，恰好是因为现代官僚机器获得了近乎普世的认同，组织结构强大且运转高效，其制造大规模系统性杀戮的可能性也随之增加。现代官僚体制不仅更擅长于得到大批民众的服从，也更擅长在微观层面打破群体内部团结的纽带，因为制度上的职责区分消解了共同的道德世界，并将社会机构隐形化了，"艾西曼综合征"（Eichmann syndrome）就是在这个意义上被提出来的。在这种情况下，个人的道德责任感随着官僚化的不断深入而被消除，而对命令的严格服从只在拥有先进社会组织的现代时期才成为可能，行政管理机构的工具理性因而将道德转化成了制度效率。

类似地，军事官僚机器如同一间现代化工厂，执行着相同的效率和生产力的原则，并且依照这些原则接受相应的评价。卡普托（Caputo）（1977：160）以越南战争为例很好地诠释了这一点："在越战中，衡量一个作战单位表现优劣的方式，既不是前进的距离，也不是胜仗的数量，而是被杀的敌军士兵人数（以尸体计数）以及敌我双方死亡人数的比例（战损比）。"因此，如果被杀死的越共的人数显著地超过阵亡美军士兵的数量，会在组织合理性层面被评价为一场绝对的军事胜利。在战争时期，这种工具理性嵌入了价值理性之中，这就是意识形态，因为一个处于全面战争状态下的社会有一个首要目标以及与这个目标相关的价值——一个普遍认可的终极目标——取得战争的胜利。在和平时代，不存在普世的终极目标，因为社会和个人都追求各自的目的；而在战争时期，价值和利益将组织和意识形态的力量传递到战争前线：整个社会的行动受到了单一目标的约束。在现代战场上的大规模杀戮，种族灭绝政策带来的大规模毁灭效率，以及20世纪战争中前所未有的战损比，都表明了在谈及成功的大规模杀戮时，现代民族国家在历史上没有旗鼓相当的对手。其他任何政治实体都不可能像民族国家一样，将如此强大的组织手段操纵于股掌之间，用以强制个体去追求单一的军事目标，同时还依赖最精巧的机制运作，在意识形态层面实现军事目标的合法化。

六　结论

某种东西深远地影响了现代性与战争和暴力的关系。尽管我们的时代名义上蔑视对于任何暴力的使用，这一点有别于曾经的所有社会形态，但是我们的时代带来的血腥杀戮和无情毁灭，却超过此前所有历史时期的总和。这不是说现代的个人比他们前现代的祖先更为暴力，相反，这恰恰是因为现代的人类不能容忍个人的暴力行为，因此他们诉诸一个外部的有强制力的裁决者——民族国家。我们将个体或集体的暴力使用权利让渡于这个垄断性社会组织，用以换取长治久安，而正是这一事实导致了这样的情况，即这个组织逐渐积聚了更多的强制力，这种力量能够（也已经）被用来对抗我们自己和其他人类。换言之，大型社会组织，例如国家，同时成为个人自由的王国与集体监禁的场所：为了使自己脱离国内的强盗行径和个人谋杀的危险，我们要么亲自成为国家赞助的杀手

（在战争中应征入伍），要么直接或间接地为这种杀戮做出正当化的辩护（通过意识形态的合法化）。因此，在试图避免这种永久性的存在论不协调的过程中，现代人类发现自身始终处于一种矛盾的状态之中，而正是人类自己强化了这种不协调的根源：意识形态和社会组织。为了使被意识形态包裹的社会组织造成的杀戮和毁灭行为非法化，现代人类进一步求助于意识形态，并需要其他组织的行动。虽然它们都是人类活动的产物，并且可以通过人类的活动被改变甚至是被消除，但是社会组织和意识形态仍然拥有压倒性力量，其原因在于一旦它们开始运转，就几乎无法打破这种恶性循环。

尽管造成这种制度陷阱的历史原因可以追溯至美索不达米亚和埃及时期，这种经年累月的强制官僚化和离心式的意识形态化在欧洲逐渐发展成熟并达到很高的可识别度。为了理解其原因所在，首先要探究战争和暴力在其他大陆的社会发展过程中究竟发挥了怎样的作用。

第五章 战争社会地理学

一 引言

欧洲国家在过去几个世纪中经济的迅速崛起,以及在19世纪和20世纪近乎全球范围内的政治霸权地位,经常被称为"欧洲奇迹"(琼斯,1987)。尽管历史社会学家们总体上达成共识,欧洲经历长期的落后而逆袭,突然遥遥领先于亚洲和其他大陆,但这种变化究竟何时发生、如何发生以及为何发生,专家们的观点则莫衷一是。概言之,对于这一问题有两种截然相反的观点,为表述简洁,可以命名为"欧洲主义"和"非欧洲主义"。欧洲主义者(霍尔,1985;曼,1986;琼斯,1987;盖尔纳,1988a)认为,向现代迈进的根本性突破发生在前工业时代的西欧,其根源在于欧洲大陆独特的地理环境、人口结构、生态环境和地缘政治环境。相反,非欧洲主义者(彭慕兰[Pomeranz],2000;戈德斯通,2002;霍布森,2004;达尔文[Darwin],2008)认为,这种崛起出现得晚得多(19世纪),且其主要与工业革命的兴起、在英国偶然发现的丰富且廉价的煤矿储量以及从新大陆殖民地获得了必要的资源有关。欧洲主义者强调这种转型的内在根源——相对独特的国家竞争的多极化系统,这种系统促进了市民社会的成长,并因此限制了专制君主的权力。相反,非欧洲主义者认为外部因素更重要,例如欧洲帝国主义和殖民主义的剥削特性。

在这场辩论中十分有趣的一点是,对于战争和军事力量在欧洲霸权崛起的过程中发挥的作用,两种观点的解读截然相反。绝大多数非欧洲主义者通过经济非理性与破坏性视角来解读战争,并从经济霸权地位推导出军事力量强大的结论，一些欧洲主义者（霍尔，1985；1987；曼，1986；1988；2007）则强调地缘政治的自主性，并认为军事竞争是欧洲现代化的推动力量。换言之，对于非欧洲主义者而言，战争不过是征服领土的一种手段，欧洲帝国通过发动战争以获得资本扩张和经济工业化所需的资源；而对欧洲主义者而言，战争同时具有毁灭性和建设性的结果。他们主张尽管在中华帝国、印度和伊斯兰世界，战争是寄生性和高度破坏性的，然而在前现代的欧洲，战争对现代性的诞生发挥了必不可少的积极作用。其论点是，与其他早期文明不同，欧洲的军事竞争在基督教的共同规范的框架之下避免了同归于尽，并同时促进了具有自主性的经济和政治制度的扩张。

本章的总体论证思路和前两章（第三章和第四章）一脉相承，更接近于传统欧洲主义者的主张，即现代性很大程度上归功于欧洲前工业时代的战争所提供的动力。但是，本章观点与欧洲主义者在三个方面有所不同。首先，本章强调在西欧以外，战争也是现代化的催化剂。奥斯曼土耳其帝国、沙皇俄国、日本和美国的崛起都是例证。其次，本章将欧洲主义和非欧洲主义的某些观点结合起来，试图说明在何种制度条件下，战争对社会的后果是毁灭性的抑或是建设性的。最后，本章试图超越"大陆决定论"（continental determinism）和"文化本质论"（cultural essentialism）——这些根深蒂固的"西方"和"东方"观念所通常隐含的内容。在前两章主要对西欧经历进行讨论之后，本章的主旨是将西欧的发展与其他"旧的"和"新的"世界进行对比。

二 旧世界

任何大范围的历史学和地缘政治学的比较都会碰到一个问题，即应当选取何种分析单位。标准的做法是选择下列范畴中的一个：文明、洲、民族、国家、社会或地域。但是所有这些范畴都具有高度可质疑性，会引起歧义和问题。文明的概念隐含了一定程度上有界限的同质性以及地域上的闭合性，而这在实证上是无法对应的，因为文化是高度动态、可延展和重叠的存在，而且无论在空间上还是时间上，都几乎不可能精准地描述一个文明的结束和另一个文明的开始。将"洲"用作分析参数也同样是有问题的，因为这意味着某种形式的地理决定论，即在同一个大洲的居民在某种程度上倾向于具有相同的行动轨迹仅仅因为居住于同一片大陆的事实。类似地，用行政区作为分析单元仅仅是在一个较小的范围内复制了这个问题，因为对行政区的划分意味着其中的居民有着同质性和相似性，而这种区分通常是随意的、可变化的以及暂时性的。最后是民族、国家或者民族国家遇到了这些概念中固有的现代性问题，因此这些概念不适用于前现代时期，因为前现代的政治体显然缺乏文化上的同质性和疆域上的有界性，这些都是现代民族国家的特征。最后，使用社会这个概念也同样存在问题，因为前现代的社会秩序是高度阶层化的，而这些依照等级组织而成的社会阶层并没有在任何社会学意义上构成"社会"这一概念。此外，社会这个概念在现代被用来表述某种仅限于特定民族国家边界内的事物，同样也是有缺陷的，因为它假设了社会同质性的存在，而实际上社会拥有多重纵横交错的关系网。因此，当我们谈到公元前354年的印度和今天的印度时，可能错误地认为它们是一个相同的政治和文化实体，而事实上两者几乎截然不同。把印度当作一个隔绝独立的文明、次大陆、民族国家、行政区域，必然会将一个饱经历史沧桑巨变的地理与社会实体定格在一幅静态的、超历史的图景之中。尽管从整体上避免这种绝对等价的问题确实十分困难，①但是首要目标是避免使用文化和政治的本质主义范畴（例如"西方"和"东方"，"欧洲文明"和"伊斯兰世界"），而应当尝试在特定的时间范畴（例如帝国、城邦）下展开讨论与分析，并使用例如"社会和政治秩序""集体"和"政体"等呈现较少本质主义特征的通用概念。②

进行这种概念上的澄清并不是过分地玩文字游戏，而主要是为了避免将现代的概念和模型投射到对过去的思考当中。对于前工业时代的政治实体而言，很显著的一点是，它们的建构带有浓厚的文明和原初意识形态色彩，如中国明代儒家学说或者奥斯曼土耳其帝国的逊尼派伊斯兰，在这些帝国的居民中，几乎不存在跨阶级或者跨等级的文化统一。正如约翰·A. 霍尔（1985：30）所正确指出的，这些政治实体属于"顶峰政府"（capstone governments），其中位居数量庞大的农民阶级之上的精英

---

① 由于很多学术文献的撰写都是在这种话语体系之下进行的，笔者也只能提及并使用"洲""行政区""国家"这样的概念，但会试图避免暗示本不存在的同质性的本质主义的话语。

② 关于对运用"国家"或"社会"等具体和本质概念的批评，参见比利希（1995）和詹金斯（2002）。

阶层并不能深入地渗透到帝国的社会结构之中。这两个群体之间几乎没有共同点："社会精英们有时甚至不愿理会那些被群众所深信的魔幻的思想糟粕，这种'容忍'（tolerance）是中国和罗马帝国历史的一个重要特点；在其他情况下，例如在拉丁基督教世界和伊斯兰国家中，受过教育的精英的'大'传统和农民及牧民的'小'传统之间，始终存在着非常多的差异。"几乎所有的农业帝国都有一个明显的特点，那就是不存在共同的规范世界，这就是说，不存在单一的"社会""民族"或者"文明"。

（一）中国

尽管数百年来绝大多数的旧世界在制度上都有着相同的"顶峰特征"（capstone features），拉丁基督教世界在 12 世纪末出现的独立政体的多极化系统播下了一颗制度的种子，并为这种政体最终统治世界的其他部分创造了决定性前提。但是，在这个发展过程中不存在绝对必然性，而且通过对 12 世纪进行细致观察会发现许多在经济上和技术上更为领先的政治实体都存在于亚洲，而不是欧洲。中华帝国不仅是水力纺纱机、天文钟、罗盘、火药、十字弓、铁犁、铸铁火炮、独轮手推车和造纸术等发明的诞生地，而且也是城市化的先锋，因为在接近 2000 年的时间里，它拥有比世界上其他任何地方都更多的上万人规模的城市（琼斯 1987：165）。此外，中华帝国具备较早实现工业化飞跃的绝佳前提条件，因为它的科技、生产规模（特别是纺织品）、商业交换规模和信贷的发展"显示出一个前工业社会产业经济的特征，其富有活力的程度至少等同于当代的欧洲"（麦克尼尔，1982：24—62；达尔文，2008：13）。

在蒙古游牧民族的入侵被击退，北部和西部的边境安全得以稳固之后，中国的君主掌控着一个稳定、繁荣、经济实力强大的政治实体，"在14 世纪距离工业化仅有毫发之差"（琼斯，1987：160）。如此繁荣的帝国有实力派遣大型舰队进行航海探索，其航线远至东非、吉达、堪察加半岛。15 世纪早期，在宦官郑和的指挥之下，由 62 艘舰船承载着 37000 名士兵进行了七次探索世界的远航——其时间上早于、规模上大于任何一次欧洲人的探索之旅。中华帝国也是一个强大的军事实体，它由军事力量所创造，并极其依赖军队来抵御西部和北部敌人周期性的入侵。在11 世纪，中华帝国拥有当时世界上规模最庞大的陆军和海军，由将近一百万陆军和配置于数百艘大型舰船上的52000名水兵组成。为了在财政上供给如此数量庞大的陆军和海军，宋朝在11世纪60年代将政府收入的80%都用于军事开销（麦克尼尔，1982：40—42）。

然而，由于军事实力也依赖于社会组织向大量士兵供应食物、服装和武器，帝国政权的最主要弱点是无法征收足够的税收来支付高昂的军费。在前现代的世界，政治实体的基础力量羸弱而不发达，征税只能依靠地方权贵间接地完成。尽管中华帝国确立了精细的官僚制度——有着建立在儒家原则之上的官僚化公务员系统——但这种机构过于复杂、过于严格、过于昂贵，以至于无法为统治者提供一个可靠的税收体制。为了通过严格选拔成为学绅阶层的一员，一个人必须经历多年苦读才能通过难度极高的科举考试。结果，正如霍尔（1988：21）所正确指出的："要形成一个有效的管理阶层，似乎所需要的官员数量永远不够。明朝的第一个皇帝在1371年试图只在政府系统中使用5488名官员，到了16世纪，帝国中一共也大约只有20400名官员。"用曼（1986）的术语来说，尽管拥有广泛的专制权力，中国的皇帝缺乏足以渗透到帝国的乡村领域的基础权力。正如琼斯（1987：208—209）所描述的："皇帝……的个人存在被极大地提升了，但一旦他授权于一个省级官员，并收到了'献礼'之后，这也是他最主要的目的所在。皇帝的角色就是礼拜仪式性的，为精英阶层提供了他们习惯于期待的仪式，并在他们眼里，仪式实现了这种系统的合法化。皇帝的功能是一个代理人。"结果是，皇帝从未成功地控制整个帝国，而长期的财政危机则意味着，在北部和西部边疆面临入侵的关键时期，税收常常被官吏们截留。此外，儒家的原生意识形态对军队极为不信任："士兵和'蛮人'入侵者一样受到轻视和恐惧。"[①] 官吏们对于他们自己军队的长官和生活在帝国边界的"蛮人"的酋长采用了类似的分化和管理政策："通过向军事领导分封物品、头衔和仪式性的地位来安抚他们，这是宋代官员所遵循的秘诀，无论在中国疆界之内还是之外，概莫能外。"（麦克尼尔，1982：35）儒家的原生意识形态对于文（文学文化）和武（军事力量）有着明确的区分，即重文而轻武（赫尔维格等，2003：204）。

[①] 11世纪王安石的表述清楚地表明了官员的这种典型态度："在这片土地上受过教育的人都会视持有武器为耻辱。"（麦克尼尔，1982：40）

此外，大臣与宫廷官员（宦官）之间持续不断的权术阴谋斗争破坏了帝国的稳定性。更为严重的是，这些冲突造成了明朝前所未有的发展倒退以及与外部世界隔绝的自我封锁。1480年，明朝政府决定放弃航海探索并撤销海军建制，拆除天文钟（建造于1090年），抛弃诸如纺纱机、大型船等多种科技发明，全面禁止海上贸易，这些导致了中华帝国倒退回传统的闭关锁国的农耕模式，与欧洲的走向背道而驰，渐行渐远。大臣和宦官之间的权力斗争以及明军主力1428年在安南（越南）的溃败显著地加剧了政策的转变（琼斯，1987：204；霍尔，1988）。尽管这种以内陆为中心的"沿海防御但不进行海战"的政策，也部分地反映了因周期性入侵和帝国无力维持组织大规模军队而导致的地缘政治环境的变化，我们仍然不能明确满族统治者在长城完全建成和西部边境实现安全保障之后仍然延续同样政策的原因。尽管满清时期国家更为安定，经济得以发展，耕地显著增多，并且中华帝国的人口数量在18世纪初期和末期之间迅速增长了3倍（阿兹黑德［Adshead］，1995：253），但帝国仍然保持着对科学和技术发明的保守的敌意态度，并且拒绝发展海军。

对于这种抵制，可以部分地归因于少数的满族精英处于支配的位置，他们在婚姻和居住上都与占据多数的汉族人相隔离。在这个问题上，贡普洛维奇和拉岑霍费尔的征服理论以及罗斯托的"文化金字塔定律"证明是可以适用的，因为作为征服者的满族统治者（总共不到500万人）主要关注的是巩固他们对于数量超过4亿的汉族农民的统治（琼斯，1987；达尔文，2008：131—132）。在这一过程中，主张向权威服从并尊重社会习俗的儒家原生意识形态，① 通过古代官吏制度的建立而日渐精湛，并成功地使存在于满族精英阶层和汉族大众之间的权力不对称合法化。通过在17世纪的军事征服建立统治地位——在这一过程中杀死了两千五百万人，即中国17%的人口（琼斯，1987：36）——清朝的统治者把他们的帝国打造成一个掠夺性的统治体系，对外部世界则漠不关心。结果导致在这片土地上发生的绝大多数战争，都是具有极大破坏性的国民起义、局部战争、侵略和王朝继承人之间无休止的冲突。作为一个对

---

① 正如霍尔（1985：39）所阐述的："（儒家思想）的核心标准是君子，这种社会标准强调一个人的责任，特别是对于家庭的责任，应当通过一种谦恭有礼的方式表达出来……（它）更强调遵从礼节的重要性，从皇帝到整个社会，都相信这可以确立正确的秩序。只有皇帝对待臣民如同父与子一般，和谐才会永存。"

外界毫不关心的帝国,中国缺少欧式的多极化竞争体系,尽管其经济相当稳定并且能够供养庞大数量的人口,这个帝国仍然无法且不愿意向工业国家转型。尽管在一开始就有很高的城镇化水平,在14、15、16世纪的绝大多数时间,中国的城市没有自治权,对外贸易也被禁止,既没有建立公民政治系统,也没有在西部和北部明确地划定边界。与其说作为国家机构而出现,毋宁说,军队仍然是统治者的私有财产:"皇帝保有军队主要是为了他自己的利益,例如保卫他对大运河的专有权,贡粮通过这条运河被运往北京的朝廷。"(琼斯,1987:207)最后,经济上的稳定诱使整个帝国陷入了"高度均衡陷阱"(high-level-equilibrium trap),这加强了帝国在文化上、政治上、经济上的保守性,因而阻止了社会转型(达尔文,2008:201)[①]。

(二)印度

在中华帝国的领土内发生的绝大多数战争是破坏性的,因此也不利于社会进步,但是,印度半岛的历史经验才真正表明了战争的破坏性潜力究竟有多强。在印度半岛诞生了许多规模和实力各不相同的政治实体,而在印度的漫长历史中,南部和北部仅有三次机会得以统一成一个完整的实体,[②] 这一事实可能为竞争国家的多极化体系的出现创造了有利的结构性前提条件,而这种多极化体系正是西欧社会向现代化转型过程中呈现的重要特征。但是,不仅印度王国长期不稳定的政局阻碍了这种政治体系的产生,印度的原生意识形态结构实际上也加重了现存的组织多样化所造成的损害。印度社会的结构按照一个人的种姓归属(varna)进行等级划分,这种划分是导致印度社会结构性不稳定的最主要因素,而这种不稳定使印度的战争具有特别的破坏性效果。

种姓系统根植于吠陀教义,根据职业的专业化分工形成了四个种姓(jatis),并建立了社会和饮食规则以及严格的同族通婚制度,以加固这些群

[①] 麦卡特尼勋爵在1793年拜访中国的乾隆皇帝,想要使其和英国建立外交关系和贸易联系,他带去了新技术设备和发明作为礼物,想要给皇帝留下好印象,但是皇帝把他的礼物当作没有用的玩具并拒绝了他,并评论道:"我认为奇技淫巧没有价值,你们国家的东西对我来说没有用。"(达尔文,2008:201)

[②] 这三次统一,包括阿育王在公元前3世纪的统治、16世纪的莫卧儿帝国以及18—20世纪中期英国的统治。

体的区分：婆罗门（祭司和教士）、刹帝利（战士和统治者）、吠舍（农民、商人和工匠），以及首陀罗（劳工和侍从）。其余的人——贱民（达利特）则不是种姓制度的一部分，因而依礼制被认为是不纯净的，任何与他们的接触会被视为禁忌并产生道德玷污。尽管关于种姓的行为举止有苛刻严格的规则，但在实际运行过程中情况则更为复杂和混乱，如同新兴职业的增加一样，地方种姓的子群体也在不断地增多（霍尔，1985：61）。传统的种姓等级并不像后来（在莫卧儿和英国的统治下）那么严格，随着时间的推移允许在一定程度内升级和降级，尽管如此，种姓等级对社会角色的严格区分是阻碍印度向现代国家转型的核心原因。

使战争变得漫长并具有极大破坏性的是权力（power）和权威（authority）的制度性分离。种姓对婆罗门和刹帝利的区分意味着，国王虽然在其领土之内拥有近乎绝对的专制权力，他们缺乏属于婆罗门祭司阶层的权威。由于印度教的原生意识形态，明确区分作为价值和规范的普遍秩序的"达摩"（dharma，意为"伦理"与"义务"——译者注）和作为利益、优势与武力领域的"阿尔塔"（artha，意为"富足"——译者注），国王仍然必须依赖婆罗门阶层的权威。正如霍尔（1985：63）所强调的："他的婆罗门顾问和宗教专家——梵辅天——垄断着至关重要的合法化权威，国王仅仅拥有政治权力。政权和权威是相分离的，并且政权是低于权威的。"政治权力和意识形态权力的分离导致了执政者不能成为立法者并且无法建立长久的社会秩序，而建立社会秩序需要神圣化的权威。婆罗门对日常政治生活不感兴趣，根据印度教的教义，他们需要自我封闭以获得自身的超然物外，而不能卷入社会生活之中，加之他们缺乏政治关联性，从而造就出一个无政府主义的动荡的政治环境。这种结构性断裂的结果就是，合法性的持久缺失使得国王的统治短暂且不堪一击，经常要面对其他潜在统治者的挑战。这种环境使统治者具有掠夺性、自利性，并开启了通往永久性、破坏性战争的大门。由于知道自己的统治只能在短时间内存续，国王们全然无心去建立国家制度或促进经济发展，只关心如何通过战争手段来保持或扩张其个人统治。因此，相互交战的政治实体从未被其居民看作国家，而仅仅是国王的个人财产；并且，农民阶级并不是忠于国家，而是忠于一个特定的国王。此外，印度教教义中的等级制观念及其要求个人逃避现实的反社会性教义和对地方信仰的妥协，使得它过于羸弱而不能成为潜在的具有强大动员能力的、超越不断交战的小王国世界的原生意识形态。大多数农民对政治组织漠不关心或者心生疑虑；他们对政治权力的态度已经在旁遮普谚语中得到了充分体现——"永远不要站在一匹马的后面或者一个官员的前面"（琼斯，1987：199），这种态度也体现在关于王国战争的"农民在看得见战场的情况下继续耕地"的绘画中（霍尔，1985：76）。

莫卧儿帝国在16世纪的征服活动统一了印度的大部分土地并实现了和平，借此打破了破坏性战争的无尽循环。莫卧儿帝国实现了社会的繁荣，促进了贸易，发展了农业，使印度成为"世界上最大的纺织品生产中心，将棉衣出口到中亚、西非和欧洲"（达尔文，2008：144）。这个帝国建立在实力强大、纪律严明的军队基础之上，这些军队集中在印度北部，由专业化的士兵构成，其中包括欧洲炮兵和500头战象。阿克巴皇帝（1556—1605）统帅之下的军队拥有一万名士兵（赫尔维格等，2003：186）。莫卧儿帝国设计了一个效率极高的税收系统，能够以现金形式收取农业产量的一半，这足以支撑大型军队的开销（达尔文，2008：85）。

然而，莫卧儿帝国统治者为了自身的利益，利用传统的种姓制度来确保其统治："一个征服者需要做的所有事情，就是在首都建立政权统治，并像他的前任们所做的那样继续进行国家治理……这种社会向我们展示了一个处于最少的中央集权监督下的近乎完美的自我管理模型。种姓有一种类似细胞的结构"（卡夫［Karve］，1961：106）。经济的发展和进步建立在莫卧儿对印度广大农民进行军事统治的基础之上。从这个意义上来讲，这种繁荣只是排他地局限于少数寄生的精英武士阶层，他们享受着奢华的生活，拥有巨大的城堡、灌溉花园、成群的妻妾、昂贵的衣柜、珠宝首饰、巨大的动物园和大量的侍从。在很多方面都和满族统治下的中国一样，莫卧儿帝国的统治者也证实了贡普洛维奇和罗斯托的征服理论。这个帝国也是通过军事征服得以建立和维持的，少量占据主导地位的穆斯林、不从事生产活动的精英武士征服了数以百万计的占据主要地位的印度农民生产者并依赖这些人的劳动为生。[①] 在这个过程中，

[①] 值得强调的是，在16世纪末，阿克巴皇帝统治之下的早期莫卧儿帝国能够包容所有的宗教，并且印度人被雇佣成为员工甚至是精英战士（拉其普特人），而在17世纪晚期，奥朗则布皇帝的统治则见证了帝国想要创造一个伊斯兰国家从而向宗教排他政策的转变（霍奇森，1974：105；霍尔，1985：106）。正如达尔文（2008：86）所指出的："阿克巴拒绝采用伊斯兰教对穆斯林信徒（乌玛）和非信徒之间的典型性区分方式。"

他们变成了一个闲适的原生阶级，以建筑、先进科学、诗歌、文学以及世界性的浮华宫廷而闻名。但是，这种统治的寄生性和专制性特征无助于长期的经济发展，因为相当多的财富都被浪费在小群体的个人享乐之中，这些人要求绝对的服从，并把战争当作一种游戏。洛德（1972：138）用巴罗达王的例子来形象地说明这一点："当大君（maharajah）打哈欠的时候，在场的所有人都必须打响指来赶走苍蝇。"尽管早期的莫卧儿帝国是伊斯兰世界中最繁荣的国度，但它的财富较之于一些欧洲国家则相对较少。例如，即使在全盛时期，整个莫卧儿帝国的人均收入和伊丽莎白时代的英国相差也不多；而在18世纪中期，便只有英国人均收入的三分之二了（麦迪逊［Maddison］，1971）。原生阶级的巨大差异、对印度人越来越强烈的憎恶、统治者数量的过剩和他们周期性发动的征服战争，激起了叛乱的发生，给帝国带来了巨大的压力。最终，对阿富汗的长期战争以及在奥朗则布对马拉塔人暴动长达25年的镇压过程中，财政彻底枯竭，最终导致了帝国的崩溃（琼斯，1987：201）。[①]

尽管英国的统治者是一种稳固性的力量，他们在历史上第三次统一了印度半岛，并实现了一定程度的经济发展，但是，它的分而治之的政策成了遗留问题，并最终导致了血腥的暴力冲突和印度、巴基斯坦、孟加拉国三国之间的战争。大英帝国加强了种姓分类，并且在很多方面将其制度化（在人口普查中正式化），导致了同一时期穆斯林和印度人之间的敌对冲突。不仅如此，整个帝国的制度设计，专门迎合了英国的经济和地缘政治利益。正如达尔文（2008：16）所说，这是"一种统治模式，通过这种方式，殖民地的产品和税收可以为了帝国的利益被随意转移。一旦统治得以确立，英国就向印度人征税以便为他们在亚洲所需的军事力量——印度兵（sepoy army）——提供给养"。

（三）奥斯曼帝国

当我们研究中华帝国和印度的案例时，欧洲主义者所主张的"西欧以外的战争具有内在的破坏性"的观点确实很有说服力，然而，当我们对奥斯曼、沙俄帝国和日本帝国进行审视时，则必须更为严格地加以论

[①] 发生在17世纪晚期的马拉塔人暴动是新出现的印度贵族的斗争，其目的是"通过能够反映新的土地所有者日益凸显的重要性的方式共享莫卧儿帝国的统治和税收"（达尔文，2008：148）。

证。这三个帝国的独特之处在于，尤为特别的是，它们证明了在西欧以外的战争也可以作为现代化和国家发展的重要推动力，而这无疑对一些欧洲主义者预设的前提提出了质疑。

奥斯曼帝国不仅经由战争而建立，而且很大程度上也是通过战争和连续的征服而得以维持。它的存续要归功于一个由战士组成的原生阶级，这个阶级极为重视伊斯兰的原生意识形态以及圣战或者说吉哈德（准确地说是伊斯兰勇士的军事传统）的教旨。奥斯曼帝国虽然比较迅速地将力量延伸到3个大洲，① 但是，军事上的成功需要与意识形态和社会组织之间保持平衡：奥斯曼帝国快速扩张的秘诀，在于正确地将伊斯兰的原生意识形态和高效组织能力结合起来，将一个小型塞尔柱部落转变为一个强大且长寿的世界帝国，拥有"比罗马帝国更为广阔的疆域"（琼斯，1987：175）。尽管游牧民族入侵和大规模的征服在历史上很常见——帖木儿（Tamerlane）和成吉思汗（Genghis Khan）就是两个绝佳的代表——奥斯曼的征服历程则在以下两方面具有其独特性。

第一，传统的游牧军队缺少连贯且清晰的原生意识形态，存在时间较短，因为统治者的死亡往往会导致部落联盟的崩塌，并且借助通婚来逐渐将曾经的侵略者吸纳入部落（霍尔，1985：87），而奥斯曼帝国则拥有自己的一神论教义，以其为中心得以构建帝国稳定持久的文化与政治根基。②

第二，奥斯曼帝国拥有强有力的社会机构，它能够保证一个高度组织化的军事机器持续运转，到1528年帝国已经拥有一支由87000名士兵组成的常备军（伊那志克［Inalcik］，1994：88），并且它通过壮丁征召制度（devshirme）建立起了一种高效的精英力量招募系统。这种由职业奴隶军人和文职人员组成的机构被证明是极为有效的，因为它一方面平衡了统治者对于贵族的依赖，另一方面，它造就了忠诚、技能高超、纪律性强并且士气饱满的精英士兵，以及其存在和生命的意义都与帝国紧密相连的官员。由于苏丹禁卫军的士兵绝大多数都生于基督教家庭，在

---

① 帝国鼎盛时期，在苏莱曼大帝的统治之下，奥斯曼帝国的势力延伸到维也纳的门口，越过了直布罗陀海峡和北非，向下到达了红海两岸，直至里海和波斯湾沿岸。（蒙哥马利，1968：142）

② 关于将穆罕默德和成吉思汗的遗产进行有启发性的比较，以及原生意识形态在帝国建立过程中的重要性，参见哈扎诺夫（1993）相关研究成果。

童年时应征入伍皈依穆斯林,始终与社会的其他人保持分离以接受专业的训练,他们除了皇帝之外没有效忠的对象。换言之,壮丁征召制度将强大的原生意识形态与高效的、主要以功勋为基础的组织机构联系起来,这个机构摧毁了所有地方性联系和亲属间的纽带,这使得壮丁征召制度在某些方面很像韦伯式的官僚组织。由于大多数士兵和文职人员来自精英管理的组织机构,并组成了受过教育的"土耳其"(Osmali)精英(战士),早期的奥斯曼帝国拥有比西欧任何一个仍处于半封建制度的国家更具竞争力的社会机构。因此,这种史无前例的军队扩张速度并非偶然,而是有着扎实的社会学根基:由官僚制度和压迫性的原生意识形态所构建的高度发达的军事机制。

尽管缺乏多极化的政治系统,奥斯曼帝国与欧洲政治实体以及其他相邻帝国的军事竞争,仍然成为社会发展的重要催化剂。早期的奥斯曼帝国具有组织上的创新性,对变革持开放态度。帝国采用了蒂马尔(timar)和米利特(millet)管理系统:首先通过地方贵族确保国家税收,他们也向帝国提供军事服务,其次通过承认公民在不同宗教和伦理之间享有自决权,从而保持宗教间的和谐状态(达尔文,2008:76)。奥斯曼帝国建造了大型城市、大学和图书馆;拥有先进的医疗水平和技术发明,例如自动磨粉机和复杂的灯塔(琼斯,1987:175);其外交技巧也非常高超,能够将欧洲的权力实体玩弄于股掌之间。最重要的是,它创造了一个强有力的军队组织,在其向欧洲、非洲和中亚扩张版图的过程中,这支军队似乎是战无不胜的。奥斯曼帝国的案例清楚地表明了,欧洲主义者关于"发生在西欧之外的战争在结构上具有彻底的破坏性"这种根深蒂固的观点需要被重新审视,因为奥斯曼帝国早期的扩张和中期的绝大多数战争都对其自身发展十分有利。诚然,奥斯曼帝国的城市并没有真正的自治权,城市人口数量仍然相对较少,尚且不具备产生独立的公民社会的前提条件。[①] 但是,这种自由度的缺乏并不必然意味着经济停滞和墨守成规。相反,奥斯曼帝国向我们展示了通向早期现代化的另一条路径,即将军国主义和精英治理结合起来,将战争作为扩张性发展的主要手段。奥斯曼帝国是一个掠夺性的帝国和"抢劫机器",它依靠战争的

[①] 尽管适度的城镇化是必要的,但应当指出的是,帝国的首都君士坦丁堡是一个巨大的城市,其人口从1453年的10万人发展到1600年的超过50万人(并且可能是80万人),这也是当时欧洲大陆上最大的城市。

胜利和"将战事控制在三年以内"的策略,直到"凯旋和战利品会弥补所有的战争开销"(琼斯,1987:185)。这一事实表明,社会发展的道路并不是唯一的。由于奥斯曼帝国首先是一个军事机器,只要帝国还在扩张,这种模式就十分成功,且其所参与的战争会促进自身的发展。帝国后期的衰落和最终灭亡并非因为制度性失败、自由度缺乏或不存在市民社会,而主要是由于其成就所致;正是成功带来了停滞。正如中华帝国一样,在这个案例中,经济上的富足与军事力量相结合最终导致了"高度均衡陷阱"。帝国的衰落始于其最成功的统治者苏莱曼大帝的权力鼎盛时期,正是他开启了由精英治理的壮丁征召制度(devshirme system)向以统治阶级精英为中心形成的裙带关系网络的转变。通过允许卖官鬻爵、顶层官员的财富积累以及苏丹近卫兵的赋税豁免,苏莱曼大帝破坏了作为奥斯曼帝国支柱的精英军国主义。因此,奥斯曼帝国的逐渐衰落与其在制度上无法与先进的欧洲国家相抗衡竞争或者其他外在因素并无太大关联。帝国的瓦解是内部原因所致,而且最为重要的是,正是因为制度上的斐然成就导致其不愿意做出任何改变。结果,生长停滞的保守主义带来了衰落,在后期的若干年里,奥斯曼帝国的发展持续滞后于欧洲,成为了"欧洲病夫"。

(四)俄罗斯

沙皇俄国是证明战争、军事化和领土征服对社会发展和早期现代化具有至关重要作用的又一个案例。尽管在讨论"西方的崛起"时俄国常常被忽视,但其帝国化扩张对于这段历史却至关重要,因为西欧对欧亚大陆的统治"是在与俄国极度不情愿的合作下达成的"(达尔文,2008:21)。如同奥斯曼帝国一样,沙皇俄国的崛起同样引人瞩目,从15世纪晚期蒙古金帐汗国的一个区区附属国(莫斯科夫 Moscovy)发展成为19世纪和20世纪全世界国土面积最大的国家乃至一个全球性帝国。这种转变无疑有着军事方面的根源,正如奥斯曼帝国的扩张一样,战争是推动社会发展的核心机制。但是,沙俄与奥斯曼帝国不同,后者在刚刚达到军事上的巅峰时就开始了不可逆转的急剧衰落,而沙皇俄国经历了数次跌宕的循环,从未踏上一条万劫不复的不归之路。

十分具有讽刺意味的是,俄国早期的崛起在很大程度上归功于农奴制度的引入,而这在后来的西方观察者眼中,成为帝国倒退和不具备现代化能力的标志。农奴制的引入有其军事根源,因为它实现了农民和贵族的紧密联结,又能为统治者提供军事服务。为了建立帝国,旧时期由波维尔贵族(boyar)及其扈从所构成的军事体系必须被废除,以支持全新模式(pomestia)的建立,目的是集中土地所有权并将其与军事义务联系起来(达尔文,2008:65—73)。为了给新的扩张战争提供财政支撑,并确保人员的忠诚度,首要任务是确保贵族能够在自己领地内进行强制征税和劳役,这一目的是通过农奴制的建立实现的。这种变化带来的结果是,小规模的莫斯科夫公国迅速成长为俄罗斯帝国——一个能够在17世纪末期召集超过10万名士兵(赫利[Hellie],1971)并征服亚洲北部和南部广袤疆土的政治实体。正如里奇(Letiche)和德米特里新(Dmytryshyn)(1985:47)所述,在17世纪到18世纪之间俄国的土地面积迅速增加了:从210万平方英里一跃而至590万平方英里。

然而,值得强调的是,彼得大帝统治之下的俄罗斯帝国正值经济繁荣、文化与社会快速发展的时期,也是战争最为激烈的帝国领土大规模扩张时期。通过将高效的社会组织和沙皇俄国的东正教原生意识形态相结合,彼得大帝能够创设一支精英治理模式的全新常备军,并引入了被称作军阶等级表(Table of ranks)的官僚化制度,事实证明这是一台马力十足的战争机器。随着沙皇收紧对贵族和教廷的掌控,俄国的集权化特征愈发明显。一方面,帝国用征服的土地来对贵族的忠诚和提供的军事服务进行嘉奖;另一方面,东正教教廷获得了国家赋予的声望,因为它改变了希腊拜占庭的形象,以适应正在崛起的帝国的原生意识形态野心。土地的征服使帝国的税收增至三倍,生产能力增至两倍,新的国家工厂和军械库被建造出来以满足庞大军队的需求(布兰查德[Blanchard],1989:218)。彼得大帝统治下的沙皇俄国的核心特征是强调严格的纪律和高效率的社会组织,这两者都建立在一致的原生意识形态基础之上,而原生意识形态计划的精髓则存在于新帝国的军事扩张之中。在某些方面,正如奥斯曼帝国一样,沙皇俄国也扮演了掠夺性国家的角色,它通过领土征服来刺激经济繁荣。换言之,战争对这个国家的发展可谓大有裨益。

19世纪60年代,沙皇亚历山大二世统治下的沙俄所经历的第二波现代化浪潮,同样与战争息息相关。与彼得大帝的意图相同,改革的驱动力主要来源于军事和皇室的因素:这次变革是俄国在克里米亚战争

(1853—1856年）中失利的直接后果。为了追赶西欧的发展水平，统治者着手推动工业化、经济和政治自由化以及农业和军事改革的进程。因此，农奴制被废除（1861年），文化普及率显著提高，司法系统的变革沿袭西欧模式，对审查法进行改革，文化生活得到解放，大学获得了自主权，飞速的工业化进程为俄国带来了杰出的发展成果。随着新铁路网线的大规模兴建，对外出口迅速攀升，农业改革使乌克兰发展为实力雄厚的小麦生产国，工业出口量实现迅猛增长。例如，19世纪90年代俄国的煤产量是19世纪60年代的50倍；钢产量在同期增长了2000倍，可谓史无前例（达尔文，2008：322）。

但是，进步主义者在叙述这段现代化历程时常常会忽略它与战争目的之间的内在关联性。如同第一波现代化浪潮一样，第二波现代化进程与沙俄帝国在北亚和中亚的大规模扩张过程是相互结合的。当时规模最大的两个工业项目——跨越里海铁路（1880—1888年）和跨越西伯利亚（1891—1904年）铁路——的兴建，主要为了满足军队和帝国扩张的目的。沙俄将广阔的"亚洲"腹地视作殖民化的"天然"基地，自认承担了文明教化的使命，基于这种观点，沙皇俄国能够在成功征服来的领土上推动技术和组织现代化。在这个特别的时期同时存在着经济的迅猛增长和大规模的征服战争，绝非偶然现象。在1864年到1884年的20年间，俄国发动的征服战争横贯中亚，在这一过程中使浩罕、布拉哈、希瓦、土库曼、梅尔夫作为封邑臣服于帝国（克劳菲尔德[Clodfelter]，1992：368—369）。沙皇俄国在东北亚的征服是这样实现的：通过对技术和组织上都欠发达的原住人口进行殖民化活动，数百万俄国殖民者迅速占领了东北亚并定居下来。[①] 最终，军事改革后的俄国拥有了向奥斯曼帝国宣战的实力（俄土战争1877—1878年）。通过将高效的军事组织和新兴的民族主义意识形态成功结合，沙皇俄国动员了超过90万名士兵，给了奥斯曼帝国的军队致命一击（克劳菲尔德，1992：331）。所有的军事胜利使帝国的威望一路攀升，也激发了帝国的雄心壮志。然而，战争的胜利也开启了一道意识形态的裂痕，形成了两派迥异的观点，一方强调俄国作为欧洲国家的实质内在，提倡沿袭欧洲线路继续推行现代化进程（"西化

[①] 正如达尔文（2008：322）所指出的："到1914年为止，有超过500万俄国人穿越乌拉尔山到西伯利亚，而在中亚的穆斯林汗国移民的人数比这还要多出成千上万。"

主义者"），另一方深受俄国在亚洲迅速扩张行动的鼓舞，赋予俄国"罗马第三帝国"救世主的角色，其主要目标是传播东正教信仰、实现与广大农民之间的"精神统一"，称霸于亚欧大陆的大部分土地（"亲斯拉夫者"Slavophiles）。在1904—1905年日俄战争中始料未及而又令人震惊的溃败，表明了这些观点的局限性，但同时也为另一个新兴军事帝国——日本——的迅猛崛起提供了强有力的证明。

（五）日本

在日本的历史与军事和战争之间，存在一条紧密联系的纽带。日本是地处太平洋边缘的一个岛屿，这意味着，在近代的科技进步到来之前，它的东部、南部和北部边疆的防卫任务很少或者完全不需要，与它有关系的主要政治实体只有闭关锁国的中国，这保证了它西部边疆区域的安全。地缘政治环境的稳定性让日本经历的国家之间的战争要明显少于其他的大型政治实体。但是，自相矛盾之处在于，在所有严重依赖军事组织改革以完成社会转型的国家中，日本发展出了最具军国主义特征的社会机构。其主要原因是贯穿整个15世纪和16世纪的封建领主之间冲突所形成的无政府状态，内战持续升级让局势极度混乱。在此之前，特别是11世纪和12世纪开始，日本一直处于军政府的统治之下，其中的最高首脑是幕府将军（征夷大将军），这个军政府囊括了大量的原生战士阶级，即日本武士。武士与封建主结盟，统治着社会的其他阶层。军队所处的绝对优越地位从等级严明的、仪式性的、形式主义伦理规范（后来被儒家思想所强化）中可窥见一斑；这种伦理道德将身份地位、荣誉以及对权威的服从奉为自身的核心原则。

幕府系统的崩塌始于15世纪末期，当时作为地方领主的大名的崛起，导致了中央权威的瓦解以及不同集团之间的长期内战。这一系列事件证明对日本的转型至关重要，因为剧烈的战争带来了"近似于西方正在进行中的军事革命"（赫尔维格等，2003：208），包括大炮和火器的引入、制度的发展以及军队规模的大幅提高。例如，战争领主丰臣秀吉，本可以在1590年将日本最终统一于单一的核心政权之下，"能够向他的大名下达命令征召农民和市民以集结超过25万人的军队"（赫尔维格等，2003：209）。更重要的是，不同的领主之间爆发的激烈战争与欧洲的多极化政治竞争体系相比并无差别，也间接地发挥了社会发展催化剂的作用，因为长期战争的结束带来了近250年的社会稳定。国内的冲突不仅迫使彼此竞争的各个集团实现科技现代化，而且也动员了那些依照传统理解不会参与战争的社会单元。尽管与西欧不同的是，这种对更广泛的社会部门的依赖并不必然导致自由度的增进或公民社会的诞生，它反而让日本拥有了一个非同寻常的经历，获得了欧洲在几个世纪的漫长等待后才终于获得的东西——整个政治实体的内在安宁。德川幕府的统治并不仅仅是日本隔绝于世界其他部分的一段时期（日本锁国），也是日本集权化加剧和裁军的时代。始于1588年在丰臣秀吉的统治下发布的"刀狩令"以及1603年德川家康发布的全境禁用火器的通告，全日本在1630年被解除了武装："鸟田基督教叛乱是两个世纪以来日本最后一次正式使用火器"（基根，1994：40—46；赫尔维格等，2003：212）。①② 通过这种方式，日本成了第一个几乎完全由国家垄断暴力合法使用权的政治实体。国内局势稳定和闭关锁国政策的并行所带来的结果是，日本发展了重商主义的自给自足体系，经济独立，不依赖对外贸易和进口，成功地实现了经济增长。换言之，锁国并不必然意味着经济停滞。相反，在17世纪和18世纪早期，日本保持了政治稳定、经济繁荣，经历了一个人口高速增长、地方经济专业化（纺织、冶金、出版、戏剧）、国内贸易水平提高、城镇化深入发展的时期。③ 例如，日本的总人口从1600年的1200万增长到了1721年的3100万，首都江户拥有了100万居民。18世纪伊始，江户是伦敦面积的两倍（托特曼［Totman］，1993：140）。随着大名和武士举家定居在城堡之中，大多数的城市都类似军事要塞一般，因为人口中的大部分来自世袭的原生武士阶层。正如达尔文（2008：135）所指出："到了1700年，江户100万人口中有一半是居住在大型宗族院落中的武士家臣，这占据了城市面积的四分之三。"换言之，国家对暴力的垄断确保了军队仍然是享有特权的原生阶级，并且作为社会秩序的核心制度。

---

① 剑的禁用是以建立一座铁佛为借口的。正如丰臣秀吉下达的命令："各省居民严禁持有任何剑、短剑、弓、长矛、火器或其他任何形式的武器。持有不必要的（战争）工具给征税带来了困难并容易激发暴乱……收集上来的剑和短剑不会浪费，被制成钉子和螺丝后将用于大佛的建造。"（赫尔维格等，2003：212）。

② 德川幕府同样也集中了武器制造权，政府成为唯一合法的武器购买者（基根，1994：43）。

③ 詹森（Jensen）指出，在1600年，日本是世界上最大的产银国家——占世界银产量的三分之一。

日本的隔离政策也被证明有效地避免了与外界的接触,因而也避免了与邻邦或者欧洲势力发生战争冲突的可能性。尽管日本没有海军,但其强大的陆军力量意味着直到19世纪早期都具备抵御外界攻击的实力。不仅如此,虽然严格地执行了隔离政策,德川幕府统治下的日本仍然对中国文化和经济的影响保持着开放的姿态,儒家思想的原生意识形态为统治者所欣赏和提倡,中国商人和艺术家也可以在此定居并建立他们的"中国城"。此外,日本的统治者允许荷兰商船在受到限制的情况下进入长崎,这也成了"幕府(在德川家统治之下)从来访船只收集信息(他们的船长须撰写'新闻报告'并送至江户)的一扇狭窄的大门和情报中心"(达尔文,2008:135)。因此,尽管日本并没有对世界开放,它的统治者却保持了对世界其他部分的了解。一旦日本锁国的政策无以为继(因为国家开始陷入严重落后的状态),统治者就能够开始迅速地转型,这一事实是显示日本社会组织适应力的可信标志。虽然日本拥有内在的保守主义特征,但其早期的现代化经历、国家集权、文化普及率较高的传统以及良好发展的社会(军事)机构,为日本在明治维新时期迅速完成现代化转型提供了必要条件。始于1870年的第二波现代化浪潮见证了日本极速转型的过程,其核心部分就是军事改革:建立一支强大的海军,引入普遍兵役制以及现代武器的大规模制造。所有这些变化都需要大量武士阶层的退位(超过100万人)、对分封制的摒弃以及组织机构官僚模式的推行。技术的进步、组织的优越以及现代民族主义意识形态的力量强化了这种快速转型,其结果就是俄国波罗的海舰队在对马岛(Tsushima)战役(1905年)中的毁灭,以及在1904—1905年日本对沙皇俄国的战争取得了决定性胜利。这种震惊世人的成就不仅清楚地展现了日本维新的速度和规模,而且更重要的是,表明通往现代化的转型路径比大多数欧洲人愿意承认的更为广泛和多样化。所有这些,都与欧洲主义者把欧洲国家间的战争视为早期现代化的独特条件的假定不符。日本的案例是另一个非西欧国家的例子,集团之间长期的区域战争最终导致了这个国家的集权化,甚至导致了对暴力前所未有的垄断程度。正如俄国和奥斯曼帝国一样,这是通往现代化的另一路径,而战争和军事化同样是背后的推手。

三 新世界

(一) 撒哈拉以南的非洲

尽管从地理位置来看非洲是"旧世界"不可或缺的一部分，但直到19世纪早期，撒哈拉以南的大部分地区未得到开发，处于与世隔绝的状态，这一事实使其结构性特征与"新世界"更为接近，也包括战争。[①] 当代撒哈拉以南的非洲最主要的特点是国家机构基础构造的羸弱，这是殖民统治时代遗留至今的直接产物，在某种程度上也是殖民时期以前发展的结果。在大多数情况下，非洲的发展案例是欧洲主义者所讨论的原型，因为将其与前现代的欧洲进行比较，差异是显而易见的，这对发生在两大洲的战争所带来的结构性差异后果产生了深远影响。

早期的西欧人口密度高，因而造成土地资源的稀缺和高昂的地价，与之不同的是，非洲地广人稀，土地充足，人口却极其匮乏（赫布斯特，2000）。因而欧洲的贵族们热衷于征服土地，而非洲的统治者却对获得稀缺的劳动力更感兴趣。因此，这两个大洲的社会发展模式迥然不同。欧洲的漫长战争极为劳民伤财，最终统治者被迫进行谈判、合作，并同意赋予平民实质的自由和自主权，以此来换取其对税收和兵源的持续供给。这种依赖关系的直接结果，是官僚制度的发展和扩张，稳定的财政机构、常设的军事机构、持续提升的文化同质性，以及开始出现明确划定的国界，最终导致了现代民族国家的诞生。

相反，非洲统治者更关注人而非土地。一方面，这导致了针对占有"人"的财产权进行清晰的管理，并且获得奴隶（通过战争和周期性的掠夺）成为维持统治的主要源泉。另一方面，因为缺少相互的、排他的领土主张，国家的建立较为罕见，也未形成一套较发达的实践路径。缺乏持久的、显而易见且大规模的外界威胁，意味着国家意义上的制度——例如，行政集权、财政组织、统一的军队组织以及跨阶层的文化团结——在殖民时代到来之前尚未出现。此外，除了罗德西亚、南非、肯尼亚少数明显的例外，殖民地的政权仅仅是利用现存的部落和宗族的航

[①] 正如本章所揭示的那样，从国家间战争和国家弱点这两方面来看，非洲和南美洲以及其他的殖民后区域有着诸多共同之处。

道来榨取自然财富并进行殖民统治,并未发展稳定的国家机构。18世纪和19世纪初急剧发展的奴隶贸易导致了人口锐减,因为超过1000万人遭受奴役并被运往大西洋彼岸(科廷[Curtin],1969)。依据殖民地的归属划定的临时边界在很大程度上是随意而为的,其额外贡献是促进了后殖民时期脆弱政治体的建立。

赫布斯特(1990;2000)主张,这种国家发展的历史性缺失以及国家鲜少为生存而战的事实,解释了非洲没能完全实现现代化的原因。尤其特别的是,非洲的情况和西欧不同,西欧的发展是通过频繁且漫长的国家间战争来实现的,而发生在撒哈拉以南的非洲战争则以内战和其他国内冲突为主,均被证明对经济和政治发展具有破坏性。非洲没有抗击外敌并实现自身政权的养精蓄锐,战争始终限于国内,呈两极化并破坏了国家建立的进程。西欧的发展见证了许多脆弱政权在国家间战争中灭亡的历史进程,国家的数量从14世纪的近1000个减少到16世纪的500个,20世纪初仅剩25个(拉塞尔[Russell],1972:244;蒂利,1975:15),而非洲的殖民地经历则导致了很多新兴国家的建立。然而,新国家的出现并不是与邻国间冲突和暴力斗争的结果,而是作为去殖民化的产物,其国家地位得到了名义上的承认。因此,和欧洲通过暴力竞争建国兴邦不同,非洲殖民地的历史遗存保护了许多脆弱并且缺乏军事支撑的政治实体。1963年的非洲统一组织宣言对这种政策进行了制度性强化,宣言声称"任何对继承殖民地疆界的改变(会被认为)是非法的"(赫布斯特,1990:124)。

尽管这是一种总体趋势,但在前殖民时代的非洲历史上仍然有例外,表明在当时也有替代性发展道路存在的可能。例如,19世纪早期的索科托哈里发(Sokoto Caliphate)和祖鲁王国(Zululand)都是有着坚实军事力量基础的强大帝国,通过漫长的战争最终得以建立。在奥斯曼·丹·福迪奥(Usman dan Fodio)(1754—1817)统治下的索科托哈里发国,在强大的骑兵和伊斯兰原始意识形态的支撑下建立了非洲最大的帝国(从布基纳法索延伸到喀麦隆),祖鲁王国在沙加(1787—1828)控制了超过15000平方英里的区域,包括25万人口和5万名士兵(莫里斯,1965;斯梅尔登,1977)。军事胜利以及外界持续不断的威胁,不仅使索科托哈里发国发展成为一个集权化的、组织严密的政权,而且有能力掌控大片领土、征税和招募士兵,并助益于实现地区经济繁荣以及艺术兴盛(斯梅尔登，1977）。19世纪早期祖鲁帝国在整个南部非洲的急速扩张对整个区域施加了巨大的影响，造成了人口统计上的混乱以及大规模迁移活动（费姆卡尼［Mfecane］）。沙加帝国建立于一套组织极为优异的军事体系之上，创设了别具一格的征兵系统——按年龄进行管理的步兵军团（*ibutho*），每个人都必须服役直至40岁。军人和市民之间泾渭分明的界限（例如，禁止士兵在退役前结婚，士兵居住于与世隔绝的军营之中）、常规军事训练、强迫行军、组织良好的后勤保障体系以及发达的军团文化（每个军团都有独特的名称和徽章），均使祖鲁帝国的军队成为军事职业化和纪律性的楷模。此外，新型武器的应用，例如带剑状长矛斗的短刺矛（*iklwa*）和大型重盾，新型编队（牛角式）、全新紧密阵型战术以及依赖快速移动发起的突袭和伏击，所有这些都对前殖民时期非洲的战争特征产生了革命性改变（基根，1994：28—32）。正如莫里斯（1965：17）所言，沙加的军事发明改变了非洲战争的特征，将其"从付出最少生命代价的彼此仪式性地回应嘲讽，转变为通过大规模杀戮来进行的真正征服手段"。因此，撒哈拉以南非洲国家内在的孱弱并不仅仅归于内部原因，也因其军事发展受到了欧洲殖民扩张速度和规模的阻碍。

（二）拉丁美洲

在拉丁美洲的战争和社会发展的关系之间，殖民地的遗留影响也发挥了核心作用。边界划定的随意性是非洲国家不稳定的一个核心因素，这种情况同样存在于南美和中美地区。文化同质性的缺失，原生阶级和社会阶层的深入分化，产生于白人、西班牙裔拉丁美洲人和生活在南美和中美边缘的本地人之间鲜明的两极分化，这些都和位于亚洲、非洲的欧洲殖民地遥相呼应。但是，它们之间也有至关重要的差异。首先，欧洲在拉丁美洲的殖民进程，以及后来的去殖民化进程，较之于其他地方都更为缓慢拖沓。西班牙和葡萄牙帝国的征服者将他们在拉丁美洲所拥有的领土，视作帝国整体不可分割的一部分，认为本土和殖民地无甚差别。结果，"独立战争造成了帝国的分裂，却没能带来新国家的诞生。对19世纪20年代的边境而言，在经济上和政治上是毫无制度性逻辑可言的……新国家本质上是小型帝国，有着同类政治实体的通病"（森特诺，2002：25）。其次，"白人"和克里奥尔统治之下（Crele-dominated）的都市中心在文化和语言上呈现相似性，对国家和民族的建立可谓有害无益，19世纪早期的玻利瓦尔民族主义运动缺乏鲜明的文化根基，因而被表述为全洲性的社会运动。对这一点做出最佳证明的事实是：玻利瓦尔被认为是拉丁美洲大多数国家的解放者（11个国家共享着相同的民族英雄），"除了蒙特的维亚和亚松森之外，每一座城市都有解放者西蒙·玻利瓦尔的雕塑"（森特诺，2002：213）。但是，这种比非洲更为漫长的独立过程并未转化为江山的稳固。相反，后独立时期的特点是强权和军队的泛滥，这仍然使南美和中美洲成为深陷战争与暴力泥潭的区域。

然而，尽管大众印象中的南美和中美具有暴力倾向和压迫性，但其实他们力量微弱，这里经历的国家间战争要远远少于其他有人居住的大洲。拉丁美洲集体暴力的最关键特征在于，倾向于发生在国内，而非国与国之间。正如米格尔·森特诺（2002：35）所主张的："拉丁美洲经历了低水平的军事化，人力与物质资源的组织性与流动性也较弱，无法适应潜在战争需求而灵活调配。拉丁美洲人不断尝试去杀死另一个人，但通常不会努力动员整个社会坚守某个目标。"换言之，与非洲的情况相同，国家间长期无战事以及国内暴力的盛行，被证明对拉丁美洲的政治、经济和社会发展有害无益。绝大多数的战争都发生在疆域之内，伤及了国家和民族建立，却不会增强国家的管理水平和军事力量。内战、地方性及区域性叛乱、政变以及革命动乱使政治权威支离破碎，很大程度上摧毁了民政管理体系。与日本类似的相对隔绝的地缘政治环境，本可以实现地理上的稳定性，却由于缺少来自南美大陆内外的敌人威胁，反而使这些原本脆弱不堪的国家局势更为风雨飘摇。早期西欧的政治系统呈多极化，能借助国家间的战争实现"有机"发展，并且也可以担任经济和政治发展推手的角色。与之不同的是，将拉丁美洲划分为多个国家的过程是人为实现的、由殖民活动创造的结果，并未遗赠这些国家向邻国宣战的组织及意识形态的能力。尽管南美和中美国家很容易发生边界摩擦，但极少导致全面战争的爆发。正如戈奇曼（Gochman）和茅兹（Maoz，1990）所称，在1816年和1976年间，拉丁美洲国家中只有5%的军事冲突演变为战争，而在欧洲对应的数据是难以置信的62%。

更为特别的是，这片区域"没有以应对国际冲突所需的后勤保障及文化转型为依据进行调整适应。相反，国内冲突经常反映出新兴国家全面掌控相关的社会"（森特诺，2002：65）。自19世纪20年代独立以来，较之于欧洲的民族国家，大多数拉丁美洲的政治实体更像城邦国家，掌控着多个迷你帝国。它们的军队规模很小,并在很大程度上保持着这种规模,用微薄的国防预算来供给军队,在相当长的历史时期中显示出非职业化和无纪律性的特征。这些弱小国家普遍无法征得足以供养大型军队和警察机构的税收,换个角度看,大规模强制力的缺乏是其无法贯彻普遍征税的主要障碍。高级神职人员、地主和政治家之间的不断分化,加剧了国家的财政危机。例如,"当智利的军队前往利马的时候,秘鲁的财政大臣坎佩尔建议在首都进行少量征税以支付战场军队的开销。这些措施均以失败告终"(森特诺,2002:157)。

结构性问题的症结所在是政治力量和军事力量在制度上的自相矛盾,因为历史上拉丁美洲的大部分军队很少被中央政权所控制。相反,军事力量通常保有自主权,因而能够很轻松地转换阵营,为了更慷慨的金主而战。基本说来,大多数军队不过是受控于对中央权威愤怒不满的地方领袖(caudillos)之下的民兵队伍,甚至于玻利瓦尔领导的著名的革命性剧变也很难吸引到潜在的兵源。在斗争的第一个阶段(1812—1813),他只能依靠低于500人的力量,而他的保皇派对手也仅拥有不足900名士兵。直到玻利瓦尔获得秘鲁战役胜利之时,也仅仅掌控着2100人(森特诺,2002:226)。这种低入伍率传统也与政治精英对军队的不信任(在极大程度上是自主的),以及大多数军队由"非白人"组成的事实有关,对于统治者而言,这些"非白人"往往是比任何外敌更令人恐惧的威胁。结果,拉丁美洲国家成为最晚实施普遍征兵制的国家,其中的大多数国家直至19世纪末20世纪初才有适当的征兵方案出台。

总之,拉丁美洲战争的特点在很大程度上与撒哈拉以南的非洲以及其他后殖民政治实体相似,其核心特征是内部的、有限的冲突比国家间战争更占据主导地位,这一特征在很长一段时间阻碍了社会的发展,使国家和民族建立的过程更加举步维艰。

(三) 北美洲

北美洲的案例清晰地证明,殖民时期的残存影响本身并不能决定一个地区社会和政治发展的方向。尽管美国和加拿大是英国殖民扩张的直接产物,并且源自长期的暴力过程,但是,大多数发生在两国领域内的战争对于民族和国家的建立均大有裨益。这并非意味着其中的多次战争性质温和,破坏性很小且伤亡人数很低。相反,从早期的印第安战争开始，从1812年战争、墨美战争到美国内战，北美洲见证了大规模的血腥杀戮和种族清洗。移居者对于土地永无止境的渴望，受到了原住民以及后来新兴国家政权（尤其是美国）的惩罚，导致了持续数年的对数百万美洲原住民的大屠杀。他们自视承担着文明教化的使命，公然鼓吹种族主义，据此，北美政权统治者推行了种族灭绝政策，这种政策视本土原住民为"野蛮人"——要么被同化，要么被消灭。例如，1814年在马蹄湾（Horseshoe Bend）发生的对克里克人（Creeks）的大屠杀，使得美国获得了今天位于亚拉巴马州和佐治亚州境内的大量土地，也使安德鲁·杰克逊将军（General Andrew Jackson）通过这次屠杀一举成名，并最终助他成功竞选美国第7任总统。对于克里克人在这场战争中的一败涂地，杰克逊做出了以下描述："他们已经从地球表面消失了……我们已经看见乌鸦和秃鹰在未被埋葬的尸体上捕食。我们的复仇很彻底。"（安德森［Anderson］、凯顿［Cayton］，2005：232—233）类似的情形发生在1849年，彼得·伯内特（Peter Burnett）在当选为加利福尼亚州州长的就职演说上公开宣称："灭绝性的战争将会继续在两个种族之间发动，直到印第安种族灭绝。"（乌尔塔多［Hurtado］，1988：134）这种政策直接导致在不到12年的时间里（1848—1860），加州的美洲本土居民数量从150000人减少到31000人，而殖民者人数从2500增加到350000（曼，2005：89）。甚至在19世纪末，种族灭绝计划几乎完成的时候，殖民者的普遍心态也没有大的改观。这一点在后来诺贝尔和平奖获得者——罗斯福总统的观点中得到很好的印证，他将这场大规模的灭绝行为，视作一场"因其无法避免而终究益大于弊的"高尚战争，他认为，"我还没有那么极端地认为，只有死去的印第安人才是好印第安人，但我相信十分之九的情形均如此，而且我也不应过分深究那第十个人到底如何"（斯坦纳德，1992：245）。

　　1789年的《西北土地法令》（The Northwest Ordinance）允许美国在最初的13个殖民地之外继续向西扩张，这一文件同时许可美国对被定义为"空白边境"的整个北美大陆的无限度征服，并实现其合法化。但是，1812年战争的胜利才是美国历史上的关键时刻，因为它代表了"从（乔治）华盛顿倾向选择性使用武力以实现有秩序的发展和协商……转向19世纪40年代杰克逊式（Jacksonian）民主党人的激进主张，随之诞生了'拥有整个北美洲是美国的天定宿命'这一理念"（安德森、凯顿，2005：

223)。由于早期试图征服加拿大的努力（1775年和1812年）相对较为失败，美国军事扩张的重心进而南移。这种向帝国扩张模式的逐渐过渡，在1845年美国吞并得克萨斯之后的1846—1848年墨美战争中得以清晰展现。这场战争以进一步的版图扩张而结束，墨西哥超过一半的领土被纳入美国（加利福尼亚州、内华达州、新墨西哥州、犹他州和科罗拉多州）。然而，在墨西哥战争中的军事胜利以及在南方迅速获得大量土地，破坏了南方和北方政治当权者之间的制衡。南方的掌权者，其中包括大庄园主，严重地依赖奴隶劳动力，希望继续推动领土征服，并在新获得的领土中引入奴隶制。正如密西西比州的参议员阿尔伯特·加勒廷·布朗所称："我想要古巴……我想要塔毛利帕斯、波托西和墨西哥的一两个其他的州；我想要所有这些是因为同样的原因——为了庄园或者传播奴隶制。"（热诺维斯［Genovese］，1965：257—258）相反，北方的精英阶层与奴隶经济毫不相干，忧心忡忡于联邦政府已经被拥有奴隶的南方人掌控的现状。最终，这些冲突的不断加剧导致了第一次现代工业战争——美国内战（1861—1865），这场战争卷入了超过300万名士兵，死者超过60万（戈德弗雷德［Glodfelter］，1992：258）。巨大规模的人员伤亡，很大程度归因于现代技术和前现代战术之间的交锋。随着长射程、快速开火、精确性更高的新型工业化武器迎战传统的大规模步兵突袭，成千上万名士兵阵亡在机关枪从坚固要塞射出的弹火之下。尽管美国内战造成了空前的人员伤亡和破坏，其结果，却并不像非洲和拉丁美洲那样，形成了一个虚弱不堪的国家。相反，北方获胜的直接结果，是联邦政府力量得到了增强，国家的组织力今非昔比。事实上，美国内战是"第二次美国革命"："联邦政府发展成为一股能够直接干涉各州公民生活的力量，并且能够任意凌驾于第一次建国革命所留存的地方司法权威之上。"战争的结果是创造了一个"国家银行系统和一种国家货币，（以此）来提高关税、分配联邦资源以促进公共教育发展、支持国内设施的改善，例如横贯大陆的铁路"（安德森、凯顿，2005：301）。此外，美国内战的推进并未呈现出分裂性和多极化，而是在制度上具有联动性，迄今为止，仍然作为统一的象征印刻于美国公众的记忆里。因此，美国内战是国家和民族建立的核心催化剂，并未阻碍国家进一步发展，其直接产物是美国官僚制度和意识形态力量的迅猛发展。此外，由于在对美国内战的军事胜利进行表述时使用了道德术语（战胜了邪恶的奴隶制），也强化了支撑美国主流意识形态标准的元叙述，即将美国视为人类自由的灯塔。这种意识形态的绝对论建立在民族和政治排他主义的基础之上，它允许甚至迫使强制行为在普遍自由的名义下横行。早期对北美洲的征服、美西战争以及其他半殖民的冒险活动，与20世纪和21世纪的战争一样，均基于这样的观点：军事征服不过是美国高举人性道德与政治进步大旗而进行的集体牺牲。

换言之，正是北美洲战争的残酷，为拥有强大组织机构的国家的出现夯实了基础。这样一来，北美洲的成长经历大概是欧洲主义者面对的最大挑战，因为它坚定地表明了，缺少实质多极化以及内战的存在，并不必然阻碍政治和经济的发展，美国崛起为全球性超级大国的历史进程恰恰归功于战争与暴力。持续的军事行动——始于对原住民的种族清洗，到整个18—19世纪的大陆统治战争，直至美国内战以及两次世界大战，均对最高机构和意识形态框架的建立起到了至关重要的作用，在此框架内，美国的军事、政治和经济力量日益壮大。

四　结论

现代官僚宪法民族国家能够完全掌控疆土，反映市民的利益和价值，并促进经济的发展，它的出现在很多方面都呈现出一种超乎寻常的、奇迹式的发展。尽管这一发展过程中的一些实质部分来自亚洲或其他地方（霍布森，2004），然而毫无疑问，现代化的诞生主要是欧洲人的奇迹。然而，一个常常被忽略的核心问题是，迅速崛起的西欧，以及后来强盛的世界其他部分，其实都有着深刻的暴力根源。正如前两章中显而易见的那样，经年累月的强制官僚化和离心式的意识形态化是现代化的基石。欧洲的早期崛起很大程度上归功于持续不断的战争，这迫使统治者下放权力和自由，以建立管理机构、财政系统、军事机器和代议机构。从这个意义上说，长时间的战争被证明是社会迅速发展的重要推动力。但是，并非所有的欧洲国家都从战争中获益：许多政治实体葬身于更大、更具掠夺性的国家之手，一些地区遭受了无法恢复的破坏，一些则仍然停留在无休止的破坏性暴力恶性循环之中。

战争带来的不均衡影响在欧洲以外的地方更为凸显。战争与有组织暴力并非是仅仅伴随欧洲崛起而出现的独有现象，而是在全球范围内对不同政治实体均有着不同的影响。虽然中华帝国、印度、撒哈拉以南的非洲、拉丁美洲以及后殖民时期的很多亚洲国家的情况，符合欧洲主义者所描绘的"破坏性的国内冲突贻害经济和社会发展进程"的图景，但是，奥斯曼帝国、日本、沙皇俄国，尤其是美国的案例均清晰地表明，有组织暴力的应用是集中实现现代化的先决条件。尽管早期、前现代欧洲是强制性改革的最初催化剂，"一旦灯神逃离了，神灯就无法再回头"，[1] 战争与社会发展之间的勾连也并非欧洲的专属。然而，在战争和社会快速发展的关系上，显而易见的是，社会组织和意识形态持续发挥着影响：虽然不确保组织精良、受过良好意识形态灌输的军队一定能带来经济增长和文化发展，但几乎可以断言，组织涣散、意识形态不协调的强制机构，通常被证明具有破坏性，无论对社会发展还是政权本身的存在概莫能外。但是，为了更好地、动态地理解这两种关键的社会进程——经年累月的强制官僚化和离心式的意识形态化，有必要分析它们之间是如何相互作用的。因此，以下章节将会在这两种进程的语境下探究民族主义、宣传、社会分层、团结和性别。

---

[1] 这里应该是一个谚语，原文是"Once the genie had left the lamp, there was no turning back"，或者可以译为"开弓没有回头箭"。——译者注

第三部分

战争：理念与实践

第六章 民族主义和战争

一 引言

　　普遍观点认为，战争始终在以彻底的方式改变着已经确立的团体同质性及团结性图式。普遍存在这样的假设，战争的爆发使冲突双方的团体边界泾渭分明，增强了内部的团结性和同质性，却对团体外部造成威胁。具言之，漫长的暴力冲突被视作凝聚民族感情的有力推手。尽管对于有的问题尚存争议，比如是否首先存在战争与暴力，进而缔造了强烈的民族纽带，或者是否战争本身就是强烈民族感情的直接产物，但几乎得到普遍认同的是，战争的爆发对于团体内部的团结和民族同质性会形成一种本能的推动。本章的主要目的是质疑存在于战争、宏观层面的团结，以及团体同质性之间的可感知的关联性。笔者认为民族同质化和所谓的大规模集体团结，在战争时期和暴力冲突环境之下得以被见证，既不是自动发生且无法避免，也与战争本身不存在直接联系。暴力冲突期间宏观层面表象上的团结及团体同质性，并不是战争存在的原因或直接产物，而是起源于冲突之外。换言之，同质化并非自动生成的社会反应，而是一个需要大量长期制度性工作的复杂过程。集团内部团结性并非"就这样发生了"，而且还自然而然地出现于战争时期，它是一个充满博弈、复杂纷繁的过程。对于宏观层面的凝聚力和民族同质性的产生，至关重要的是，在战争爆发之前，以下两个关键的结构性支柱必须到位，并完全发挥其功能：离心式的意识形态化和经年累月的强制官僚化。

　　本章的第一部分对两种居于主导地位的、将战争和团体同质性彼此关联的解释类型进行了批判性分析，而第二部分则详细展开一种选择性诠释。

二　战争与团体同质性

（一）自然主义的谬误

尽管战争与集体凝聚力是不同学科的研究分析对象，包括心理学、政治科学、人类学、军事史学和社会学，占据主导性地位的是两种诠释：自然主义观点和形成性观点。[①] 有趣的是，这两种研究范式都直接抑或间接地建立于经典的好战性社会思想之上。

自然主义的观点肇始于贡普洛维奇（1899）、拉岑霍费尔（1904）、沃德（1914）和麦独孤（1915）著作之中的奥美集团斗争范式。他们将团体认为是社会行动的基本单元，并将暴力冲突诠释为一个团体为统治另一个团体而采取的集体性策略。在贡普洛维奇（1899）的观点中，战争产生于集团组成的同系（syngenic）特质，包括文化相似性和联合社会行动。同宗意识（syngenism）被认为是产生团体间暴力的根源，包含着激发对其他团体敌视情绪的强烈民族中心主义情感。与之相似，麦独孤（1915）认为，集体攻击是建立在"刻薄天性"（instinct of pungency）基础之上的，这在增强团体内部凝聚力的同时，促进了对集团外的暴力。尽管正如笔者在前文所论证的（第一章和第三章），很多传统都需要重新审视，因其开辟了一条对战争和社会进行研究的全新路径，但是，奥美集体斗争范式仍然结合了一种狭隘且欠缺反思性的文化差异观念。

因此，近期在生物学和文化史学的伪装下对这种观点进行重述，就不足为奇了。当代的社会生物学文献并没有借用经典"好战"传统所提供的富有启发性的概念和解释，而是汲取了传统观点中最薄弱的部分，以将战争与有机体基因构成和个体繁殖的自我需要彼此联系起来。例如，贝斯菲尔特（1979）、肖和王（1989）、范登伯格（1981；1995）和盖特（2006）认为战争出现在围绕稀缺资源展开的竞争之中，且其实质上是一

[①] 有必要指出的是，当代社会学觉得这个话题索然寡味。而实际上，很多传统社会学思想都全神贯注于两者关系的研究（参见第一章）。

项种族生存最大化的行为策略。这种集团内部的偏爱,被假定为一种所有物种都普遍具有的特征,并且种族及民族的联系被视为亲属关系的直接扩展。在这一视角下,战争和集体团结有着基因方面的基础,同时附带有建立于生物学中"广义适合度"(inclusive fitness)原则和亲缘选择之上的民族优越感和强烈的民族纽带。对于社会生物学家来说,战争是一种攻击形式,故而只是一种有效率地获取资源的手段,以及通过消灭非亲属竞争者以实现自我繁殖的手段。

对于这一观点还存在另一种视角,即文化历史主义视角,盛行于军事历史学家之中。尽管这种观点拥有相似的核心命题,因为它们都认为集体暴力和战争源于一种规定的集团本质,但细微的差别在于,它们赋予战争以文化层面而非生物层面的基础。正因为如此,它们与早期的集团斗争范式有很多相似的观点:它们都强调集团中毋庸置疑的内在相似性,并认为战争深深根植于特定社会的文化基础。例如,军事史学界的权威约翰·基根(1994:12)将战争理解为"一种对文化的表达,通常是文化形态的决定性因素,在一些社会中则是文化本身",与克劳塞维茨的著名格言"战争是政治以另一种(军事)方式的延续"惊人相似。相反,基根(1994:46)认为战争是"一种文化以自己的方式实现的不朽"。结果是,应用这种解释框架,基根将最近发生在巴尔干半岛和高加索地区的战争理解为具有"古老起源",类似于"原始战争",并"得到了不妥协于理性之劝说或控制的热情和仇恨的滋养;它们是不具有政治意义的,在某种程度上克劳塞维茨没有余地"(基根,1994:58)。与之相似,第一次世界大战通常被认为由德国"日益膨胀的民族主义"和将斯拉夫人纳入哈布斯堡统治之下的民族愿望而引发(李,1988;伯恩[Bourne],2005)。

自然主义者通过团体的生物性和文化性特征来推断战争的起源,其解释具有四个极其明显的认识论缺陷:第一,必须要对群体团结性进行解释。没有分析群体团结性和民族同质性在何时以何种方式被创造或是再创造,只是简单地假设,拥有相似文化标志或生物标志的事实,会以某种方式自动转变为有效的集体行动。然而,从韦伯的早期著作(1968)开始,社会学家越发意识到,文化或生物的相似性本身并不必然预测着集体联合行动的出现,甚至暴力行动反而会更少。这尤其适用于民族制造者,为了实现一个民族的具象化,必须使共同的文化符号具有政治意义以进行社会个体动员（布鲁伊，1993；布鲁贝克［Brubaker］，1996；马莱斯维奇，2006）。因为有着大量可以利用的文化符号及实践，这种由一种范畴上的附属转变为有意识的政治组织（例如民族）的过程，总是基于相对任意的决定和行动。关于"国家是默认的社会行动者"的假设建立于一个错误观点之上，即混淆了团体和范畴。但是，团体不是单纯的归类，而是"相互作用、相互认可、互为导向、有效交流，将集体以一种团结意识、集体形象和集中行动能力联系起来"（布鲁贝克，2004：12）。

第二，自然主义者将团体作为具有内在同质性、界限清晰的稳定实体，便无法避免本质主义，且必须对其分析中的暗含之意进行具体化。在他们的论述中，团体获得了个体属性和人格特征，例如意志、情感和目的。此外，自然主义研究者暗示他们能够知道这些特点究竟为何物。所以，举例说明，当基根（1994：192）写到公元前5世纪希波战争的时候，他声称："希腊人以他们的自由而骄傲，并且鄙视赛瑟斯和大流士的臣民，因为他们缺少自由。（但是）他们对波斯的憎恨具有民族主义根源。"或者当讨论到成吉思汗率领蒙古人西征时，基根将蒙古战争描述成"为实现大规模复仇而全面展开的原始性怂恿行为"（1994：204）。或者在谈到后奥斯曼帝国的军事发展时，他笔下的土耳其人是"聪明机智的勇士种族"（1994：391）。这种策略将个人的性格特点赋予大型的种族或民族集体，并在这一过程中同时用心理学对其进行分析（例如，鄙视、憎恨希腊人；聪明的"勇士民族"土耳其；非理性的巴尔干人；以及原始的有复仇倾向的蒙古人），这是一种极度苍白的分析。[①] 一方面，名义上属于某个特定种族或民族的成千上万的个体拥有相同的人格特点，另一方面，从实践层面也不可能对如此绝对的论断进行实证检验。此外，这样的陈述将团体成员严重具体化和简单化：自然主义者没有分析复杂的、充满冲突的、动态的团体形成过程，只是简单地预设团体毫无疑问地被赋予某些文化特征，与个人情况无甚差别。这种根基论深深地依附于一套显著的社会行为非社会化模型，这与其说是在研究种族群体社会化和群体形成的机制，倒不如说利用的是实际上无法证伪的观点，这些观点具有不可言说性、先验性以及简单的情感特征（埃勒［Eller］、考弗兰［Coughlan］，1993）。

[①] 这一论述所包含的种族优越感甚至无须指明。

第三,自然主义未将战争和一些心理反应相区分,诸如敌视、攻击性、欲望、愤怒、恐惧,甚至不与战斗(fighting)和杀戮(killing)这样的军事活动相区别。尽管这一切通常都是战争不可或缺的内容,但它们并没有建构战争,正如性是婚姻的必要组成部分,但婚姻不能被简化为性行为。战争,如同婚姻,首先是一个反映社会结构的社会组织,不仅包括参与其中的行为人,也联结了更为广阔的社会网络,并在这一过程中进行合法化,而且自身也通过政治和意识形态权威获取合法性。依靠长程导弹、空军力量和军事科学而实现的现代战争技术的成熟性,很好地说明了,无须借助于人的身体力量、攻击性冲动或者任何与之相关的情感动机,依然可能发动高效的战争。事实上,战争的成功依赖于机构和工具理性,以便去驯化人类的愤怒和物理攻击。战争既不是生物学的产物,也不是心理学的产物。它是一种运用军事力量和强制手段以实现政治目的的社会机构,依靠两个核心支柱,即社会组织和意识形态,这两者中的任何一者都不可能仅仅依靠情感和生物学因素。这种简单地将战争视为个人仇恨的大范围扩张的唯意志论观点,忽略了战争在组织方面的复杂性、场景上的偶然性、相对的历史新颖性和社会嵌入性。(参见第三章和第四章)

第四,自然主义者简单地假设暴力与文化和生物差异具有不可避免的关联性。例如,范登伯格(1995:365)认为,"每当群组间的遗传性身体表征差异大于群组内的遗传性身体表征差异时",就可能会出现民族仇恨、敌意和种族主义。在这种观点看来,仅仅因为生物学和文化标记的存在,便不可避免地导致了冲突,并最终导致了暴力。然而,不应该忘记,种族冲突和民族战争在统计数字上占比很少(费伦和莱汀,1996;布鲁贝克、莱汀,1998;莱汀,2007),[①] 而在人类之中文化和生物多样性几乎是相当普遍的,显而易见的是文化多样性的存在与暴力行动之间没有因果关系。如果使用不同的语言、举行截然不同的仪式、崇拜彼此不相容的神明就必然导致暴力冲突的话,那么战争将成为几乎所有社会在所有时期永恒的特征。类似地,从生物学定义上的共同起源而推论出文化同质性和团结性,并将种族和民族的联系解释为对亲缘关系的折射,

---

① 莱汀(2007:4—5)以非洲为例很好地阐明了这一点。非洲通常被认为是种族冲突和战争的震中地带:"相邻种族群间发生暴力公共事件的比例微乎其微——基于在所有相邻族群中的随机抽样调查,任意年份中平均仅有万分之五的邻族间暴力冲突发生几率。"

则和简化论者同样具有局限性。种族化和民族的形成是动态的社会关系，并非静止的、原始的以及固定的群体特性。此外，对种族和民族如此庞大的群体而言，共同起源的观点只能是象征性和虚构的。尽管一些自然主义者，例如盖特（2006）和范登伯格（1981）同意现代的民族国家的共同起源可能是一个神话或是受到操纵的，但他们仍然认为群体认同感在很大程度上基于生物上的同源性。尽管如此，从真实同源性概念转换至隐喻同源性概念，只能表明论据站不住脚。自然主义者不能做到两方面同时兼顾：要么认为共同的起源是真实存在并完全根植于生物学，或者否认其真实性，因之，集团凝聚力必须被解释为一种社会和文化进程的产物。总而言之，自然主义者所持的集体团结性和文化同质性本身是战争的主要原因这一观点全无凭据。

（二）形成论的谬误

尽管自然主义者的观点在学术界以外仍然十分盛行，大多数社会分析者，特别是社会学家，支持一种可以被称为形成论的观点，也就是说，将两者的关系对调：群体的团结性和文化同质性并不是战争的原因，而是战争和对外暴力的产物。在其中，经典的"好战"社会思想同样发挥着必不可少的作用。自从西梅尔和萨姆纳关于冲突对集团形成影响的早期研究开始，大多数研究路径都始于这样一个命题，暴力冲突会加强团体内部的同质性、增强集团团结性乃至能创造团体。打破了传统的模型，西梅尔（1955：13—17）所关注的焦点，从群体内部冲突的破坏性特征转向融合性特征。他不仅将冲突诠释为一种创造群体统一的积极社交类型，而且将冲突视为社会互动的集中形式，一项实现了个体动员的积极进程，推动这一进程的强烈愿望是"解决有分歧的二元论；这是一种达到某种程度统一的方式"[①]。更为特别的是，西梅尔在民族团结性的出现与外界威胁的存在之间，建立了一种排他的关联性："从本质上看，法国的民族团结意识源自与英国人的战争，也只有摩尔战争使西班牙成为一个真正的民族。"与之类似，萨姆纳（1906：12）强调对外的敌视之于集团内部团结的重要性："外敌入侵的紧迫性导致了内部和平"，并且这种

[①] 西梅尔作了如下表述："（群体的）边界并不是有着社会学结果的空间性事实，而是一种形成于空间之中的社会学事实。"（转引自弗里斯比，1984：127）

紧迫性"也使团体内部形成了政府和法律"。

绝大多数当代的形成论研究路径建立于以下假设基础之上：民族凝聚力并非暴力冲突的源泉，而是其结果。尽管三种最具影响力的形成论都共享这一理论前提，然而它们为这一前提的社会相关性提供了不同的诠释。新涂尔干理论，例如安东尼·D. 史密斯（1981；1999；2003）、哈钦森（2005；2007）以及马文（Marvin）和英格尔（Ingle）（1999），关注"流血牺牲"在民族建立过程中作为市民神圣情感交流的作用。在这种观点看来，对外冲突和战争可以锐化团体边界，强化固有成见（stereotypes）和自我形象，有助于培养民族身份认同感，从长远看亦能铸就民族意识。正如安东尼·D. 史密斯（1981：379）所说："有历史意义的民族自觉实际上就是我们所说的'族群共同体'定义的重要构成部分，其往往是战争的产物。"由于种族群体和民族在这一过程中被概念化为道德共同体，新涂尔干理论主要关注制度化进程、文化意义以及与战争牺牲关联记忆的复制。马文和英格尔（1999）将民族主义理解为一种神圣旗帜支持的公民宗教，并主张民族的存在依赖于年轻人周期性的"图腾牺牲"，而战争是一种让民族得以重新激活并实现群体团结的方式。对于安东尼·D. 史密斯（2003）和哈钦森（2007）而言，纪念仪式和纪念碑所传达的"死而光荣"的战争英雄主义，建立了规制未来行为的道德参照物，因为后人和已故先烈之间被一根道德义务的纽带紧密联结起来。

相反，现实主义者如杰维斯（Jervis）(1978)、波森（Posen）(1993)，和新韦伯论者如蒂利（1985；1992b）和曼（1993；2005）主张，民族的团结性和文化的同质性并非源于共同的道德价值，而是强制性国家机器的产物。正是国际国家体系（international state system）的无政府主义特征常常导致民族国家彼此的不信任，因为他们试图通过增强自身安全性的方式保有自主权。自相矛盾的是，一个国家为了增强自身安全所采取的任何实质性行动（例如增加军队规模），通常会被其他民族国家解读为直接的威胁，引发军备竞赛。因此，原本定国安邦的初衷最终反而会导致安全性的弱化，因为军备扩张和军费猛增最终会耗尽国力，让提升安全性的目标终成泡影。在这种语境下，民族主义是"安全困境"的产物，因为其动员潜力提升了交战双方的军事能力。正如波森所指出的（1993：122）："国家和非国家族群，无论出于何种原因陷入竞争的漩涡，会迅速强化民族认同感以获得助力，因为这拥有军事资源的效力。"对蒂利

(1985)和曼(1986)而言，这种民族国家之间永远存在的军事竞赛，与漫长的战争一起，共同促进了资本积累、国土扩张，发展了财政、金融和领土机构，推动了管理和法律机制发挥作用，同时也用保家卫国的理念赢得了广泛的民众基础。换言之，大规模的群体团结性和强有力的国家主义者情感纽带，是国与国之间竞争的衍生品：为了动员民众参战，一方面，统治者不得不承认广泛的公民身份和政治权利，因而扩张了公民社会领域，而另一方面，投资建立主要和次要的社会化机构的机制（例如教育系统、军事征募和大众传媒），确保民族主义成为同时涵盖国家和公民社会的统治性意识形态。

第三种形成论的观点对种族和民族纽带形成的结构性和历史性环境关注较少，而对社会行动者中普遍的、跨历史的动机和行为产生更为浓厚的兴趣。理性行动者模型（班顿［Banton］，1983；费伦，1995；赫克托，1995；温特罗布，2006；莱汀，2007）参照个体的军事目标，解释在群体间暴力冲突条件下种族和民族团结的强度。在这种观点看来，种族和民族并不具有自成一格的独特性，而是和其他社会现象一样，遵循着集团形成的相同规则。从人类个体是在工具理性原则指引下的效用最大化主义者的前提出发，这种研究路径认为，种族或民族集合团体的行动极有可能产生于个体能够为了自己的利益操纵其文化相似性的场景之中。换言之，种族和民族战争创造了一种"不完美市场条件"（imperfect market condition），其中个人工具理性被转换为强化的群体团结性，并且由于理性个体出于自身利益的考量，有选择地夸大或淡化了自身的文化符号，所以，他们持续且迂回地构建着种族或民族团结性，以及文化同质性。赫克托（1995：54）用1992—1995年波斯尼亚战争的例子来阐述其观点："不难将波斯尼亚事件解读为塞尔维亚人和克罗地亚人针对弱小的穆斯林受害者进行的冷酷且精于算计的土地掠夺行为的副产品，掠夺土地如同其他掠夺形式一样，在有效国家权威缺席的前提下是有利可图的。"类似地，莱汀（2007：22）对隐藏在分离行动背后的理性计算进行了解释："相对于潜在的叛乱而言，内战是有益处的，因为它们都能生存并有赢得这个国家的可能。"一言以蔽之，集体团结性和同质性是利益驱动下个人行为的必然结果：加剧的民族主义情感是一种特别情况的结果，在这种特别情况下，暴力冲突促使个人利益和团体内利益发生了结构性重叠。

毫无疑问，形成论观点在自然主义者对战争时期团体凝聚力起源的解释上有了显著的进步，尽管如此，它们仍然存在诸多认识论上的瑕疵。第一，大部分形成论的解释简单地假设，大规模集团的形成及其团结性模式起源于小集团，并且依照和小集团同样的原则运行。换言之，微观层面的社会交互机制在小型的、主要基于亲缘关系的群体中运行，宏观层面由组织生成的社会凝聚力，则是像民族国家这样庞大组织实体的特征，形成论的观点却并没有在两者之间进行区分。但是，正如柯林斯（2004；2008）所说，长时期强烈的团结性只可能出现在微观层面，在能够直接彼此交流的个体之间。对战斗中士兵表现的实证研究已经有力地表明，仅有极少数士兵的行为动机是因为忠诚于民族、国家、种族团体或一个抽象的意识形态原则，例如自由主义或宗教（参见第七章）。相反，主要动机根植于与小队中其他士兵的团结之情（马歇尔［Marshall］，1947；霍姆斯，1985；伯尔克［Bourke］，2000）。这种对社会凝聚力的新涂尔干式解释假设在战争时期集体的狂热使民族主义得以强化，并形成一种独立的、始终如一的和高度同步的团体情感，均匀地渗透到整个社会。然而，正如卡利瓦斯所明确记录的那样，基于大量内战样本的研究，地方行为者和小规模团体经常使用大规模规范性民族主义叙事，以官方的民族主义术语重新表达私人的不满和不和。真正的社会团结是在微观层面上产生的——在小型地方社会网络细微的碎片之中，而不是作为一种庞大且包罗万象的涂尔干式的集体良知在运转。相反，若要成功产生诸如民族或种族团体的大型集体实体的社会凝聚力和文化同质性，则需要长期的制度、组织和意识形态的支持。

第二，团体内部同质性和民族团结性被理解为在暴力冲突中具有功能性，这一事实并不能让暴力冲突不可避免，也不能解释两者之间存在的关联。大多数形成论学说都会吸纳一些功能主义者的观点，认为战争能带来益处，也就是说，对群体内部团结具有功能性。然而，需求并不是原因。不仅有许多历史事件能够作为例证表明在外部威胁（或战争）存在时期需要精诚团结却徒劳无果，而且特定需求的存在也不能解释某个特定的历史结果。德国在第一次世界大战中的经历便提供了很好的佐证。俄国在1917年的投降以及1918年3月的鲁登道夫攻势（Ludendorff Offensive）让德国距离战争胜利只有咫尺之遥，然而，德国内政混乱和剧烈的社会两极化，被证明比任何民族团结的号召都要更为强大。在缺乏国内支持的背景下，德国士兵的士气一落千丈，并且在1918年8月的亚眠战役中被彻底击溃，这是"德国在四年的战斗中第一次遭受不可逆转的彻底失败"（霍华德，2002：106），因此德国输了战争。尽管毫无疑问，强烈的民族团结对于推动战争具有工具性意义，然而它既无自主性，亦无普遍性。最重要的是，当其具象化时，其实是一种效果而不是原因并需要适当的解释。从这个意义上来说，功能主义的论据是技术层面的，因为他们在诠释社会事件和机构时所采取的方式是聚焦于效果和需求，而不是解释这些效果的起源和成因。此外，在外界威胁的环境下，政治家和民族领袖必须反复号召民族团结，这一事实本身有力地说明了，大规模社会团结并非惯常存在和天然而生，而是需要通过制度加以创造并借助组织机制不断强化。

第三，战争并不会自动强化文化同质性与民族团结性，事实上还能够摧毁社会内部的民族凝聚力。自从西梅尔和萨姆纳将群体间暴力冲突理解为民族同质性最重要的源头（或者在西梅尔观点里是唯一的源头），他们就没有为这种可能性容留任何空间。对于现实主义者和新韦伯主义者来说，这种结果不过标志着小型国家或多族裔国家基础结构的脆弱，而结构完善的现代民族国家被认为具备制度上的抵抗力，即便面临溃败，仍然能承受民族分裂的趋势，例如，1940年的法国和1945年的日本。因为新涂尔干主义者将民族同质性和文化统一性与制度化的战争记忆联系起来，在很大程度上将社会的重要性归功于战争胜利，正如将社会的屠弱不堪与军事溃败相连。但是，在这两种情况中，重点都被放在对为国捐躯者的英勇讴歌或是悲愤渲染英雄，进而仅仅强调了融合性因素。尽管安东尼·D. 史密斯（1981：383）清楚地意识到战争会破坏种族和民族团结性，并且引用了能体现战争对内部团结消极作用的典型案例，包括公元66—73年的犹太战争、古希腊城邦之间的战争，直至第一次世界大战中的奥匈帝国，但是他仍然坚持认为，尽管从中期看来，旷日持久的战争会压制民族凝聚力，但从长期来看，它们很有可能"强化共同体的结构，共同体对种族个体和历史的意义"。对于这种新涂尔干主义规则，唯一的例外情形就是多民族国家，它被认为在长期战争过程中最有可能覆灭。这种观点忽视了一个重要事实，因为战后的美化颂扬以及在制度上对"光荣死亡"的尊崇，并不是面对为民族捐躯者的直接或自然的回应，而是由特定的社会组织所创造，同时要求持续的意识形态和制度支持。简言之，并非仅仅战争经历本身决定了战后长期的团结和同质性，因为不同个例都呈现差别，但是，存在的国家机构和市民社会团体的组织和意识形态机制决定了，哪些记忆会以何种方式得到保存和诠释，也决定了其强度和特征。这一点显见于魏玛共和国和今天的联邦德国对一战和二战的纪念和理解的显著差异之中（莫斯，1991；吉森，2004）。此外，认为只有多民族国家才注定在战争的摧残下支离破碎的观点，假设了两种质的区别的存在，一方面在种族战争和民族战争之间，另一方面在内战和意识形态战争之间。然而，正如卡利瓦斯（2006；2008）用希腊内战（1943—1949）、阿尔及利亚独立战争（1954—1962）、肯尼亚矛矛运动（1952—1960）和西班牙内战（1936—1939）的例子进行的实证研究表明，意识形态特征比民族和种族的特点更为突出。正如他所总结的："我指出这个被忽视的迹象意味着内战过程中种族特征的行为外化，包含着相当程度的异质性和流动性……这些特征在冲突过程中并不是持续稳定和一成不变的；如果它们确实改变，则有可能变得缓和而不是变得更强硬。"（卡利瓦斯，2008：1045）由于种族和民族地位尚未具备，原始的团体属性却呈现动态社会关系，其发挥作用的方式和意识形态化的承诺非常相似。

第四，形成论的研究方法过分强调战争的牺牲特点——以民族的名义为他人而死的倾向。这一点在新涂尔干主义的论述中尤为明显，它根据个体为克服个人遗忘所做的努力来解读民族纽带。正如安东尼·D.史密斯（1996：160）所说："对'民族'的认同感在世俗时代是战胜死亡之终结的最可信的方式，并且是确保个人灵魂不朽的方式。"因而战争的牺牲是一种借助国家作为永存实体的形象，将过去、现在和未来若干代人进行象征性联结而作的努力。尽管来自一种完全不同的逻辑，即功利主义逻辑，然而理性行动者模型都赞同一个相似的观点，同时对其从理性主义视角进行解释：一个士兵以民族的名义在战争中牺牲生命，具有"团结增值器"的效果，是一种"个人为了团结而放弃自主权"的交易权衡，通过交付信仰，以"获取对某个团体的归属感"（温特罗布，2006：41）。尽管士兵们赴汤蹈火的牺牲精神是强烈的社会团结性的表现形式，但纵观整个历史进程中不同社会对其近乎普遍的颂扬，恰恰说明这种情况的出现实属罕见。但是，尽管存在名义上的敬重，没有国家愿意让国民中的大多数成为民族烈士。在战争和社会凝聚力的关系之间，更为重要的不是为国捐躯，而是为民族杀敌的意志。虽然个人牺牲在很大程度上被作为"共同体的内在标准，一种引导后人效仿的寓言性美德"（安东尼·D.史密斯，1995：63），并且必须保持其优异性和稀有性，但战争却将杀戮转变为一种大规模实践，在社会上得到更广泛的支持和正当性辩护。尽管公众认为杀人并非难事，正如柯林斯（2008：20—27）主张并记录的："暴力互动是困难的，因为它们违背了规范互动惯例的常理……我们在生理层面上已经进化，以这种方式进行战斗会遭遇深层的互动障碍，因为神经学上的联结线路，让我们在其他人类在场的情况下实施行为。"结果，与常识观点相冲突的是，"忍受伤害和死亡比动手实施更为容易"（柯林斯，2008：74）。因此，谋杀在绝大多数社会被视为禁忌，杀死同伴的人类在试图消除初次和二次社会化的产物，因此，杀戮行为比牺牲行为需要更多制度层面和组织层面的运作。为了将温顺良民转变成嗜血杀手，需要施加大量社会压力、强迫和恐惧；也就是说，在很长一段时期里必须有强大的组织和意识形态作为支持。概言之，社会团结性和团体同质性并不是对群体间暴力自主且自然的回应：它们既不是战争的原因，也不是战争的直接产物。

三 民族"团结性"的结构根源

如果民族主义和战争被公认为近乎于自动相关联，如果对两者之间的关系进行的两种主导性分析诠释均存在谬误，那么，我们究竟应当如何解释这种现象的起源和特点呢？笔者认为，民族"团结性"和团体同质性既不是对外界威胁自然且机械的反应，也不是在暴力过程塑造之下形成的习惯性人为产物，而是很大程度上源于存在于战争领域之外的事件及过程。换言之，强大的民族情感纽带，既非战争的原因，亦非战争的结果；它们起源于冲突之外，远在战争信号出现之前便已形成。史无前例的民族主义狂热爆发于激烈的战争时期，但和战争本身并没有因果关系，而是两种已经运行若干世纪的历史性和结构性进程的产物：离心式的意识形态化和经年累月的强制官僚化。战争并不是对民族"团结性"和群体同质性的简单揭示或者即兴创造，战争作为一种催化剂，在制度层面将两者彼此联结，并为其协同展现打造了一个空间。

(一) 离心式的意识形态化和民族主义

乔治·莫斯（George Mosse）（1991）创造了"群众国有化"（nationalisation of the masses）这一术语，用来解释在19世纪后半叶和20世纪初期的欧洲出现的结构性现象。他用这一术语来表示民族主义理念与实践逐渐扩张的过程，从局限于相对狭窄的政治、文化精英和中产阶级圈内波及至相应民族国家的全体国民。但是，这一现象不仅毫无争议地由国家机构自上而下地生成，也将公民社会团体卷入其浪潮之中。此外，这种现象在意识形态多元化背景下运行（例如，自由和法西斯社会秩序），因此使用"大众"意识形态或离心式的意识形态化来表述更为妥当。在这一过程中，格外引人关注的不仅是民族主义叙述方式散播于广大民众之中，还有大批群众在其间成为成熟意识形态的主体和客体。现代社会的核心意识形态标志，不是阶级、性别或宗教，而是民族，由于聚焦于此，人们可能会忽视这一过程所赖以实现的本质核心——"大众"的意识形态化。

从对社会阶级进行早期研究开始，研究者包括滕尼斯、韦伯、涂尔干、马克思和斯宾塞等，现代社会秩序与传统社会秩序的区别日益凸显，体现为劳动分工的范围更为广泛、社会行为理性化的增强、人与人之间互动的非感性以及密切关系的普遍匮乏。现代民族国家拥有庞大规模的、成百上千万的居民，其中的绝大多数彼此素未谋面，这与小规模团体成员彼此直接互动的情况形成了鲜明对比。然而，正是因为民族国家以一定程度的集体性作为其存在前提，它需要一种替代性社会黏合剂来保持团结。此外，民族国家与过往的国家形态——帝国、城邦国家或城镇联盟的区别之处在于，它是通过人民主权的理念来使自身获得合法性的，因而比以往的国家形态都更需要这种黏合剂。故此，离心式意识形态化的出现作为一种机构的或是超机构的尝试，其实是为了在民族国家的宏观层面催生某种类似社会团结性的内容。但是，考虑到这种大型政治实体的规模不可能创造出面对面互动才能实现的纯粹的团结性（柯林斯，2004；2008），它们便被迫依赖于意识形态并将其作为社会团结性的结构替代品。在这方面，意识形态是一种持续的过程，试图将类似民族国家这样的大型组织转变为一种政治实体，它具备以亲缘关系为基础的、面对面的社会团结性。

然而，需要强调的是，这并不是一个（自上而下的）单方面进程，而是产生着交互作用：国家机构利用其核心机构来进行意识形态传播（从教育系统、大众传媒、军事征募到社会福利和公民义务），而家庭网络和多样化的社会团体在构建并强化道德标准方面发挥了积极作用，以这些道德标准为中心形成主导性意识形态（国家主义）叙事框架。正如盖尔纳（1983）、布鲁伊（1993）和霍布斯邦（Hobsbawm）（1990）令人信服地论证了（其中后两位也进行了翔实的记录）：民族主义意识形态并不是对前现代民族团体忠诚性的简单扩展。民族主义意识形态是一种与之有着本质区别的现象，正如盖尔纳（1997：74）所指出的，民族主义的意识形态使用共同体的叙事性语言，却沿着法理社会的轨迹运行："一个移动的匿名社会刺激一个封闭且关系密切的共同体。"换言之，这有别于传统的农耕世界，在农耕世界里，个人的忠诚范围往往不会延伸到相邻的村庄，对团结的感知也与他或她的社会地位密切相关，而现代社会秩序以社会和领土的流变性为根基，其中包含大量特征多样却道德平等的个体。不仅为了形成一种共同的目标，也为了在彼此依存的现代社会中更有效率地运行，民族主义作为一种至关重要的意识形态黏合剂而出现，能够在制度性宏观层面替代社会团结性。在不到两百年间，从启蒙运动和浪漫主义原则对其进行的概念性阐述，以及法国和美国革命中被加以具象化的表达，民族主义已经成为在几乎所有民族国家中占据统治地位的意识形态（马莱斯维奇，2002；2006）。民族主义的起源有着牢固的制度性根基：现代官僚理性国家的发轫、使用统一标准本国语的大规模公众教育的发展、与之相应的读写能力的提高、大众传媒的扩张、普遍征兵制的开创、公共空间的民主化和世俗化。（盖尔纳，1964；1983；韦伯，1976；安德森，1983；曼，1986）但是，如果没有以地方的家庭关系网络和公民协会为基础的民众动员，上述结构转型则都不会发生，更不会催生覆盖全社会的民族主义意识形态。离心式意识形态化是一个长期的循序渐进的过程，一方面，国家仰仗其核心制度化机制将"农民变成法国公民"（韦伯，1976），另一方面，地方行动者和地方性组织将微观层面的团结性转化为对民族的忠诚。然而，超越微观层面的社会团结难以创造，更难以维持。对此，安德森（1983：6）准确地指出："所有比原始村庄规模更大并能够实现面对面交流的共同体……都仅存于想象之中"；为了把握住任何成功的机遇，"群众"的意识形态化必须成为一个持续不断的、几乎是永不停歇的过程。

在农民转化为对各自民族国家忠诚的公民的过程中，他们的义务感和对民族的奉献之情绝不是与生俱来或油然而生的，而是要依靠永久性的制度上或制度外的支持。尽管所有民族国家都会应用宣传技术（特别在战争时期），对这一点帕累托（1966：44）有着深刻的认知，为了达到效率目的，战争宣传和国民刻板印象必须依托于已经存在的"情感"及认知（参见第七章）。离心式意识形态化不仅仅是统治者个人意志和意愿的产物，而是一种结构性现象，故而所需要的内容远远要超过"复杂的谎言"。对公民进行持续的意识形态化通常会导致被比利希（1995）称作日常民族主义（banal nationalism）的东西。换言之，民族主义意识形态力量并不是根植于顽强的战争呐喊以及关乎胜利与牺牲的英雄影像。这些激烈的影像和行为罕见且非同寻常，往往存续不久。此外，其存在本身也依赖于低强度的日常民族主义的运作。因之，民族主义意识形态的长期效能，来源于其制度性嵌入——近乎无意识的习惯性复制，其存在于日常的言辞表达之中，以及政治家、管理者、报刊、品牌营销、货币体系、天气预报等其他惯常行为活动之中。

恩瑟（Edensor）（2002）以英国为例做出了令人信服的展示，日常民族主义承担了民族空间化的责任，这在民族化的城市及乡村景观中（正如流行杂志中渲染过往岁月的怀旧景象）以及日常景象里都清晰可见。后者的风格特征来自普通的功能性物品，比如电话亭、消防栓、路灯、信箱以及其他有着鲜明"民族"形状和颜色、加强民族感情的物品。正因为如此，民族主义最强大的时刻并非在呐喊和咆哮之时，而是在细微琐碎、被视为理所当然的那一刻。正是这种悄无声息、按部就班的"习惯化"创造了力量："思想、反应和符号，转化为日常习惯并深入人心。如此这般，在被忘却的记忆之辩证关系中，往昔岁月蔓延至当下的生活……这些对民族性的纪念物品，将背景空间塑造为家园空间。"（比利希，1995：42—43）正是意识形态化过程，使民族符号、行动和事件常态化、习惯化，融入平凡的日常生活，发挥了强制性日常备忘的功能，成为特定民族身份的"旗帜性标识"。正是这种乏味的例行程序和制度性重复，使日常民族主义发展为如此强大的意识形态机制，能够在战争时期迅速升格为强烈的民族主义。

日常民族主义的制度化在很大程度上是一个外部进程，除此之外的

"群众"意识形态化也包括对内部分——特有民族主义者本体论的主观规训及内化。从韦伯早期研究理性主义的著作（1946；1968）诞生以来，社会学家已经认识到了赋予现代化以特征的两项核心的、彼此依存的过程：官僚组织之客观理性化以及生活于现代社会的个体之主观理性化。韦伯特别强调了基督教的重要性，也就是加尔文主义的重要性，其教义抵制感情化行为，倡导苦修，并主张对"个人生活和行为模式进行敏锐且有条理的把控"（韦伯，1968：544）。

尽管比利希（1995）显然忽略了这一点，但日常民族主义的运作也以相似的方式进行：民族主义的制度性强化，通常与个人的"灵魂"的自我规训并行不悖。因为民族主义，正如团体忠诚感和人民主权的意识形态一样，是一种最卓越的现代信仰体系，其在社会范围内的扩张和增殖不仅需要结构转型，也需要每个人世界观的巨变。正如盖尔纳（1983）所主张的，无读写能力的农民不会成为优质的民族主义者。羽翼丰满的民族主义意识形态要求较高的文化普及程度，要求人们对自己所生活的民族国家的状况有主观的反思和深刻的认识，并且个人的利益、目标和社会地位往往与民族国家的制度框架相重叠，并通过其获得最佳的体现。只有当大多数国民开始首先在民族的语境中去定义、理解以及认同这个世界时（有别于前现代社会人们关注的焦点是村庄、庄园和自由镇），民族主义才能成为世界上占据主导地位的认知和规范性领域。为了实现这一点，至关重要的是民众普遍开始将那些归属于相同民族的成员与非成员进行区分。从这个意义上说，民族主义并不是民族固化印象和原始仇外情绪的简单扩张。相反，它是一种全新的社会状态。民族主义并不仅仅是一种情感性回应，也并非假定的精神分析层面"对他人的普遍轻视"，它与一种新的历史环境相关，这种环境生成了一种对个人理性和集体理性的新的感知。

与常识相反，民族主义意识形态的力量并非来自仇恨情绪的爆发，而是取决于工具理性和价值理性的定义，两者均暗含着一定程度的自我引导和自我抑制。正如鲍曼（1989）所指出的，前现代的集体迫害是以情感驱动的反犹主义仇恨的周期性爆发为特征的，大屠杀则基于现代意识形态原则，两者之间有着本质性区别。与不定期的集体迫害中所呈现出的零星、混乱且随机的暴力不同，"最终方案"（Final Solution）完全是一种现代意识形态产物：要求高效的现代官僚机构和科学技术为其成功植入奠定基础，还以创造一种生物层面的纯净社会秩序作为乌托邦式的意识形态目标。与之相似，民族主义作用最大化的时刻，并非在其狂热、不受约束的腥牙血爪状态之下，而是在冷静、理性、为规约所限制并几近隐形之时。当对其他民族的排除及灭绝行为能够在法秩序的框架下以多数人权利的名义合法实现时，就不存在个人侮辱和采用有失体面行为的必要了。虽然对种族和民族的诽谤和种族主义笑话，几乎在全世界范围内引起公愤并备受谴责，然而，那些自视为民族成员的人对制度性歧视、警方的种族侦防，以及对"非法外籍人口"驱除出境均采取或赞成或容忍的态度。倘若没有国民中大多数的工具理性和价值理性作为根基，离心式意识形态化便无法成功推行。这个过程既依赖于制度，也同样程度地依赖于民族主义的常态化、规范化以融入日常实践的主观条件作用。因之，战争爆发并不会创造民族主义，而只是打开了一台已运转数个世纪的烤箱：仅仅让一些曾被视为理所当然的隐含之物变得具体明确、清晰可见。

（二）经年累月的强制官僚化与民族主义

尽管离心式的意识形态化是一种强大的社会机制，并常常成功地将真正微观层面的社会团结，转变为被广泛共享的民族主义叙事，但是，民族主义从平实到强烈的转变也需要直接的制度性干预。尽管日常民族主义的存在和习惯化重复，解释了战场上和"大后方"所展现的认知和道义认同，但它本身并不足以将普通的男人或女人转变为残暴、富于战斗力的杀手。换言之，由于人类个体是胆怯的生物并且不太擅长战斗，如果没有社会机构将大量的人聚集在一起，并强迫他们依照特定的（民族以及暴力的）方式行动，那么最有可能的情况就是，普遍共有的民族主义在宏观层面的忠诚，将会分化为彼此冲突的微观层面的碎片化团结体。

正如柯林斯（2008：11）所主张的，正是社会组织，才"使个人战胜了使他们中的绝大多数远离战斗的普遍恐惧；如果没有良好的社会组织性，广泛参与的战争将不可能发生"。因此，除了"民众"的意识形态化以外，现代性的另一个核心结构特征，也必须具备以实现民族主义和战争的结合——经年累月的强制官僚化。在这里，韦伯的思想遗产（1968）也至关重要。按照他的判断，现代社会秩序与传统社会形式相比,其区别在于:前者对官僚组织模式的认同,超过世袭制度、老人政治以及其他传统权威形式。传统组织模式基于统治者个人的财产权,以及遵循他或她的愿望而行事的意志,然而,官僚组织则是从抽象条例规章的一致性体系中获得权威性。因之,传统权威更看重裙带关系、任人唯亲,以身份地位为基础;而官僚组织在原则上客观中立、不涉及个人感情,采用精英治理模式,受规则约束且有严苛、透明的等级体系。正是上述这些鲜明特征,让现代社会组织得以高效地实现其目标。官僚机构——现代军事机构之缩影,通过责任委托和严格的劳动力分工,促进了任务分类,成功地使纪律和秩序在位阶关系上优于个人主动性和情感性承诺。尽管官僚制度的终极目标可能并经常借助价值理性术语来表述(例如,依靠军事组织解放一个民族,或者建立自由的或者伊斯兰的社会秩序),但是,它们之间的内在逻辑几乎完全由工具理性塑造。韦伯关于铁笼的隐喻,清晰而有说服力地间接提及官僚制度千篇一律、工具性且机械化的运行特征。然而,此处有必要强调的是,官僚制的效率是融入其等级严明的专门化结构之中的。坦言之,因为官僚机构以其高效而成功地实现合法化,韦伯将其称为"知识统治"(domination through knowledge),故而官僚机构也是最广泛的社会控制机制。官僚等级制的精英治理模式、透明化及社会流动性这一事实,并未使其收敛控制力。恰恰相反,这些特征让官僚机构格外专横跋扈、强硬严苛并且等级森严,个人对(合法)权威的遵从不仅得到重视,而且任何不合规的迹象都会被诟病,受到正式的制裁。这种对纪律的强调意味着服从以及一系列强制性命令。换言之,官僚组织的功能理性具有阴暗面——它是最强大的统治结构手段。如果没有社会组织的存在,战争将不可能发生。

因此,战争不是团体间彼此仇视的扩大化,而是一种存在于社会组织之间的暴力斗争,所以现代官僚体系不断扩张的能力才直接转变为破坏规模的升级。换言之,组织化行动持续增强的理性自相矛盾地导致了非理性的结果,因为现代化较之以前的任何时期都更具有毁灭性,会造成更惨烈的人员伤亡。传统社会形态缺乏制度性手段和资源,无法依托于广泛的民族忠诚感,与之不同,像民族国家和军队这样的现代官僚组织,能够合法动员并掌控成百上千甚至数百万人,驱动其追求特定的政治和军事目标。这是规模庞大、装备精良的先进官僚制度即现代民族国家之间的战争,官僚制度将暴力冲突转变为全面的战争。

尽管现实主义者和新韦伯主义者清楚地意识到现代民族国家的制度结构力量已经发生了史无前例的增长，然而，他们对变化的地缘政治环境的重视在某种程度上过于形式化，却忽略了意识形态和官僚压迫之间的内部性互动。他们并没有同时关注内部的大棒和外部的胡萝卜，而是夸大了外部的大棒和内部的胡萝卜所起的作用。虽然作为现代性特征的制度性暴力的激增，确实在很大程度上归因于国家间竞争，以及统治者以扩张市民权和渐进民主化来换取民众支持的能力（蒂利，1985；2007；曼，1988；1993），但更重要的是，现代社会组织对内的纪律性影响，尤其是军事铁笼的兴起，确保没有人会从战斗中脱逃。现代战争能够实现两方面的结合，一边是复杂的组织机制确保士兵坚守前线，逐渐弱化大规模杀戮的道德谴责性并提升技术的可行性（长距离炮击、高空轰炸和毒气室），另一边是为民族荣誉而斗争的外部驱动。一方面，官僚组织的强制力创造出一种制度上杜绝不服从的环境，而另一方面，组织运行所处的竞争性并最终呈现冲突性的背景，培养了一种弘扬民族威望的持续追求。这个过程得到了所有身处其中的民族国家正在推进的"群众"意识形态化的有力支持，这一事实进一步促进了日常民族主义向暴力民族主义的终极转型。

日常民族主义的冷酷、习惯性和偶尔的深谋远虑，与官僚组织客观的、理性主义及工具驱动的道德准则密切相关。前现代社会秩序中存在着能够激发强烈情感回应的暴行，包括伤害、折磨、强制执行、人的牺牲和仪式性战争狩猎，然而，现代社会将暴力转变为一种去人格化的以目的为导向的手段，借此祛除情感因素（柯林斯，1974：419—420）。公然的残暴被客观的、制度驱动的麻木不仁所代替。种族清洗和种族灭绝是现代社会的特有现象（鲍曼，1989；曼，2005），这绝非偶然，因为它们不仅依赖于大型组织的力量来实施如此庞大的任务，而且也依赖于一种特定的、去人格化的、冷酷的逻辑和道德准则，这将大规模灭绝行为视为最高效的实现明确目标的手段。现代组织并不充满着盲目仇恨和热血沸腾的厌恶情绪，而是简单地关注对于障碍的排除以实现理想目标。

然而，冷漠并不意味着完全缺乏承诺。恰恰相反，正如默顿（1952：365）指出的："纪律只有在其理念模式受到强烈的感情支持时才会有效，这种感情使一个人恪尽职守，对个人权威和能力所受的限制有着敏锐觉察，有条不紊地进行常规活动。社会结构的效率，归根结底依赖于向团体成员灌输恰当的态度和情感。"因此，人们在日常民族主义和官僚组织中均遇到的惯常的冷漠实际上紧密相连并互为补充。官僚机构提供了一种强制性的制度设计，复制着彼此分离的、惯常的行为模式，而日常民族主义则在对民族国家的忠诚和对组织的忠诚之间，涂抹了一层意识形态黏合剂。事实上，日常民族主义不过是一种习惯的、被视作理所当然的对特定官僚组织——民族国家的忠诚和依附感。它在表象上的隐性特征常常被人们误读，错误地认为民族主义在日常生活中势单力薄，只有战争或其他"反常"（aberrant）的危机，才会激发出人类本性上的这些"返祖"（atavistic）特征。但是，现实情况正如比利希（1995）所指出的那样，平实并不意味着无害。民族主义的低调并不意味着它不是普遍存在的。事实上，正如罗兰·巴特（1993）深切意识到的，衡量一种意识形态力量最好的方式，就是观察其日常自然化的程度：这些特别含义、话语、符号和实践，是如何并且在何时，被视作理所应当的存在，并被人们认为是无害的、普通的、自然而然的。当官僚组织在现代时期的支配力量，以日常民族主义的形式与持续存在的离心式的意识形态化相结合，就制成了一杯具有致命潜力的鸡尾酒。任务的委派脱离了暴力的语境，对权威的制度性服从和命令的等级序列消除了责任感。冷漠的专业主义伦理准则和任务驱动的行动，形成了一种对非组织成员（例如民族国家）的麻木不仁。官僚机器的强制性确保了大规模征兵、广泛的参与以及熟练的（军事）训练。社会组织也提供了充足的手段和技术，以满足进行大规模杀戮的需要。最终，对"群众"进行持久不断的意识形态化，在被灌输了日常民族主义惯常的重复性实践和价值以后，会生成一种强制性意识形态黏合剂，在民族国家层面上投射真正的微观层面团结性。一旦将所有这些正在进行的过程和行动与一个事件——战争进行协同关联，那么民族主义就随时准备着从平实且普通的杰基尔医生，摇身一变为致命恶毒的海德先生。[①]

[①]《杰基尔医生与海德先生奇案》（*The Strange Case of Dr. Jekyll and Mr. Hyde*）是苏格兰作家 Robert Louis Stevenson 在1886年出版的小说。杰基尔医生研发了一种神奇药剂，能够将人性的善良与邪恶进行分离。杰基尔医生在饮用药剂后会变为自己邪恶的阴暗面——海德先生。海德先生最终犯下了谋杀的罪行。——译者注。

四 结论

　　人们近乎普遍地认为现代国家间的战争和民族主义有着深刻的关联。与过去两个世纪的战争所关联的典型印象，是关于那些为国捐躯者和为国杀敌者："光荣的死亡"之英雄般的殉难，斗志昂扬保卫国家的士兵民族主义情绪高涨，同样狂热的同胞为其欢呼呐喊。但是，诸如此类的画面所展示出的战争和民族主义之间强大的因果关系实际上并不存在。民族主义并不是由战争直接导致的或不可避免的产物，它是一个更为复杂和持久的现代现象，需要长期的组织和意识形态支持。无论是战争还是民族主义，都并非自动产生、天然存在或不可避免，在两者之间的关系中，也没有什么是自我证成的和内在固有的。民族主义不是社会团结性在更大团体中的简单扩张，而是一种意识形态机制，它在制度上被创造出来，是为了成为真正的面对面交互纽带的组织性替代物。与之相似，战争并不是团体攻击在宏观层面的扩张，而是一种发生于两个对立的社会组织之间的暴力性政治冲突。最为重要的是，战争没有创造民族主义，民族主义也没有产生战争。相反，民族主义的发展在很大程度上归功于与真正的战场几乎无关的制度进程：离心式的意识形态化和经年累月的强制官僚化，是历史上的偶然性和协同的环境，而非战争本身，让这两个进程同时发生，并为日常民族主义向组织化恶性转型打开了大门。

第七章 战争宣传与团结

一 引言

宣传通常被认为是战争的必备条件。传统观点认为，具有宣传效果的图像和信息，是实现公众对于特定战争感受和态度转变的有效手段。其中的假设是，不论冲突在最初多么令人反感，精心策划的有效宣传总能够转变人们的观点，使战争的发动显得貌似合理甚至广受欢迎。当谈及战争宣传，戈培尔的激情演讲、纳粹党的火炬游行、军乐队、大量的唱诗班以及其他宣传技术手段，会迅速地跃然于脑海。战争宣传常常被视为一种强有力的推动性力量，能够让年轻男性（近期也包括女性）自愿为自己的国家、宗族团体、宗教信念或者其他意识形态教条而战斗并牺牲生命。

然而，战争宣传和所有的社会现象一样，拥有更为复杂的运作机理。本章的核心论点是，战争宣传不是一种能够相对容易地动摇数百万人现实认知的无所不能的力量，而主要是一种在全社会范围内进行自我正当化的机制。换言之，绝大多数宣传并不具备急剧转变公众观点和行动的能力，而只是为已然认可宣传所倡导的价值的人们，提供一种认知上、道德上以及合法性层面的指导图示。本章也对宣传和前线士兵心理动机之间所谓的内在联系提出了质疑。本章采纳了士兵行为研究的成果，认为宣传对于战场行为的影响力寥寥，或者根本无任何影响。士兵很少为了诸如民族自由、伊斯兰、民主此类宏大的抽象概念去杀戮他人，抑或牺牲自己。相反，最主要的推动因素是微观层面的群体团结性。本章的第一部分剖析了对战争宣传的常识性理解，而第二部分则关注于杀戮他人和自我牺牲的真正动机。但是，在展开分析之前，重要的是先具体说明，究竟何种行为构成了战争。最简单的定义是，宣传是有组织性交流的一种密切形式，包括对理念、想象和信息的生产、再生产及传播，其目的是说服并影响大型群体的观点和行为。尽管这一术语源自17世纪梵蒂冈教廷红衣主教礼拜会众的名称，用于传播宗教信仰（传道议会），但这一术语的当代用法却有着明显的军事起源——第一次世界大战（马林[Marlin]，2002；泰勒，2003）。从这层意义来讲，所有宣传都起源于战争宣传。但是战争的突出特点是其暴力性特征，这意味着，与其他形式的宣传不同，战争宣传包括对信息进行有组织的生产、再生产以及传播，这些信息全部聚焦于杀戮、死亡、毁灭与苦难。正如泰勒（2003：6）所说："宣传……是说服人们去做那些对说服者有利的事情"，并且"在战争时期，通常意味着让他们去作战，或支持战争。"

二 战争宣传

关于战争宣传的常识性观点，使得下述被广泛接受的错误观念得以长久存续：

1. 宣传是一种充满力量并且高效的社会控制机制。
2. 宣传实质上是一种故意的欺骗。
3. 宣传的实践盛行于独裁社会，但是在民主政治秩序中鲜少可见。
4. 宣传是一种原始的实践，从远古时期直至今日，都是所有战争不可或缺的部分。

但是，上述4个论断中没有一个能经得起推敲。下面，就让我们一起来进行更为深入的思考。

（一）社会控制

战时宣传，通常被理解为一种能够将普通、平和的个体迅速转变为嗜血杀手和激情殉道者的强有力工具。一个典型例子是乔姆斯基（Chomsky）所描述的鱼笼委员会（Creel Commission），它由伍德罗·威尔逊政府所建立，并作为美国在第一次世界大战期间的主要宣传工具。根据乔姆斯基（2002：11）所说，这个委员会"成功地在六个月之内，将作为和平主义者的民众，转变为想要摧毁德国的一切、将德国人碎尸万段、奔赴战场拯救世界的歇斯底里的战争分子"（乔姆斯基，2002：11）。换言之，在乔姆斯基眼中，宣传不仅能够动员消极被动、对战争漠然无感的美国公民起来战斗，他还断言战争宣传能够彻底地改变人类。但是，这种形式的推理通常关注独裁统治者，例如，戈培尔、希特勒和墨索里尼。在对这些政治独裁者事例进行的援引中，他们作为大师级操控者，能够煽动数百万普通民众对种族主义教条趋之若鹜，使他们对最极端政策予以默许，甚至违背自身利益行事。这种观点强调煽动性宣传的感情特征，并将其与一个人受教育程度相关联（加兰特［Galanter］，1989；摩尔［Moore］，1994；欧莎纳西［O'Shaughnessy,］2004）。例如，欧莎纳西（2004：39—40）指出："感情是宣传的核心……情感的偏见拥有比阐明事实真相更重要的力量……情感通过教义的主张持续发挥作用……这种情况的真实性特别存在于那些倾向使用'启发式责任'，主要基于感觉进行选择的、受教育程度相对不高的人群之中。"

但是，这种相当流行的对宣传的理解，是建立在对社会行为的简单化理解之上的，它假设个体受到制度的制约，并且意识不到这种限制的存在，也觉察不到自己受到操纵而施行违背个人利益或集体利益的行为，据此，人类被认为在本质上是消极性、依附性、无反思精神、非理性并且欠缺自身意志的存在。换言之，宣传被认为是一种外部强行施加的社会病理形式，能够在极短的时间内对人类进行彻底改变。然而，这些以及相似的论据都将人类主体赋予了过强的可塑性。正如古尔德纳（1970）、吉登斯（1991）和詹金斯（2008）令人信服地展示的那样，社会行动几乎总是与相当程度的自我反思相关联。尽管人类是动态的、易变的生物，但是他们很少（如果有的话）如此轻易被影响，进而囫囵吞枣地接受彻底颠覆其行为模式的宣传信息。从韦伯（1968）的早期著作诞生以来，显而易见的是，社会行为是一个复杂的过程，不仅包括情感，还容纳了工具理性、价值理性和日常活动习惯。因此，尽管战争宣传依赖于行为预设逻辑下的有意识行为，但它本身并不能规避有目的行为带来的意外结果。宣传不仅很容易错过其目标受众，在错误的时间和地点得到传播，无法恰当地表述想要传递的信息，而且还可能适得其反。例如，在齐奥塞斯库统治下的罗马尼亚，国家的很多宣传措施成为大众嘲讽的对象，而齐奥塞斯库在1989年12月21日试图组织大规模"自发性的"集会获取支持，并在主流媒体上直播，却快速引发了反对其的公众游行。集会直播的突然中止，掀起了一股席卷全国的对抗齐奥塞斯库的情绪，进而点燃了1989年罗马尼亚革命的火种（霍姆斯，1997）。

另举一例为证。1915年8月，德国人制造了一枚讽刺性奖章，试图以此纪念英国商船卢西塔尼亚号的沉没，宣称这艘船当时正在非法装运军火而突发回火事件，以此证明英国人所做的是非法行动。艺术家K. 戈茨错将5月7日雕刻在了奖章的背面，而正确日期是5月5日，这一失误后来被英国的宣传机构利用，指责沉船事件是一场蓄意谋杀。在一场逆向宣传的政变中，这张奖章的照片被刊印在纽约时报上，而且印章复制品生产并售出了25万枚。这一切都强化了德国作为侵略者的形象，对美国政府决议参战施加了影响（庞森比［Ponsonby］，2005）。这些案例表明，战争宣传并不是一种能够轻而易举地直接引导人类行为的社会控制工具。尽管现代国家在战争宣传上消耗了大量时间、资源和专业知识，但是，大部分宣传信息对于那些已身处冲突旋涡之中的人来说，是无法或极少改变其行为的。例如，在第二次世界大战期间，美国空军创建了一支特殊的飞行中队（归属于"空中堡垒"），命其负责在敌方前线上空投放战争宣传单。到战争结束的时候，这个中队利用所谓的"梦露炸弹"，在一周之内投放了超过七百万份传单。[①] 与之相似，在1991年的海湾战争中，美国空军在伊拉克前线投放了超过2900万份传单，也就是说，每名伊拉克士兵收到了超过50份传单（泰勒2003：226，296）。但是，没有证据显示，这些传单传递的任何信息能够成功地转变美国对手们的观点或行为。实际上，在纳粹国防军的例子中有清晰可信的社会学证据，能够证明事实恰好相反。正如希尔斯（Shils）和加诺维茨（1948）所指出的，德国军队的社会组织以及小分队中凝聚的微观团结性，远比任何（国内或敌方）宣传更能够塑造士兵的行为。结果，尽管已经逐渐意识到德国输掉了战争，纳粹国防军的士兵仍然顽强奋战至最后一刻。在上述两个案例中，只有当纳粹德国和伊拉克军队面对彻底的军事溃败时，才出现大规模的士兵投降，大多数民众的态度也才有所转变。因此，大多数战争宣传仅仅在功能层面作为自我正当化工具，并不是能够对冲突双方的大规模民众进行迅速洗脑及动员的全能型工具。战争宣传没有狂飙

[①] "梦露炸弹"是一种最高可装载八万份传单的设备，在降至1000英尺的高度时会投放这些传单（泰勒，2003：227）。

突进式地改变人们的观点，实际上只是使那些业已存在并成形的观点合法化，而这些观点通常根植于那些大多数人认为是自身或集体利益的东西。战争宣传并没有改变人们的观点，而只是提供了一个向外的出口，是社会的一面镜子，加速了对已经渗透至大众观念之中的观点和实践的表述和强化。在暴力冲突时期，一个人阅读或收听大众传媒，不但为了获取可靠消息，而且主要想确证一个牢固的信念（在一个人正义的动机中），并为这种信念的正当可信找到一种社会性的证明。正如心理学研究所表明的，大多数人倾向于欣然接纳那些确证其信念的证据，而反对或忽略那些与自身信念相悖的证据。即便在和平时期，一个人也很少通过阅读与其观点相反的报刊和书籍来检验自己的政治信仰（温特劳布［Weintraub］，1988；霍伊尔［Heuer］，1999）。

　　大量的战争宣传并不是针对"敌人"而展开的，并且在直接以其为目标时，也常常在很大程度上没有什么效果。战争宣传的主要目标是国内受众，偶尔也包括怀有同情心的国外组织及国家。然而，即便对于这些人来讲，战争宣传也无法迅速地刷新公众的观点。相反，成功的宣传要从已经存在的某些东西当中汲取养分。因为一个人并非白纸一张，宣传必须运用社会现实中已有的价值和观念。换言之，战争宣传的成功，极大程度地依赖于长期性历史进程，诸如离心式意识形态化和经年累月的强制官僚化。正如前一章所详细阐述的，这些进程是随着岁月的流逝而逐渐形成的，并且缔结了联结公民和民族国家的纽带。"群众的意识形态化"为微观层面的面对面互动式团结构建了一种机构性、社会性替代物，而暴力官僚化则为主观和客观方面的合规常态化提供了组织性手段。任何有悖这两项进程去改变大众观念和行为的尝试都不太可能成功。兹举一例证之：在1999年的科索沃战争中，塞尔维亚政府的宣传将北约描述为纳粹法西斯般的形象，声称北约要通过对主要城市进行地毯式轰炸的残忍政策，置塞尔维亚人于死地。这种宣传所描绘的景象在塞尔维亚国境以外反响寥寥，无论对于北约国家还是普遍的国际共同体，都没有在受众中激起任何浪花，因为北约本身就是由那些与纳粹德国和法西斯意大利进行斗争的国家组成的，而塞尔维亚民众则认可这种描述。政府的宣传列举了1941年德军轰炸贝尔格莱德和正在发生的空袭之间的相似之处，相当成功地传达了塞尔维亚是受害者的这一信息（克洛维奇［Colovic］，1999）。换言之，战争宣传的功能并不是改变任何一方的观点，而是使那些已经被大多数塞尔维亚民众所公认的、根植于长期意识形态和官僚制过程的观念得到强化，并使其具有合法性。

(二) 真相与欺骗

战争宣传通常也关乎一种经过计算的欺骗。据称，垄断大众传媒和持续复制虚假信息，会轻而易举哄骗人们相信某些非真实信息。对此的经典表述来自戈培尔（1941：364）的"如果撒谎，就撒弥天大谎，并且撒谎到底"，希特勒（[1925]，2001：168）也将宣传的实质功能表述为："为我们的权利服务，永不妥协"，在这个方面，宣传"必须将自身限制在某些要点，对其进行一遍又一遍的重复"。换言之，战争宣传等同于精巧设计过的谎言散播。但是，尽管黑色宣传是故意利用虚假信息歪曲或诋毁敌人，并且通常由一方创造，却给人一种源自敌方的错觉，在短期来看偶尔也能发挥作用，然而事实上，在成功的战争宣传中，绝大部分都基于诚实的表述和真实的信息源。

和黑色宣传不同，白色宣传基于对具有真实来源的事实性信息进行巧妙而在很大程度上却是单方面的诠释说明。尽管毫无疑问，第二次世界大战中像古斯塔夫·西格弗雷德·爱因斯（Gustav Siegfried Eins）一样的无线电播报员、卡莱斯士兵电台、大西洋电台或德国协和广播以及揭秘电台，通过欺骗听众，让其相信自己是敌方播报员而有效地进行黑色宣传，但是，这些电台却并没能让收听的"敌方民众"改变原有态度（勒那[Lerner]，1972）。当黑色宣传成功的时候，仅仅能确证，与其说战争宣传改变了大众认知，毋宁说战争宣传其实只是强化已有价值的最佳工具，即一种自我正当化的手段。古斯塔夫·西格弗雷德·爱因斯与协和广播的播报，工具性地重申那些公认的关于敌方的僵化形象，对于改变公众观点没有产生什么影响。古斯塔夫·西格弗雷德·爱因斯的主要演讲者"老板"，被打造成为"一个忠心不二的普鲁士军官典型，他旗帜鲜明地表达自己对纳粹德国——实际上是对元首希特勒的——忠心耿耿，但是对纳粹的许多政策和战争罪行进行了猛烈的抨击"（布莱克，1972）。这种形象很容易进一步固化英国人对典型德国人的已有成见，也加深了德国人的自我刻板定位。但是"老板"的消息，既没有改变英国或德国对彼此的态度，也没有改变他们对于战争起因的公正性之既有认识；这些信息只是加固了那些已然盛行的成见，仅此而已。

尽管在寻找可靠信息源头的过程中，德国士兵和军官在战争末期对盟军运行的电台展现出更为浓厚的兴趣，但这一事实只是重申了上文提及的观点：是战况的变化，而不是宣传本身，改变了人们的态度和行为。只有德军在防御撤退的阶段，士兵才开始质疑已被广泛接受的主导性战争叙述是否真实可信。因为获胜方对战况进行真实播报的可能性更大，因为时局对获胜者有利，失败一方的士兵和群众通常会倾向于更多关注敌方的宣传。因此，即使像盟军播报员这样的黑色宣传通道，在实践中都被证明，传播真相的获益多于传播谎言。信息战行家丹尼尔·勒那（Daniel Lerner）（1972：28）也承认："可靠性是说服的一个条件。在你能够让一个人照你的话去做之前，必须先让他对你的话深信不疑。"

大量有效战争宣传都根植于事实的精确性，但这并不意味着，事实必须以客观且无偏见的方式得以展现。相反，白色宣传非常依赖于有倾向性的解释。正是对于事件的具有创造性的阐释，才能够表达并引导一种宣传性信息，以确保对一方有利，例如，有选择性地展示那些支持一方立场的事实，用对未经证明的事实进行假设的方式来措辞陈述，大量使用委婉语以及类似的策略。加尔通（Galtung）和鲁格（Ruge）（1965）已经定义了很多散播白色宣传的策略，包括摩尼教对行动者和事件的二元性描述（例如，将冲突的复杂性降低至两个互为敌对的政党），暴力的去情境化（强调行为的宏大、戏剧性以及极端非理性，并未解释冲突的成因），关注个人的残忍暴力或英雄主义，避而不谈结构性原因，展现暴力循环的必然性和无法预防性。因为所有宣传的主要目的在于，使一方的理念或行动合法化，使对手的理念或行动非法化，并且因为在战争时期这些行动包括深层冲突行为，例如杀戮、死亡、毁灭和痛苦，所以，大多数的战争宣传都集中在对特定行为过程，以及那些对该行为负有责任之人的正当化、理性化或者中伤诽谤之上。

因为大规模暴力冲突通常需要全民总动员，因而存在着想要将整个集体——民族、种族或国家——全部非法化的倾向。根据丹尼尔·巴特尔（Daniel Bar-Tal）（1989）的表述，在漫长的暴力冲突中存在5种典型的传播方式：非人格化、异类化、创造特征、贴政治标签和群族对比。非人格化包括在定义上将对手归属于低劣人种（例如黑鬼、犹太寄生虫、斯拉夫劣等人）或者非人类（怪物、恶魔），强调敌人持续地蔑视那些被普遍公认的社会规范（例如，敌人会攻击儿童、病人和老人）。宣传内容通常依赖于特征刻画，这个过程需要将（很大程度上是负面的）个性特征归于整个族群（例如"日本鬼子"的变态和背信弃义），同样还包括与那些被贴上传统负面标签的族群进行类比（例如，在第一次世界大战中，英国媒体通常把德国人比作"匈奴人"）。最后，还会给对手的行为贴上意识形态的标签，进而对其进行非法评价，这些意识形态标签会让人联想到那些在本国令人厌恶的或是危险性高的政治组织。例如，敌人常常会被贴上"法西斯""种族主义"或者"帝国主义"的标签。利用非法化策略有助于提升自身行为的正当性，再次确证自身所追求事业的道德优越性，强化所涉族群之间社会边界的泾渭分明，并且促进正在发生的族群内部的同质性进程。用敌人的特点和行动来说明其非人类归属性，彰显自身行为的正当性便会愈发容易：怪物和野兽不需要人类的同情。

但是，上述主要在心理学层面展开的论述忽略了一个重要事实，即非法化的特征、程度和强度与暴力冲突的天性有着深刻的关联。换言之，在参与冲突的各方之中不存在一种普遍均衡的非法化倾向，战争本身就决定了非法化策略所应用的范围和结构。例如，在1991—1995年南斯拉夫继承战争中，交战双方的宣传攻势呈现出相当猛烈的特征。只要对宣传造势的观点稍作观察，便可以看出双方所使用的宣传技巧大致雷同，都将敌人描述为寡廉鲜耻以及具有很强的攻击性。然而，冲突的不对称性反而造成了宣传模式的不同。在战争早期，军事上实力相对微弱的克罗地亚人和波斯尼亚人已经丧失了大片土地，严重依赖外援，而塞尔维亚人从装备精良的南斯拉夫军队继承了大批武器储备，进而占据巨大的军事优势，并不需要将冲突国际化。这样一来，由于克罗地亚人和波斯尼亚人将战争宣传的焦点放在将塞尔维亚的战争目的非法化之上，突出塞尔维亚人（以及塞尔维亚民族）好斗的特征和天性，以获取对其怀有同情之心的国际社会和本国人民的支持，而塞尔维亚的战争宣传几乎全部集中于对自身行动的正当化证明。换言之，当波斯尼亚人和克罗地亚人着重刻画塞尔维亚人的道德卑劣和攻城略地的非法行径，将其描述为凶残的窃贼、恶魔、卑鄙小人和秃鹫时，塞尔维亚的宣传实质上集中在自我形象的塑造上，并没有火力全开地将冲突中的另外两方非法化，并且将自己描绘成"新世界秩序"国际阴谋的和平而富有尊严的牺牲者（马莱斯维奇、乌瑟拉克，1997；马莱斯维奇，1998）。

利用固有成见（stereotyping）的强化和非法化策略，有助于宣传叙述的简单易行，并且有助于将目标受众所获取的一致性信息更为具像化。但是，尽管简单化策略行之有效，但谎言却并非如此。为了获得长久的胜利成果，战争宣传必须由真实的论断组成，因为只有事实才能成为富有成效的倾向性报道之客体。

（三）战争宣传的民主起源

宣传的发明和广泛使用通常与独裁和极权国家相联系，而自由民族制度则被认为无此必要，因之具有较弱的宣传倾向性。当民主制度有宣传的需求时，例如在战争时期，其也通常被认为是在应战独裁国家猛烈的宣传攻势而采取的防御性策略。文献中的一个典型例证来自汉娜·阿伦特（1951：344）在极权国家和非极权国家各自的宣传之间所进行的区分："极权宣传的谎言与非极权政体在紧急时期的普通性谎言的区别之处在于，前者在总体上持续否认事实的重要性：所有事实都能被改变，所有谎言都能被变为真相。在纳粹给德国人心里留下的印象中，事实成了一种始终在改变的事件和口号的混合物，在这些事件和口号的描述中，一件事可能今日为真，明日成假。"然而，这种假设不仅在社会学上过于简单化，而且在历史上也缺乏正确性。将民主制度和非民主制度进行僵化区分的假设前提是，宣传几乎总是从外部强行施加的媒介，想要进行有效的宣传植入，要么需要欺骗，要么施加恐吓，并且民主政体的存在抑制了宣传的扩大化。因而一种常见的观点是，独裁国家会歪曲事实，通过恐吓和压制阻止人们获取可信的事实，而民主政体天生就是开放的，不需要使用宣传。

但是，这种观点不仅在出发点上就做出了宣传等同于谎言的假设，更重要的是，它应用了在社会学上尚未全面发展的社会行动概念（concept of social action）。这种理论认为，知识和事实是融为一体的，因之，排除外界束缚与压制，会必然带来启蒙并通向道德高尚的社会行为。然而，之后的曼海姆（Mannheim）（［1936］1966）、库恩（Kuhn）（1962）、阿多尔诺、霍克海默尔（Horkheimer）（1972）和福柯（Foucault）（1980）逐渐清晰地认识到，很难将知识与权力相剥离，并且基于真理和自由所做的决议，也并不意味着必然是道义之举。相反，因为后启蒙时期，经由科学证实的知识已经占据近乎垄断的地位，而且（自由）公众乐于接受对现实进行的貌似科学的（例如事实性）解释，这就为宣传信息的膨胀开启了闸门。在现代社会环境中，对知识和信息的拥有往往等同于道德及物质层面的进步，因此知识的传播者就成为日常生活中大权在握的裁决者，并且这种权力中的绝大部分都没有用于践行善念。简言之，民主的环境并非不利于宣传。事实上，情况恰恰相反，因为宣传的主动权通常是掌握在公民社会团体以及自由媒体手中的，而不是由国家机构控制的，是故，自由为宣传创造了条件。沙文主义的概念并没有出现在像纳粹德国这样的独裁国家，而是出现在 19 世纪晚期自由气息浓郁的英国，绝非偶然。1877—1878 年的俄奥战争和 1899—1902 年的安格鲁—布尔战争，见证了公民团体、公立及私人媒体鼓吹的富有攻击性的外交政策，主张英国对俄国进行严厉的军事干预，支持对布尔共和国发动灭绝战争。面对海量的公众舆论，J. A. 霍布森率先觉察到，音乐厅民谣、布道坛、"黄色"杂志和广泛的普通听众，都热衷于创造并传播极端的战争宣传。对于霍布森（1901：18—19）而言，沙文主义是来自全新的、广泛民意的产物，作为一种破土而出的新现象，发展成一种"迄今为止不为人所知的思想、语言以及行为共同体"，并且将普通的个体转变为军国主义暴徒："大不列颠民族成了乌合之众，并将他们的团体心理传播给新闻媒体。"换言之，正是因为这些市民、媒体和公民社会，在自由民主的氛围中获得更多自由，自身也就更容易成为战争宣传的核心主体。国家支持的宣传总是受地缘政治、意识形态和制度所限，并且在独裁的环境中，宣传主动权牢牢掌控于政治权威手中，与之不同的是，民主制度为民众沙文主义宣传的肆意扩张开启了大门。在战争时期，这会导致在不同的公民团体和大众传媒之间异常激烈的竞争，竞相展示他们对于战争的决心和支持程度。因此，民主制度对战争宣传并不是免疫的。

事实上，甚至可以举出理由证明，宣传的诞生，尤其是战争宣传的诞生，可能根植于民主的土壤，却无法追溯到独裁社会。换言之，战争宣传并非由独裁国家自上而下创造的，而是民主化与自由化的附生物。英国内战（1642—1646）导致了皇室审查制度的崩塌以及原始宣传雏形的问世，因为冲突的双方，保皇党人（"骑士"）和议会党人（"圆颅党"）不得不使尽浑身解数争取那些摇摆于两个阵营之间的"灵魂"。战争状态实现了公共空间的自由化，促进了书籍、宣传册数量的增加，第一份小报也应运而生，是当代社会报纸的前身。交战双方都建立了各自的主要喉舌（保皇党的《信使报》和议会党人的《不列颠信使》），依赖印刷品来宣传其战争事业（弗兰克，1961）。长期冲突带来的一个直接副作用，是原始宣传出版物的数量激增。例如，在1640年到1663年间印刷了15000种宣传册，并且小报的数量从1641年的4种增加到1642年的167种，进而以惊人的速度攀升至1645年的722种（泰勒，2003：118）。特别有趣的一点是，内战不仅为理念的交流开启了（尽管强烈并充满攻击性）空间，而且所动员的范围波及了来自更多行业的民众，这些民众将清教徒式的狂热与政治野心相结合，创造了能够支撑战争事业的观念并进行广泛传播。

英国的内战是宣传语篇发展的序曲。但是，这种语篇的受众仍仅限于小范围人群（具备一定文化修养和拥有相对特权的阶层），且必须依靠适度的技术和制度手段来进行传播，更多地呈现一种原始宣传特征，尚未发展成熟。真正意义上的、全社会范围内的、技术性和组织性相当成熟的战争宣传，直到两个世纪之后才出现。尽管这种大规模历史性发展，要求（在较短时间内完成）阐释说明和精心布局，但其中的焦点却在于战争宣传的民主起源。尽管英国公众普遍将宣传视为其他（多数是非民主）制度的产物，然而，英国自身却是催生宣传的制度性温床。正如泰勒（2003：160）所指出的，在19世纪末期，"英国是政治宣传领域所向披靡的领跑者，到了20世纪则成了毫无争议的战争宣传大师"。这显然与心理学、生物学或者英国人的其他特征无关，只是英国国家发展形态的一种产物：一个将高度工业化、自由化、民主化的国内社会秩序与世界性帝国力量集于一身的国家。在这一背景下，选举政治的发展、人口的快速城市化、持续增长的受教育水平、科技发轫发展以及大众传媒的商业化，伴随着帝国征服战争一起，共同促进了英国公众观点的普遍政治化。英国高扬的自由民主旗帜吹响了战争宣传的号角，无论是公立的、私有的、自由的、保守的、基督教的抑或世俗的媒体，都争先恐后地迎合着民众对大英帝国在亚非两大洲丰功战绩报道的渴求。依托于一种涉及种族阶层和"为生存而战"（struggle for survival）的新型类达尔文主义范式，英国的广泛公众、多数公民组织和大众传媒，都普遍认可对英国人优越性的描述（麦肯齐[Mackenzie]，1984）。正如泰勒（2003：165）所言："军事成功似乎证明着英国人之于其他种族的优越性，这个神话在众媒体的努力下经久不衰，从报纸到小说，从游行到明信片，从教科书到社会，从棋盘游戏到饼干盒。"第一次世界大战伊始，英国在宣传方面经验最为丰富，这不仅与国家机构关系紧密，也同样牵涉到普通公众、公民社会团体和大众传媒。因而战争宣传的根源，并不能在独裁国家那里得到追溯，而是应在民主和自由的历史环境中进行探寻。

独裁国家确实进行了更多的宣传，但是，这一事实并不意味着，在宣传和独裁主义之间存在着假设的内在关联。相反，这只证明了大规模宣传仅仅是一种内在合法化手段。纽伦堡集会，还有希特勒、墨索里尼的巨大头像，都不会动摇同盟国民众头脑中根深蒂固的与敌对阵营之间存在的意识形态分歧。同样，英国和美国的大众传媒将自身描绘为自由旗帜，在纳粹德国公众中也没有激起几朵浪花。纳粹德国粗糙且近乎漫画般夸张的宣传风格，只是彰显了所有宣传的普遍特征：并不在于试图改变非受众的观念，而只是作为自我正当化的工具。人们需要享受自身（意识形态）外衣包裹下的舒适；为了和那些最挚爱亲密、内心最崇敬的人持有相同的世界观；为了在细微的疑虑之中保持内心的确信，当然还有种种其他原因。最为重要的是，当对社会现实的支配性解释受到（外界）强劲挑战的时候，就存在了宣传的必要。因为战争近乎普遍地被视为非法社会状态，较之绝大多数社会状态，对宣传有着更多的需求。从这个意义而言，民主社会和其他社会制度无甚区别：为了赋予战争这种极端状态以正当性，市民需要意识形态舒适性，渴望一种安心和博爱的感觉。

（四）战争宣传的现代性

宣传之普遍应用以及战争宣传之特别应用，通常被概念化为一种跨越历史阶段的现象，在不同的历史时期呈现出相似的强度和流行度。通过这种方式，宣传被等同为"心理战"，进而也被理解为所有战争不可或缺的组成部分。例如，关于宣传的权威教科书声称："自有史记载以来，战争宣传便用于控制信息流、管控公众观念，抑或操纵公众行为。说服的概念是人类本性的必然构成部分，运用特殊技巧实现观念转变的方式可追溯至古代世界。"（乔伊特［Jowett］、奥唐奈，2006：50）姑且不谈"人类本性"这个极为不确定的概念，前述观点对于说服和宣传未进行区分。说服是一种近乎普遍的社会影响形式，其早期形式和语言本身一样古老（均可追溯至旧石器时代晚期），而宣传则是一种有组织的交流，包括对观点和形象进行相对系统的制造和传播,目的是影响大规模人群的思想和行为。换言之,说服并不仅仅是宣传的近义词,而是作为宣传之必备要素的修辞学技巧。不存在没有说服的宣传,但存在没有宣传的说服。

此外,毫无疑问,历史上很多统治者、高阶牧师、军事领导和富人,都离不开多样化的说服模式,偶尔也会成功地运用原始的宣传形式来施加社会影响,然而,缺乏组织能力与制度性手段,公众受教育程度和政治化程度较低,导致了整体受众的参差不齐。亚述国王的石雕、方尖碑和埃及法老的公共建筑,尽管其兴建也部分表达了统治者的至高无上和军队的所向披靡,然而这种"说服"是否具有效果,不仅"难以预测",而且"没有连贯的模式或组织"(泰勒,2003:24)。尽管古希腊和古罗马在煽动公众方面可谓巧妙精细,尤其擅长在战争时期鼓舞士气,将神话故事用于实现军事目的,但这种宣传范围并不大,而且都是临时使用,显然与宣传手段的羽翼成熟距离尚远。亚历山大大帝是一位大师级的操纵者,利用希腊人对于吉祥之兆、凶险之兆以及神谕的信仰来动员军队奋勇杀敌。例如,在一场重要战役打响之前,他会使用"一条驯服的蛇,有着亚麻制成的人头,因为医神阿斯勒克庇俄斯经常被描绘成巨蛇的形象,这种形象向士兵们表明医神与他们同在",或者在战斗之前,"胜利"一词会被晕染在献祭动物的肝脏之上并展示给一众将士,以此确证神明会庇佑亚历山大的麾下之师(泰勒,2003:29)。无独有偶,尤里乌斯·恺撒(Julius Caesar)利用罗马帝国教义和自身的军事成就,成功地创造了个人崇拜,以此激励公众继续冒险作战。恺撒的肖像印于罗马钱币之上,在他有生之年,整个罗马帝国土地上都屹立着他的雕像,他"在元老院和法庭上拥有黄金座椅,在马戏团游行中有一辆纪念马车以及其他物品,有着与众神相邻的寺庙、祭坛和画像,还有一个用于礼仪活动的长沙发",甚至有一个月份都是以他的名字来命名的(加德纳[Gardner],1974:90)。然而,无论所有这些活动带来多么强的影响力,这些鼓舞士气的简单技巧以及夸张的个人崇拜,都无法代表社会学意义上的宣传,因为宣传与战斗士气没有什么关联,这一点在稍后将会说明。

甚至像基督教和伊斯兰教这样的一神论宗教的出现和传播,也并未催生真正意义上的宣传。尽管天主教教堂广泛运用视觉图像,比如雕像、肖像、耶稣十字架受难像、宗教绘画、铜板雕刻以及蚀刻版画,伊斯兰世界的统治者仍大量运用《古兰经》中的伊斯兰圣战概念进行全民总动员,但是,这些尚未进入现代时期的社会具有显著的阶层化特点,在制度上和组织上处于弱势,不具备在整个社会领域内进行即时且不间断的信息传播的能力,这些都制约了说服力的发挥。正如霍尔在进行历史分析时微妙地觉察到,前现代的社会分层没有为意识形态的统一留下空间。相反,"在历史上,共享社会规范属于例外情况……在《蒙塔尤》描绘的中世纪比利牛斯山的村庄里,每个人都认为自己是基督徒;而农民们眼中的帕米尔主教则是封建剥削者"(霍尔,1985:29—30)。

古滕贝格印刷机的发明、方言的标准化、宗教改革以及天主教的反宗教改革,伴随其后长达两个世纪之久的宗教战争,都直接增强了民众政治化的普及程度,为真正意义上宣传的诞生创造了结构性条件。宗教分裂导致了对教堂讲坛和印刷机依赖程度的提升,方言版本的小册子、宗教手册、圣经、画作、海报、传单和单页小报,在传播中有了更广泛的读者群体。例如,路德的核心出版物到1520年售出了30余万份,天主教针对异教徒和女巫的《女巫之锤》一书,至1669年则已重复印刷了36次(狄更斯[Dickens],1968:51;拉塞尔,1984:79)。在上述全部例子中,为文字出版推波助澜的动力都源于战争。

1815年拿破仑战争的末期,说服的技巧和印刷品的发行量都在大幅度提升,而交战双方也开始清醒地认识到在宣传中论述战争缘由的重要意义。拿破仑尤其关注战争宣传能动机制的建立,他认为"三家敌对的报刊媒体比一千把刺刀更让人恐慌"(麦克卢汉[McLuhan],2001:14)。他不仅建立了严格的审查机制,还关闭了所有的独立媒体,就此将巴黎地区的报刊从70家减少到1811年的4家(杜恩[Dunn],2004:126),但他的宣传喉舌渗透至社会生活的全部重要领域,甚至会关注国家宣传规划与执行过程中最微小的细节。这包括建立高度集权的国家宣传机构"印刷书店总司",指导并监管所有的文化产品以及艺术、文学的传播及出版。政府宣传机构《箴言报》建立了,上面也会刊载拿破仑自己撰写的文章,这份报纸针对军队官兵免费发放。拿破仑沿袭尤里乌斯·恺撒的做法,有过之而无不及地彰显着个人崇拜:在钱币、奖章、勋章以及小装饰物品上都印刻有拿破仑的形象。拿破仑通过赞助艺术家和作家,将艺术和人文学科广泛地应用于个人形象宣传,当时涌现了大量反映其个人形象的雕像、绘画、雕刻、建筑和文学作品。此外,字母

"N"也印刻在大多数公共建筑之上,《拿破仑传记》成了大热的畅销书(汉利[Hanley],2005)。在诸多方面,拿破仑时代是宣传作为一种公众社会现象萌发的时期。既然战争宣传是在全社会范围内自我合法化的最重要手段,那么它便需要政治化的民众来作为信息传播的受众。快速工业化、城市化水平的提升、受教育比例的大幅增加,伴随着西方国家选民基础的扩张和新技术探索,更多的受众愿意接纳宣传性图像,也存在对其的需求。现代国家基础设施力量的猛增贯穿了整个19世纪,运输系统的发轫发展(铁路、蒸汽动力船、宽阔的街道),出现了价格低廉且发行量巨大的报刊,[①]地图得到广泛应用,邮政服务蓬勃发展,摄影技术、无线电报和影视拍摄技术问世,一切的一切都促使宣传成为战争不可或缺的元素。

此外,在19世纪早期,随着战地记者这一新角色的出现,战争前线和普通民众之间产生了最初的关联。因此威廉·霍华德·拉塞尔从克里米亚战争(1853—1856)前线发回的报道,对于公众的议题起到了导向性作用,让人们热议军事权威的效率和竞争力问题。据奈特利(Knightley)(2002:4)所说,这是第一次尝试有组织地"使用公民记者向后方民众提供报道服务"。然而,这里尤其具有重要意义的,不是公民自此能够通过追随前线定期播报而"直接参与"战争之中,思考并从政治视角来审视这些信息,而是从这一刻起,有人能够在现场直接见证战事的发展,进而实现多样化视角的报道和宣传。例如,美国历史上引用次数最多的演讲是林肯在1863年美国内战期间所做的盖茨堡演讲,演讲在当时反响寥寥,部分原因在于当时进行报道的一家报刊媒体只强调了演讲中的一句话,引述的方式是"总统也说"(泰勒,2003:167),另一个原因是缺乏对公众回应的报道。这次演讲的宣传潜力在日后才得以显现,在两次世界大战期间,这次唤醒士兵为国家自由、命运自决和民主政府而献身的演讲,广泛传播于民众之中,激起了美国民众对两次世界大战的支持。因此,只有存在公众对某种呈现有所渴望、充满期待的时候,一个事件被置于聚光灯下才能爆发出巨大的宣传能量。正如从事宣传研究的先锋学者雅克·埃吕尔(Jacques Ellul)(1965)很早就觉察到的,能

---

① 例如,"虽然1781年时英格兰和威尔士只出版了76种报纸期刊,但至1851年,已经攀升到563种。在1840年和1852年,《泰晤士报》的发行量增长到原先的4倍,从每期10000份增加到40000份。

够满足当下需求的宣传才是最具成效的。

由于宣传实质上是一种自我合法化的工具，并且在战争的背景下主要包括对杀戮和死亡的正当化，战争前线和国内后方之间建立起了持续的信息联络，战争宣传从此时起已经成了对国内受众进行集体动员的强有力工具。换言之，战争宣传并没有对（交战双方的）军队产生太大的影响，而是被构建为市民范围内自我合法化的能动机制。认为宣传图文具备可信性和说服力的人是普通民众，并不是士兵。也正是这些普通人，渴望听到将一战中的德国描述成嗜血的匈奴人，他们会焚烧人类尸体来制作肥皂，[1] "我们的孩子"则是为了自由抛头颅洒热血的英雄烈士。一旦这种形象的联结变得根深蒂固，一旦受众们全盘接纳并且成为战争裹挟的一分子，宣传就成为战争的必要特征。因此，宣传实质上是一种具有现代性的现象，要求大规模的群体动员、公民的政治参与程度、较完备的基础设施和科技先进程度、社会范围内的平等主义伦理、有效和持久的社会组织以及意识形态化的社会秩序。

三 杀戮、死亡和微观层面的团结性

如果大部分的战争宣传不过是在社会范围内进行的自我合法化实践，那么，关键问题就在于：为什么个人会参加并且/或者支持战争呢？具言之，是什么激发着士兵和公民参加并坚信杀戮和死亡呢？

这里同样存在几个误区。首先，可以假设一旦某人经历过长时间严格的军事训练（包括持续的"洗脑"），便会毫无障碍地杀死自己憎恶的敌人。但是，事实远非如此。自从阿尔当·杜皮克（Ardant du Picq）（[1921] 2006）对于战场行为进行初步研究之后，逐渐清晰的是，战场上的人类行为远比我们惯常所设想的更具复杂性和矛盾性。不仅大多数士兵在战场上或军营中的行事方式有所差异，而且，除非面对外部强制力或其他压力，否则，绝大多数士兵根本不情愿去战斗。在历史上和当代都有着海量的证据可以证明，尽管进行着高强度的军事训练，拥有高

---

[1] 在第一次世界大战的暴行故事中，一个最为流行的是德国存在所谓的"尸体转化工厂"。这个故事基于德国报纸上关于将死马身上的肉转化为肥皂、蜡烛和润滑油的一篇文章，英国的出版机构错误地将"kadaver"一次翻译成了人类的实体，并写道，因为脂肪在德国很稀少（由于英国的海上封锁），战场上的尸体被熬制用于炼油（奈特利，2002）。

质量的武器，军事策略和目标清晰明确，但大多数士兵仍有些抗拒面对面的战斗。马歇尔上校（1947）对二战中美国士兵的行为进行的实证研究表明，只有15%到25%的前线战士能够并且愿意将他们的武器瞄准敌人并开火，而剩下的75%到85%，要么减少射击的次数、不开火或者故意向空中放枪。马歇尔曾进行过一次士兵专访，这些士兵来自400个步兵集团，刚刚参加了1944年的欧洲危机和1943年的环太平洋地区战争。戴尔（Dyer）（1985）针对德国和日本军队进行的研究也表明，这些士兵在第二次世界大战期间也有过不愿开火的问题。

正如霍姆斯（1985）、格里菲斯（Griffith）（1989）、格罗斯曼（1996）、伯尔克（2000）和米勒（2000）所记载的，在以前的战争中也可以观察到类似的情形。例如，在美国内战期间，大多数士兵不愿意直接向敌人开火，更愿意采取模拟射击的方式，这从战场上遗留的多次装弹的武器中可以明显看出。一个士兵有95%的时间都在装子弹，只有5%的时间开火射击，士兵们可以并且通常也是如此在指挥官眼皮底下并没有真正开枪就再次装填弹药。格罗斯曼（1996：22）利用在著名的盖茨堡战役中收集的数据对这一点进行了很好的说明，在从战场上回收的大约三万支滑膛枪中，将近90%存在过度装填的现象，其中一件武器被反复装填高达23次，这让绝大多数枪支丧失射击功能。尽管第一次世界大战有着巨大的伤亡，但期间所践行的"活下去并让他人活下去"的原则也众所周知，其体现在交战双方战壕中的士兵都秉持着心照不宣的约定，如果敌方不开火，我方也不开火（阿什沃斯，1980）。根据伯尔克的说法（2000：73），战争中仅仅有10%的士兵被认为愿意去战斗，而绝大多数的现役军人被长官评价为缺少"亮剑精神"（an offensive spirit）。1986年英国国防作战分析中心在真实和模拟战场上运用脉冲激光武器进行杀伤效率的测定，对发生于19世纪和20世纪之间的100余场战斗进行了大规模研究。此次研究得出的结论是，真正的伤亡人数显著低于测试时的伤亡结果，这意味着，士兵对战斗的不情愿是造成真实战斗中低伤亡率的决定性因素（格罗斯曼，1996：16）。在这些研究中十分突出的一个发现是，一旦来到战场上，大多数士兵会因为恐惧而瘫软无力或失去战斗意识，无法杀死同为人类的敌人，只有很小一部分可以进行全面战斗。

自第二次世界大战末期，开火率得到提升，士兵们也有了更积极的战斗表现，这显然与两种社会因素的干预有关：强制性规定、命令与控制的增加，对微观团结社会机制的依赖。前线施压的加强是军事组织官僚势力持续扩张的结果，就此方面而言，是经年累月的强制官僚化这一大规模社会现象不可缺少的组成部分。为了实现更高的作战效率，军事组织着重于实行一种更有力的命令等级制，即军官在战场上直接（通常是面对面的）对士兵发号施令并亲自督战，同样也运用了心理现实主义的训练方法，模拟混乱而残忍的真实战争环境（格罗斯曼，1996）。在两次世界大战以及许多其他晚近的暴力冲突中，所有主要的军队都有防止临阵脱逃并确保士兵战斗的战场警察（柯林斯，2008：49）。当这种外界控制者不在场的时候，士兵们就不愿意开火。这一点在陆军中尉罗伯特·G. 科尔的评论中有很好的阐述。他是美国在二战期间公认的最好作战单元之一的502空降步兵团指挥官，在他描述士兵们在1944年面对攻击时说道："没有一个人会自愿使用武器25分钟……只有当我盯着他们或者其他士兵站在旁边的时候才开火。"（伯尔克，2000：74）

除了强大的组织控制以外，现代军队也注重利用小规模团体互动带来的社会团结性，并在可能的情况下重塑这种凝聚力。马歇尔（1947：56）已经意识到"小组协同战斗中的士兵往往会积极射击"，希尔斯和加诺维茨（1948）则能够确定小团体凝聚力是纳粹国防军取得早期军事成功，并在战争末期负隅顽抗的核心因素。霍姆斯（1985：291）对这种经验进行了历史分析，确认存在着一种"凝聚士兵的同志情谊"，并且主张要找到"激励人战斗"的东西，必须仔细观察"军事集体以及将个人与集体紧密联结的纽带"。换言之，军事的高效率是小型集体融合的产物。处于小规模、面对面互动中的个人，不仅更容易产生类似亲缘关系的社会情感，而且也建立起一种对战友的集体责任感。涂尔干（1933）和韦伯（1968）都曾经从社会学层面解读这一现象。对于涂尔干（1933：415）而言，社会团结性与个人的（团体内部）正义感和集体道义责任息息相关。据他所言，团结性"可能是道德的核心起源"。它不仅将个体团结在共同理念周围，并且构建起一种彼此负有义务的强烈情感。对于涂尔干（1933）而言，这与成员的功利主义动机几乎没有关系（因为理性的行为是将这种归属感扩大至整个军队的每一个单元，并且向那些朝自己开枪的人射击），但是团结性起源于一个人规范性的、自我施加的对团队的承诺。第二次世界大战中，一个美军士兵逃离了医院，重返前线回到自己所属的连队，他描述了这种感情："那些身处前线的人是我的家人，是我的家。我无法用言语描述这种亲切感，这种亲切感是我过往的朋友不曾给予我的，未来的朋友也不会带给我这种感觉。他们从未让我失望，我也不能让他们失望……若一个男人在战场上没有会为自己而死的战友，或是没有甘愿为之赴死的战友，就不是一个真正的男人。"（霍姆斯，1985：300）韦伯（1968）强调，集体的形成并不是附加个人特征的过程，而是一个需要密集社会行动的过程。士兵们或许拥有共同的出身、民族、宗教、地理位置或者政治意识形态，但这些事实不太可能自动转化为协同的集体动员能力。相反，关键问题在于行动本身，因为正是通过这些共同的社会行动，群体才能成为社会学意义上的集体。因此，人类作为个体而言不愿意去杀人，不能成为高效的杀手。他们需要来自社会组织和微观层面的团结性，激励他们通力协作。亮剑精神并非个人现象，而是集体现象。

其次，人们普遍认为高效且全身心投入的战斗需要强烈的意识形态责任感。据说纳粹国防军坚定的决心源自纳粹教义的驱动，基地组织的人体炸弹受到了宗教狂热的鼓舞。尽管这种认识已经形成，但长达百年的关于战争的研究令人信服地表明，事实上绝大多数士兵并非如此。与其说这种忘我的拼尽全力的战斗是出于宗教狂热、民族主义、捍卫民主自由的强烈献身精神抑或是建立阿拉伯帝国，事实上，绝大多数士兵奔赴沙场是源自内心对连队的忠诚以及彼此保护的愿望。但这并不是说意识形态不重要，尤其是那些长期确保其影响力的制度化进程，例如官僚制和意识形态化。正好相反，它们对暴力冲突特征的描述起到了至关重要的作用，对于动员大规模非参战公众（主要是公民）是不可或缺的，也是军事征兵的关键组织机构。但是，战场环境颠覆了人们对社会现实的感知：绝大多数士兵用微观层面的小型团体凝聚力，替换了宏观层面的意识形态动机。尽管第一次世界大战在官方历史学家的描述中往往是民族主义崛起的结果，但几乎没有证据能表明那些战壕里的士兵也持这样的态度。格拉夫（Graves，1957：157）将英国士兵对民族主义振奋普遍持有的观点描述为"一种过于遥远的情感，让人心生抵触，因为这种情感只适用于公民或者囚徒"。无独有偶，多拉德（Dollard）（1977：42）的研究也表明，大多数美国士兵在战斗中并不是受到了意识形态责任感的鼓舞。如他所言：与其说是在激励士兵战斗，毋宁说"意识形态的实际作用是在战斗打响之前，引人入局；在战斗打响之后，遏制逃亡的念头"。在这个意义上，第二次世界大战并无不同，不仅表达爱国之情和挥舞旗帜会引起久经沙场的老兵们的厌恶，而且任何将民主或其他理念作为战斗首要目的的做法在前线都是禁忌，无益于鼓舞士气（斯托弗等，1949；霍姆斯，1985）。最近的自杀式袭击在本质上也无甚差别，并不是宗教狂热的产物，而是正如佩普（Pape）(2006：21）的全面研究所明示的，"并不是极端分子们孤立或随机的，而是出现在团队之中，这些团队是大规模战役的作战单元，有组织地去实现特定的政治目标"。

尽管前线士兵在原则上通常都免疫于宣传信息，但是暴力的离心式意识形态化（以及官僚化）进程是将士兵推向战场的首要因素。如前章详述，意识形态融合了主观条件及制度性条件，这种条件运用了工具理性和价值理性，对民族主义和其他教义进行了规范化并将其吸纳进来。为一个人所属的民族去战斗（杀戮）和牺牲（死亡）的理念逐渐在全社会范围内形成，并且在组织上得以持久延续。战争宣传所做的就是，在社会范围内已经内化的意识形态叙事体系中，联结并锁定内在的或正在进行中的暴力冲突，并对其进行具体化。通过这种方式，新的战争便处于一种亲切的关乎集体正义、责任和荣誉的道德语境之内，会感召民众中的大多数，当然也包括那些命运将和战争紧密相连的未来新兵们。因为志愿兵和征募兵同样处于意识形态和官僚化的熏染之中，战争宣传建立在这些可辨识的惯常形象之上，促进了面向国内的战争目的及特征的正当化。简言之，成功的战争宣传穷尽了现存且熟悉的社会文化资源之能事，使人们的信仰和行动合法化。通过这种方式，战争宣传最有可能带来反响的是在那些最不可能战死沙场的人群之中。换言之，当前线的士兵大部分已经忽略了宣传的时候，[1] 经验尚浅的新兵、后方部队人员和市民则最容易受到战争宣传的触动和感染。该研究证实，一个人离战场越远，越有可能憎恨敌人并将其非人格化，也通常会将敌人描述得更为凶暴残忍（斯托弗等，1949：158—165；伯尔克，2000：137—170）。例如，斯托弗关于第二次世界大战中人们态度的研究表明，尽管没有离开美国本土的新兵充满对日本人的极大偏见，其中67%的人认为日本人应

---

[1] 例如，在1943—1944年对将近5000名美军士兵进行的调查中，只有13%的受访者赞同对德军和日军使用"肮脏或非人道"的宣传形象。

当被"全部消灭",但驻扎在太平洋的士兵中持此观点的比例较小(42%),并且可以合理地推论出,如果调查范围仅限于那些真正长期与日军面对面作战的人,则这个比例会更小(或者小很多)。关于公民态度的调查也展现了类似的趋势,在那些亲历过战争的人(例如,遭受过空中轰炸的市民)当中产生复仇呼声的可能性更小,提出对德国城市进行报复性轰炸的声音不是来自那些经历过激烈轰炸的城市居民,而是来自英国未受战争波及的农村地区(加勒特[Garrett],1993:95)。

近期,更多研究证实了这一趋势。在1991—1995年南斯拉夫联盟的战争中,士兵和普通市民的态度和行为往往形成鲜明反差。前线的士兵常常会和敌方建立兄弟般的情谊(例如,分享音乐磁带、在停火期间踢足球、和敌人进行商品交易,甚至会在前线亲切地称呼对方的绰号"赛德"和"宇城"),而未曾亲历战争的市民们,比如大学生,则会表现出对敌人彻底的鄙视(克洛维奇,1999)。例如,15.3%(1992)和14.1%(1993)的克罗地亚学生,都对塞尔维亚人表现出极端的仇视,因为他们认同诸如"我希望有人能把他们全部杀死",或者"我会亲自把他们全部消灭"的表述。此外,还有24.4%(1992)和26.5%(1993)的大学生极力避免与塞尔维亚人的任何接触,或者想将其全部驱逐出克罗地亚(马莱斯维奇、乌瑟拉克,1997:294—295)。一旦他们来到了战场之上,士兵们很快意识到他们面对的不是嗜血的食人者或是三头怪物,而是和自己一样的普通人。随着新兵从普通市民成长为成熟的前线士兵,宣传中的形象必然会消退。正如伯尔克(2000:236—237)总结的:"在基础训练中非人类化的成果显著,但在真实战斗中却并非如此。在哀鸿遍野的战场上,暴行难以被定义,也常常被忽略。对敌人与自己截然不同所抱有的幻想无法长时间存续。"

事实上,许多有经验的士兵不会深陷于对敌人的仇视情绪之中,反而会油然而生一种尊重与钦佩之情,甚至满怀敬意。尽管在漫长的历史中交战双方会对彼此的勇气、战术和军纪钦佩有加,但在现代战争中,前线的隔绝与疏离、官僚制暴力组织以及意识形态的特征,这一切都彻底改变了战争概念中那些与骑士、决斗有关的部分。随着全面战争的出现和鼓吹敌人人性否定论的宣传机构的发展,敌人的高贵形象荡然无存,然而,当与敌人在战场上狭路相逢时,感知又会发生变化。T. E. 劳伦斯(T. E. Lawrence)(1935:634)曾如此描述他在第一次世界大战中对德军敌人的尊敬："我内心对那些杀死我兄弟手足的敌人萌生了自豪之情。他们远离故乡2000英里，没有希望、没有方向，处于毁灭人一切勇气的绝境。但他们仍然精诚团结……面对攻击时他们会停止前进，各就各位，有序开火。见不到慌张，听不到哭泣，不存在优柔寡断。他们卓越不凡。"敌方士兵往往因其决心、持久力、在极端环境下的生存力而受到尊重，但这种尊重主要基于一种人类普遍拥有的特征，暗示着敌对阵营双方的士兵身上呈现出某种程度的相似性。卡普托的越战回忆录对此有形象的描述：偶然发现阵亡敌军战士的家书和照片"赋予我曾试图去否认的人性"。意识到越南共产党"是血肉之躯而并非神秘的幽灵"，激起了"一种持久的悔恨之情，因为'他们'是年轻人……像我们一样的中尉"。阵亡的敌人通常会得到体面尊严的安葬，战俘会受到尊重，甚至不接纳战俘的无情政策作为一种制度化发展，其引入的原因就是避免对敌人产生一种自然而然的友爱之情。因此，冲锋陷阵并不是依附于强烈的意识形态献身精神，而是需要从本质上进行去宣传化。简言之，战争经历和宣传的作用力在大多数情况下是成反比的：距离战场越远，对宣传图景的敏感度和需求度就愈加强烈。

最后，在常识观念和军事史中的诸多记载的出发点都源于一种假设，即在战争中杀死他人，要比为他人而死要容易得多。这种观点以霍布斯的本体论作为鲜明的根基，将人类假定为功利且理性的自我保存者。从该观点出发，显然会得出杀人比甘愿自我牺牲更理性也更容易的结论。毕竟，纵观历史长河中数不胜数的战争事件，尤其是现代社会的全面战争清晰勾勒了一幅图景，其中，杀戮的规模宏大，个人的自我牺牲却是鲜见的例外情形。然而，该结论建立于错误的前提之上。毫无疑问，现代战争导致了生灵涂炭，产生数百万死难者，但其中绝大多数死者并非死于正面交锋之中。自火器时代以来，炮灰始终是导致半数以上伤亡情形的原因（柯林斯，2008：58）。尽管第一次世界大战留给人们的典型记忆是士兵们手握刺刀近身战斗，但是，超过三分之二的士兵死于远程炮轰，"而只有不到0.5%的伤亡是由刺刀造成的"（伯尔克，2000：51）。[①] 有趣的是，即便在更早的时期，比如在1815年滑铁卢战役

---

① 例如，第一次世界大战中英军的伤亡情况可以进行如下分类：炮弹和迫击炮造成了58.51%的伤亡，子弹造成了38.98%的伤亡，炸弹和手雷造成了2.19%的伤亡，而刺刀造成了0.32%的伤亡（霍姆斯，1985：210）。

中刺刀还被视为一种必备的战场武器时，只有不到1%的死亡是由刺刀造成的（基根，1976：268—269）。自那个时期起，远距离杀戮开始增加，大炮成为"从拿破仑时期至今"战斗伤亡的主要原因（格罗斯曼，1996：27）。例如，在第二次世界大战中，75%的英国军队的伤亡是由迫击炮、手雷、空中炸弹和炮弹造成的，子弹和反坦克炮弹导致的伤亡仅占10%，而剩余的15%是由爆炸、挤压、磷和其他化学品造成的。朝鲜战争延续了这一趋势，小型武器造成的美军伤亡只占3%（霍姆斯，1985：210）。此外，更加富有杀伤力的精确新武器的研发，并未如人们所预期的那样显著提升杀伤率。例如，前装枪已经能够达到50%的命中率，能够折合成每分钟数百人的致死率，但士兵们往往只是使用它们杀死一两名敌人；1870年法国维桑堡战役中，士兵们射击了48000次，却只杀死了404名德军敌人，命中率仅为1：119；在越南战场上，发射超过50000发子弹，才能对应一个敌军士兵的死亡（格罗斯曼，1996：12）。在上述案例中，杀伤率低的原因并不是科学技术，而是人们对杀戮行为的排斥心理。在二战期间，绝大多数前线步兵确认，实际上在整个战争中，他们没有杀死任何人（霍姆斯，1985：376）。所有现代战争都呈现出一个显著特征，死亡率中的绝大部分并不是在面对面与敌人交锋的过程中造成的，而是通过在领土上和组织上使双方隔离的方式实现的：远距离炮击、高精度炸弹、导弹火力等。人们普遍对近距离杀戮心生反感，这种心理体现在，没有直接参与近身战斗的人会更少经历精神混乱状态。例如，统计数据表明，采取远距离射杀的水手和高空飞行员鲜少或者根本没有心理问题。这种情况类似遭受轰炸的平民受害者以及经历过炮火的战俘所遭遇的情形，尽管历经磨难，但他们表现出的心理疾病综合征，要轻于始终维持战斗模式的军事监狱守卫，或者卷入近身屠杀的前线士兵（加布里埃尔，1987；格罗斯曼，1996：57）。

正是社会组织强制力的持续攀升，为大规模屠杀创造了条件。前现代战争中与决斗相似的近距离交锋的低伤亡率时代已经过去，取而代之以高效的、匿名的、官僚化且千篇一律的灭绝行为，从而带来了高伤亡率。二战中的一位老兵如是总结现代战争的去人格化天性："很少有人会意识到的是，你几乎从没见过一个德国人。很少有人——就算是在步兵团里——真正经历了将武器瞄准一个德国人并目睹他倒下的全过程。"（格罗斯曼，1996：92）例如，在越南战争中，只有14%的士兵经历了战斗（霍姆斯，1985：76）；具言之，在280万名服务于越南战场的士兵中，只有不到30万人亲历了某场战役（加布里埃尔，1987：26—30）。所以，杀伤率的大幅提升和人们可能具有的轻易杀人的内在本质并无关联，相反，柯林斯（2008：469）正确地指出："我们在战争中变得冷酷无情，并非因为个人变得越发残暴，而是因为我们建立了社会和技术的方法来对抗紧张与恐惧。"恰恰是因为杀死他人十分困难，国家和军队组织才耗费了好几个世纪使大规模杀戮策略趋近完美，即便在当代战争中，世界上最好的军事机器仍然需要投入大量的组织机制及意识形态努力以维持较高的致死率。一战和二战中的飞行员数据显示，绝大多数人从未击落任何敌机，也没有近距离投放过炸弹。在第一次世界大战中，8%的飞行员摧毁了68%的敌机，在第二次世界大战中，1%的美国飞行员和5%的英国飞行员分别击坠了40%和60%的德国飞机；德国的两位顶尖飞行员击坠了300架盟军飞机（格尼［Gurney］，1958：83；格罗斯曼，1996：30；柯林斯，2008：388）。当被迫进行低空轰炸时，大多数士兵承受着痛苦并且内心经历着"极度的动摇"，因为他们发现很难做到去夹击"那些人，去火力全开地扫射，去将那些完全陌生的人致死或致残"（伯尔克，2000：65）。布朗宁（Browning，1992）针对在波兰进行犹太村庄肃清的中年德国警察展开的行为学研究表明，大多数"普通人"不愿意杀人。尽管具有高度的团体性，接受过普遍的意识形态灌输，也处于高效官僚系统管控之下，[①] 大多数参与杀戮的人对整个过程是排斥的，内心沮丧并且会附随生理上的不适状态。此外，尽管距离十分接近，许多"作为个人的警察仍会'射偏'"（布朗宁，1992：62）。因为杀死其他的人类，与主要社会化进程所灌输的大多数价值呈现鲜明的对立状态，所以，剥夺他人生命的行为几乎从不可能轻易实施。近距离的杀人往往要求一个人道德观念的割裂，这种情感清晰地体现在一名亲手杀死日本兵的二战美军老兵的忏悔之中："我记得自己如傻瓜般自言自语着'对不起'，然后直接吐了出来……呕吐物弄得满身都是……小便还浸湿了衬裤……这背叛了我从小所受到的教育。"（格罗斯曼，1996：88；伯尔克，2000：247）同样，一位资深越战老兵认为，近距离射杀让他极度焦虑："但我们开始要直面那些正被自己杀死的人……（并且）体会到一种非常糟糕的感

[①] 布朗宁（1992：48）指出，这些警察中有25%是纳粹党成员。

觉。感觉自己违背了道义良知,那感觉糟透了。"(贝克,1982:123)

简言之,尽管通说认为战争释放了深藏于我们内心的兽性,进而彰显了预设的"真正捕食者天性",但实事求是地讲,杀人行为的实施极其困难,让人充满负罪感,会激起大多数人内心的憎恶感。过去两个世纪中大规模杀戮行为的激增与"人类本性"没有关联,而是源于现代社会组织强制力的持续膨胀。多重心理及社会策略的运用,现代军事机器将长袖善舞的官僚化管控、复杂精密的武器、中立化隔离化的战场,与小规模团体所呈现的互动性、服从性与团结性力量进行整合,让大规模杀戮无论在规模方面还是在数量方面都实现了扩张。美国军队基于这些经验,彻底改变了前线士兵的行为:射击意愿实现了从二战的12%—25%到朝鲜战争的55%,直至越南战争中高达90%的飞跃(格罗斯曼,1996)。

显然,人类和其他生物一样,有着一种根深蒂固的求生欲,但当面对死亡,内心却经历着如同面对杀戮一样的纠结复杂。毫无疑问,在大多数情况下,多数人都会试图避免死亡;就此而言,在战争环境中也是一样。然而,在战场上,死亡就发生在每个人身边,是一种更加惯常可见的现象,传统意义上的死亡恐惧便以更多的形式存在。在战场这样的环境下,死亡现象已经成为一种日常生活的基本体验,与失去生命相比,士兵们通常更担心丧失颜面。正如多拉德(1977)在针对300名参加西班牙内战的美国老兵进行研究时发现,大多数士兵并不担心被杀,而害怕被认为是懦夫。此外,尽管在战斗开始之前大部分人会感到面对死亡的恐惧(71%),但只有15%左右的士兵在战斗中或者战斗之后仍有同样的感觉。其他研究(伯昆[Berkun],1958;沙利特[Shalit],1988;格罗斯曼,1996)也证实,大多数士兵在开始战斗之前的恐惧,来自"让他人失望"的担心或是在同辈面前颜面扫地。正如一名参加过第二次世界大战中的士兵所说,对于大多数士兵而言,真正重要的问题是"你在其他人面前呈现何种战斗姿态"(霍姆斯,1985:142)。沙利特(1988)对以色列士兵和瑞典维和士兵的研究清楚地表明了,对死亡的恐惧和战斗经历呈反向相关性:尽管维和部队没有战斗的经历,死亡的可能性是他们最关心的问题,久经沙场的战士则最害怕同志们会如何看待自己的战场表现。该研究还证实,军官、医务兵和牧师这样责任感更强的岗位,通常更少担心自己的生命(霍姆斯,1985:142—146;格罗斯曼,

1996）。因为他们全心关注的是维持连队的运作能力（下达命令、唱牧歌或者提供医疗护理），这些人很少或者没有过参与杀人的行为，也因此避免了杀戮行为导致的紧张不安与情感耗竭。与此同时，其特殊职务赋予他们一种对团体重要性的感知，加强了他们对团队的忠诚感和肩负的义务，这些都使军官、医务兵和牧师通常更愿意为了集体而牺牲生命。

但是，愿意牺牲并非只是这些非战斗人员的特权。尽管以任何标准来看，这都不是一种普遍行为，但是，为他人而死也并不像传统观点认为的那样罕见。虽然流行电影和小说总将自我牺牲描绘成鲜少可见的毫无私心之人专属的英雄壮举，但社会学真相告诉我们，大多数自愿为他人而死的行为事实上是一种集体现象。在涂尔干主义（2001：221—235）的话语体系中，这种无私行为源于一种归属于某个排他群体的团结性和集体凝聚力，这个群体成了一方神圣的领土：禁欲修行和共同患难将它的成员转化成一种特别的、有选择性的友爱情谊。这个集体越精诚团结，其成员为彼此献出生命的可能性就越大。一名作战经验丰富的越战老兵就曾经作为这样团队的一员，他难掩对关系更加紧密且排他的连队的钦佩之情："这个小队让我为之震撼。他们都是第二次或第三次出征越南……他们的战友亲情甚至强于我们……他们甚至完全不去想周围的任何人。"（贝克，1982：121）"亲缘关系"（kinship）这个词被用于描述这种集体忠诚性绝非偶然。极度不利、无法预测并且充满敌意的战争环境反而强化了微观层面的强烈团结性，这在很多方面近似亲属关系。尽管在这种关系中存在一种功利主义元素（一个人愿意为他人牺牲是基于他人也会如此对待自己的假设之上），但这种关系主要根植于一个人对义务规范的感知。就好比在亲情浓郁的家庭关系中，父母会为了挽救生病或垂死的孩子穷尽一切可能，所以，关系融洽的连队成员也会产生一种亲人般的牢固情感。正如西梅尔（1917）所主张的，战争是一种"绝对场景"，身处其中的士兵们经历着一种极致的体验，人的社会性也在这个过程中得到了极大的加强。当一个人能够在任何时候轻易赴死，生与死之间的一缕细线附着于团队纽带的牢固之上时，那么这种纽带则充满神圣感，集体的存在则重于个人的存在。换言之，尽管官方甚至是个人均声称，一位不同寻常的士兵为了国家、民族集合体或是意识形态的教义奉献了自己的生命，但事实上，战场上的绝大多数牺牲都是为了保护更小的团体——一个人的班排连、所属的队伍或是其他船员。在军队建构的过程中，小规模团结性之重要得到了充分的认可。美国在越南战争中的失败在很大程度上与小单元团结性的持续瓦解有关，而越南共产党的政策注重"基本集体凝聚力"（加布里埃尔、萨维奇，1979；亨德森[Henderson]，1979）。同样，中国军队在朝鲜战场上运用了一种作战策略获得了早期成功，即"小团队目标不偏离更大规模组织的目标"（霍姆斯，1985：296）。在1982年黎巴嫩战争中，以色列军队全面运用了连队之间微观层面的团结性来应对精神损伤问题。他们建立了前线精神病中心，连队的战友会来定期探望这里的病人，"鼓励他们确信一点也没有丢脸，随时欢迎他们归队"。这一做法让"将近60%的病人重返岗位"（霍姆斯，1985：259）。大部分军队将士兵单独操控大型武器转变为团队协作式武器系统，这一事实也力证小团结性受到了很大的重视。尽管许多武器由一名士兵操作已经足够，但安排团队来操作单兵火箭发射器、大炮、机关枪或者反坦克火箭筒，则强化了微观层面的团结性，日常互动的士兵们会彼此依靠、并肩作战。

总而言之，常说杀人易、赴死难，其实并不尽然，两者的实现均非易事，需要组织化支持和微观层面的紧密团结。战争环境根本性地改变了人类的关系，并且创造了条件，使得在很多情况下的自我牺牲成为比面对面杀人更优的选择。

四 结论

尽管很难想象没有宣传的现代战争，但是宣传也并不像人们通常认为的那样无所不能。宣传并不是能够将崇尚和平的个人转化为嗜血暴徒的无所不包的巨大洗脑工具，其作用明显更为温和。在很多方面，战争宣传并不是一种完全自主的力量，而是一种寄生的存在，依附于已经存在的实践活动，诸如离心式意识形态化和累积式的官僚制压迫这样漫长的过程。宣传既不会也不可能在原本不存在团结的地方凭空创造出团结性。相反，宣传的信息和形象受限且形成于其所属的社会秩序以及所设定的宣传目的框架之内。在这个意义上来讲，战争宣传是社会范围内自我合法化的首要方式。大部分宣传行为并没有改变人们的观点和行为，只是发挥了交通信号灯的作用：它传递出明确的信号，指出谁是敌人、敌人在哪里、如何对待那些敌人，以及为何这样对待敌人具有正当性。

在战争环境下，这实质上包括了杀戮和死亡的正当化。但是，这种正当化行为的绝大部分并不是指向那些直接面对杀戮和死亡的人，而是针对广泛的战争旁观者。在能够与敌人面对面真正交锋的场景中，宣传的形象会迅速地蒸发消逝。当士兵们意识到所面对的并不是怪物般的食人魔而是和自己一样的普通人以后，近距离杀戮就变成了一件仅有少数人能够高效完成的艰巨任务。为了避免这种近乎人之天性的无杀人能力的情况发生，现代社会组织设计了一套强力运转的压迫性机制，进而实现杀人过程的匿名化、平凡化、远程化、官僚化以及高效化。最为重要的是，一旦军事组织意识到小团体纽带的力量、强度和重要性，且大多数战士并不是为了伟大且抽象的意识形态而战斗，而是出于微观层面团结性的必要，一个人为连队而赴死的决意就成为更大范围军事策略的奠基石。从这一时刻开始，官僚制的核心任务就是确保微观层面团结性的原则、实践和利益能够有效地加功于宏观层面的意识形态和组织机构之上，反之亦然。

第四部分
战争、暴力和社会分工

第八章 社会分层、战争与暴力

一 引言

只要浏览一下讲述近两千年人类历史重大事件的当代教科书,我们便会发现,倘若说存在塑造全球历史的普遍化进程的话,那么答案一定是集体暴力(collective violence)和社会排斥(social exclusion)。诚然,早期历史编纂学大都充满了对皇权的浮夸描绘以及对战争死亡的夸张叙述,毫无疑问,暴力与不平等普遍存在于成文的史册之中。尽管如此,当代社会学已经忽视了并且在大多数时候持续忽视着有组织暴力和社会分层之间的关系。虽然社会分层是社会学领域最广泛研究的话题之一,但这一领域绝大多数实证研究和理论成果都聚焦于和平时期人与人之间的不平等。与战争和组织性强制相比,社会学家们全神贯注于研究诸如资本主义、全球化、个人切身利益、社会规范和话语等经济与文化力量对生成社会不公所起的作用。然而,本章会从一个命题出发(本章后文会详述):由于社会分层起源于战争和暴力,如果不能厘清两者间的内在关联,便不能对社会分层进行恰当的解释。此外,在笔者看来,尽管有组织暴力在现代时期具有显著的隐蔽性,但它仍是维持和加深社会不公的最重要因素之一。在这一过程中,同样,经年累月的强制官僚化和离心式意识形态化被视为塑造暴力与社会分层彼此关联的至为重要的过程。

本章共分为四部分。第一部分侧重于介绍社会阶层研究中的主流社会学观点,强调了学界对暴力和战争研究兴趣的普遍匮乏。第二部分批判性地评估了主流之外的两个最重要成果:斯坦尼斯拉夫·安德烈斯基和迈克尔·曼的著作。第三部分探讨了社会分层的暴力起源,以及社会分层通过经年累月的强制官僚化而产生的逐步转型。最后一部分分析了意识形态的作用，尤其是强制行动的大规模意识形态化过程。

二 无集体暴力的阶层化？

自从社会学作为学科存在以来，始终专注于对社会分层的研究。事实上，在20世纪下半叶的大部分时间里，阶层化都被视为社会学最重要的主题。社会不公的源头和起因，以及获取财富、权力与威望的不对称性，一直主导着社会学理论和实证研究的方向（柯林斯，1988；克洛姆普顿［Crompton］，1993；戈鲁斯基［Grusky］，1994）。尽管已经发展出多种研究模式，但其中的两种路径占据了核心地位：马克思主义的社会分层概念和韦伯式的社会分层概念。马克思主义模式关注不平等的经济基础，尤其是生产性财富（productive wealth）的所有权；韦伯模式通过区分社会分工的政治、文化和经济来源，以强调群体分歧的多样性。马克思主义的分析体系中，社会分层在本质上被视为由资本主义经济组织的不合理而造成的阶级冲突，在利润最大化的驱动下，生产资料拥有者无法避免地陷入与单纯劳动力拥有者之间的竞争状态。这种观点认为，经济阶层既是社会变革的主要动因，同时被历史解释为阶级斗争的舞台：从古典时期的奴隶和奴隶主，到封建社会的君主和农奴，再到工业时代的资本家和无产者（马克思，［1894］1972）。

相反，韦伯主义者眼中的阶层化是一个多维现象：除了经济阶级，也涵盖到政治权力、社会地位，以及前述三类范畴体现的显著自治性。虽然社会地位代表人在社会中的等级排名地位，以及与某类人群共享着相似的生活方式，而权力是指个人与集体获得和利用政治统治以影响或控制他人行为的能力。甚至社会阶层的概念也不同于马克思主义的版本，因为韦伯模式谈及的是职业市场地位，而非财产关系（韦伯，1968）。韦伯认为阶层模式随着时间和空间而变化和流转：虽然在某些社会背景下，阶级和权力会产生重叠，但在许多情况下，一个人的社会地位不是由市场地位、个人财富或生产资料的所有权决定的。正如韦伯（1946：187）所言："社会地位的荣誉并不必然和阶级状况相关联。相反，社会地位通常处于纯粹财产傲慢的对立面。"

虽然这两种模式的核心命题并未发生显著改变，但随着时间的推移，这两种模式分别演变成现在所谓的"新马克思主义"和"新韦伯主义"的观点。许多当代新马克思主义的观点聚焦于劳动力迁移的政治经济学，"工人阶级的种族化部分"，资本主义管理领域、技术统治（technocratic）领域内中产阶级的作用，以及劳动力的无产阶级化和资产阶级化（布雷弗曼［Braverman］，1974；波朗查斯［Poulanzas］，1974；赖特，1979；1989；迈尔斯［Miles］，1984；1988）。最近，新马克思主义者的研究注意力已经转向新自由主义经济政策的剥削性质，以及全球化、日益扩大的收入不平等与所谓"跨国资本家阶级"三者之间的关联（瓦伦斯坦［Wallerstein］，2000；斯克莱尔，2001；萨森，2006）。

新韦伯主义研究的重点，包括结构上产生的地位悬殊和相对剥夺（relative deprivation）的作用（莱恩希德［Lensid］，1966；韦格纳［Wegener］，1991；巴伦［Baron］，1994）、社会地位和公民权利之间的关系（特纳［Turner］，1986；1988；布鲁巴克［Brubaker］，1992）、教育成功和学历资格与日俱增的重要作用（柯林斯，1979；1988）以及消费行为和生活方式的研究（迪马乔［DiMaggio］，1987；1991；拉蒙特［Lamont］，1992；2002）。然而，大多数的研究资源都投入对社会排斥的组织性机制研究，尤其是韦伯的垄断社会闭合（monopolistic social closure）概念（帕金［Parkin］，1979；雷克斯，1986；哥德索普［Goldthorpe］，1987；温默，2008）。上述新韦伯主义研究着力探索群体和社会组织创造及实施成员规则的全过程：他们利用垄断策略关闭对非组织成员的准入通道，进而防止其获取物质性和象征性利益。换言之，社会分层往往是结构性和强制垄断排他过程的产物。

一些研究人员试图通过将阶级流转置于工业社会的变化特征之中来实现马克思主义和韦伯模式的结合。这些研究探讨了政治权力和社会阶层之间的联系（达伦多夫［Dahrendorf］，1959）、职级较低的非体力劳动者和白领职员在发达资本主义中的具体位置（洛克伍德［Lockwood］，1989）、从工业劳动力向以服务和信息为导向的后工业社会转型（贝尔［Bell］，1973）以及阶级和文化生活方式之间的结构性共生关系（布尔迪厄、帕斯隆，1977）。皮埃尔·布尔迪厄（Pierre Bourdieu）（1984；1990；1996）试图将统治地位的韦伯式理解与马克思主义者所强调的经济阶级在社会关系中的核心作用相结合，从而形成了富有建树的研究。布尔迪厄专注于知识、品位、语言能力和艺术专长的结构性复制，认为文化资本（cultural capital）和习惯（habitus）是导致不平等的重要社会机制。因之，决定一个人在社会结构中的位置的，不仅是他在政治组织中的经济资产或地位，还有个人自身的、社会产出的文化资源。概言之，布尔迪厄的社会分层理论根植于经济和政治统治以及统治阶级的审美倾向。

毫无疑问，新马克思主义和新韦伯主义模式都为阶层化过程提供了丰富且具有价值的分析，然而，其中绝大多数研究都忽视了回答究竟何为阶层化最重要的特征这一问题，即暴力与战争在创设和维护社会等级制度上所发挥的作用。笔者稍后会说明，社会分层的出现大部分起源于战争和暴力，其贯穿历史的恒久性曾经并持续依赖于社会组织控制暴力的能力，正是基于这一考量，战争和暴力在关注阶层化的当代社会学家的研究中几乎了无痕迹才格外令人诧异。

此外显而易见，从新马克思主义和新韦伯主义视角展开的研究大都采用了"民族主义方法论"（马丁斯［Martins］，1974；温莫尔、格里克·席勒［Glick Schiller］，2002）或"世界主义方法论"（贝克，2002）的立场，从而仍然无视国家边界，尤其是国家暴力垄断对阶层化模式所起到的巩固作用。换言之，"传统"方法在研究社会不公以及社会包容、社会排斥过程时采用了两种路径：一是单纯观察某个特定社会的内部，其中"社会"和民族国家被错误地解读为相伴而生；二是将"社会"的概念延展到全球，通过诸如资本主义或全球化等跨国现象的视角对阶层化展开分析。然而，这两种研究策略都存在严重的问题，因为它们没有将国家视为"至高的权力载体"（吉登斯，1985），尤其是内部的社会等级制度与外部的地缘政治环境相互依存的关系。换一种表述就是：传统的研究方法并没有探寻国内阶级或政治地位与"国际"政治舞台的暴力运用之间的互动关系，而是基于错误的假设——要么认为阶层化是全球经济力（如资本主义）的产物，要么认为社会不公来自内部的、特定的社会原因，例如历史传统或社会经济发展。内观型和全球主义立场都秉持一种过于"和平主义"的社会分层观点：这其中既没有讨论血腥残忍的人类不平等之起源，也没有涉及对于维持这种不平等至关重要的当代强制力机构。虽然社会分层几乎是所有社会的普遍特征，没有人会轻易同意处于社会阶层的底端。而新马克思主义和新韦伯主义清醒地认识到阶层化的剥削性、功能性和工具性特征，却仍然没有认识到强制力在建立和维持社会阶层与不公方面所起的重要作用。毫无疑问,对阶层化进行"和平主义"式的诠释占据着主导地位,这与二战后欧洲和北美的经济繁荣及政治稳定有着显著关联,因之,新兴福利国家的景象加剧了社会不公与暴力的脱离。

这显然不符合上述方法的"创始之父"的本意,因为马克思和韦伯两人(参见第一章)均对阶层化和集体暴力之间的关联进行了阐释。对于马克思来说,历史上的阶级斗争是借助有组织暴力来界定的,资本主义被视为一个强制性体系,对其进行改造必须利用暴力革命来实现;而韦伯则将政治权力等同于强制行为,认为统治阶层的文化和政治地位基于他们在战争中的获胜。

似乎布尔迪厄是一个例外,他发展出象征性暴力之概念来解释阶级统治的强制性特征,尤其是在顺从的人类主体之上强制施加文化专制的"教学行为"(布尔迪厄,1990;1996)。然而,这个术语是关于不言而喻的、习惯性且无意识的文化统治形式,即通过文化的复制而非实际的物理伤害来施压,因此这个概念不过是一个微妙的隐喻而已。坦言之,"象征性暴力"并不涉及杀人、伤害、毁灭、抑或其他任何形式的物理破坏,因而并不是暴力,而是霸权社会化的一种形态。如果我们把任何形式的文化压迫和象征性压迫均视为暴力,那么暴力的概念将面临极端相对化并丧失其意义。惩罚一个念错拉丁短语的工薪阶层的孩子和将数千名企图推翻政府的革命者送上断头台,两者之间难道不是必然存在质的区别吗?

三 通过战争和暴力实现的阶层化

在当代社会学领域中,仅有少数学者在分析社会分层时对战争与暴力展开了认真细致的研究,其中有两位脱颖而出:斯坦尼斯拉夫·安德烈斯基和迈克尔·曼。

对于安德烈斯基(1968)来说,军事实力是一切力量的支柱,而战争就其本质而言,与社会不平等模式相关。在他丰富的实证分析中,安德烈斯基(1968:25—26)提出,经济不平等是政治权力的反映,具言之,是强制和权力的反映,财产占有和资产所有权之经济权利"不是自给自足的,而是派生的",因为它们"指定了物品的控制权、使用权和处置权，以及所有者的独享权"（the access to which is prohibited to all except the owner）。因此，经济主导地位意味着"通过暴力的使用或威胁进行强迫的能力"。所以，控制军事力量的人，始终或通常占据着社会阶层的顶端。但是，这并不意味着，高级将领会行使不成比例的政治权力抑或坐拥较高的社会地位，而是那些在社会等级制度中真正位高之人，在大多数情况下能够直接利用或间接地依存于军事力量的结构。[1]

此外，安德鲁斯基认为，阶层化和军事组织之间的联系根植于群体规模。小而分散的狩猎采集者群体并不需要通力协作，大型社会则与之不同，须依赖于某种形式社会组织的运作。为了促进群体协调，社会等级制度的引入就变得非常必要，它能够实现明确的社会分工和责任义务的专属性承担。实践证明，伴随着参与人数的众多以及面对外部威胁时迅速行动的需求，少数人的掌控较之其他更为包容性的治理形式，效果更为显著。因此，最早出现的组织倾向于军事组织。若邻国已发展出一套（军事化）组织，则本国便没有太大的选择余地："无法发展出或采用此类组织的民族将注定面临遭到毁灭的命运。"（安德鲁斯基，1968：23）然而，一旦建立起命令与控制的链条，则往往会导致特权的攫取和累积，并且极难消解还原。对于安德鲁斯基来说，群体规模的大小是预示不平等程度的晴雨表：社会规模越大，对有效协调的需求就越强，要求的社会分层程度越高。然而，正是战争的经验给社会不平等模式带来了最大的影响："战争的成功比人类任何其他活动都更依赖于个人行动的彼此协调，群体的规模越大，协调的必要性就越强，也就越需要更为庞大的社会等级制度……因此，群体越大，其战斗性的分层效应越明显。"（安德鲁斯基，1968：29）

战争参与的规模也同样重要。安德鲁斯基对比了历史上存在的大规模参军现象的可用数据，将"军事参与率"（MPR，即 military participation ratio）用于衡量社会不平等的最重要指标。在他看来，军事参与率代表了"用于军事目的的人数在总人口中所占的比重"，是"阶层化最强的决定性因素之一"（安德鲁斯基，1968：33、73）。简单的、前现代的集

---

[1] 安德鲁斯基（1968：26）认为，即使是大企业也必须依靠（通过国家）军事力量以确保其财富，富豪们很少依凭自己的力量来统治："纯粹的富豪统治，也就是说不掌控军权的富豪统治国家，只能是一种短暂的现象。纯粹经济因素的产生，毫无疑问是分层的高度波动，但正如下列证据所表明，长期趋势是由军事力量轨迹的变化决定的。"

体形式诸如部落和酋邦的特点，是战斗参与程度相当高的人人皆兵状态，而社会复杂化程度越高，MPR水平越低。此外，由于武器装备的垄断最终导致了各种特权与社会地位的垄断，MPR在复杂社会秩序中逐渐降低。这一点尤为显著地体现在，武器生产中的新技术进步促进了军事参与路径的封闭。正如安德鲁斯基（1968：35）强调的，"随着武器越发精密，军队对普通民众的主导程度也在不断加强。"青铜剑、双轮战车、复合弓和重装骑兵的运用，有助于建立一个小型的、精挑细选的士兵团体，在这种情况下，成为一名战士需要巨额的开销，其背后是一批非军事的从属人员所付出的长期劳动。虽然在早期历史当中，征服是劳动力获得供给的主要来源，安德鲁斯基（1968：38）认为从长期来看，大规模掠夺不利于国家的发展，因为它大大降低了MPR，进而削弱了一个国家的防御潜力："国家试图征服尽可能多的领土，实际的MPR出现了一个低于最佳值的持续趋势。"领土的过度扩张并没有伴随军事参与率的提高，这往往导致"庞大的帝国却完败于全民皆兵的小型部落"。因此，安德鲁斯基认为，社会分层和军事参与呈反向相关关系：哪里的战争参与程度越高，哪里获得武器的途径就越敞开，哪里的社会秩序也就越趋于平等；然而，暴力使用的垄断和军事专业化，往往是与高水平的阶层化相互关联的。

迈克尔·曼（1986；1988；1993）也着重研究战争在包容和排斥模式转变中的作用。他将社会分层定义为"权力在社会中的全面创建和分配"，因此将其视为"社会的核心结构"（the central structure of societies），因为"其集中和扩散的双重方面为人们在社会中实现目标提供了途径"（曼，1986：10）。正如第二章中已论及的，曼将军事力量定位为社会控制的自主来源，借此来扩展韦伯关于阶层化的三分法。他认为政治力量和军事力量的分离是具有正当性的，原因在于，在大部分历史时期里，行政控制和大规模暴力的使用之间几乎没有共同之处。在专制时代之前，大多数的欧洲统治者若想要打仗，则需取得相对独立且拥有自己军队的贵族的同意及其提供的军事支持。同样地，前现代时期最强大的专制君主和皇帝们，则无力防止游牧部落的频繁入侵、海盗的劫掠、有组织的土匪活动，也无力削减部落之间的长期争斗。只有在现代，国家才能对有组织的暴力行为提出合法主张，并且在政治上强制垄断有组织暴力的使用（通过国家控制的军队和警察）。因此，这两种权力形式的区别就在于,"政治权力是集中的、制度化的、属地监管的",而"军事力量是有组织的物理力量,无论其组织集结于何处"(曼,1986:11)。

此处一个尤其重要的问题是,当代民族国家特有的政治和军事权力之间近乎完美的重叠与社会分层的历史性转变存在着紧密的联系。曼认为,国家权力向内和向外的逐渐延伸,与现代时期两个主要行为体(agent)——阶级与民族——的崛起存在结构性关联。而农业文明过于宽泛、等级严明、权利分散,因此难以适应清晰的阶级或社会包容型国家的存在,这两者成为现代化"社会发展之核心"。不过,曼的观点显然有别于传统的社会学共识,传统社会学共识认为,工业化或资本主义(或两者都)是这种转变的关键生成器。然而,曼认为资本主义和工业化的传播仍然有赖于军事力量和政治力量。他说:"资本主义和工业化被高估了。其分散的力量超过了权威性力量,为此,它们更多地依赖于军事和政治权力组织并接受他们的塑造。虽然资本主义和工业化大大增加了集体权力,但分配的权力——社会分层——则较少被改变。"(曼,1993:726)因此,无论是工业化还是资本主义都没能显著改变18、19世纪的阶层化模式。正是地缘政治、战争以及军事力量的普遍提升,在社会结构的改变中起到了决定性作用。强制力量的转变是一个缓慢而渐进的过程,由此逐渐失去了其作为社会内部压迫的媒介作用,仅保留了其对外的作战作用。正如曼所指出,这种分离仅在20世纪的欧洲和北美得以实现,是为扩大公民权利的长期斗争的结果。换言之,罢工和政治抗议在第一次世界大战之前被军事力量镇压的次数和被警察镇压的次数相差无几。例如,在整个19世纪和20世纪初,法国和美国都依赖军人来镇压劳工运动和城市骚乱(高德斯坦[Goldstein],1978;蒂利,1986)。

地缘政治对阶级的产生与壮大产生了深远的影响,同时,一旦阶级在国内政治舞台站稳脚跟,他们自身便会影响到所在国家的地缘政治行动。曼详细记述了社会各阶级的累积式发展历程及其对军事和国家权力产生的影响,始于资产阶级和小资产阶级出现的早期,到中产阶级的逐渐扩大,直至工人阶级组织以及农民被完全纳入国家社会结构。在所有发展阶段中,公民权被视为社会斗争的关键领域,即公民权利和政治权利在阶级范围内的缓慢扩张与崛起中的民族国家的军事、财政和政治诉求可谓相伴而生。曼间接采纳了欣策(1975)的观点,声称公民权是政治和军事精英掌握的社会控制机制。也就是说,通过不断地、有选择性地授予不同阶级公民权利、政治权利和社会权利的方式，国家统治者们既能安抚国内政治局势，也能同时满足自己的地缘政治野心。换言之，公民权的扩大一方面与欧洲和北美阶级的稳定发展相联系，另一方面，它是政治和军事统治者控制潜在的混乱因素的主要工具，起先这种混乱的苗头来自新兴资产阶级、中产阶级，后期则来自工人和农民。对于曼来说，不同的历史和社会背景决定了不同公民权制度的发展。虽然经济自由主义的早期出现（加上美国革命中民众参与）决定了美国和英国公民权的宪政发展模式，而那些有广泛农业基础的专制国家，诸如德国、奥地利、日本、俄罗斯，也为争取公民权经历了漫长也往往是极端暴力性的斗争。然而，在所有这些案例中，统治者倾向以公民权作为分而治之的策略抑或是作为讨价还价的筹码，以解决财政危机或动员人们参与和支持战争（曼，1988；1993）。

争取公民权的不同发展轨迹，对各个国家的地缘政治行动产生了深远影响，因为公民权扩张到不同的阶级往往意味着，跨阶级的更广泛的民众基础承诺致力于实现国家的地缘政治目标。因此，在第一次世界大战之前，欧洲绝大部分国家的工人和农民未被赋予公民权，这意味着他们对国家不具有认同感，也拒绝为战争做出贡献。相反，一旦资产阶级和中产阶级被赋予重要的公民权利、社会权利和政治权利，他们往往会热衷于投身国家事业。不过，曼认为，并非所有的中产阶级群体都会屈服于甚嚣尘上的国家主义。相反，在19世纪和20世纪初期，欧洲的野心家和受过良好教育的上层中产阶级，往往是帝国主义观念的核心支持者和主要好战者（曼，1993：786）。两次世界大战的结果是"跨阶级国家"（cross class nations）的出现，欧洲和北美很多地区的公民权范围因而更具包容性。因此，这些地区的国内和地缘政治都更具稳定性。相反，在劳动关系没有得到制度性调和以及公民权利没有得到充分扩展的地区，比如非洲的许多地区，军事力量仍然恣意不受约束并经常用于平息国内骚乱。同样地，由于专制政权依靠军事力量来规制阶级政治，故而他们更容易受到战争带来的伤亡状况的影响（曼，1993：730）。故对于曼来说，"国家不是阶级的对立面，因为它们同步出现，两者（在不同程度上）都是现代化教堂、商业资本主义、军国主义以及现代国家崛起的产物"（曼，1993：249）。劳动关系能保持制度性平稳的原因往往在于，战后社会包容性的增强和公民权范围的扩大作为对战时全面征兵以及全民参战的回报。

无论是安德鲁斯基还是曼都认为社会分层与军事力量紧密相关,并认为战争是历史上改变社会包容和排斥模式的重要手段。此外,他们都强调战争和暴力在创造复杂且等级严明的社会组织过程中所发挥的作用,这些社会组织最终发展为现代民族国家。然而,他们的理由却各有侧重:安德鲁斯基侧重于群体的大小和民众参战的规模;曼更侧重于在不断变化的地缘政治和战争背景下,阶级和国家相互依赖地崛起壮大。尽管这两种理由具有高度兼容性,并且为理解战争、暴力和社会分层之间的关系提供了很好的视角,但这些理由仍需要一定程度的修正,以适应那些它们并未能充分解决的问题。

尽管能正确地认识到群体规模和组织不平等之间的联系,以及阶层化和军事参与的反向相关关系,安德鲁斯基的模型仍是基于一种静态且过于机械的考量,这样的考量无法解释社会分层的复杂性、多样性和其特征的易变性。毫无疑问,大型社会实体需要复杂且有层次的社会组织,组织的大小本身并不能预先确定社会不平等的规模。例如,对比当代俄罗斯与其对应的苏联时代可以看出,规模与分层不一定是等价的。事实上,这种情况清楚地表明,领土和人口的规模可以和社会的等级化以及不平等水平成反比。现代俄罗斯的人口和领土明显不如苏联,但这并不当然意味着其社会等级化和阶层化的程度更低。相反,正如所有可以查阅到的研究所显示的,俄罗斯市民社会中存在富有的精英小群体和大量贫困的中产阶级,其不平等的程度大幅增加了(霍姆斯,1997;皮克尔斯 [Pickles]、史密斯,1998;萨科瓦 [Sakwa],1999)。鉴于后苏联时期只有1.5%的人处于贫困线以下,这个数字到1993年时就已急剧上升到39%和49%(米拉诺维奇 [Milanovic],1998)。此外,人口和领土的减少并没有导致国家机构也随之精简。正相反,官僚机器实质上越发臃肿:直至1993年,俄罗斯行政机构"比苏联以及苏联共和国的中央国家机关和政党组织加起来还要庞大",且政府规模高达苏联政府规模的三倍(霍姆斯,1997:184)。

情况相似的是,军事参与率作为分析工具太过于粗略,难以衡量分层和战争之间的复杂关系。尽管了解到更广泛的战争参与率往往来自更为平等的社会形态,这一点当然极具价值,但同样重要的是观察军事机构的结构和组成,以及观察范围更为宽广的社会形态,以期对历史经验的多样性进行解释。尽管安德鲁斯基正确地指出小型部落和部族平等的社会秩序之中几乎是全民皆兵,但这一事实本身并未向我们过多阐明阶层化和普遍参战之间的关系,仅仅因为在这种平等的群体之间或群体内部的战争只是偶发现象。特克斯特(Textor)(1967)、埃克哈特(1992)和弗赖伊(2007)认为,没有考古学证据表明在游牧骑士中存在战争,并且只有单薄的证据显示在简单定栖的部落之间存在战争。埃克哈特(1990;1992)强调说,在所有丰富地描绘了智人(Homo sapiens)的社会生活的各个方面包括狩猎的洞穴壁画之中,并没有关于战争的绘画作品。弗赖伊(2007:56)的结论是,"考古资料中没有证据可以证明在公元前12000年存在战争,有据可考的是大约在公元前9500年开始出现偶发的战争,而大规模战争只在距离今日1800到1500年间才出现"。

同样,军事组织中的民众参与程度较低,并不必然意味着清晰的阶层化模式。例如,1996年荷兰废除征兵制,职业军事体系的建立并没有直接影响社会分层[阿汉西斯(Ajangiz),2002]。瑞典有义务兵役制,且通常被视为现代社会分层程度最低的国家,这一事实或许首先表明,安德鲁斯基的模型在这里完全适用。然而,如果我们考虑到瑞典士兵在过去两个世纪里没有任何参战记录,并且当前瑞典武装部队仅有不到两万人,基于此作出的结论便十分清晰,即阶层化模式与任何军事参与率都不存在显著关联性(佩里[Perry],2004)。关键在于,仅有战争的参与情况,无法传递更多涉及某个特定社会的社会结构的内容。更重要的是,是否存在旷日持久的长期战争。最简单的狩猎采集社会没有经历过战争,并且当代大多数欧洲当代国家(自1945年以来)也是如此,所以,军事参与率在这种情况下不是体现社会分层的一个可靠指标。这一措施在战争的背景下甚至或许并不可信,因为社会和参与战争的军队之间存在着显著的差异。例如,尽管迦太基帝国(前575—公元前146年)是一个寡头共和国,其在战争(尤其是布匿战争)中是依靠雇佣兵作战的,这个帝国与许多实行全民征兵的希腊城邦相比,几乎是没有进行社会分层,而且政治氛围是更加民主的。迦太基不但有民选议员、工会和城镇会议,而且迦太基的公民大会常常针对公民关心的议题进行决议投票,诸如是否发动战争(史泰普[Stepper],2001)。与之相反,20世纪80年代旷日持久的两伊战争中双方的军事参与程度都很高,但这并没有减缓两个社会中出现的不平等状况。事实上，这场战争使社会分层更加尖锐，并且增强了伊朗军队建设的影响力（考兹曼［Cordesman］、克莱伯［Kleiber］，2007）。所有这一切都表明，公众参战和社会包容与排斥之间的关系需要更细致的分析。

曼提供了一个更精细的模式，将社会分层的转变同地缘政治的变化以及公民权利联系在一起。虽然这个理论上较为全面、经验上较为丰富的模式明确揭示了集体暴力和社会不平等之间的关系，但它过分强调军事和政治权力之间的分离以及阶级和公民权的作用，却对意识形态化过程轻描淡写，而意识形态化过程在解释阶层化模式时至关重要。曼认为，历史上多数集体暴力都持续存在于集中管理控制之外，只有在现代化背景下，国家才能垄断暴力，这一观点是正确的。但是，这并不意味着政治和军事权力的存在是彼此分离的独立存在。相反，政治权力直接来源于某个国家在追求自身目标的过程中掌控武力或暴力施压的能力。除非政治行为与武力相联结，否则它会缺乏适当的"人类学基础"（波齐，2006：138）。只有当管理控制根植于使用暴力或以暴力使用相威胁时，才会得到制度上的回应。前现代世界几乎没有领土意义上的集权，这一事实并不能真正帮助我们厘清政治控制与暴力之间的关系，它只是指出了权力和暴力是基于地域散布的。拥有自己军事力量的独立贵族的存在，仅仅表明不存在暴力垄断，而不能说明政治控制与暴力是相互独立的社会领域。

这里的关键在于，正如韦伯（1968）所言，政治组织强制实施规则的能力源自暴力。因此，政治组织都没有最终的目的（因为其目的处于变化之中），而只能由其自身所支配的手段来进行定义，即是暴力。正如波齐（2004：39）认为："正是因为暴力是实现多种目的之手段，故实施暴力的可能性就成为个人和团体雄心勃勃充满斗志去夺取的目标。他们不仅将暴力作为竞争的手段，也就是说，暴力本身就是竞争的目标，特别是竞相争夺对有组织暴力的主导性物质和社会技术的控制权。"换言之，政治权力以强制性统治为前提。这并不意味着，任何野蛮暴力都能确保民众的长期服从。尽管对政治权力的成功运用依赖于有效的意识形态正当化，行政控制必须以有组织地发挥强制威慑的能力为根基。这一点在社会分层的背景下尤其重要，正如笔者随后将要论述的，持续维护社会分层始终严重依赖于制度化的强制威胁，无论这种威胁在现代民主政治秩序中是多么近乎隐形。由于社会分层和庞大的政治权力起源于战争,并且随着有组织暴力的升级而急剧扩张,割裂地将政治权力与军事力量进行分析,几乎将一无所获。

其次,曼的理论十分重视阶级和公民权,却在很大程度上忽略了其他形式的社会划分。毋庸置疑,社会阶层和公民权利在现代社会秩序的建构方面发挥了重要作用,尤其体现在对地缘政治变化及现代战争的影响上,同时自身也受到了地缘政治变化及现代战争的影响。然而,历史大部分时候并不关乎阶级,而是社会地位、种姓制度、财产、性别、年龄和其他社会划分的类型主导了阶层化的模式。虽然曼正确地意识到,阶级在现代社会成了社会包容和排斥的核心媒介,但他还是对阶级关系有着非常广泛而不同寻常的超历史认识。因此,他经常把地位、遗产和基于种姓制度的机构纳入阶级的概念之中。例如,他在文中将古希腊评价为,"能够清晰感知到阶级斗争是该社会生活的持久性特征的第一个人类历史社会"(曼,1986:216),他还描述了"中世纪战争的阶级意识规则",或中世纪欧洲的阶级分化,其中,"宗教扩大了阶级之间的文化鸿沟"(曼,2005:42—44)。同时,他认为在现代性中难以找到社会地位存在的空间。然而,了解社会分层的运作,首先要明确区分大部分不变的和不可改变的形式,如作为前现代世界重要标志的身份、种姓和拥有财产的资格,以及个人在现代社会中要面对的具备更强经济性、开放性且依赖于市场的阶级联合体。阶级不仅在许多方面作为现代化的协会形式(包括具体的市场情况,消费行为重要性的增加以及阶级认同感),而且较之于种姓或财产型体系,阶级还是一种更易发生改变的团体依赖形式。此外,尽管曼(1993:24—30)运用了一个概念,比古典或当代的马克思主义思想家所用的概念更具动态性,他仍把阶级设想为"共享着一个团结的共同体并且积极捍卫其自身利益"的有形群体,这意味着"阶级意识也是现代社会的一个长期特征"。然而,阶级并不是这样一个连贯、稳定且充满自我意识的群体。[①] 韦伯(1968)正确地指出,阶级是一种类似团体的存在,由共享一个类似的市场环境的个体组成。此外,当今时代一个人的阶级地位并不必然与他或她的社会地位重叠。虽然现

---

① 关与这一话题我们之间的探讨详见:布罗伊尔,西瑟拉尼,马莱斯维奇,纽伯格,曼:《关于迈克尔·曼的〈民主的阴暗面〉的讨论:对种族清洗的解释》,载《民族与民族主义》,2006年第12卷第3期,第389—412页。

代的地位联合比前现代时期更加具有易变性和流转性,但地位被定义为已接纳的社会荣誉分配,并仍作为现代时期社会包容和排斥的一种有效机制。韦伯(1968:405)非常清楚地意识到,地位和阶层能够巩固彼此,但地位不能被归纳入阶级的概念范畴:"社会荣誉能够直接与阶级状况相连,而且大多时候也确实可通过同等地位群体成员的平均阶级状况来决定。然而,事实并不必然如此。地位资格反过来会影响阶级状况,通过地位群体所需要的生活方式,使他们偏好某些特殊种类的财产或是利益追求,而拒绝其他的种类。"探索战争、暴力和阶层化之间的关系时,这种概念性区分格外重要。正如笔者在后面将要证明的,在联结有组织暴力和社会分层模式中,占据核心地位的是社会地位等级,而不是阶级的划分。

最后,由于曼的论证重点主要集中于历史发展和国家的转变而非战争本身,他并不十分关注暴力的正当化过程。尽管第二章已经论述过,曼阐述了一个有关意识形态力量的具有很强说服力的理论,但他低估了意识形态在当今时代中的力量。1760年至1914年往往被认为是现代意识形态学说诞生和发轫发展的时期,在曼的描述中这是一个意识形态衰退期。曼说:"意识形态的权力关系在这一期间有所下降,权力的重要性也有所减弱";也就是说,意识形态的力量"更加'向内固守本质'而非展现'超验性'……并且有助于通过资本主义、军国主义和国家创造出集体行动者"(曼,1993:2)。这里的问题是,现代意识形态学说能够将战争和其他集体暴力形式影响下的社会分层转型合法化,曼将意识形态等同于文化和宗教,因此无法正确评估现代意识形态学说的这一重要意义。与其把意识形态和战争看作第二序列的现实抑或纯粹的国家权力手段,当务之急是探索意识形态和战争结构上的自主性以及两者彼此塑造的过程。尽管克劳塞维茨正确地指出战争是国家政策的一种形式,但社会学更倾向于通过其自身不可预知的逻辑论证来研究战争。如果战争仅是另一种类型的政策(尽管是"通过其他方式"),一项由全能国家规制的可控活动,那么战争的发动将会更加频繁,并且将是一种容易被正当化的实践行为。事实是,战争的发动和进行仍然是一种备受争议的、棘手的、极端化且反复无常的活动,战争会生成自身的动因,这表明,战争远不仅仅只是国家权力的一种工具。战争是一个自主的社会现象,往往能够创造出新的社会现实。同样,意识形态力量不仅仅只是操纵政治的工具:

其具有独立性,并能产生社会行动的意外后果。因此,为了充分认识社会分层的起源和发展,至关重要的是分析集体暴力及其意识形态根基。

四 战争与社会分层的起源

大多数考古学家和人类学家认为,在农业和定栖生活方式出现以前,人类社会鲜少发生不平等现象(卡什丹[Cashdan],1980;安格尔[Angle],1986;弗赖伊,2007)。针对现存的狩猎采集群体展开的全面研究表明,这些群体的运作遵循着严格的平等原则,几乎不存在领导层(贝姆[Boehm],1999;温特哈尔德[Winterhalder],2001;德瓦尔[De Waal],2005)。此外,这些群体都不喜欢采取暴力行动,总体上没有能力也不愿意参与长期争斗,更遑论发动战争。因此,充足的证据表明,农业和人类定居生活的存在与社会分层和战争是相伴而行的(赖特,1965;特克斯特,1967;科恩[Kohn],1987)。换言之,文明、战争和制度化的社会不平等现象的产生之间,存在着清晰的勾连(汤因比,1950;埃克哈特,1990;1992)。尽管如此,农业和定栖生活方式的发展是否导致了阶层化和战争的出现,还是恰恰相反,学界就此仍未达成共识。马克思主义理论家认为,农业在这个过程中起到了决定性作用,因为食物生产的盈余导致了上层阶级的出现,他们不生产食物,而是依靠生产食物的农民劳动力来满足自身的生存需要(蔡尔德,1950;曼德尔[Mandel(1)],1968)。其他经济主义视角的、以组织为核心的研究路径,已经将重心放在社会组织在提供和保存剩余产品方面不可或缺的作用。例如,萨林斯(Sahlins)(1972)和海登(Hayden)(1995)认为,存储食物的能力比生产食物本身更为重要,因为倘若组织系统缺位,就会浪费未存储的食物盈余,而不能创造财富,这些财富是形成阶层化社会秩序的先决条件。因此,并非食物盈余本身实现了文明的发展,而是使食物盈余的存储成为可能的社会组织实现了文明发展。然而,这些主张都过分强调生产是以强制为代价,将战争仅视为经济或物质增长的副产品。该观点认为,一旦定栖的农耕生活得以发展,便导致争夺耕地和强占其他群体储备粮库的暴力冲突发生。概言之,战争的出现被解读为社会分层的结果,而不是原因。

然而,部分采纳经典"好战"社会学理论的话,可以说,社会分层是战争的产物。最早形成的是协调的集体暴力,后来则促成了社会包容及社会排斥相对稳定的模式的建立。贡普洛维奇([1883] 2007;1899)认为,有组织的集体暴力行为对于创建阶层化的社会秩序至关重要,在这一点上他是正确的。组织性强的少数人通过征服组织混乱的邻国来强制控制其他地区,最终建立处于主导地位的武士阶层。贡普洛维奇(1899:119、123)认为,由于"没有暴力就无法剥削人类劳动力",氏族和部落都必须"通过武力来实现一方对另一方的臣服"。与之类似的是,奥本海姆(2007)认为,战争袭击导致交战团体的集权化,这样它们才能够利用其组织能力来实现对于其他团体的控制。虽然古典的征服理论更侧重于国家的起源而非社会阶层的起源,但它们指出了正确的方向,因为它们把组织力量的发展与阶层化的出现联系在了一起。由于社会等级需要组织基础,因此没有组织的存在便无法形成长久的社会排斥。所以,发动战争意味着创造一个稳定而持久的社会组织。虽然创造剩余价值的人往往遭遇剥削,但似乎更为现实的是,那些最初能够用自己的力量、技能、智慧以及最重要的——组织能力来生产比其他人更多食物的人,同样能够凭借相同的特质来保护自己的剩余产品。[①] 希腊重装步兵的例子可以很好地说明,同时成为战士和农民的可能性极大(戈兹沃西,1997)。

毫无疑问,正如大多数古典和现代的"好战(bellicose)"历史社会学家们所证明的,这种组织力量最终带来了国家雏形的诞生,但仍然不能解释军事组织的起源。发起征服与战争的并不是游牧队伍和部落,因此目前尚不清楚有组织权力终究是如何出现的。也就是说,尽管很显然,军事组织一旦建立,就会有助于建立分层的社会秩序,并且最终建立国家和文明,但是,这一结果是如何实现的却远远没有得到证明。[②] 曼(1986:105—127)认为整个过程一分为二:首先,依靠"经济实践的路线",即借助冲击农业产生的经济盈余建立"领土中心格局"(territorial centredness),以及通过由小城邦来构建政治权威,这些小城邦"提供了一种融合了经济、政治权力组织的综合形式"。其次,事实上这些城邦通

---

① 此外,个体和团体似乎更可能会先分配剩余产品,以便从所处的集体中的其他人那里获得支持和其他有利于自己的因素(参见曼,1986)。
② 尽管盖尔纳(1988b)和曼(1986:124)正确指出的,独立国家和文明的出现与其说是一种规则、一种结构性畸变、一种历史偶然或者"异常现象",不如说是个例外。

常出现在一个广泛且分散的宗教和地缘政治环境中，与地方宗教中心有紧密关联，这意味着第二阶段（城邦）的经济和政治权力倾向于与更广泛的意识形态和军事权力实现逐渐融合。换言之，曼（1986：127）认同"（军事组织）最初起源的整体经济学观点"，但是"在发展过程的后期，军国主义机制则具有较强的相关性"。

然而，这种解释仍然过于侧重从经济主义视角聚焦于剩余产品，并且没有真正解释从平等的游牧生活到定栖分层秩序的转变过程。因为曼就像一些古典"好战"理论家一样，满怀兴趣地追寻早期国家（pristine states）的起源，对从游猎采集到定栖狩猎采集这一重要过渡阶段缺乏足够的重视。这种过渡的重要性在于，它表明真正的阶层分化源于国家诞生之前。毫无疑问，早期国家和文明的进化加深了社会等级化并形成了相应的社会制度，尽管如此，社会阶层分化却出现于前国家组织（pre-state formations），如酋邦（chiefdoms）之中。虽然这些复杂的定栖狩猎采集者族群分为很多不同种类，其中有些族群中的部落首领手握重权，而大多数族群中首领的影响力都比较弱，"酋长享有某些特权"，比如像贡品的进献，"首领们之后会把其中一些贡品又重新分配回其族人中"（弗赖伊，2007：71）。就组织力量的发展而言，正如瑟维斯（Service）（1978：6）所认为的，酋长制是"人类政治进化的分水岭"，原因在于，这是历史上首次出现"一元化领袖"，发挥了"社会中枢神经系统"的作用。酋邦往往诞生于自然资源丰富的地区，并且其人口密度比游团（bands）和部落（tribes）都要高。然而，因为酋邦在人种学意义上非常罕见，所以没有像其他形式的人类联合体一样得到广泛全面的研究。根据考古证据可知，酋邦的发展在人类进化过程中发生得非常晚，大部分都出现在过去的1.3万年（凯利［Kelly］，1995：302；弗赖伊，2007：71）。

最重要的是，酋邦为军事组织发展和社会分层之间的关联提供了证据。虽然酋长的优越地位取决于周期性的财富分配，但能够成为首领则是基于战斗中的军事经验和领袖才能。不同于游猎采集部族，这些复杂的定栖狩猎采集群体更容易经历周期性的激烈战争。例如，不列颠哥伦比亚省的努特卡人（Nootka）经常参与突然伏击和暴力突击，在这个过程中"要完全消灭敌人，将敌人完整的首级也包括妇女和儿童的，挂在长矛的顶端一路带回家，然后围绕着敌人的首级举行隆重的典礼欢舞庆祝，战利品会在随后的炫富宴（Potlatch）上进行分配"（瑟维斯，1978：

238)。酋邦的构建以单一血脉的亲缘关系或家族世袭领导制为中心，分层模式以年龄、性别、婚姻和军事地位作为区分的基础。然而，最重要的分界线往往在奴隶或农奴与其他人之间。由此可知，有组织暴力与农业生产或国家的形成之间没有关系，因为农场主并没有发展出酋长制（卡丁，2002；2004）。由于酋邦缺乏稳定的机构，故此，它们易于陷入崩溃与重建的周期循环之中。正如瑟维斯（1978：8）总结的："酋邦是家族性的，而非平等的；它们有中央领导和权威，但没有真正的政府；它们对商品和生产的控制是不平等的，但不存在真正的私有财产、企业家或市场；它们具有明显的社会分层和级别，但没有真正的社会经济阶级。"换言之，这些复杂的定栖狩猎采集者群体，为分析军事组织和社会分层的出现提供了一个理想的"实验室"。酋邦的历史意义和军事实力往往被忽视，尽管事实上，这种形式的社会组织已被多次证明与早期的国家一样甚至更为强大。例如，在公元5世纪占领并最终征服了罗马帝国西部的日耳曼人和其他"野蛮"入侵者，其实是多个酋邦的"同盟"。同样地，欧亚大陆上的多数游牧民族最终发展出了能与许多国家相媲美的复杂且大型的酋邦，如契丹、金、蒙古，以及许多最后被铁木真（后来的成吉思汗）在13世纪统一的蒙古酋邦，都发展出了极为强大的军事能力。有史以来最大疆土连贯的帝国——涵盖约3300万平方公里的蒙古帝国的起源，可以直接追溯到早期蒙古酋邦的军事组织（塔格佩拉［Taagepera］，1997）。因此，由于有组织暴力的出现早于农业和国家，所以农业和国家的形成都不是社会分层的原因。

为了理解阶层化的起源，有必要考察一下暴力在酋邦的转变中所扮演的角色。正如贡普洛维奇（［1883］2007）、拉岑霍费尔（1904）、罗斯托（1980）等"好战"传统的早期代表人物所认为的，真正意义上的原初社会分层包括战士（warriors）和非战士（non-warriors）。安德鲁斯基（1968：39—62）部分遵循了这一思路，通过实证研究为"等级鲜明的社会结构是通过征服出现的"这一理论提供了证据：例如在东非，"尼格罗农耕人"（Negroid agriculturists）被"含米特畜牧者"（Hamitic pastoralists）征服，美索不达米亚的一些旧时政教合一的城市被其他更具扩张性的城市征服，多利安入侵希腊城邦，以及其他许多历史记载的案例。虽然他承认战士阶级可能已经与其他族群有所差异，并逐渐成形（通过兵役制度或对武器的垄断来限制某些个体），对此，安德鲁斯基（1968：

32）与曼（1986）的观点类似，认为这更可能发生在更复杂的社会秩序中，"其中昂贵的装备（的作用）超出了很多其他手段，使大部分兵役全然无用；或者说复杂社会秩序下的内部和外部安全条件使得解除民众的武装成为可能"。

与此特别相关的是城邦（city-states）的起源，因为它们代表定居生活最初的形式，并最终带来了文明与国家雏形的诞生。虽然毫无疑问，城邦的起源在很大程度上要归功于围绕寺庙而出现的广阔的区域礼拜中心，但正如曼（1986）、施坦恩（1994）等人指出的，部落和酋邦向城邦网络的转型，在很大程度上并非基于经济因素，而是军事因素。考古证据不仅证明了第一大祭司逐渐承担起军事领导人的角色，例如早期的苏美尔国家和尤卡坦半岛的玛雅人（韦伯斯特［Webster］，1976；波斯特盖特，1994），而更为重要的是，城邦本身的出现主要是出于军事方面的考量，即防守与进攻。苏美尔的例子很有说服力，因为它是最早的文明世界，借此，后来的苏美尔帝国（国家雏形）是从小型的定居群体网络演进而来的。这些早期定居点的特点是，它们似乎已经开始利用沟渠和城墙来增强防御能力（例如，位于今天萨马拉的 Tell-Sawwan 村的挖掘，表明了这种城墙的存在可以追溯至公元前 5500—公元前 4800 年），这往往是显示存在暴力入侵和军事活动的可靠迹象。此外，大多数的苏美尔城邦是以集群的形式出现的，这意味着微观层面地缘政治学的存在，这些实体之间开展了贸易、交流，也有周期性的斗争。多达 90% 的苏美尔人生活在这些城邦之中，而经济生活的主要来源（即粮食生产和农业）是城市以外的地区，这意味着城邦城墙确保了抵御外敌入侵的安全性（尼森，1988）。换言之，早期城市居民大多由需要被保护的农村人口组成，他们希望免受外部攻击或者躲避邻近城邦的定期劫掠。因此，早期有城墙的城邦的本质目的是军事防御。盖特（2006：277）正确地指出："城邦出现于政治进化的早期，当时尚未实现领土大规模统一……空间被小型敌对的政治单元分而治之，这意味着这些城邦均受到周围邻邦的高度威胁，以及农民需要具备在城外工作、在城内生活以寻求庇护的能力。"因之，"城邦是战争的产物"。

早期埃及拥有非同寻常的地理位置以及丰饶的农业（与尼罗河有关），促进了向相对统一的中央集权的快速过渡，这个反例清楚地证明，如果没有外部威胁，城市和城墙也会更少，会有更多农民生活在农村。

因此，尽管曼（1986）指出，似乎暴力在第一阶段发展的重要性与其在第二阶段相同。从部落、酋邦到城邦，并最终成为国家的雏形，这一难称完美的转型在很大程度上是一个涵盖了有关征服、突袭和劫掠弱小邻国的暴力过程。换言之，社会分层的产生在许多情况下受到外部的强制（通过征服），或受到有组织的内部威胁（即政治诈骗）。因此定居生活的暴力起源证实了贡普洛维奇（1899：120）的观点——"文明人的生活离不开他人的服务"。一旦完成对武器和军事角色的垄断，便为随后而来的社会分层严格模式埋下了伏笔。

伦斯基（Lenski）（1966）的研究表明，在历史长河中，从亲属族群强弱有别的"园艺社会"（horticultural society），发展到通常由武士贵族占据主导地位的农业社会，一般由武士贵族进行统治，这些都表明不同阶层之间的社会不平等经历了循序渐进、稳步加剧的增长过程。在上述所有的情况下都可以观察到，强制性社会组织、军事特权阶级的暴力垄断和急剧增长的社会不平等是并行发展的。诸如罗马帝国、中世纪时期的中国和十二世纪的欧洲基督教王国这样的农业社会，所有这些都根植于复杂且严格的社会等级制度，表明了军备管制的垄断如何阻碍了社会流动性，并最终建立了世袭武士阶层（hereditary warrior strata）。阶级（class）——这个最常用于表述分层的术语，其本身就是军事语境的产物，这一点绝非偶然，古罗马语中的术语 classis 意指罗马市民的军事分工（特纳，1988：31）。

正如在第三章和第六章所详细论述的，在前现代时期展现的世界中，武力之剑统治着农耕之犁。也就是说，军事贵族利用其对有组织压迫的垄断强制形成了等级森严的社会秩序，统治着大量的农民。虽然只有少数社会学家对于战争和暴力在前现代时期建立和维持社会阶层模式中发挥的重要性表示质疑，但他们中的大多数人可能会否认现代工业社会秩序中强制力所扮演的角色。例如，伦斯基（1966）甚至认为，工业社会秩序本质上是建立在和平原则之上的，在这种环境下，技术的发展和经济盈余的大幅增加能够减少涉及财富和权力的不平等。同样，盖尔纳（1988b；1997）就这两种社会类型进行了对比：农业社会等级森严，了无生气，贫穷困苦，而工业社会的经济增长和科学持续发展带来了生机勃勃，社会整体流动性强。然而，这种解释忽略了一个简单的道理：人类无法轻易容忍财富、权力和声望的不平等分配。事实上，极度的社会不平等和群体排斥的严苛形式，往往要么需要强制性控制来维持，要么依托于精心构造的意识形态正当性辩护，而在大部分时间里两种方法同时运用，并行不悖。意识形态的作用将在后文中进行详述，我们先将注意力集中于现代社会分层的强制基础。显而易见，阶层化和其他已经分析过的社会现象相同，始终且仍然持续受到经年累月的强制官僚化的影响和塑造，对此笔者将进行简要的论证。

首先需要指出的是，目前欧洲和北美大部分地区盛行的阶层化体系，几乎支持所有新韦伯主义和新马克思主义的阶层化理论，这一体系自身就是两次全面战争的产物。尽管整个18世纪和19世纪见证了巨幅的经济增长、空前的工业发展、重大的结构性转变以及科学和技术的创新，但直到第一次世界大战以前，社会分层几乎都没发生过任何实际的变化。虽然统治者被迫承认了社会各阶层的某些公民权利，中世纪武士传统的遗存仍然根深蒂固，一直到20世纪伊始，欧洲大多数国家仍然处于土地贵族的统治之中。例如，即使在1910年，德国政府的11个部长中也有9个是贵族阶层；贵族完全主导着德国议会（全部的上院和四分之一的下院）、行政（超过90%的顶级公务员职位）、外交（驻外大使的80%）和军事（军队高层的55%）（高德斯坦，1983：252）。在英国，土地贵族地主阶层在1905年之前统治着每一届政府，而19世纪末法国众议院的议员们有超过三分之二来自贵族家庭（托马斯［Thomas］，1939；科尔［Cole］、坎贝尔［Campbell］，1989）。此外，东欧和中欧的大部分地区也曾被贵族阶层完全控制，贵族阶层成功垄断了政治、经济和军事领域的全部重要职位。

不仅如此，虽然欧洲政体逐渐接受民主化进程，但是，直到1910年大多数发达国家只有不到30%的人口拥有选举权，比例从低到高依次是荷兰14%、英国18%、奥地利21%、德国22%和法国29%。直到1914年，挪威是欧洲唯一拥有平等普选权的国家（高德斯坦，1983：241）。即使在美国，"契约奴役制"（indentured servitude）一直持续到19世纪初，在美国许多州都存在财产所有权决定投票资格的现象；直到1870年，奴隶制阻碍了15%的人口拥有选举权，实际上这种状况一直持续到20世纪60年代。直至1920年，妇女都不享有选举权，印第安人直到1924年才被授予投票权（柯林斯，1999：118）。

第一次世界大战是一个历史转折点，因为它使贵族阶层的实力和声望急转直下，导致了传统社会等级的剧变。正如霍尔珀林（2004）所证明的，第一次世界大战的结束在许多方面都代表了真正意义上的"封建主义终结"，因为封地（战士）贵族的中世纪遗存，由于工人、农民和其他社会阶层的广泛参战而被瓦解了。① 其结果，是战争结束后整个欧洲发生了前所未有的土地转让。虽然参战的农民和其他贫困群体受益于整个欧洲土地的重新分配，特别是在中欧和东欧，然而主要的受益者是金融家和商人，他们从战争合同、佃农、郡议会和郊区议会中获得好处。例如，英国有四分之一的土地易主，这是自诺曼征服（Norman Conquest）②（蒙塔古，1970）以来最大规模的土地转让。虽然第一次世界大战标志着贵族的没落，但对于其他阶层而言，社会分层模式没有显著改变。正如霍尔珀林（2004：153）所论证的，"战时和战后的状况通常会使整个社会结构范围内的财富减少"，意思是"欧洲战前的社会结构依然存在"；这体现在战后工业发展动力仅存在小幅度变化之上。社会分层迎来实质性转变必须要等到二战时期，"只有到二战之后才转向一种以提高工人生活标准为导向的生产系统。正如已经在美国（19世纪60年代）和俄罗斯（1917年至1922年）发生的那样，它的到来是精英阶层内部旷日持久的血腥内战的结果"（霍尔珀林，2004：118）。

虽然二战没有像它有时被描述的那样被证明是"完全的阶级均衡器"，国家对社会各阶层全面参战的依赖，意味着有一部分行业将受益于参战。然而，各国不同的社会和地缘政治条件以不同方式影响了社会分层。在美国，雄厚的产业基础及其远离战场的地理位置助力了中产阶级的崛起，他们中的一部分通过所谓的"战争景气（war-boom）社区"的出现而产生。其中，社会学意义上最为有趣的是一个底特律的名为Willow Run的社区，由美国福特汽车公司经营，成为世界上最大的轰炸机工厂。由于工厂雇用了四万余名员工，来自全美各地的多达25万人迁居到了一片曾经的农业社区之中。正如洛厄尔·卡尔（Lowell Carr）的研究所显示的，Willow Run社区被视为且作为一种社会流动的重要工具，使得成千上万低阶层家庭相对迅速地成功实现了在社会阶梯中的攀升，成了中

---

① 例如，多达500万的产业工人在第一次世界大战期间加入了英国军队（霍尔珀林，2004：154）。

② 诺曼征服，是指1066年法国诺曼底公爵威廉对英国的军事征服，威廉加冕为王，称威廉一世（1066—1087），自此英国盎格鲁撒克逊朝结束，诺曼底王朝的统治开始。

产阶级成员（卡尔、施坦默［Stermer］，1952）。欧洲的经验与美国完全不同：在某些情况下，农民和产业工人是主要的赢家。在英国，政府使用粮食补贴来确保基本生活开销，同时将军工产业的工资提高了80%。此外，为了激励工人全面参与战争，英国推出了"公平份额"的分配模式，即阶级敏感型（class - sensitive）的定量配给政策，为所有人制定更高的营养标准并且引入了多项重要的社会政策方案。军队服务机构会为军人提供专属的教育机会（马威克［Marwick］，1981：216—222）。法国沦陷初期，由于食物匮乏，产业工人的需求量大幅减少，因而，战争的真正受益者是农民。然而，在所有这些情况下，全面战争都被证明是社会分层的关键催化剂。

第二点是，社会分层始终与社会组织的强制机构密切相关。虽然显而易见的是，20世纪70年代瑞典的社会分层和暴力程度，与其15世纪时的情况相比要轻微得多，但事实上，这两个时期社会结构的形成来源是相同的：对暴力的有组织控制塑造了社会分层的特征。事实上，在这些社会秩序里有一种情形是，暴力控制呈地域性扩散并且由少数贵族武士所支配，而在其他情况下，强制性机构则是由民族国家合法地垄断的，这并不表明20世纪70年代瑞典社会的包容与排斥模式和暴力没有一点关系。恰恰相反，现代社会分层体系的存在与稳固，深深根植于国家对使用暴力的有组织垄断。这种垄断，不仅防止了一个社会阶层的成员被来自另一级层的成员任意伤害或杀戮，而且还阻碍了集体或个体在未经许可的情况下对于阶级地位或身份角色的篡夺。现代工业化的社会秩序并不具备内在的和平主义及勤勉特征，进而允许更多人流向更高的社会阶层。相反，它们内部的和平和高效正是由于一个单一的社会组织——现代民族国家对于强制和意识形态有着近乎绝对的垄断地位。暴力冲突在民族国家边境的外化，不仅导致了国家内在的安定（吉登斯，1985；赫斯特，2001），也帮助这些国家将暴力集中在自身体制之内。

因此，不同于早期的政治实体，现代国家都能够依靠法院、警察和军队来稳固维持现有的阶层化系统。在中世纪的欧洲，拥有破坏手段的人才能够对既有的社会等级制进行重构，而现代国家对于强制手段的垄断保证了现有社会等级制度的持久性。但是，这些过程都没能扼杀社会内部矛盾，也未将暴力从社会生活中彻底清除。相反，暴力已经变得难以识别。由于这种暴力垄断日益根深蒂固和例行化，以至于司空见惯，因此变得普遍难以觉察。然而，任何强行反抗现存社会秩序的尝试都会揭示出现代时期社会分层的强制性质。作为现代人，只要我们决定不去表达对经济、政治和社会的不满，就可以享受到前所未有的自由：一个无家可归的人偷偷住在一间私人公司所有的无人居住的房子中，会被迅速地强力驱逐；酒醉朋友间的大打出手可能最终使他们二人锒铛入狱；选择不送孩子去小学的父母（自己也不教育他们）将受到严厉的处罚；未经许可建盖的私人住宅将被拆除；一个失业的单身母亲不能支付其银行贷款以及家庭开支，她的孩子们就有可能被送去社会福利机构；一个携带小刀的青少年很可能最终身陷囹圄。换言之，由于阶层化起源于暴力，它永远无法真正从暴力中脱离出来。在这方面，现代社会秩序并没有与前现代社会秩序有所不同，因为强制性控制现在仍是阶层化体系的核心要素。例如，没有现代的民族国家能够容忍从根本上挑战现有社会结构的暴力。在任何地方，政府都不会对革命或大规模暴力性的社会行动容忍姑息。相反，试图反抗现存社会秩序的行为会迅速丧失合法性，并且往往遭到警察或军队的无情粉碎。不仅未经国家批准和许可不能从事法律执业、开设诊所或进行教学活动，并且任何企图冒充医生、律师或者教授等专业技术职称的欺诈行为都会受到国家强制性的惩罚。在规范化的精英治理型社会秩序——比如我们大多数人现在所处的——之中，正是国家资助和控制的教育体系决定了社会的不平等模式。正如研究者已经无数次证实的那样（柯林斯，1979；1988），相比一个人的父母的社会经济和阶层背景，教育是一个人职业成就更好的预测指标。

尽管如此，全世界范围内的民众接受正规教育的水平不断提高，却并没有将其转化为更强的社会流动性。相反，整个20世纪发达国家的社会流动程度在很大程度上保持恒定不变（布东，1973；豪泽［Hauser］、费泽曼［Featherman］，1976；柯林斯，1988），南北之间的结构性差异和社会不平等现象也不断增多（米拉诺维奇，1998；加法尔［Gafar］，2003）。然而，这里的关键在于，教育体系既是强行实施的，又作为一种社会等级制度的正当形式而为人们普遍接受。一方面，教育是被强制执行的（没有人可以决定不参加基础教育），也受到强制性的维护（未经国家批准不得另建其他教育体系），并在大多数情况下实现强制结构化（没有获得足够教育程度的人无法获得相应的就业机会）。另一方面，一个人的受教育水平被普遍视为社会不平等现象存在的最合法标准。这并不是说教育系统本身是"象征性暴力"（symbolic violence）的一种形式，因为它显然不涉及人身伤害。为了部分支持布尔迪厄的观点，有必要转换一种角度："象征性暴力"不是用来维系现行阶层化体系的，用来维护国家强制力垄断的是阶层化体系本身。问题的关键是，任何建立其他教育形式的尝试都不会真正影响到社会不平等的主要模式，而是会直接挑战国家对于合法暴力手段的垄断权力。这就是为什么教育本身不具有暴力性，但任何试图直接妨碍现有教育体系的尝试，都能引发国家动用其垄断地位的主要工具——司法和警察来实施强制行为。

同样，现代福利国家的崛起也离不开经年累月的暴力集中化，因为强制力是任何分配制度的基石。然而，从理论上讲，现代性对社会流动更加开放，它不允许社会组织为迅速扭转不平等模式而进行突发性的集体拨款。因此，对于维持阶层化至关重要的，是社会组织的强制性作用，即现代民族国家。正如柯林斯（1988：450—459）正确指出的："组织是阶层化的源头。社会阶层是基于组织（包括组织的所有权）内部不同的控制位置的。国家作为政治控制的中心、产权制度的支柱以及冲突的场所，是一种特定类型的组织……任何产权制度最终都由国家支持，因此最终依赖于一些强制性控制。"这一切都不是为了否认一个明显的事实，即现代社会秩序较前现代世界而言，内部暴力因素减弱并且阶层分化程度降低。关键在于，尽管强制机构的控制在当代世界无形可寻，但它维系着所有社会秩序中的社会阶层分化。我们在现代时期所看到的不是暴力的消失，而是其转型，也就是经年累月的强制官僚化的运作方式。然而，使强制变得持久、可承受且更加隐形的是意识形态。因此，现在让我们探究一下社会分层、暴力和意识形态三者之间的关系。

五 社会等级制度的正当化

战争和社会不平等都不是自然而然降临到人类面前的。大多数人会避免暴力对抗也并不擅长于此，但是，很少有人会轻易接受被归类为低等的社会成员。然而，大部分有文字可考的历史清楚地表明了战争和等级森严的社会结构的盛行。此外，不仅是社会制度的演变，复杂精密的社会组织的兴起和前所未有的技术进步，都没能结束战争或社会排斥现象。事实上，现代时期见证了大规模暴力事件和社会不平等的急剧增加。

虽然经年累月的强制官僚化可以解释暴力和不平等的增加，但无法解释公众为何能接受这种处境。因此，想要回答这个问题，就必须对意识形态进行历史定位和角色界定，尤其是强制行为的大规模（离心式）意识形态在这一过程中发挥的作用。

如前文所述，前现代世界缺乏对明确定义的意识形态学说进行发展、表述、传播的组织性、技术性和结构性手段。此外，这种相对连贯的、此世的（this-worldly）学说对定栖式狩猎采集者和农民是无用的，诸如人类道德平等、种族优越感的理念源于生物学，在现代时期以前，国家主权对于大部分个体来说全然无法理解亦毫无意义。正如韦伯（1968）所意识到的，集体的共同信念与实践要求支撑着大规模的结构转换：一个人的世界观（Weltanschauung）是建立在其社会和历史地位之上的。因此，在现代时期到来以前，曾经存在许多宗教、基于巫术或者其他的非世俗信仰体系，意识形态内容却鲜少可见。意识形态在现代世俗政治时代才得以出现和发展，世俗政治时代的大众需要具有相对一致性的含义框架，还有机构及机制来对这些含义进行整理，并且存在一个公共空间，这些含义及其实践运用能够在公共空间里形成竞争与合作。值得强调的是，"意识形态是典型的现代产物，与巫术和宗教有着本质的不同"这一理念，并不意味着意识形态必然是世俗的。实际上完全没有世俗化：许多当代的意识形态运动，如"政治伊斯兰运动"和"基督教身份运动"海量运用了宗教性辞藻。然而，问题在于，这些意识形态运动也是在世俗化的（即后马基雅维里式和后尼采式的）政治环境中运作的，这迫使它们在世俗社会范畴以内并依托其进行运作。在这个意义上说，"政治伊斯兰"不是宗教运动，而是一种具有意识形态特征的政治运动，拥有清晰界定的政治蓝图，看重全民动员以及对其行为进行广泛的政治合法化。因此，尽管"政治伊斯兰"的官方宗教话语体系援引了"来世隐喻"，真正关心的却是现世与当下，这并不能使它必然地世俗化，但确实使它成为一种世俗化的意识形态理论（阿尤比［Ayubi］，1991；佩普，2006；甘贝塔［Gambetta］，2006）。

然而，这一切都并不意味着，传统的、魔幻的、宗教的世界观与现代化的意识形态没有任何共同之处。毫无疑问，纵观历史上的统治者和其他强势群体，都极度依赖于共同的信仰体系来对现行社会等级制度进行合法化，抑或发动战争。例如，从公元360年的罗马帝国皇帝朱利安到公元672年西哥特国王万巴,并在公元800年查理曼大帝加冕时达到顶峰:起初会拒绝担任帝国或皇室的公职,而最终在"受到死亡相威胁"时才接受它。因此,查理曼大帝的加冕典礼被官方描述为教皇利奥三世(Pope Leo Ⅲ)的一个"受到鼓舞而突然做出的"选择,目的是恢复在拜占庭统治下已"堕落"的罗马帝国的昔日荣耀。官方的表述称查理曼对此事一无所知,且当得知将被加冕时是强烈反对的(柯林斯,2005:52—70)。然而,这种仪式性的半推半就具有明确的原初意识形态目的:使这种政治和宗教权力的非法篡夺行为正当化。罗马教皇利奥三世和查理曼都有兴趣从拜占庭皇后艾琳的手中收回有争议的帝王地位(罗马皇帝,Imperator Romanorwri),并且这种加冕礼是为了使人确信查理曼大帝在政治上是唯一的"罗马人的皇帝",同时强化利奥三世宣言的力量,使其成为整个基督教世界唯一合法的宗教权威。与之相似,查理曼试图在其领土内将货币的使用标准化,把罗马通行的钱币和其他货币更换为仅印刻其肖像的钱币,这一做法也可以被解读为利用原初意识形态来使其统治合法化(库普兰[Coupland],2005:211—229)。

尽管这在历史上是常见做法,其目标受众也主要是那些能够且意图质疑统治者合法性的少数精英神职人员和贵族阶层。在这方面,前现代世界对战争合法化的需求较少,对社会不平等的正当化需求几乎不存在。在专制时代之前,国王发动战争通常需要贵族在财政和政治方面予以支持,但等级制国家(polity of estates)可能是个例外,(其统治者必须同贵族、教士和自由城市的一些代表所组成的各种集会共同协商),他们很少证明战争目标的正当性。国王对是否发动战争有决定权,而贵族武士阶级的支持大多取决于其自身的利益(波齐,1978;曼,1988)。[①] 战争被认为是一种涉及争夺土地、女继承人、荣誉和统治诉求的合法王室特权。

严格的社会分层模式对正当化理由的需求甚至更少。严格的社会、政治和经济阶层被普遍视为代表了自然的、上帝赋予的宇宙秩序。正如盖尔纳(1997:20)所说的那样:"农业社会的价值观通常是不平等的。它甚至夸大自己的不平等并隐瞒这种流动性,就如同我们的社会往往做

[①] 然而,即使在阶层政权时期,没有必要对农民证明战争的正当性,因为"绝大多数人口的存在仅仅是统治的对象"(波齐,1978:55)。

着截然相反的事情……农业社会依赖于一个复杂的等级系统,而这些等级的可视性与可感知性都非常重要,也就是说,他们的外化和内化同样重要。"换言之,这种社会秩序的整体道德世界是在一种严格的等级条件下被定义的:"道德由社会等级制结构中的每个元素组成,并且每个元素都各司其职。"尽管掌权的武士阶层会广泛地举行宗教典礼和仪式,但这些仪式的本质作用是将某个贵族团体或个人在其他贵族眼中变得神圣化,而不是使他们的行为在大众视野中具备合法性。① 原则上,在近代早期以前,几乎不需要证明社会不平等或发动战争的合法性:整个体系建立在宗教层面确证的宇宙秩序之上,它将战斗的人和祈祷的人同那些辛苦劳作的人分离开来。换言之,对于破坏手段的(武士阶层)控制被宗教垄断(神职人员)神圣化,进而也导致了对生产手段(奴隶、农奴和土地)的控制。战争和社会不平等这样的社会秩序都被普遍视为正常的、自然的现象,是不可避免的。

现代化的到来与蔓延完全颠覆了以上两个假设。启蒙运动的哲学假定所有人之间道义上的平等,设定了理性思维与行为基础,将和平解决冲突作为后传统时代的道义责任,从而试图将任何对自然等级制度和人类之间暴力对抗的诉求评价为非正当的。作为启蒙时期最为卓越的哲学家,伊曼努尔·康德(Immanuel Kant,[1784] 1991)认为,"启蒙是人从自我导致的监护中释放出来的过程。监护是指,一个人在没有他人的引导时没有能力运用自己的理解。如果这种监护形成的原因并非智力的缺失,则是自我强加的,因为缺乏在无人引领时利用自己智慧的决心和勇气"。因此,受启蒙运动思潮的影响,现代化思维痛恨家长式的社会关系和上帝主宰的等级制度。此外,对人类理性自觉的坚信产生了一种乐观的假设,即一旦人类只能依靠其理性,那么他们的行为将会趋向于"永久和平"。在康德([1794] 1991)的构想之中,"文明的进步和人们逐渐趋向于对和谐至上的认同最终会促进和平协议的达成"。早期启蒙思想家的这种态度已成为现代道德的基石:暴力和社会排他性为大众所厌恶,并被理解为过往未开化时代的残余。从《联合国宪章》到几乎所有现代国家的宪法,暴力和社会不平等均被视为残存的罪恶,在现代世界

---

① 例如,即使"人"这个单词在普遍使用时不是指多数农民,而是像17世纪英格兰那样指称与王位有关的绅士和贵族(柯林斯,1999:112)。

中没有容身之所。从这个意义上说,伊莱亚斯(Elias,2000)的部分观点是正确的,他认为现代男性和女性对等级化的服从、公开的酷刑和其他非人道行为的公众展示已经形成了一种憎恶感与羞耻感。[①] 对于大多数现代人来说,战争和暴力是与"文明人"不匹配的可恶且卑鄙的行径。

然而,早期启蒙思想家的希冀大多数都变成了噩梦,现代暴力和暴行的规模超过了以往任何一个时代,并且社会排斥的范围也与日俱增。笔者在前文中(参见第五章)已经指出,有历史记载的任何时期的杀伤率都无法和20世纪相比。虽然现代社会已经在很大程度上摒弃了对不平等和暴力公开可见的表达,但这一时代的暴力和不平等却激增到了前所未有的水平。现代性不仅带给我们全面战争、种族灭绝和暴力革命,也是在这一历史时期,我们在全球范围内看到了个体和群体之间在经济和社会层面的悬殊差距经历了前所未有的激增。例如,目前全球的财富分配呈现出鲜明的两极分化,即1%的全球最富有的人拥有着全球所有财产的40%,另有9%的人拥有其余财富中的45%。与此同时,超过50%的世界人口拥有不到1%的全球财富(戴维斯等,2006:26)。为了更清楚地理解这种经济不平等的程度,可以这样来看:全世界三位最富有的人拥有的资产价值,超过48个最贫穷国家的国内生产总值(GDP)的总和(加法尔,2003:85)。

此外,大多数经济学家认为,收入不平等以及财富分配不均在20世纪下半叶和21世纪初愈演愈烈(米拉诺维奇,1998;阿特金森(Atkinson),2002)。显然,以财富的所有权和收入作为衡量标准,都太过粗糙以至于难以解释社会关系的微妙,并且它们未必能勾勒出社会分层的清晰画面。不过,这些衡量指标都表明,现代社会秩序距离实现普遍宣称的社会包容价值观和更强的平等性还很遥远。虽然前现代的统治者也同样能够垄断既有的财富,但他们缺乏组织手段和意识形态技术去集中如

---

① 不过,伊莱亚斯错误地将这些感觉完全归因于文化和心理层面的"调节"。他秉持一种弗洛伊德式的观点,认为现代人对16世纪常见的焚猫行为的憎恶是历史调节的产物,他称其为"文明的进程":"如今,通过16世纪焚猫的方式来满足内心愉悦的人会被认为是'变态的',其原因仅仅在于,我们所处的文明阶段的正常化调节抑制了对这种行为表达愉悦感,借助焦虑灌输的方式来进行自我控制。在此,简单的心理机制显然是在长期变化的人格结构基础上运行的:通过让人感到不悦的手段来威胁和惩罚那些在社会层面上不受欢迎的欲望和愉悦的表达。"(伊莱亚斯,2000:171—172)这种观点错误地假设,人类的攻击行为是一种本性的状态,仅仅受到了"文明进程"这层薄弱墙壁的阻隔。

此大量的财富。更重要的是，与早期的皇室和贵族无须为惊人的社会不平等现象提供正当化理由不同，现代社会秩序对于阶级和地位不平衡的现象需要详尽的、普遍令人接受的合法性论证。

因此，核心的问题是，一个人是如何做到能够接纳如此显而易见的社会不公和大规模暴力事件的累积式扩散，同时又倡导社会包容与和平的非等级化原则？这个问题的一种答案，是将人类视为追求个人利益的玩世不恭的个体，借此，被倡导的原则不过是用来"粉饰"真实的（利己）利益罢了。例如，理性选择模型就赞同这一立场，其倡导者（埃尔斯特，1985；布东，1989；赫克托，1995）把这样的行为诠释为在假定情况下的工具化理性。但是，这种模式观察社会生活的视角过于侧重唯意志论而缺乏历史语境。其核心其实在于，这种本体论的不协调并非资本主义社会秩序独有的特征，它往往并非单纯的个人决定和个人选择的问题，而是一种特定的历史现象。在前现代世界里，占主导地位的道德体系、相应的等级制度和暴力实践之间具有明显的一致性，与之形成反差的是，现代性提倡着包容、平等、和平，同时却实施了大屠杀，推行着极端的社会排斥形式（马莱斯维奇，2007）。在大多数情况下，这是一个因结构性问题而生成的现象，在这一过程中，社会组织的力量呈累积式增加，尤其是现代国家对于强制力的垄断程度，导致了一系列社会行动的意外后果。对这个问题更为合乎逻辑的答案，隐藏在战争和社会排斥性两者之间的意识形态关系之中。笔者认为，现代性创设了始料未及的结构性条件，使社会组织能够用离心式意识形态化进程去平衡战争和社会不平等，同时又确认两者存在的正当性。虽然在现代时期，社会不平等或者集体暴力的实践与言论本身，在很大程度上被认为是可憎的且普遍不具有合法性，但利用两者之间的竞争关系已经被证明是一个成功的策略。当二者分开出现的时候，便会丧失其效力并受到谴责：现代政府不可能轻易地发动征服战争，对于大多数国家来说，企图实施任何有组织暴力之前，都需要在国内和国际范围内付出巨大的努力来证明其行动的正当性。同样，现代国家不能奴役其公民或者在法律上制定歧视条款，否则会受到全世界的强烈谴责，包括被驱逐出重要的国际组织。

然而，当社会排斥和暴力在意识形态化的过程中实现修辞性与实践性的融合时，社会组织的行为通常能够得到普遍的合法化。由于意识形态学说是复杂的、精细的、往往充斥着复杂矛盾的理念与实践，因之能够协调通常从表面看来似乎不可调和的内容。例如，1789年的法国大革命和1989年的罗马尼亚革命，都秉持着更崇高的道德原则，基于平等、自由、博爱、理性、和平、正义、宽容、民主这些启蒙运动所追求的目标。此外，这两场革命设想通过剥夺占据主导地位的经济、政治和社会阶级以及显赫群体的权力，从而从根本上变革了社会分层模式。然而，这两场革命的暴力血腥性质践踏了启蒙主义的理想信念，造成了生灵涂炭。此外，这三场革命并未根除社会不公，而是带来了新的社会排斥形式。

与之相似，德国萨克森州巴洛克式的州首府德累斯顿遭到轰炸，那里并不具备任何军事和战略的重要性，却有四万市民被杀害，从而导致其重建。正如空军上将马歇尔·亚瑟·哈里斯（Air Chief Marshal Arthur Harris）所言，轰炸是为了"缩短战争"（泰勒，2004）以及将纳粹政治精英驱逐出德国的政权体系。然而，这种极端暴力事件被普遍认为具有正当性，因为其结果（据说）是建立一个更为自由、公平、美好的社会秩序。因此，当暴力拥有意识形态的烙印，单纯被作为实现宏伟思想蓝图，即建立一个具有包容性社会的一种技术手段时，那么它就会变成一个全然合法的实践。在这方面，许多现代意识形态描绘了相似的宏伟愿景，都期待建立一个理想的社会秩序，在其中某一社会团体能够建立一个具有绝对包容性的国家。在"纳粹乌托邦"中，所有的雅利安成员都会成为优等民族的成员，进而提升社会地位和阶级地位；在伊斯兰解放党（Hizb ut-Tahrir）和基地组织所描绘的未来愿景中，所有穆斯林的社会声望都会大幅上升，因为在以伊斯兰教法为原则的伊斯兰哈里发国复国并运行中，他们会成为穆斯林兄弟会和姐妹会的成员；在理想的自由党和精英民主的蓝图中，个人的天赋、教育成就、努力工作和个人自由被看作个人成功的决定性因素，以及任何对该模型的偏离均被视为专制和对公平原则的否定。

所有这些以及其他意识形态宏伟愿景都体现了一种普遍的观念，即因为这些目标崇高且值得为之战斗。这意味着，在构建或保持这种社会秩序时使用暴力是具有正当性的。尽管大多数人可能名义上反对使用武力，当面对极端场景时，例如，遭遇战争、革命、恐怖主义威胁、大规模的环境灾难或致命流行病时，大多数人便会倾向于接受将暴力作为"必要之恶"来使用。因此，现代时期对于流血杀戮的正当化辩护会借助特定的措辞，不会把"敌人"描述为一个值得敬重或是旗鼓相当的对手，而是一个破坏社会秩序的非人怪物:"日本鬼子""匈奴野兽""犹太寄生虫""东方佬"等。如前文所述（参见第五章和第八章），当个人和整个国家都被去人性化并且被描绘成动物和怪物时，他们便不再属于人类的伦理规范体系；因此，这些人变得可有可无，向这些非人类的生物实施任何暴力行为都是合法正当的。即使某个社会没有陷入紧迫的危险，意识形态正当化辩护往往也会引起广泛的共鸣。例如，巴格达在1991年的海湾战争中遭到轰炸，造成了众多平民的死亡，这一事件被美国主流报刊评价为合法行动。《华盛顿邮报》的措辞形象地说明了这一点："当战争是正义的，就要有直面的勇气……只要我们严谨、精确打击的是我们合理确信的军事目标，我们会为轰炸巴格达感到哀伤，但不会有罪恶"（西弗里［Sirfry］、瑟夫［Cerf］，1991：333）。

然而，对敌人的非人化处理通常伴随着对残酷暴行的正当化辩护，这并不只是一种心理现象，同时关涉一个社会学论证。论述的关键一环，是暴力和社会阶层之间的联系。敌人的非人化有助于外化社会矛盾，在这个过程中，现存的社会不平等现象被掩盖了起来。由于战争言论包含等级色彩的对外排他性话语和对内平等主义的包容性话语，还需要所谓的群体内统一，就必须把国内的等级制度转移到外部世界。这种意识形态的转移被称为"最小公分母"政策，往往是社会阶层较高的群体为了自身利益而"牺牲那些位低权轻的"阶层（加姆森，1995：11）。不过需要强调的是，这种过程鲜少出现，如果有的话也违背了民众的意愿。这一意识形态过程是基于韦伯所谓的物质和观念利益以及多数参与者的感情因素，而并非如一台运行的巨型洗脑机。将涂尔干（［1915］2001）和韦伯（1968）的概念彼此结合，可以把战争以及其他类似特殊事件视为特定的社会历史时刻，即社会分层暂时脱离了社会秩序：最初通过集体共享欢跃浓郁的感情，后期借由战争胜利而带来的激增的集体社会声望。换言之，官方宣扬的民族团结往往会引发公众的共鸣，同时陷入一种集体共享的非凡体验，即战争狂热最初阶段唤起的类似宗教般的氛围。尽管如此，这种集体感情表达的温度不会长久持续，"战争狂热"往往有赖于或真实或虚构的战场捷报来维持，这种胜利同时也被解读为个人、集体或国家地位的提升。在韦伯看来，国家的合法性是感情状态的一部分："与他人一同面临死亡威胁时的个人情感。"这种特殊的状态萌发出紧密的社会关系——"政治命运共同体"（韦伯，1968：910—926；柯林斯，

1986：156）。具言之，整个社会秩序的合法性与军事行动密切相连，因为一旦阶层化与"国家声望"联系在一起，战场上的军事失败就会自动转化为个人声望的损失，从而使现存的社会阶梯再次清晰可见。因此，正如柯林斯（1999）正确指出的，个别国家的社会声望有着内部和外部映射：当战争的胜利提高一个国家的地缘政治地位和影响力时，同时也使统治者地位具有合法性。更重要的是，在阶层化的背景下，地缘政治和军事成就有助于强化社会等级制度的现有模式。例如，不仅像纳粹德国、意大利法西斯等独裁政权会通过军事征服行动来刺激公众的支持率，通过这种方式将已建立的阶层模式正当化，而且自由国家也同样这么做，荷兰共和国、英国和法国在19世纪的各种殖民战争，美国在1899年至1902年在与菲律宾的战争中亦是如此。殖民征服和战争的胜利使现存的社会秩序合法化，因为它们往往为处于社会金字塔底部的个人和团体提供了情感上的慰藉：因为战争被普遍认为是一种零和博弈（zero-sum status game），获胜意味着个人社会声望的自动提高，其代价是敌人经历惨败和屈辱。此外，出现民族团结言论的前提是阶级和地位的冲突转移至国家边界之外，敌人常常被视为造成所有社会不平等和不公正现象的原因。西方帝国主义者、专制的东方人、胆怯的恐怖分子、贪婪和不道德的资本家、无情的分裂主义和野蛮的民族主义者、宗教狂热的伊斯兰等，都是当前的社会问题的罪魁祸首。换言之，尽管存在一种普遍认识，即战争不是一个"完全的阶级均衡器"，然而，内部平等主义的说辞在意识形态层面根植于社会阶层的外化，借此，战争目标便与整个社会秩序尤其是个人社会地位的合法性紧密相连。所有这一切都表明，由于阶层化起源于暴力，其长期维持需要强制力的支撑。然而，由于规范层面的现代性建立在仇视暴力的原则之上，因之，这个时代比以往更需要暴力行为的正当化理由。是故，阶层化和暴力之间的链条往往会尽可能的低调隐蔽让人不易察觉：意识形态的外衣为当今时代暴力的正当化，提供了最强有力的工具。

六 结论

虽然大部分的主流社会学研究认为社会不平等是由国内或国际经济因素引发的，如资本主义、财产所有权、消费模式和不平等发展，但笔者在本章中论证了，在大多数情况下，社会分层主要可归因于对强制力和意识形态的有组织控制。坦言之：任何涉及部分人类长期从属化的进程，都需要某种形式的暴力行为和意识形态层面的正当化。借用盖尔纳（1988b）的术语（如果不是他的判断的话）：对于生活在前现代时期目不识丁的祖先们来说，剑比书更重要且更易觉察，然而在现代社会，书则是至高无上之道，因为任何人都不愿意有把剑高悬于头顶。换言之，暴力和社会等级都没从现代性中消失：它们只是转换了外观且需要更多的正当化事由。更重要的是，尽管人们普遍持相反的观点，但现代时期无法成功切断联结暴力和阶层化之间的脐带。在这个时代，正如此前的所有时期一样，社会不平等仍然保留了其强制性外衣。这种差异源于结构性的发展，在近代，意识形态有助于将暴力与阶层化变得舒缓和外部化，进而使其相对隐蔽。然而，由于现代性既建立在严禁暴力行为的原则之上，却又同时见证了大规模屠杀史无前例的扩张，我们这个时代比以往任何历史时期都需要更多的意识形态技巧。

第九章 战争的性别化

一 引言

如果说存在一个能区分战争与所有其他社会学现象的独一无二的特征，必定是其惊人的性别不对称性。考古学和历史学的记载清楚地表明，人类在组织社会包容模式和社会排斥模式方面，形成了基于经济、政治、宗教、种族、教育或其他标准的社会等级和社会分工模式，呈现出极大的多样性。然而，战场战斗是几乎唯一将一种性别完全隔离在外的人类活动。尽管人们可以找到许多历史实例，其中教育、种族、宗教或者财富与一个人的参与可能性有或多或少或全无关联，但战争似乎是唯一普遍排除女性参与的群体活动。尽管存在极少数例外，战场一直是男性的专属舞台，在史册中记载过的所有战争里，女性参战的比例不到1%（埃伦赖希［Ehrenreich］，1997：125）。虽然许多社会中的女性在战争中往往发挥着重要辅助作用，但历史却经常将她们排除在真枪实战之外。此外，尽管现代国家努力尝试提高妇女的军事参与度，但这对参战女性数量的影响却微乎其微。正如高德斯坦得出的结论："如今，世界各国军队的战斗部队设计规模达到了数百万……其中99.9%为男性。"这个惊人的事实引出了两个核心且相互关联的问题，需要从社会学角度进行解答：为何战争与其他社会活动不同，呈现如此强的性别排斥性？以及为何女性被普遍地排除在战场之外？

本章的第一部分批判地评论围绕这一困惑展开的三种盛行的解释，笔者称之为男权主义、文化主义和女权主义观点，而第二部分将围绕另一种解释思路展开，即把战争中的性别隔离与累积的官僚压迫和离心式的意识形态化过程结合起来。

二 战斗的男性化本质？

虽然学者们几乎一致认为战争中的战斗在很大程度上仍然是男性"特权",但现代学者对这一现象的成因却各执一词。尽管众说纷纭,但大致可将其分为三类截然不同并在许多方面互不兼容的三类视角,从而形成了目前占据主导地位的三种针锋相对的观点:男权主义、文化主义和女权主义的诠释。

男权主义者的观点存在多种形式,其中两种说法较为盛行:生物学男权主义和社会学男权主义。这两种方式都认为,战争和男性气概之间存在与生俱来的关联性,但在对该关联性的决定性因素及其解释上则分道扬镳。对于生物学的男权主义来说,战争角色的性别化与解剖学、生理学、遗传学和男女之间的认知差异因素有关,而社会学的男权主义强调男性和女性群体动态的运作方式的内在差异。由于生物学的男权主义将战争解释为个体敌意的大范围扩展,其重点是决定着男性战争倾向的性别生物学差异。正如社会生物学家肖和王(1989:179))所认为的,整体适应度的进化原理在两种性别之中有着不同的运作方式:女性担任"守护群体后裔的防御——保护性角色以及繁衍后代的职责",而男性更为强悍的体魄则意味着,"在战时将这种力量快速投入到战场之中"。因此,这些分析类型的焦点是身型、遗传素质的性别差异和生物—化学方面的区别。通说认为,男人具备参战的基因倾向,他们比女人更强壮、高大、健硕,这让他们能成为更好的士兵。因此,生物学家指出,男性在身高方面平均比女性高8%—9%、速度快10%、上半身的强壮程度超越50%,体脂率较低(15%:27%),这一切在战场上都是天然的优势(伦特纳[Lentner],1984;高德斯坦,2001:159—166)。社会生物学对人类行为和动物行为进行了比较研究,认为人类男性表现出与其他高等猿类相似的行为模式,如雄性黑猩猩。根据古多尔(Goodall)(1986)的观点,雄性黑猩猩是暴力的、专横的、父权主义的、淫乱的,并且对其他黑猩猩群体有攻击倾向。在这方面,他们被认为类似早期人类,这两种群体都会进行定期杀伤性的东征西讨,杀死被征服群体内的雄性,同化雌性。具言之,战略规划和结盟攻击可以作为解释黑猩猩和早期人类参与"原始战争"的可信证据(范·胡弗,1990)。因此，生物学的男权主义者认为，"在人类历史的长河中，战斗始终都是力量的角逐，性别的差异也因此而至关重要"（盖特，2006：77）。

此外，对脑功能和认知能力的实证研究表明，通常情况下，男人似乎具备更好的空间定位能力、定量能力以及对物体在空间旋转的想象力，而女性则专注于细节，在口头表达、感知速度和精确性方面表现出更好的能力（林［Linn］、彼得森［Peterson］，1986；汉普森［Hampson］、吉姆拉，1992）。这些发现都被解读为对"战争的性别化根植于固有的生物差异"这一观点的进一步证明，因为战斗需要良好的定位感，包括地图理解、识别嵌入复杂图案中的形状和物体、进行复杂的数学推理以及使用空间和长途导航的能力。

此外，生物学的男权主义强调不同性别由于性激素的原因，在患病率方面有明显差异，成年女性的雌性激素平均为一般男人的3—25倍，而成年男性身体产生的睾丸激素大约是平均成年女性的20倍（诺曼、利特瓦克，1987）。正如对老鼠的实验研究所证明的，高水平的睾酮与攻击行为有很强的（正）相关性，因而基于生物学的男权主义得出的结论是，睾丸素是导致人类具有攻击性以及包括战争在内的暴力行为的原因（威尔逊，1975；艾布尔·艾贝斯菲尔特，1979；康纳［Konner］，1988）。另一方面，高水平的雌性激素和黄体酮与月经周期和妊娠之间的天然联系被解释为生物学的馈赠，使妇女成为"天然的护理人"和"生命给予者和保护者"，她们面对战场上的严格要求更加脆弱。因此，生物学的男权主义者得出这样的结论，即只有一种性别在基因上和生物构造上是为战争而生的：那就是男性。

虽然得出的结论类似，但社会学的男权主义者较少关注战争的遗传因素，他们更专注于产生战争普遍性别化的社会学、人类学和心理学影响因素。他们也把侵略性解释为战争不可或缺的特征，并且认为男性显然比女性更具侵略性。伊格雷（Eagly）和史蒂芬（1986）以及海德（Hyde）（1986）整合了针对侵略性展开的大量心理学研究，发现一般情况下男性的身体攻击性显著强于女性，心理侵略性略强于女性。然而，与生物学男权主义者不同的是，他们将侵略性理解为一种能够在社会中习得的行为，既可以通过奖励、惩罚，也可以通过对重要角色的模仿和竞争而受到激励。军事历史学家和人类学家发现，在女性的能力被普遍贬低的前提下，战场上的小型团体融合现象是一种显著的男性化过程。

小型团体团结的军事效力往往伴随着贬低女性的言辞，这可以被理解为对市民中男女性别关联的坚决否定。因此，任何试图引进全女性化或男女混合作战部队的做法，都被认为会降低战场效率，因为据此说法，女性无法在战争前线的阳刚世界里发挥作用（泰格，1969；泰格［Tiger］、福克斯［Fox］，1971）。一些社会学的男权主义者（达特，1953；莫里斯，1967；基根，1994：102）通过狩猎的原始起源来解释战争的性别化。这种观点的前提在于，狩猎和战争要求使用类似的技能和几乎相同的战术（如操控武器、善用伏击和袭击、快速行动或隐蔽的能力等）。最为重要的是，这两种活动都被认为依赖于特定性别组群之间的成功协调。这种观点解释了早期人类的狩猎经验，一方面，它催生了独特且长期的男性联盟模式；另一方面，它也孕育了早期军事组织。正如这种观点的核心倡导者德斯蒙德·莫里斯（Desmond Morris）（1967：159）所说的那样："有组织的武力攻击无法仅仅依靠个人来完成……其原本形成于男性狩猎群体的通力协作，在群体中的生存取决于对'社团'的效忠，然后，随着人类文明的发展和繁荣以及技术的进步，这种有组织武力攻击在新的军事环境背景下被越来越多地开发利用。"这里的核心在于，是所谓经过几代猎人和武士的持续历练，才使男性战斗群体稳定形成了独一无二的品质和特有的动力。

尽管生物学和社会学的男权主义学者提供了细致可信的研究成果，但是，他们对战争的性别化特征所进行的诠释大都存在瑕疵。第一，男人和女人之间最明显的生理构造差异，如力量、体型、速度和耐力不能解释妇女参战率低的原因，理由在于：这些是相对的而非绝对的差异，且大部分差异与战斗的胜利与否无关。不仅是因为一些女性比男性更高、更强、更快，但仍被排除在军事行动之外，[①] 还因为人类的生理构造会随着时间和空间的变化而千差万别，其往往受到其在社会阶层的地位、膳食管理和其他的影响因素。今天的士兵明显比中世纪同行们更高，在历史上大多数军官和中等士兵平均高于那些从农民和工人阶级中招募的普通士兵（弗卢［Floud］，1990；孔洛斯［Komlos］，1994）。然而，事实是工

[①] 一项在美国18岁学生中展开的关于人体身高的大规模研究显示，15%的女性比同一样本中测得的男性更高（伦特钠，1984）。

人阶层的士兵们虽明显较为矮小，但这对他们参加战斗没有什么影响。[1] 同样，丁卡人（Dinka）和马塞族人（Maasai）异常的身高对于苏丹内战或英国殖民扩张的结果并没有什么影响。更为重要的是，赢得战争的不是士兵的体力和身高，因为如果是这样的话，那么军队还不如将巨额资金用于健身房和优生计划来提高身体特性，而非用于武器的更新或技能和思维的训练。也许拥有更高、更强、更快的战士在小规模、面对面的中世纪式的决斗中占有优势，但定义现代战争的是大规模、有组织的战役，所以单个士兵的身型和体力是无关紧要的。如同比德尔（Biddle）(2004)所正确论述的，在现代战争中，甚至军队的总兵力也不那么重要了，因为决定战争输赢的是参战人员的技能、战术和战略。在科特迪瓦、塞拉利昂、乌干达、刚果民主共和国到缅甸和菲律宾发生的现代冲突中，招募儿童士兵的情况不断增加，目前有超过30万的儿童士兵（《人权观察》2008）在世界各地的部队中参与战斗，这一事实意味着，体型和体能在战争中已无关紧要。许多儿童兵在战斗中的高效表现恰恰证明，生理力量本身并不是女性被排除在战斗之外的原因。[2]

第二，尽管男人和女人之间有一些性别特有的认知差异，但这些差异太微弱，对参加战争没有显著影响（利维［Levy］，1978；吉姆拉［Kimura］，1992）。显然，并非所有的士兵都必须是优秀的地图阅读者、船舶导航员或顶级数学家，而女性拥有的更优秀的沟通和感知能力在战场上同样能派上用场。标准化的智商测试显示，男性和女性的智商数据并无显著差异，虽然男人更多依赖左脑，女性则对大脑两边的依赖程度相等，但他们却表现出"相似的认知能力，尽管有时使用不同的认知工具来解决问题"（高德斯坦，2001：171）。然而，即使认知差异非常重要，它们也不足以构成妇女参与战争的障碍。由于军事组织需要一系列的技能并且实行严格的战场分工，很容易让认知能力不同的战士们找到适合自己的角色。因此，被排除于战场之外与基于性别的认知能力无关。

第三，尽管存在着流行的神话和生物学男权主义者有缺陷的论证，

---

[1] 弗卢等（1990：184—185）的研究显示，260 年（1790—1950）（此处应为160年——译者注）来，英国男性平均身高增加了10厘米，其中来自上层社会的15岁男孩比来自工薪阶层的男孩高10%。

[2] 正如布思比（Boothby）和克努森（Knudsen）(2000) 记载的，塞拉利昂内战的反叛军队中高达80%的士兵是7—14岁的儿童。

但是男女之间荷尔蒙的差异与参战率几乎没有相关性。虽然实验白鼠的睾丸素水平与攻击行为相关，但猿类很少出现这种情况，并且人类也似乎根本不存在这种情况。针对睾酮水平较高的男性的研究，例如那些有一个例外染色体（XYY综合征）的案例已经表明：他们比其他男性参与的暴力犯罪更多，但这个群体也受到一系列无关睾丸激素的因素影响，例如，拥有更严重的智力缺陷（巴伦、理查森［Richardson］，1994），因此，这不能证明是睾丸激素而不是其他一些问题与犯罪有关。研究结果发现，暴力行为和高水平的睾丸素之间几乎没有直接的关系。相反，有确凿证据表明，高水平的睾丸素与个体竞争、性刺激和社会成就呈现密切的关联（马楚尔［Mazur］、布思［Booth］，1998；高德斯坦，2001：153—156）。然而，激素水平的提高本身就是由其在社会领域的成功引起的，而非激素引起群体的竞争和冲突：在竞争激烈的交锋中取胜，可能会增加一个人的睾丸素水平（莫纳汉［Monaghan］、格利克曼［Glickman］，1992）。正如生物学家纳塔利·安吉尔（Natalie Angier）（1995）总结的："对于人类来说，如果我们排除与性有关的行为，将很难看到激素对攻击行为有直接的影响。"不仅因为睾丸激素水平因人而异，并且在每天和每周都会发生变化，但更重要的是，降低或完全消除这种激素的影响，并不必然使男性消除战争倾向。相反，如拜占庭的大将纳尔西兹、越南的将军李常杰和中国海军将领郑和的例子都清楚地表明，阉人往往成长为心狠手辣的卓越军事将领，对于强奸犯和暴力罪犯的阉割刑罚并没有阻止他们进一步实施暴力行为（舒尔茨［Scholtz］，2001）。

此外，高水平的雌性激素、月经周期及妊娠并不能成为阻碍妇女参战的不可逾越的障碍。这些生理因素被证明，对19世纪的达荷美（Dahomey）女战士和二战时期的苏联女兵来说都不算非常严重的问题，也不会过于分散她们的注意力。达荷美的"亚马逊"军队将严格的禁欲行为和草药避孕结合起来，苏联女兵则推迟生育和月经周期以确保顺利参战（科塔姆［Gottam］，1983；埃杰顿［Edgerton］，2000）。在现代军队中这甚至不是一个问题："近年来，在西方女性或男性的军队中，月经一直很少作为问题被提及。"（埃杰顿，2000：152）此外，雌激素水平高并不会使女性成为"天然护理人"和"生命保护者"。正好相反，达荷美和苏联的案例都很好地说明，女兵在战斗中往往比她们的男性战友更加凶猛好战。苏联女兵是效率极高的轰炸机飞行员和防空部队指挥官，对德国的陆军和空军造成了严重破坏，并在此过程中获得了"暗夜女巫"的绰号。她们也是可靠的、有效的步兵和狙击手部队，有一个女战士消灭了"一整个德国连队仅仅用时25天"，另一个女兵因为"杀死了300余名德国人"而受到嘉奖（高德斯坦，2001：69）。达荷美的女性精英战士得到的普遍评价是，"比达荷美最优秀的全职男性士兵更加纪律严明、无畏勇敢"，也更残忍无情，她们会把敌人的尸体切分，拿他们的生殖器、头皮和肠道作为战利品"（埃杰顿，2000：16、32）。欧洲旅人将她们描绘成"在相貌、着装、形体、行动、战斗士气和勇气等全方面超越男人"（阿尔珀恩［Alpern］，1998：173）。

因此，无论是睾丸素还是雌激素在战场上都不那么重要。如果有一种激素在作战情势中对士兵的表现起重要作用，那只能是一种应激激素——肾上腺素。高德斯坦（2001：158）正确地指出："一个士兵在激烈的战斗中的能量爆棚是由肾上腺素控制的，而不是睾丸酮。"而这种应激激素并不针对特定的性别，而是普遍性有效的。

第四，生物学和社会学男权主义者将侵略性既看作一个以男性为主的特点，又看作战争不可或缺的特征。然而，这两个假设都是不正确的。社会生物学家将人与雄性黑猩猩对比后的结论忽略了一个事实，并不是所有类人猿都有着同样的行为方式。正如高德斯坦（2001：184—194）说明的，倭黑猩猩（所谓的"侏儒黑猩猩"）与人类密切相关，生活在等级制度较弱的社会环境中。两种性别的融合度很强，攻击性较弱，利用性接触而非暴力来解决群体内的冲突。不像黑猩猩的"大男子主义"世界，倭黑猩猩的社会秩序中保持了母系特征。雌性倭黑猩猩指引群体活动，她们决定了雄性倭黑猩猩的社会地位，并且利用性来避免与相邻的倭黑猩猩群体产生暴力冲突。

虽然文化的男权主义者认为攻击行为往往是由于社会条件才发生，这一点很有道理，但他们的错误在于，认为这个过程专属于男性士兵。事实是，男性组群融合的密切度是往往通过厌恶女性的语言和行为来表达的，但这种情况对于女性群体也是一样的。达荷美的女战士表现出了无与伦比的群体忠诚度，这种忠诚起始于"血誓"，即新兵会将其他女战士的血混合起来并且喝下；她们还会通过共同参战进而强化忠诚，并通过定期举行的共同仪式、唱歌跳舞来巩固这种忠诚。她们在战场上残酷无情，为了自己的军团会毫不犹豫地自我牺牲，这种感情体现在一首广受欢迎的军歌之中:"如果我们违背自己的誓言,愿遭雷霆轰击和闪电劈杀。"(埃杰顿,2000:25)这种团队凝聚力同样依赖于对男人的厌恶,她们眼中的男人是战场上的懦夫。尽管如此,用来诋毁男性的语言与男兵厌恶女人的语言如出一辙,达荷美亚马逊女兵高唱道:"我们向Atahpahms进军,正如向男人进军一样……最终却发现他们［是］女子。"(埃杰顿,2000:26)苏联女飞行员和二战期间南斯拉夫军队中的女性经历,西班牙内战中的共和党女民兵,越南战争中的越共女兵,尼加拉瓜桑地诺女游击队员,海湾战争和伊拉克战争中的美国女兵,这些事例都确认了小群体团结原则并不专属于特定的性别。

同样地,原始的男性狩猎活动和战争之间的联系在很大程度上是站不住脚的,不仅有很多近代的考古研究确证:进行长途狩猎的男性团体的进化速度比预想的要缓慢得多,① 更重要的是,大多数的狩猎袭击通常会动员整个社群:男人、妇女和儿童。对于大型动物的杀戮需要复杂细致的社会协作,以确保兽群被包围或被驱赶到悬崖边,整个部落都要参与其中。另外,当时还没有可以运输大量肉类的交通工具:动物不得不被切开、分发,集体携带回去作为食材(泰勒,1996;高德斯坦,2001:222)。埃伦赖希(1997:39)的评论讽刺却一针见血:"通过狩猎假说——雄性外出打猎而雌性和幼崽则留在家里——假定劳动分工的性别差异总是让人有点怀疑,这与20世纪中叶美国郊区的居民出奇的相似,那时狩猎假说的构建者们才刚刚成年。"

然而,即使生物学和社会学的男权主义者提出的所有关于男子气概和侵略性之间固有联系的论证,可以通过无法辩驳的证据令人确信,这也仅能极为有限地说明性别和战争之间的关系。正如笔者在第二章指出的,不仅侵略这一心理过程永远不能成为战争这种社会学现象的同义词,而且在大多数情况下,军事行动成功的前提是对攻击性冲动的约束和制度性控制。在极大程度上,当今时代大规模暴力急剧的累积式扩张并非根植于我们遗传倾向的简单延伸,而恰恰是在组织上对这种倾向进行诱发型抑制、掌控和引导的产物。战争不像两只黑猩猩或硕鼠之间的争斗,无论这种争斗的暴力性会有多强。相反,它是一个涉及两个社会组织之间暴力对抗的大规模协调进程。战争和文明同时出现在历史舞台上并不

---

① 大型狩猎似乎仅仅出现于大约7万到9万年前(宾福德,1987;埃伦赖希,1997:39)。

是偶然的,因为成功的军事手段(如果不一定是军事目的)需要合理地运用理性。胜利的军队不是源自具有先天攻击性并且容易感情用事的士兵,无论是男性还是女性。相反,一个有效的军事机器需要严格的纪律、行为控制以无条件地服从权威。假如军队是由具备侵略性和内在暴力性的士兵个人组成,那么,无论是劳动部门、官僚阶层还是小团体的团结都无法发展和运作。因此,这与男性是否比女性在先天上更具侵略性毫无关联,心理学或生物学意义上的侵略性已经很少与作为社会历史机制的战争具有关联。换言之,即使存在对暴力行为的内在男性倾向(显然并不存在),也不能说明战争具有普遍性别化的特点,更不能说明女性被排除在战斗角色之外的原因。

三 文化的馈赠?

对于战争性别特征的文化主义解释淡化了生物学的重要性,没有把侵略性看作一种与生俱来的男性特征。相反,他们认为战争的性别化就像其他社会角色的性别化一样,根植于男性和女性社会化模式的不同。虽然早期文化主义认为,劳动的性别分工会对社会秩序产生作用,当代文化主义则更关注这一现象的结构性基础。例如,早期功能主义者鲍尔比(Bowlby)(1953)、帕森斯以及贝尔斯(Bales)(1956)认为社会角色的性别化有利于家庭的稳定,进而有助于社会化进程的成功。对于帕森斯和贝尔斯而言,20世纪50年代核心家庭模式的性别角色分工,即男性执行"工具性角色"(即提供财务支持及安全功能)和女性担任"表达角色"(即提供情感支持和养育子女),被视为家庭团结的基石。相比之下,当代文化主义专注于初级和次级社会化对一个人的性别角色内化产生的影响。例如,利弗(Lever)(1978)探讨了儿童游戏活动组织中的性别分工,其间男孩和女孩具备了不同的社交技能;伯纳德(Bernard)(1987)着眼于在创造和再现社会现实的性别特定性过程中家庭所扮演的角色;吉利根(Gilligan)(1982)发现,教育系统内的同龄群体中男孩和女孩接受着不同道德理性模式的灌输。最近对于这个传统的许多研究已经发现,虽然儿童在个体性上几乎没有展现出性别特定化的差异,但男孩和女孩同龄群体动态(peer-group dynamics)则呈现出显著差别(迈克比[Maccoby],1998)。不仅存在这样一个现象,即从3—5岁到大约10岁或11岁年龄段孩子中的大多数更喜欢与同性别伙伴玩耍,而且这种童年早期与游戏有关的性别区分和性别编码形式,几乎在世界各地普遍存在着(哈塔普[Hartup],1983;怀廷[Whiting]、爱德华兹[Edwards],1988)。来自同龄群体的压力往往作为强制实施性别隔离过程中的一个决定性社会工具,因为那些试图逾越性别界限的人往往会受到同龄人的嘲笑(麦考比,1998)。文化主义的观点强调父母的角色,特别是父亲、老师、看护者、大众传媒广告在儿童中重现社会关系的性别特征的作用。麦考比(1998)提出了几种方法能使家长和看护者促进针对特定性别的社会化,其中最重要的方法是引导儿童们玩那些性别化的玩具、参加针对特定性别的活动、避免与男孩进行直接的感情表达,但不禁止对女孩的情感表达,与男孩会在游戏时打闹成一团,但不会与女孩采用同样的游戏方式。实验心理学的研究也证实,家长和看护者对孩子的情绪反应会做出性别化的诠释,即相同的情绪发生在男孩身上就是"愤怒",在女孩这里则被解读为出于"恐惧"(奎尔[Coie]、道奇[Dodge],1998)。父亲的角色会被特别挑选出来作为保持清晰性别界限的关键。有大量经验证据表明,父亲对其儿子往往比对其女儿更严格,并且他们会有意或无意地鼓励儿子避免做那些普遍被认为女孩子才会做的事情:亲情和温情的公开表达、哭闹、打扮漂亮以及"温和顺从"(坎贝尔,1993;麦考比,1998)。此外,很多针对儿童的广告、娱乐节目、电子游戏和玩具商店也强化了性别区分,专门针对男孩或女孩提供区分化的产品。这里特别重要的一点是,针对男孩设计了五花八门的带有军事色彩的玩具,如仿真的枪、刀、剑、对讲机、微型士兵玩具、战斗机、舰船、坦克、大炮、手榴弹,等等。

基于上述调查结果,文化主义者认为,全社会层面的性别社会化将男孩们塑造成了未来的战士。正如高德斯坦(2001:249)所说的那样:"童年的性别区分是让孩子们为战争做好准备的第一步。所有处于童年中期的男孩群体都形成了将来军队中需要的社会交互脚本(social interaction scripts)。"这种方法基于更广泛的立场,即"文化利用性别来构建提供战争可能性的社会角色",也就是说,"不同的文化主题和文化脚本发挥着功能性作用,随着文明的进化世代繁衍传承"(高德斯坦,2001:251)。与此类似,霍姆斯(1985:101—104)认为,强烈反对妇女参战是"文化调节"的产物,因为大多数社会"是在能量巨大的性别模型化基础上构建起来的"。这种看法部分与社会的性别化进程相关，另一部分则成为男性军人"获得自我认同感和男子气概"的重要来源。

这里的核心命题是，战争依赖于性别角色的文化构建。男孩子的社会化过程是为了将攻击行为内化为男子气概的精髓，这种男子汉气概被看作战争中不可或缺的成分。正如男孩被父亲鼓励在受伤时不要哭泣，要"坚强起来"，所以士兵能够忍受疼痛、身体和心理上的痛苦，以证明他们是"真正的男人"。换言之，阳刚气概被定义为女性气质的对立面，而且这种性别角色的文化构建也被解释为具有鼓舞士气的功能，其所基于的前提是否认那些拒绝参战的人是真正的男人。在许多社会中，阳刚气概的理念会在时间和空间上与那些构成武士精神的要素（即勇气、荣誉、牺牲精神、忍耐力与坚毅品格）实现很大程度的重合，这一事实作为有力的证据说明了，"男子汉气概"是文化规范的直接产物。在这种解释中，战争的性别化本质是一个起源于传统世界的功能性要素，在传统世界里，男性被动员起来保护整个群体免受攻击。在这个语境下，许多传统社会秩序中的男孩不得不接受痛苦且危险的成人礼后，才能被评价为完全成熟的男人。这种习俗的产生并非偶然，培养男孩压抑自己的情感、服从父辈权威并且行事勇敢，是一个必要的先决条件，是为了在未来建立一支纪律严明、士气高昂的强大军队。正如文化论者高德斯坦（2001：283）认为的："无处不在的战争可能性借助文化摧毁了男性的感情能力，对他们进行了具有目的性和系统性的改造……因此，男子汉气概作为一种必须依靠个人努力去赢得的人为状态，通常是围绕着获得勇敢且军纪严明的士兵的文化需求而专门构建起来的。"

问题在于，文化主义对战争性别化本质的解释与其说是错误的，不如说对困惑本身的解析还远远不够。换言之，文化主义者的论点能很好地解释某些方面，例如，在探究性别社会化的不同模式时，对一些关键的特定社会学过程进行了充分的描绘，却并没有为这些过程提供充分详尽的解释。简言之：我们了解性别社会化对战争的作用，但仍然无法回答妇女为何被排除在战斗之外，以及战争为何呈现显著的性别排斥性。因此，这种解释有两个明显的瑕疵。

首先，大多数时候文化主义论者会就性别和战争进行实用主义的考量。但早期文化主义者认为，劳动力的性别分工是有利于构建社会秩序的，当代文化主义者将战争的性别化特征解读为一种由文化造就的刺激男性战斗的社会机制。然而，某个特定角色对广泛社会系统产生作用这一事实，既不能使事实本身具有无可避免性，也无法解释其原因。简言之，即使知道战争性别化是通过持续的文化再生产（如教育、大众传媒、广告等）而得以强化的，也无法解释这种性别两极分化的根源。实用主义的论点在认识论方面是有问题的，因为他们依赖于目的论和循环推理，借此，不同的情况和不同的结果都是参照相同的社会过程来解释的。例如，高德斯坦（2001：331）认为："文化需要诱导和欺骗士兵参与战斗……而性别提供了一个方便的手段，即将男子气概与战场表现联系起来。此外，从男孩的童年时代，文化就对其进行直接塑造，通过压抑情绪，以期他们在未来的战场上能有上佳表现。"同样，霍姆斯（1985：104）认为，"文化调整"是女性被排除在战争之外的主要原因："这就是文化调整的力量，即使一个女人明显怀有敌意，杀死她的行为也会让士兵怀疑困惑"。然而，"文化需求"和"文化调整"无法解释为何只有一个性别参与战争，以及为何这个特殊的性别需要通过"文化"来加以诱导和欺骗。这也不能解释为何对有些士兵来说杀死妇女（儿童）异常困难，而杀死其他人则不会有这个问题。越南战争的经验清楚地表明，尽管许多美国士兵是一个相似社会化过程的产物，他们在战场上对待越南妇女（军民）的行为和态度却是大相径庭的：一些士兵毫无顾忌地强奸和杀害妇女，而另一部分人则坚决抵制这种做法（贝克，1982；鲁安[Ruane]，2000）。同样，许多参与伊拉克叛乱的人都曾经历严格的性别社会化过程，这一过程强调宗教支撑原则，即妇女（特别是穆斯林妇女）不应该参与或在战争中丧生。然而，不但武装叛乱分子将妇女和男性一样设定为目标，而且妇女们还被训练成为人体炸弹。显然，"文化调整"和"文化需求"无法解释社会行动的显著差异。实用主义的论点依赖于社会世界的静态图景，对于社会变革、群体内部的紧张关系或对事实的有争议的解释，仅仅留下少许或根本没有余地。不同的情况和行动模式都被打上了"文化"产品的标签。

其次，如果把战争的性别特征理解为一个近乎普遍的现象，那么在近代时期的情况似乎是，若继续专注于文化来解释这一现象则会一无所获。区分文化的，不是普遍性而是特殊性：文化行为的辨识度在于一些特定的、相对的、独特的性质，而不是常规的、绝对的、统一且近乎普遍的东西。女性割礼是一种独特的文化实践；而将女性从战斗角色中排除是一种普遍的、跨文化现象。这种现象的普及清楚地表明，这不是单个或数个文化传统的产物，而是一个社会学的规律，需要超文化的解释。毫无疑问，文化特性加入了这个进程，文化手段能够且确实有助于强化和再造这一进程，但它们不是导致这一进程出现的最终原因。

此外，文化主义过分强调社会规范的强度，关注不足的是个体抵抗和冲突的规模，以及对这些规范在微观层面的群体再诠释。人类远不仅仅只是其规范世界的单纯载体。一方面，文化影响极少摆脱政治观念的束缚；另一方面，个人和社会组织会反思自己的行为，并且常常意识到"文化调整"正在发生。尽管有这种意识，许多人仍然发现，遵照一种"在文化上被禁止"的方法，与自己的政治或经济利益是相重合的。大多数女孩和男孩生长的文化背景不同，这一事实并没有真正解释为什么有些男性自愿参战，而大多数却不会这么做，也不能解释男人接受挑选奔赴战场，而女人却被禁止参战。毫无疑问，在大多数的社会中，劳动分工是性别化的、社会化的过程。然而，战争中性别隔离的宏大规模及其绝对性，在民事领域中是不存在与之抗衡的情形的。此外，虽然现代时期的到来见证了性别隔离和劳动的性别化分工呈现逐渐稳定下降的趋势，但在战争领域却并非如此。恰恰相反，现代战争甚至存在更加严格的性别隔离实践。一种把人类仅仅作为文化产品的观点是无法解释这样一个悖论的。

四 父权遗存？

由于对战争和性别的研究仍然处于许多主流学科的边缘，当代的许多分析成果均来自女权主义者的学术圈。女权主义对于性别化战争之谜的诠释有多种不同形式，其中的三种占据主导地位：基于权利的女权主义（rights-based feminism）、差别的女权主义（differential feminism）和后本质主义的女权主义（post-essentialist feminism）。虽然这三种视角都着重研究历史中普遍存在的性别不平等，特别是确立并维护男性统治、剥削压迫女性的结构性机制和意识形态，但它们对这些进程的解释则差异显著。

基于权利的女权主义者讨论的核心问题是性别歧视，这几乎普遍存在于所有与人类生活相关的领域之中。他们采取的立场是，尽管有一些先天与后天形成的性别差异，但男性和女性基本相似。这种研究方法聚焦于防止妇女发挥她们个人潜力和能力的社会障碍，其核心命题是，在人类的大多数历史阶段，妇女已成为系统性歧视的对象，且传统的父权社会结构阻碍了妇女取得卓越成就。按照这种观点，父权统治模式依然具有弹性这一事实，无法证明该体系是刚性的，只能表明这一体系能够快速适应不断变化的社会历史条件。在此背景下，女性被排除在军事角色外的现象，被理解为只是另一种形式的性别歧视，在这一过程中，女性远离军事与战争削弱了女性获得完整公民权的程度（施蒂姆［Stiehm］，1989）。换言之，女性远离战斗往往被认为是其性格中"固有"的软弱和依附男人的暗示：作为活跃主体的男人在战争中奋勇杀敌是为了保卫"妇女和儿童"（恩洛［Enloe］，1990）。尤瓦尔·戴维斯（Yuval-Davis）（1997：93）的构想如下所示："因为为国捐躯是终极的公民责任，公民权则以准备履行这一责任为条件。"通过历数不同战争中女兵个体的非凡成就，立足于权利的女权主义者们强调女性也可以和男性一样成为合格的士兵。因此，他们解释妇女被排除在征兵或战斗角色之外仅仅是出于歧视，旨在维护男性在军队中的统治地位。然而，主张军事活动的性别融合，并不意味着基于权利的女权主义者信奉军国主义价值观。相反，正如恩洛（2000：287）所主张的，女性士兵的存在"可以提供一个平台，让女权主义者能够自由地发问，质疑国家认可的男性特权的合法性"。然而，父权制不能被理解为男人独自行动的产物，妇女也被认为肩负着维护父权结构和保有女性特质的义务。战争系统需要也依赖于女性以不同的形式参与其中，但其中最重要的是通过恩洛所谓的"母亲军事化"。为了确保源源不断的新兵到位，国家机器"把子宫定义为一个征兵站"，实现了"母亲身份军事化"（恩洛，2000：248）。

从相反的角度看，差别的女权主义者从两性是差异显著的生物这一角度入手，虽然他们也看到父权制的普遍性阻碍了妇女潜力的全面实现，却不太关注两性的道德和结构平等，而是着力于改变男性中心化的社会秩序。他们认为男权主义的统治地位削弱了女性独特的品质，如更大的培育能力、更好的沟通技巧、倾向于以非暴力方式解决冲突和更强的社交能力。吉利根（1982）认为，男性和女性利用了不同的道德心理现象：男性作为个人主义者来行动并感知他人，在此基础上解决冲突时倾向于提倡自给自足和"道德正义",而女性更善于交际,对特定群体负责,因此倾向于"道德关怀"。在这方面,差别的女权主义者认为男性比女性更具侵略性和战争倾向,认为战争是男性化的发明。正如科伯恩(Cockburn)(2007:244)指出,"不仅是军国主义加强了父权制,军国主义也需要父权制。"矛盾的是遵循这一思路,差别的女权主义者都认同生物学和社会学男权主义,因为所有人都将战争视为男人的领域。然而,男权主义者认为这样的情况是正常且不可避免的,差别的女权主义者却认为它是一个显示父权制主导地位的指标。故在此意义上,战争的性别特征和妇女被排除在战斗之外并不是一个重要问题,因为他们把妇女视为自然生命的赋予者,而非夺命者。例如,鲁迪克(Ruddick)(1989)认为,孕育下一代的观念和做法作为一种明显女性化特质,是对暴力和战争的非对称性对抗。在这种解释中,孕育等同于生命保护、培育和平安,源于男女不同的正当性道德理由。正如吉利根、鲁迪克所认为的,男人围绕抽象的、普世的概念构建他们的世界,而女人通过更排他的方式理解社会现实,即给特定环境和特定群体关系赋予优先权(例如,独特的姐妹情谊)。

后本质主义的女权主义同时向基于权利的女权主义和差别的女权主义的核心出发点发起了挑战。后本质主义的女权主义者认为,性别本身是一个任意的、模糊的以及视情况而定的类别,而没有看到男性和女性非常相似抑或截然不同的身体实体(corporal entities)。哈拉维(Haraway)(1991:155)指出,"作为'女性'这一点并不会自然地将女人联合起来。甚至不存在一种'作为女性'的状态,这种状态本身就是一种高度复杂的类别,在存疑的性别科学话语以及其他实践中得以构建。性别、种族或社会意识都是一种强加于我们的成就,这种强加的力量来自父权制、殖民主义、资本主义彼此矛盾的社会现实交织成的可畏的历史经验"。后本质主义的女权主义者拒绝一种单一的、真正的现实,认为所有的真理断言都是碎片化的、临时的和离散的。因此,后本质主义研究者并没有将精力放在解释性别不平等,或更具体地探讨妇女被排除于战场之外的情形,而是不遗余力地解构全部的真理断言。从这个角度来看,诸如"男人"和"女人"的概念,通常被理解为暗示着本质化的稳固性类别,事实上却是零散化的具体实践的产物。后本质主义的女权主义者论述了女性气质及男子气概的碎片化特征、依据情况和环境不同而不同的形式。重要的不是性别差异的实质内容，而是在男子气概和女性气质之间依据结构和推论形成的边界。虽然"男人和女人"都被认为能够形成"女权主义的主观性"（哈丁［Harding］，1998），但是，特殊的社会背景决定了男女二元对立的特征和强度。战争经历的特别之处在于提供了一方领地，在这里，权利与知识交融成为霸权性话语，强化了单一刻板的性别特征。后本质主义的分析集中于语言的运用，以及男子气概的战争话语如何依赖于女性气质的重新诠释，反之亦然。战争所体现的极端社会情景，迅速转变了对性别和暴力的"元叙事"，作为对性别角色的显著可塑性进行检验的石蕊试纸。"如同我们会为女性恐怖分子所倾倒，也同样会着迷于拒绝暴力行为的男性。与人们所预设的两性对待暴力的'规则'相比，这些人都是例外"（伊格［Eager］，2008：20）。后本质主义为了支持战争中性别角色灵活性的论点，挑选了历史上女性战士的案例，如黛博拉·萨姆森（Deborah Samson）、弗兰齐斯卡·斯卡纳加塔（Franziska Scanagatta）、弗朗西斯·岱（Frances Day）以及莎拉·艾玛·埃德蒙兹（Sarah Emma Edmonds），这些女性在诸多战役中凯旋（法国大革命、美国南北战争等），她们瞒过了战友成功伪装成男兵。

尽管女权主义者对性别和战争有不同的描述，但所有女权主义者达成的共识是，妇女被排除出战争角色以及战争经验的男性中心化，都可以在父权制度中找到深刻的历史渊源。虽然基于权利的女权主义者认为，这种排斥对建立性别平等形成了关键障碍，但对于差别女权主义和后本质主义的女权主义来说，这只是广泛问题中的一个症状：男人的暴力性本质，男权中心社会秩序的主导性，或是话语构建的战争性别专制。

毫无疑问，父权社会环境强化了严格的劳动性别分工，即战斗和战争大多数时候与男子气概相关，而母爱和关怀则是女性气质的同义词。军国主义的话语表述，通常借助激发父权形象以利用性别角色的排他性。墨索里尼曾在他的讲话中对此有过生动的强调："战争之于男人好比母亲身份之于女人。我不相信永远的和平；我不仅不相信，还认为永久和平是令人沮丧的，那会否定男性的一切基本美德。"（博拉斯［Bollas］，1993：205）此外，女权主义是对的，这种男女二元论经常被国家机关、军事机构、大众传媒宣传和其他方式持久地延续，以控制妇女的行为，激发男人的战斗士气，并压制有组织的反战情绪。许多的军国主义思想建立在无助脆弱的"妇女和儿童"与勇敢强壮的男人之间的显著区别之上，其被证明对国家和军事组织大有裨益。这种性别二元论不仅有助于贬低女性，剥夺妇女充分的公民权利，还为战争提供了一个道义依据：一个男人不愿意战斗，不仅与他缺乏"真正的阳刚之气"有关，还因为他缺乏道德，因为战场上的懦夫会使"妇女和儿童"陷入致命的危险。

不过，父权制虽然有助于战争的性别化，但本身并不能解释女性在战斗角色中的普遍被排斥性。一个简单的事实是，女性拥有更平等的地位，以及父权道德观的弱化和性别歧视行为的减少，并没有显著地（或者说在许多情况下）改变女性在战场上的参与模式。例如，在通常被认为父权制度最为弱化的社会秩序中，如加拿大、丹麦、荷兰和挪威，那里的女性在社会、经济和政治生活的许多方面已经实现了更高层次的与男性的平等，但女性的参战数量仍然微乎其微。尽管在军队中尝试推进更广泛的两性整合，而且所有的军事职位名义上都对妇女开放，但1993年的数字表明，所有这些国家的地面战斗部队雇佣妇女人数的总和仅为168名。虽然加拿大政府针对所有的军事职位都推行了积极招募女兵的政策，有别于其他大多数西方国家，成功地使1998年加拿大武装部队中的女兵占比达到了11%，但只有1%（165名）的战斗士兵为女性（高德斯坦，2001：10、85）。即使这样小的比例，也必须在军队现役可调动的范围中考虑，而且这些军队已经长期没有过参战经历。因此，除了由联合国倡议的少数军事任务例外，这些女兵没有实战经验。此外，在那些曾参与周期性战争并积极推行军队性别融合政策的国家，如美国和以色列，女性在战场上的参与程度也并没有显著增加。尽管人们普遍认为，以色列妇女是军事机器不可或缺的组成部分，因为她们必须接受军事训练，但其中只有很少一部分参与过实战。范·克雷韦德（Van Creveld）（1991：184）指出："在1948年战争之后，以色列妇女虽然仍处于征兵的范围内，但仅限于传统职业，诸如秘书、电话接线员、社会工作者……武器训练对于军队中的以色列妇女几乎完全是象征性的"，而她们训练的武器大多是"原先被男人抛弃的武器"。[1] 同

---

[1] 正如戈尔德施泰因（2001：86）指出，以色列男子预备役的职责是终身的，但以色列妇女预备役则终止于24岁或怀孕待产时。此外，选派的女性过半留在部队担任文职和秘书工作。而招募的女性只有极少数留在作战部队，甚至很少会遇到真正的战斗，因为"一旦实战临近，妇女则立即从单位撤离"。

样,美国军方作出了巨大努力来为女性士兵开放门户,她们目前占军队总人数的14%。然而,"三分之二的美国女兵在行政、医疗、通信和服务/供应职业",只有2.5%参与战斗相关的工作,其中大多数都不可能亲历战场行动(高德斯坦 2001:93—105)。换言之,那些将妇女排斥于战争之外的观念或政策,没有受到父权制逐渐解构的影响,即便这种影响存在也很微弱。尽管父权制是性别化战争的重要组成部分,但父权制本身无法回答为何所有的战争都体现性别化。

差别的女权主义者认为,战争在某种程度上是男性的自然先决条件,而女性本质上是和平主义者,这一论据至少在两个方面存在缺陷。这些本质主义观点不仅采纳了无实证根据的完全对立的性别观念,而且也忽视了女性之于战争的非凡历史意义。这种视角与生物学男权主义有着类似的本体论,建立在虚构而非事实的本体之上。正如已经表明的,两种性别在生理、认知和道德方面的区别太过轻微,以至于不会显著影响到战场上整体的性别排斥。战争与个体人身攻击没有太大关系,与一个人奉命行事、严守纪律和小团队活动能力有很大关系。即使女人们往往会采用与男性不同的道德参数,这不但不会使她们成为更糟糕的士兵,反而会更优秀,因为"道德关怀"(the ethics of care)会造就小团体凝聚力,军队的内部团结都依赖于此,这是一个更强有力的军事效率源泉。此外,母亲作为一个"自然的照顾者"和全力支持战争之间并不矛盾。事实上,在许多战争中,正是母亲负责巩固严格的性别二元论,教导男孩子们坚韧和强大,鼓励他们自愿参加战争,勇敢承担一些自杀式任务(尤瓦尔·戴维斯,1997;A. D. 史密斯,1998)。例如,巴勒斯坦自杀式炸弹袭击者穆罕默德·法希·法哈特(Muhammad Fathi Farhat)的母亲被拍到和她儿子在一起,预祝他成功完成自杀任务;他成功自爆,还曾于2002年3月在Atzmona杀害了5名以色列少年,他的母亲举办了一个"庆典",并且"责备那些抽泣的人,要求他们离开,因为她不接受在这样一个欢乐的场合流泪"(哈菲兹[Hafez],2006:46)。

后本质主义的女权主义是正确的,性别不能被简化为一个人的外貌,但是,这并不意味着人们可以简单地在不同的"性别叙事"之间进行选择。虽然"女性气质"和"阳刚之气"是在特定的历史和文化条件下生成的社会构造,性别角色的诞生绝非源自一时起意的短暂流行。因为如果性别特征如此易变与模糊,其就有可能相对容易地被随意更改。然而,早期女兵不得不隐藏自己性别的经历表明，这不仅是非常困难费力的，大多数女兵很快被发现，而更重要的是，很少有妇女有兴趣改变自己的性别（霍尔，1993）。相反，他们主要的兴趣是参与战斗，并且因为男权伦理没有允许她们的充分参与，才被迫伪装成男性。后本质主义强调多元化的真理断言以及性别叙事的话语特征，这依赖于一个激进的相对主义认识论来支撑，这种认识论不愿也不能区分不同的"真理政权"（regimes of truth）（马莱斯维奇，2004：152—158）。这样的做法，有意识地拒绝了分析普遍性，不能为战争的性别特征提供充分的解释。解构性别叙事可能会洞悉专门的父权话语体系运作，但它不能为以下问题提供一致性答案：为何战争有如此普遍的性别排斥？以及为何女性几乎总是被排除于战场之外？

五　性别、社会组织与意识形态

虽然男女之间的身体差异经常作为战争排斥女性的直接证明，但是，发动一场成功的战争显然与士兵个体的体力和一般生理构造无关。同样，虽然父权传统、原初社会化以及"文化条件"在强化和再现战争的性别角色方面毋庸置疑地扮演了重要角色，然而这些因素都不能逻辑自洽地解释：为什么这会是一个普遍现象，以及为什么性别不平等的普遍削弱对妇女参与战斗的影响甚微。尽管这是一个涉及诸多变量的复杂难题，但本章的观点是，战争的普遍性别化主要源于两个彼此关联的过程——暴力的经年累月的官僚化和性别角色的离心式意识形态化。

（一）战争和性别角色的累积官僚化

为了理解这两个过程的运作，有必要回顾一下第四章的观点，即战争是近代历史发展的产物，其出现伴随着文明的孕育与扩张，其结构性加速发展在很大程度上伴随着国家权力扩张的步伐。在人类历史99％的时间里，人类都生活在小规模的游牧觅食队伍中，没有组织力量、能力、兴趣和意愿投入旷日持久的大规模暴力冲突即战争之中。这些游牧群体的社会学特征在于其高度平等性，并且在大多数情况下呈现非暴力的特征：他们缺乏明确的领导层，甚至也没有基本的社会分层形式，他们是灵活松散的组织实体，个人在队群间的转移也比较容易（瑟维斯，1978：

11—110；弗赖伊，2007：70）。虽然大多数队群都依靠年龄和性别作为划分标志，没有一个人被利用或者说能够被利用，进而强制推行以性别或年龄为特征的统治形式。正如弗赖伊（2007：199）指出的："假设父系关联的男性成员共同生活在一起，但与此假设相悖的是，最简单的狩猎采集族群却不包括父系的后裔群体……假设存在着争夺妇女和领土的战争，与此矛盾的是，当不同队群的成员间发生对于妇女的争夺时，也倾向于个体间的事务。"换言之，在定栖的社会组织出现之前，既没有战争也没有性别分层（gender stratification）。即使后来组织形态越来越复杂，如出现了以血缘关系为基础的部落，仍然保持着政治上的平等性与薄弱的领导体系，此时的领导权利基于个人的杰出成就，对部落的承诺或重新分配财富的能力（如食品、家畜等），缺乏手握实质性强权的领导者（瑟维斯，1978；德瓦尔，2005）。

后来，随着酋邦和早期国家的发展，社会秩序逐渐展现出清晰的制度，包括显著的性别隔离与分层。因之，性别歧视和劳动力性别分工的制度化与文明的诞生和扩张进程携手共进。简言之，战争与性别分化（即女性被排斥在战场外）共同登上了历史舞台。虽然在两者之间很难证明孰为因果，但毋庸置疑的是，它们的共同出现绝非巧合。从这方面来看，性别分化并不是独有现象，正如酋邦、城邦和原始帝国等复杂社会组织的兴起伴随着社会等级制度全部形式的扩张，涉及宗教、政治、军事、经济，无一例外。正如蒂利（1985）和曼（1986）所述，"社会封锁"（social caging）和"政治勒索"（political racketeering）的过程，对于确保中央政治集权的优势地位起到了决定性作用，此间，个体迁徙、自由和自主权都可以用来进行交易，换取政治和军事安全以及相对的经济良好发展态势。文明的诞生借助了强制性机构的施压，它的存在仍然依赖于维持相应的社会等级制度。换言之，大规模集中的社会团体在运转时离不开等级制度结构和劳动力精细分工。意图建立和维持系列化的命令和控制行动，就亟须在特定的政体中分层次地组织社会团体，并说明该类组织存在的正当性。然而，社会分层在很大程度上不是在自愿的基础上形成的，而是一种结构化现象，只可能围绕一些通常不证自明的指标来建立（而且事实上亦如此）：年龄、性别以及某人是否已被奴役。

由于酋邦和早期国家的中坚支柱是军事权力，而这种权力依赖于源源不断的新兵供给，那么在威信阶梯上，战士的地位便必然节节攀升。然而，并不是每个人都会成为一名战士。由于战士的给养供应往往费用高昂，并且在一定的历史时期，比如青铜时代、中世纪早期（以及今天）都格外昂贵，需要广泛的支持系统，包括大批奴隶、农民、商人、矿工和其他劳动力。女性被自动排除出战士团体之外并不是由于其体力的不能胜任或是所谓的弱点，而主要因为其独特的生物学功能：女性是唯一能够受孕、孕育、分娩以及哺育新生婴儿的性别。因此，她们是唯一能够提供新战士和新劳力的群体，这对于酋邦和早期国家的保护至关重要。正是这种独一无二的特质让女性几乎专属于家庭范畴，为她们远离战区提供了一个既存的理由。因此，女性最初从实战中被排除，与其体质或战斗能力无关。相反，这种女性排斥是组织需求的附生物：在人类繁衍过程中原本微不足道的性别，逐渐成为承担战斗职责的性别。此外，战争的早期形式常常存在于异族通婚的邻近部落和酋邦之间，妇女直接参与战争就意味着与至亲家属作战并杀死他们（父亲、兄弟也可能是母亲和姐妹）。因此，这种情况必然会导致忠诚度的降低，进而削弱战争的组织基础，为了规避这种可能，妇女必须被排除在作战区域之外（亚当斯［Adams］，1983）。如果没有这样的组织障碍，女性在早期战争中的参与度则会高很多。正如埃克哈特（1992：24）所述：在同族成婚主导的部落和酋邦之中，"女性的战斗参与程度可以达到25%"。

尽管如此，战争的逐步扩大和升级使得战士的地位在所有平民中显著提高，包括那些承担着社会繁衍职责的人。此外，战士控制了所有强制性手段的事实意味着，起初根植于一种劳动分工临时机制的组织必要性，逐渐发展成为固定的性别阶层，即男性和女性在制度上被限制于两个彼此隔离与排斥的角色。在大多数方面，战争中的性别主导发展为一种韦伯（1968：43）所称的垄断性社会封闭。[①] 一旦确立为主导的社会阶层，战士精英的身份便垄断了社会声望、物质和政治利益，这些利益与所有其他群体尤其是与另一个性别之间的通道便彻底封锁了。

这种现象可以通过对比现存的游牧、半游牧团体和组织高度发达的

[①] 韦伯（1968：43）区分了开放和封闭的社会关系，即开放关系允许社会流动和相对开放的群体成员通道，而封闭的关系"迄今仍对外封闭，根据其主观意义及结合规则，特定人员的参与受到排斥、限制或被附加了条件"。更多有关韦伯社会封闭理论的内容参见：帕金（1979），雷克斯（1986）和Malešević（2004：128—132）。

社会从而得到最好的说明。例如，人类学关于玻利维亚的锡里奥罗（Siriono）、印度的Paliyan、加拿大奈特西里克因纽特人（Netsilik Inuits）、马来西亚的Semai、纳米比亚的Kung San以及博茨瓦纳和澳大利亚土著等研究表明，缺乏有组织暴力与更强的性别平等性有稳固的关联（巴里奇［Balikci］，1970；加德纳，1972；李，1993；弗赖伊，2007）。其中，锡里奥罗"妇女与男人有大约相同的特权，从事的工作量也大致相同"，而同时"几乎没有发现存在谋杀、巫术、强奸、非食品类盗窃的存在"。当个人或家庭之间的冲突加剧时，也不会有暴力冲突；解决方案是一方加入另一方（弗赖伊，2007：27）。同样，Paliyan的游牧狩猎采集者支持性别平等主义和个体自主权，利用非暴力方法来解决组内冲突；一妻多夫制是常见的做法，在配偶之间一方没有权力支配另一方。马来西亚Semai以其避免暴力、和平解决内部冲突、即使受到攻击也拒绝战斗（宁愿撤退到森林中）而广为人知。较少强调的是他们的性别平等，男女双方都参与钓鱼、园艺和烹饪；养育孩子是一种公共责任，而新婚夫妇常常转换居住模式，可以很容易地分开（德瓦尔，2005）。

与此相反，最厌恶女性的社会和那些实行性别职业隔离的社会拥有一个发达的社会组织，投入到旷日持久的战争之中。例如，无论是纳粹德国还是帝国统治援助协会控制下的日本都在性别角色间划下了清晰的界限。戈培尔把纳粹定义为"天生的男性运动"，希特勒在演讲中强调女人的世界就是"她的丈夫、她的家人、她的孩子和她的家"（德拉姆［Durham］，1998：16）。纳粹为了促进性别隔离，赋予了男性至高无上的战斗意志，将女人局限于"Kinder, Küche, Kirche"（儿童、厨房和教会）。妇女被严格排除在作战之外，即使处于战斗辅助角色中的极少数女性也从来没有受过训练或被允许使用任何武器（高德斯坦，2001：72）。许多纳粹分子都厌恶女性，认为所有不符合母亲或姐妹形象的女人都是妓女，是通敌叛国者。生下四个或是更多孩子的女人会被授予德国母亲荣誉十字勋章，不顺从的女人遭人厌弃，常受惩罚。二战期间，日本甚至更为强硬地推行性别隔离原则，并将女性排除出军事角色之外。统治者出台各种政策鼓励生育，将母亲身份概念化以履行对日本帝国的民族责任。此外，日本帝国军队还在军营内培养对女性的厌恶态度，并负责组织所谓的"慰安妇"大规模性奴制度化体系。在该体系组织下的大规模被强奸人数介于十万到二十万之间，其中大部分韩国少女每天被迫与

30个男人发生性关系（希克斯［Hicks］，1997）。这并不是说性别不平等直接源于战争；多项研究显示，并没有确凿的证据能够表明频繁的或长期的战争会导致女性社会地位的下降。相反，战争环境往往会提高妇女的地位，使家庭暴力大幅减少（怀特［Whyte］，1978；桑迪［Sanday］，1981；西格尔，1990）。这里的关键是社会组织的影响：在性别分化、军国主义和先进社会组织之间似乎有着明显的联系。制度化性别差异和战场上排斥妇女的核心支柱，是社会组织而非文化。

深受启蒙运动影响的现代主义原则，为广大妇女的逐步解放创造了条件，缓慢开启了通往曾经由男人垄断的社会领域的路径。然而，使得这个解放成为可能的是战争社会组织发生的转变。尽管妇女参政权论和自由主义女权知识分子发起了声势浩大的游行、各种活动、著书立说，但是，20世纪上半叶性别角色见证的戏剧性变化几乎全部可归因于两次世界大战。虽然数个世纪以来，妇女的劳动力已经变得不可或缺，"随军者"作为厨师、洗衣工、供应商、医务人员等跟随众多部队征战，① 一战和二战导致了工农业范围内巨大的民用人力短缺，除女性以外没有其他群体能填补这个缺口。对于男性的征兵动员达到史无前例的规模，伴随着军工产业的长足发展，这意味着现代历史上社会组织首次需要依赖女性劳动力的支持。二战期间，有超过900万的美国女性和200万的英国女性应聘到工业场所替代男人们的工作。例如，在英国，80%的单身女性从事的工作与工业或军需产业相关；超过100万妇女参与军需品的生产，航空工业中从业的40%是妇女（恩洛，1983；科斯特洛［Costello］，1985）。这个例子说明的是，性别的职业隔离现象很可能只在一种情况下发生改变，即旧的组织模式变得无法维持。换言之，劳动的性别分工深深地扎根于社会组织，且只有当组织本身经历转化时才能发生转变。值得一提的是，一旦她们的劳动力对于大型社会组织即国家的生存成为不可或缺的内容，所有关于女性在生理上或文化上无法胜任工业和军事辅助服务的说辞，瞬间就消失不见了。

第二次世界大战中苏联和许多游击队的例子证明了，的确可能发生对妇女参与战斗的态度和做法的戏剧性转变。1941年德军出乎意料的闪

---

① 正如戈尔德施泰因（2001：381）指出的，"随军平民"的人数往往和军队人数同样多，有时甚至更庞大："在三十年战争期间，一支四万人的军队据说拥有高达十万的随军者。"

电式入侵，再加上巨额军费损失和大范围毁损，迫使苏联当局动员妇女上前线作战。根据官方统计，近100万名妇女当兵参战（80万红军和20万游击队），惊人的是其中50万名女性在前线服役（格里斯[Griesse]、斯蒂茨[Stites]，1982）。虽然苏联官方数据的准确性尚且存疑，毫无疑问的是大多数在前线的女性没有直接参与战斗，但同时也表明已经有大量妇女参与到实战当中。同样，大部分游击队中也有相当数量的女兵参与了战场行动。尼加拉瓜、越南、伊朗、厄立特里亚、斯里兰卡、意大利、阿根廷、黎巴嫩、南斯拉夫和以色列等案例中也详细记录了游击战非常依赖于妇女的参与。在尼加拉瓜的桑地诺游击队中，前线士兵中有三分之一是女性；越共的女兵数量众多（至少有16万女战士），以至于游击部队后来被称为"长毛军"；以色列1948年的独立战争中15%的游击队员为女性；南斯拉夫游击队超过1%为女兵，到1945年参战妇女不低于10万；厄立特里亚内战军队的25%由女兵组成，而斯里兰卡泰米尔猛虎组织的三分之一是女性（达恩[Dahn]，1966；詹卡[Jancar]，1988；乔根森[Jorgensen]，1994；琼斯，1997；埃杰顿，2000）。这两个不寻常的例子——苏联军队在二战和游击战争中的经验，不仅表明了在（特殊）情况允许时，妇女能被欣然接受为军队成员并能毫无问题地适应作战任务，而更重要的是，妇女充分参与战争的真正障碍是社会组织本身。只有当社会组织的生存处于危险之中，女性的角色才会迅速地被重新定义。

然而，由于战争社会组织在结构和意识形态方面都建立在性别分化的基础上，允许妇女全面参与战斗必然会造成结构不稳、组织瘫痪，并且可能会使军事活动彻底非法化。简言之，如果男女双方都完全参与到战事当中，将会显著削弱战斗力。围绕性别角色展开的经年累月的强制官僚化，在部分程度上源于战争的结构需求：性别分化根植于劳动分工，社会等级制度是有效发动战争不可或缺的条件。（男性）战士在战争环境中的存在和主导地位依赖于（往往是女性）非军事人员的劳动、支持以及"能力匮乏"。允许女人战斗，不仅会打乱显著不对称的劳动力比例，支持工人成为战士，而且也会破坏社会组织内部权力关系的社会性别特征，因而颠覆社会组织本身。二战的经验便有力地说明了，当性别障碍发生转变时社会组织会面对何种变化：一旦妇女被允许在工业中代替男性，比如像20世纪60年代那样，那么这一趋势将不可逆转。二战的结果不仅仅是女性的进一步解放，也是性别关系的激烈，直接导致了大批社会组织的转型，也包括国家本身的转型。在游击战争和二战时期的苏联这两个案例中，一旦战争结束，大多数妇女就被迫离开自己的军事岗位角色，这个事实明确体现了社会组织在维护性别分化方面所发挥的重要作用。尽管女兵的效率已为人熟知，一旦军事力量得以恢复，男兵人数回归常态，或者游击队转化为正规军队，女性几乎又被自动排除在战斗角色之外。因此，尽管现代社会在许多曾经由男性垄断的领域中实现了更大的性别平等，但在一般的军事领域和特别战事中，男性仍保有其专属特权。

虽然这场战争引起的性别角色官僚化是基于社会组织的运作，但若不存在坚固的意识形态根基，社会组织就无法充分发挥其效能。因此，为了理解女人几乎普遍被排除在战场之外这一现象，至关重要的是探究意识形态的作用。

（二）战争和性别角色的离心式意识形态化

在战争中最重要的性别主题是识别暴力，进而有能力以彰显男子气概的方式应对暴力。正如文化主义所强调的，战争通常被理解为对男子气概的一种考验："战士需要接受强烈的社会化洗礼和严格的训练，为了能够有效地战斗"，在这种背景下，"性别认同感成了社会鼓励男人冲锋陷阵的工具"；这是"文化规范迫使男人去忍受精神创伤的折磨，克服恐惧，以宣告其具备'男子气概'"（高德斯坦，2001：252、264）。毫无疑问，大多数人都不是"天生杀人狂"，需要依靠大量的社会煽动（与胁迫）才会参加战争。此外还有大量证据表明，大多数的社会秩序利用男子气概作为宣传名片，羞辱那些逃避服兵役者，激励男子从军。然而，这本身并不能解释战争的性别排他性。为何对暴力的诱导特别是煽动参战会与男子气概有如此紧密的关联，这种现象并非是不证自明的。男子气概的概念可谓因时因地而发生变化：一个无所畏惧地与敌方入侵者交战的Semai人，会因其暴行和算不上男子汉的行为而遭到族群的排斥；日本神风飞行员若在任务失败后活着回国，会成为二战中日本男性耻辱的象征。

更重要的是，如果一个人仔细审视整个历史进程中"武士精神"的核心主题与价值，显而易见，任何人都可以效仿并遵循这些原则，无关性别。例如，基于对不同社会秩序的广泛调查，麦卡锡（McCarthy）（1994：106）将下列四种理想类型归结为核心的"武士精神"：

1. 身体的勇气，其中包括享受战斗以及勇敢地面对死亡；

2. 耐久性，即承受剧烈的疼痛、饥饿、口渴和恶劣的气候条件却没有士气低落；

3. 力量和技巧，这表明了战士的身体健壮、健康良好，拥有战术技巧、战略规划以及有效使用武器的能力；

4. 荣誉，其中包括在战场上光荣的行为，忠诚于领导和同志们，渴望保护弱小，维护自己的声誉。

这些表述中引人注意之处在于，这些原则并不具有性别排他性。女人就像男人一样能够享受战斗、展现勇气，忍受痛苦和饥饿、保持健康、精于战术、熟练掌握武器，以及在战场上表现出忠诚度与荣誉感。这些战士理念中并不存在固有的男子气概，也不需要阴茎或任何必备的生物特征来获取这些技能和素质。换言之，男子气概的生理特质对于战争中的性别分化在很大程度上显得无关紧要。然而，在很多社会环境中，男子气概与战斗经验联系紧密。虽然女权主义者可能正确地指出了男子气概和战争之间的联系已经被证明有益于对父权制度的维护，但目前尚不清楚的是，为何勇敢、耐力和荣誉这些价值观几乎只会让人联想到男子气概。为了解开这个谜团，不仅必须着眼于社会组织的作用，因为这对战争中性别分化的制度化和持久化是至关重要的，还必须观察离心式的意识形态化过程。

然而，重要的是强调意识形态不是文化。文化是一种特定的集体生活方式，外化于共同经验的象征性表达、分类与交流，但意识形态只是文化的一小部分。具言之，在绪论的概述中，笔者将意识形态定义为一种相对普遍的、多方位的社会过程，在整个过程中，个体和社会行动者表达了他们的信仰和行为。其形式是"深思熟虑的行动"，贯穿了大部分的社会实践，它通过一种特定社会秩序的明显推测性安排来加以传达。意识形态内容往往超越了经验，因为其在大多数情况下是不可测试的，提供了一种集体权威的超然宏伟愿景。意识形态信息的构建为了呼吁并倡导先进的伦理规范、卓越的知识主张、关注个人或团体的利益或公众情绪，进而为现实的或潜在的社会行动提供合法化理由（马莱斯维奇，2002；2006）。因此，文化规范迫使人们为了宣称其男子气概而战斗的观点是错误的。文化规范主要是用来巩固已被普遍认为恰当的行为过程,而不是倡导一种特殊的行为形式。因此,要理解参与战争与男子气概究竟为何存在关联以及这种关联是如何产生的,关键是要将其置于更广阔的图景中全面考量。换言之,男性是否愿意参战以证明自己的男子气概,确实是一个更广泛社会现象的征表体现,即一种群体道德。

为何众多男性接受将战争作为衡量他们男子气概的标准,其核心原因并非是由文化导致的,其根源是社会性的,更具体地说是意识形态性的。正如涂尔干(1986:202—203)意识到的,人类的行为总是在一个特定的道德范畴之内,并遵循其引导:"道德即是社会",而"人的道德性仅仅因为生活在社会之中"。由于道德是一项公共事务,成为一个道德的个体意味着共享特定的道德范畴,因而其行为方式必须在该道德范畴所设定的一系列规范参数以内。因之,在战争时期不符合男子气概这一理想设定,必定在相当程度上侵蚀了道德。一个不战斗的男人会被评价为缺乏道义品格:以牺牲最亲密的人(他的孩子、妻子、女友、母亲或父亲)的生命为代价来自私地拯救自己的生命。从这个意义上讲,一个男人不参与战斗,就破坏了道德范畴,因此也破坏了他所归属的族群的社会团结性。当国家宣传机器直接利用男性懦弱的形象时,会直接唤起一种群体道德感,而非个人私利抑或自我价值感。

然而,涂尔干在很大程度上忽视了这种群体感受的意识形态潜能,尤其忽视了支撑战争言论的意识形态过程。通过对性别角色的离心式意识形态化,强有力地划定了群体道德的边界。意识形态建立了集体行动的道德参数,阐明了男子气概和战争之间的关联。虽然战争引起的官僚化建立了性别等级制度,这一制度使战争成为可能,意识形态则为这些等级制度的存在提供了正当化理由。男子气概与女性气质的互相排斥并非基于其自身;相反,它们是从一个更广泛的渗透至整个社会秩序的二分法(dichotomy)中推导出来的,一种长期以普通且平凡的方式被延续和强化的二分法。这种二分法是民事和军事领域之间的明显区别。这种二分法同时构成了战争的道德范畴,并使其合法化。正如前文所述(参见引言和第七章),离心式的意识形态化是一个持续的进程,旨在使人为的外部实体——社会组织转化为自然的、亲人一般的团结中心。这个过程本质上有两种运作方式:通过日常实践的制度性惯常化,以及通过意识形态话语的主观规训与内化。由于像民族国家这样的大规模社会组织在战争中的主要目标在于军事成功，因此当务之急是激发全社会对战争的广泛支持，特别是动员大批士兵。但是，任何国家都不能把所有的公民都变成嗜血杀手。取而代之的是民事领域和军事领域形成固有的鲜明反差，前者特有的秩序、温和、同情和仁慈，中和了后者的暴力、残忍、适应能力和坚强。二分法不仅在维护秩序、稳定与和平时代的二重性状态，即暴力、杀戮和残酷的外化和社会组织内部的自我控制方面发挥着作用，而且更重要的是，这种二分法为战争来临时采取极端行为形式提供了正当化的理由。

尽管在和平时期，文明的价值在制度上比"武士精神"更受尊重，战争场景的独特性却迅速逆转了两者的相对位置。由于战争时期的社会组织会有不同程度的优先权，至关重要的是对"平民"进行重新定义，将其与弱小、被动、依赖、需要保护联系起来，然而"军事"则具有实力、领导力、果决和自信的属性。而且，由于这种变化根植于已为人熟知的制度化的二分法，往往会引起更广泛群体的共鸣。将这种区分内化之后，人在面临极端不利的局面时会进行价值的转换，这种转换似乎正常且自然。与此同时，军事组织则不必进行这种心理转换，因为他们在意识形态上基于民事和非民事的战争二分法，即军事组织概念中的民事生活在大多数方面处于较低的级别。战争时期的状态恰恰是整个社会都接纳了这种二分法的军事优先性，认可了军事领域优先于民事领域。这里的关键点在于，性别划分就是这种广泛二分法带来的直接结果，其中女性气质的"固有弱点"来自于战争条件下"文明"的次要作用，而"男子气概"成了军事行动的同义词。换言之，社会组织需要并延续了这种二分法以实现其核心目标：打败其他社会组织（即敌对国家）。为了成功实现这个目标，就需要维护两个领域之间的明显区别，从而一方面激发男人战斗，另一方面，女人和不参加战斗的男性也要全力支持战争。在这个过程中，意识形态发挥了核心作用，男性士兵的行为不是在实现社会组织的目标，而是在捍卫无辜脆弱的"女人和儿童"。换言之，在言语表述中强调道义责任和亲情纽带，社会组织以此来使杀戮、毁灭、自我牺牲等史无前例的行为成为现实。在此背景下，群体道德在意识形态层面得到了循环利用。士兵身份的男人和平民身份的妇女都遭受着情感胁迫：若身为士兵却不战死沙场，就是让自己的母亲、姐妹、妻子等亲人面临遭受敌人攻击的生命威胁；若作为一个女人却反对战争或者不履行平民职责，那么将使自己的父亲、丈夫、兄弟等勇猛杀敌的亲人落入敌人手中，身陷危险。描述男性阳刚与女性阴柔的语言源于民事与军事的二分对立，这一事实暗示着男子气概与女性气质并不依赖于两性之间的生理差异。相反，两者都被作为群体道德的规范参数，即用于衡量个体在履行社会组织创设角色时如何表现。称一个士兵窝囊废或娘娘腔，并不意味着该特定个体变成了女人，而是说他在前线的表现不符合（组织上）设定的群体道德标准。战场不是士兵可以当众哭泣的地方，也容不下其他体现"普通市民"道德准则的情绪。这种行为是在试图"污染"进而破坏军事领域的根基，其中抑制情感、展现力量、坚忍不拔和果敢决断都是战场生存不可或缺的核心元素。女性士兵在战争前线会表达相同的男权主义言辞这一事实清楚地表明，二分法几乎不关乎性别，而是只关心人们在社会组织中的地位。[①] 因此，女性被排除于战斗角色之外并非根源于生物学、文化和父权制，虽然这三个领域都共同加功于这一过程；这是官僚化和意识形态的产物。保持两性分离是维持战争延续的组织机制，正如监狱体系清晰地表明，强制的性别分工往往会带来社会角色的鲜明性别化。前线如同监狱，属于"异常"且极端的情况，在其中定期的两性互动受到大幅度限制，最终造成情感性及社会性剥夺。正是这种组织层面形成的剥夺促进了性别分化、阶层的形成和性别排斥。世界的一分为二，即民事/女性和军事/男性，使战争的进行不仅成为可能，而且具有正当性。

六　结论

战争似乎是男性统治的最后堡垒。尽管父权制的逐步瓦解已经渗透至曾由男性垄断的大部分社会领域，但战争领域的性别排斥依然存在，女性不可以参战，这种禁止以正式或非正式的方式加以规定。三种不同的视角对这一令人困惑的现象进行了解读，笔者将其称为男权主义、文化主义和女权主义者。本章对这三种观点提出了质疑，理由是生物学差

[①] 更多的例子参见阿迪斯（Addis）等（1994）、埃杰顿（2000）和戈尔德施泰因（2001）。

异对战争行为仅具有微弱的作用，性别划分的文化性功能既不能说明性别分工的起源也不能解释其普遍性，而且这种划分的父权制特征，也不能解释战争中性别分层的排他性甚至存在于父权特征最微弱的社会环境之中。与之不同，本书的论点着眼于社会组织和意识形态对于发起、复制、强化和延续战争性别化所发挥的作用。换言之，战争角色的性别化传递的对于战争的理解和对于性别的理解同样丰富。既然战争是社会组织的产物，那么战争的结构性扩张与组织本身的壮大密切相关。战争的行为取决于社会阶层、劳动分工、体制和组织的复杂性，其中性别起着核心作用。战争导致的官僚化和性别角色的意识形态化，同时为战争的产生以及战争的正当化提供了理由。社会组织持续提升的复杂性及其意识形态权力促进了军队中更显著的性别分化，并且也增加了战争的破坏潜力。性别分化不仅对于战争具有工具化作用，更为重要的是，这种分化使得战争成为可能并具有社会意义。

第五部分

二十一世纪的有组织暴力

第十章　新型战争？

一　引言

任何重大的历史变故都必然会挑战对现实世界既存的社会学理解，从而导致全新分析模型的出现，以及一套与前所未有的变化相配套的全新概念体系。无论何种规模的社会转型都需要新的诠释角度及解释范式，然而，宏观层面的社会学家很少面对如此独特的、影响深远的历史断层。正如许多长期研究所表明的，人类发展的轨迹并非形成于几年或几十年，而是要经历数个世纪甚至数千年的沉淀与丈量。因之，很难评估我们所处的时代是否正在构建一段罕见的历史变革画卷。虽然柏林墙的倒塌、苏联的解体、两极世界的终结、经济全球化以及宗教性质暴力的惊人崛起显然有潜力成为这幅画卷未来的焦点，但24世纪的历史社会学是否会和我们今日一样将这些现象评价为重大历史进程，尚无定论。我们不仅倾向于时代自我中心主义（chronocentrism）（福尔斯［Fowles］，1974）以及皮尔［Peel］（1989）所称的"封闭的现代主义"（blocking presentism），即过分强调当下事件和我们自己对过去的描绘，我们也不能避免对未来进行现代主义的诠释。本章试图批判性地探究战争与暴力研究领域的晚近成果，特别是提出一个新兴的、具备历史创新性的基础研究范式——新型战争理论。详言之，重点在于对新型战争范式进行宏观层面的社会学论述，这种研究路径尽管富有影响力但很少得以展开，断言新近暴力冲突的成因是以往战争不具备的，并且战争的目的和打击目标都发生了质的转变。

首先，笔者会简要总结新型战争范式的核心原则以及目前存在的批判。其次，对比关于新型战争的各种社会学理论，辨析其区别与共性，尤其着重分析现代战争的成因和不断变化的目标。最后，评估新型战争范式在社会学层面的解释力，提出导致该范式失败的两方面理由，因为当前战争与传统的 19 世纪和 20 世纪战争相比，他们之间的共性多于差异。我们所面对的并不是暴力行为的历史新形态，而是一个自近代以来不断强化的过程：经年累月的强制官僚化和离心式的意识形态化。然而，这并不是说，战争和社会之间的关系没有发生任何改变。最显著的改变在于社会依赖于技术的程度，尤其是现代战争运作的社会背景、地缘政治环境和意识形态语境。

二 新型战争的范式

来自不同学科且颇有影响力的多位学者已经接纳了新型战争范式，所涉领域包括安全研究（斯诺［Snow］，1996；达菲尔德［Duffield］，2001）、政治经济学（科利尔［Collier］，2000；容，2003）、国际关系学（格雷［Gray］，1997；基恩［Keen］，1998）、政治学理论（蒙克勒［Munkler］，2004）。他们都认为，20 世纪末以来的暴力冲突明显区别于曾经的暴力冲突。理由在于，这些新型战争就范围（公民间而非国家间的冲突）、方法、财务模式（外部而非内部）而言，与之前均有所不同，其特点是低强度伴随着更高的残忍程度，以及故意攻击普通平民。这些战争持续增加，恣意且残暴，因此，双方死亡和流离失所的平民数量激增。此外，与"旧战争"不同的是，新型暴力冲突基于不同的战斗策略（恐怖活动和游击战取代了传统战场），不同的军事战略（人口控制，而不是领土占领），不同的参战人员（私人武装、犯罪团伙和军阀替代了职业军人和义务兵）且高度分散。新型战争看起来也是混乱无序的，因为他们模糊了传统的分工（合法与非法、私人与公共、民用与军用、内部与外部、本地与全球）。

虽然来自新型战争范式的研究已经显示出优势，非常有益于强调 20 世纪 90 年代内战的特征，但其后的跨学科实证研究已经对他们的许多论点提出了挑战。第一，尽管近年来国内战争爆发的频繁程度强于国与国之间的战争，但这两者之间并不存在因果关系。一些战争始于内战，如果交战方成功宣称独立，很快会被重新定义为国家间战争（从美国独立战争到前南斯拉夫分裂的战争)。不仅如此,许多战争兼具两种因素,因为大多数内战依靠邻国和全球大国直接提供的经济、政治和军事支持。① 一个典型的例子是第二次刚果战争(1998—2003),其中涉及8个非洲国家和超过25个武装组织。然而,对新型战争范式更具破坏性的是,有完整记载表明,自20世纪90年代初以来,内战和国家间战争都在持续下降(格莱迪奇[Gleditsch]等,2002;纽曼,2004;哈尔布姆[Harbom]、瓦伦斯腾[Wallensteen],2005;麦克[Mack],2005)。因此,并没有证据表明,所宣称的新型战争在升级。

第二,无论从人员伤亡还是残酷程度来说,并没有实证研究能够表明近期争端的暴力性更强。正如拉西纳(Lacina)和格莱迪奇(2005)研究表明的,实际上晚近战争的死亡人数已有明显下降。二战后的冲突在20世纪50年代初达到峰值,每年有近70万人死亡,而90年代和21世纪初鲜少出现伤亡人数超过10万的战争。此外,近期冲突中的军民死亡人数并没有显著变化。梅兰德(Melander)等(2007)和佐伦贝格(Sollenberg)(2007)的研究清楚地表明,近期的战争和历史上的一战和二战一样,平民军人的死亡比率很少超过50/50的数字。② 至于暴行的强度,根据梅兰德等人(2007:33)的评估,"后冷战时期的残暴程度明显弱于冷战时期"。虽然20世纪90年代流离失所的人口数量有所增加,但针对平民的暴力严重程度显著低于以前。

第三,故意将平民作为打击目标、利用恐怖分子和游击战术的独特性也值得怀疑。纽曼(2004:182)指出,早期的国内冲突,如墨西哥革命(1910—1920)和刚果自由邦(1886—1908)是将平民作为暴力行为首要目标的典型战事。唯一的例外是卢旺达种族灭绝③,"新型战争"从来没有达到种族灭绝对平民犯下的滔天罪行的程度,比如埃雷罗斯(西班牙)对纳马族、印第安人、亚美尼亚人或犹太人的大屠杀。同样,对恐怖威胁和游击战的依赖也算不上新颖与特别,因为这曾经也始终是所

---

① 正如卡利瓦斯(2006:17)指出的,如何定义特殊战争的语义冲突是战争本身的一部分,因为术语的使用,例如,究竟将其定义为内战还是国家间战争,会赋予或否认战争行为的合法性,所以交战双方也会质疑这些表述。

② 例如,1992—1995年的波黑战争是典型的新式战争,因为平民死亡人数与军队的死亡人数是极其不成比例的。然而,由于最近采集的数据显示(Tokača,2007),伤亡人员并未明显超过50/50的比率,军方伤亡呈现微弱多数(59%比41%)。

③ 1994年的卢旺达大屠杀的发生是在战争场景下还是不存在战争前提,这一点极具争议。

有内战的关键战术——无论是旧式内战还是新式内战（卡利瓦斯，2001；2006：83）。

上述简短综述清晰地表明，跨学科研究已经证明新型战争范式存在严重弱点。批判的观点已经对"新型战争"的手段、方法、策略、战术的新颖性和残暴程度提出了有力的质疑。他们还有说服力地证明，在人员伤亡或平民参与率方面，新近冲突与传统战争之间没有明显区别。然而，宏观层面的结构性原因和所谓新型战争核心目标的转变，却很少面对质疑和深入探究。[①] 即使专家的研究能够证明新型战争范式缺乏实证研究，仍然不足以否定该范式的启发性和解释性潜力。库恩（1962）正确地指出，范式提供了让我们从不同角度看待相同研究问题的概念世界。范式是非累积性的，因而其往往与先前或现有的知识要求大相径庭。范式之间不会彼此补充或是歪曲，范式在对现实的理解上形成竞争，如果成功的话，会将旧范式改造为新范式的一个特例。新旧范式的更替往往要经历一次科学革命。新范式的价值在于它们开启了思考、研究、分析的新途径，质疑了既有的准则。此外，概念模型和理论路径不能仅仅因为其达到实证科学标准的不同程度而被断然地否定（吉登斯，1976）。所有这一切都表明，为了探索新型战争的成因及核心目标，必须采纳更有说服力的理论和解释模型，即利用新型战争范式的社会学视角进行表述。分析的重点应当包括：新型战争范式如何成为一种新的解释框架，新型解释框架所基于的实证论述具有何种程度的合理性。

三 新型战争的社会学

尽管战争在很大程度上始终是被当代社会学研究忽视的主题，但晚近也出现了一些概念、理论和实证分析，其中大部分着重探讨当代战争冲突的特征。政治社会学家，如马丁·肖（2002；2003；2005）、玛丽·卡尔多（2001；2007）、卡尔多和佛希（Vashee）（1997），以及社会理论家齐格蒙特·鲍曼（2001；2002a；2002b）都是处于新型战争范式研究前沿的学者。他们也认为这些暴力冲突在方式、策略、战术和牺牲程度

---

① 就这一点而言，卡利瓦斯（2001）算是一个例外，因为他的分析聚焦于"新型战争"的原因与动机。但他只探讨了关于内战的论证，却并未涉及高科技战争。此外，他的研究明显针对微观层面，在很大程度上忽视了对宏观层面的结构性原因和目标的分析。

方面都体现了历史新特征。然而，与新型战争范式的典型代表学者的不同之处在于，他们聚焦于更加宏观的社会学图景，即将战争转型视作重大社会变革的象征。大部分论述强调的重要成因是经济全球化的变革力量，其中对新型战争采取的两种典型形式进行了区分：寄生性或掠夺性战争（parasitic or predatory wars）以及基于先进技术的西方式战争（technologically advanced Western – style warfare）。掠夺性的战争出现在猖獗的经济自由化背景下，颠覆了已经屡弱不堪的国家，导致了国家的实质性崩溃。正是在这些失败国家的废墟上产生了新的寄生战争。换言之，不具备全球竞争力削弱了国家的经济实力和获取收益的能力，进而为系统性腐败和犯罪行为敞开了大门，结果导致了暴力的普遍私有化。国家的失败创造了一个新的霍布斯式环境，即武装军阀掌控着国家机构的残余部分，并依靠外国汇款和国际援助生存，利用身份政治（identity politics）来散播恐惧，以针对那些威胁到自身宗教或种族群体安全的势力。

技术先进的新型西方式战争已经逐渐发展，但主要是通过近期的军事变革（RMA），伴随着新技术的成熟，依赖于空军实力的全新军事体系、精确的程序化、远程作战以规避大规模伤亡的能力。这种新型战争也被认为与经济自由化的全球性力量存在关联，因为它们被用于开拓全球市场，对新自由主义发展模式的反对者进行压制。[1]

因此，齐格蒙特·鲍曼（2000；2002a；2002b）对于新型战争的分析是基于一个过渡的背景，即从一个稳定、牢固和大部分受到规制的现代秩序，过渡到一个不受规制的、混乱且流变的现代秩序。他认为现代性建立在启蒙运动的思想之上，即一个有序的整体，有利于消除随意性和矛盾性，也有助于域内行政机构的特权化（the privileging of compact territorial administrative organisation）。与此相反，流动的现代性（liquid modernity）是域外的，在这个过程中，全球资本的发展速度和流动性溶解了国家的边界，同时权力从民族国家转移到了跨国公司。鲍曼认为，在这个高度流动的世界中，大多数人都作为个性化消费者而存在，而非各自所属政体的公民。这种结构上的改变会产生两种不同但彼此内在关

---

[1] 虽然许多关于"新型战争"的非社会学文献往往认为这两种形式的暴力冲突（即"掠夺性的战争"和"高科技战争"）截然不同，甚至是毫无关联的现象，但大多数宏观社会学家，包括这里所讨论的作者们，研究的出发点都认为它们之间存在着深层的相通性，是相同全球化进程的一部分。

联的新型战争形式：通过先进武器装备实现的远程全球化战争，以及在旧国家秩序垮塌后的空档期间由全球化诱发的战争（鲍曼，2001）。这两种类型的战争爆发于空隙之中，这种空隙将全球市场的协调机制从一盘散沙的地方政体中分离出来。由于流动的现代性在空间控制的机动性方面具有优势，在鲍曼看来，新型战争的目标不在于领土征服或意识形态的转变，19世纪和20世纪初的冲突均是如此；相反，它们的目标源于流动现代性的经济逻辑。因为全球化战争的核心目标是"废除国家主权或摧毁潜在的阻力"，以适应全球市场加速的一体化和协调性，而全球化引发的战争的目的是"重申已经丧失的空间意义"（鲍曼，2001：11）。

质言之，流动的现代性产生了不安全感、恐惧和威胁的新形式，这些形式是域外的，民族国家的框架无法将其包含或解析（鲍曼，2000；2006）。相反，正在上演冲突的空间是开放且流动的，对手处于一个永久的机动状态，并且军事联盟也是临时性的，充满了变数。鲍曼认为（2002a：88；2002b：94—98），在全球疆地不受监管的环境中，其最常见的斗争形式是侦察作战，其间，士兵没有受命去占领对方的领地，而是要去"探索敌人的决心和耐力，敌人能够调度的资源以及将这些资源被运往战场的速度"。换言之，新型战争就是打一枪换一个地方。此外，新的全球化战争仅仅依靠专业化、训练有素的技术专家军队，他们提供的个性化服务与其他有偿职业相似，并且会以超凡的专业精神完成任务。对于鲍曼来说（2001：27），大规模征兵入伍的时代已经过去，而意识形态动员、爱国主义狂热以及"事业奉献精神"的时代也已经逝去了。

马丁·肖（2000；2005）也认同这个观点，即全球化永久改变了战争的性质。他也将两种形式的战争关联起来，没有把他们看作单独的类型，而是相同全球化趋势下的非对称产物，一起转变了整个作战模式，即从20世纪初的全面工业化战争到全球监测下的作战模式。鲍曼也同样认为，这些新型战争不再需要大规模军队或直接的群众动员。而"全面战争有主导社会的能力：它可以覆盖市场的关系，抑制民主政治并且控制媒体"，全球监测战争"通常服从于经济、政治与文化"（肖，2005：55）。虽然工业化全面战争的残余随处可见，例如，"国家军国主义"（如俄罗斯、印度）、"种族民族主义"国家（例如，一些巴尔干半岛国家和非洲国家），它们征召军队并且大量生产武器，但这些行为仍然会受制于全球化压力，也受制于一些承诺"融入全球市场和机构"的地方精英（肖，2005：64）。在肖看来，西方式战争新模式的发轫发展是对"20 世纪西方战争方式退步"的应对，这种退步体现在系统性杀害平民和推行种族灭绝计划之上（肖，2003：4）。新型战争体现为一套核武器扩散的逻辑学，弱化了"战争导致的国家主义"，经济自由化在全球蔓延开来。

在这一背景下，他的研究主要集中于"新型的西方战争方式"，其中的核心问题在于风险转移。肖（2005：97）部分采纳了乌尔里希·贝克（1992；1999）的风险社会概念，即风险社会作为"先进工业化必然的结构条件"，肖认为风险已经取代了阶级成为后现代时期不平等的核心形式，这对现代战争的理论与实践产生了深远影响。根据肖的观点，这些新型风险转移战争是由科技最发达的国家发动的，这些战争经历了一次成功的军事变革（RMA），诸如美国和英国。他们主要的战争目标是最大限度地降低西方军事人员的生命风险，从而使国家领导人的选举风险和政治风险实现最小化，这一目标的达成需要通过将风险直接转移给处于弱势的敌人。[①] 从马岛战争到海湾地区、科索沃、阿富汗和伊拉克战争，先进精准的技术武器促进了系统性的风险转移，从民选的政治家转移到军事人员，再从这些军事人员转移到敌方战斗人员和平民。当需要在（国外）平民的生命和西方士兵的生命之间作出抉择时，西方士兵的生命总是有优先权的。新型战争的军国主义并不需要直接进行全民动员，而是依赖媒体发挥选举监督缓冲器的作用，旨在间接获得被动的支持。他认为新型战争的目标很少具有意识形态性或民族主义，主要受到政策驱动并且发挥着重要作用——"战争仅仅是在回应明显的威胁时才具有正当性"，也就是说，存在一个针对西方利益、规范和价值的合理风险观念"（肖，2003：71—72）。因此，新的战争要取得选举合法性，前提是他们受到约束、得到美化，而且速战速决地发生在世界某个遥远的地方。

与鲍曼和肖相似，玛丽·卡尔多（2001；2004；2007）将全球化假设为导致新型战争的关键原因。在她的理解中，"20 世纪 80 年代和 90 年

[①] Heng（2006）联系贝克的"世界风险社会"观和近期关于"新型战争"的国际关系文献提出了类似的观点。他主张，新的"高科技"战争主要关心的是对全球化系统性风险的管理。Heng 把全球化视为全球经济和安全发展的核心驱动力，认为近期的"英美"战争，从科索沃到阿巴边境和伊拉克，都以"对风险全球化的感知为驱动力"（2006：70—72）。

代的全球化是一个本质上的全新现象",而且是"信息技术革命以及信息技术飞速发展的结果"。这彻底改变了军事技术,但更重要的是产生了"战争社会关系的革命"(卡尔多,2001:3)。尽管卡尔多认同鲍曼和肖的观点,即新型战争有两个主要形式,但她重点分析的是掠夺型战争,而不是她所称的"美国高科技战争"。这些新型战争的诞生由于国家的自主权,尤其是经济的自主权受到了经济新自由主义全球化力量的侵蚀。国家实力被削弱,收益下降,因此,国家对强制力合法使用的垄断也经历了逐渐的或整体性的侵蚀,导致暴力手段私有化,落入了罪犯军阀手中。这些军阀利用准军事组织成员和国家结构崩溃后的残存部分,将文化差异政治化,挑起针对平民的种族灭绝战争,同时为自身聚敛财富,掌控着权力。作为这种范式的开创者之一,卡尔多针对新型战争阐述了非常鲜明有力的观点,即晚近的暴力冲突在各个方面有别于传统战争——从战略、战术、战斗方式、血腥程度、冲突的混乱性,到军民伤亡比例的极端不对称。她还强调,新的战争是高度分散的,极其依赖廉价的轻型武器和外部资金来源,如侨民汇款和国际人道主义援助,这些往往有助于建立或加强新型全球化战争经济体。然而,她的核心论点是,新型战争与以往的冲突相比,具有不同的原因。如她所述:"新型战争的目标是身份政治(identity politics),而非早期战争所围绕的地缘政治目标或意识形态目标"(卡尔多,2001:6)。这种观点认为,"身份政治"(identity politics)不同于意识形态,因为它的权利诉求基于相互排斥的群体标识,而不是基于统一的理念体系。卡尔多(2001:7)认为,这些标识性论断是寄生性的、碎片化的:"不像思想理念那样,因为面向所有人敞开,所以倾向于综合性政治、身份政治,其本质上是排外的,因此具有分裂倾向。"她和鲍曼一样认为,地缘政治的动机起不到任何作用,因为领土失去了曾经的重要意义。相反,新型战争呈现出驱逐平民的趋势:"其目的是通过驱逐每一个异种身份的个体以实现人口控制"(卡尔,2001:8)。

四 民族国家与全球化之间的战争

新型战争范式的社会学分析提供了一个对于新近暴力冲突更有效且更富有理论连贯性的理解和诠释。这些社会学分析舍弃了狭义的和排他主义的观点，将现代战争从广阔的社会历史背景中提取出来，将这些冲突成功地置于宏观层面的结构性变化中。新型战争不会出现在社会和历史的真空环境之中，但对于广泛的现代性变革是不可或缺的，特别是对于世界范围内的全球化扩张。在这里人们所面对的是尝试在经典的库恩主义意义上进行范式转变：为了理解近期的冲突，仅仅对事实性差异进行精确的描述是不够的。相反，这种范式转移需要对社会现实进行全新的解读。在此背景下，鲍曼、肖和卡尔多对核心问题进行了更透彻的研究，诸如：新型战争的社会根源是什么？战争的核心目标为什么以及如何发生改变？评估新型战争范式的解释力度和弱点何在，主要是看它如何对这些问题进行作答。

然而，尽管这些社会学理论提供了富有启发且简练的回应，但其核心论点的立论根基并不稳固。尽管前文关于战术、战略、人员伤亡、资助或战斗方式进行的批判仍不足以否定新型战争理论的启发性意义，但这种范式仍然无法令人信服。

第一，将晚近战争与经济全球化力量如此紧密关联，是一种把过多权力归咎于市场压力的结构主义经济化约论（structuralist economic reductionism）形式。从历史上看，战争的发起源于各种原因——意识形态、地缘政治、经济、抑或生态，其根源既在于人力，也在于社会结构（霍华德，1976；麦克尼尔，1982；基根，1994；约阿斯，2003）。当代战争的情况也同样取决于历史偶发事件和不同因素的融合，并不是所有直接或间接地参与这些暴力冲突中的团体、组织和个人都受到了经济资源最大化的驱动。同样，世界经济的结构性转型对实力较弱国家产生的影响不同，对有些国家完全没有产生影响。这种经济主义不能解释为什么有些国家，如索马里、波斯尼亚和格鲁吉亚在残酷内战的背景下处于濒临崩溃的边缘，而其他避免了大规模暴力冲突的国家，其经济曾在更大程度上受到全球贸易的侵蚀，比如许多亚洲、非洲和拉美国家。

此外，认为市场自由化的扩张必然意味着缺乏管制和管理混乱的观念是一种普遍的误解。史蒂文·沃格尔（Steven Vogel）（1996）对经济改革模式的重要研究，涉及美国、英国、日本、法国、德国这些国家的电信、金融、广播、交通和公用事业等行业领域，如其所示，更自由的市场实际上推动了行政法规的完善。尽管有人高声疾呼国家自主权的消亡，但大多数情况下，自由化并不意味着国家自主权的丧失。相反，大多数国家将市场的开放与更严格的监管相结合。正如沃格尔（1996：5）所说，"在更激烈的竞争与更强的政府管控之间不存在逻辑矛盾……旨在减少监管的运动只会导致规定的完善；由全球力量推动的运动，加强了国家间的差异；并且使国家倒退的运动是由国家自身来主导的。"这告诉我们，经济力量和市场不是自己运行的。相反，强大的国家释放的经济力量，即使对于欧盟这样紧凑的经济和货币组织，在政治和经济交易的博弈中，占据主导地位的国家做出的评估和考量仍然是推动决策的核心因素（霍尔，2006）。因此，我们的生活处于流动的现代性之中，但这仍是一个合理有序的环境。故而，现代战争产生的环境较之于过往的战争并没有更加混乱。

第二，要在现代战争和不断增长的经济自由化之间建立因果联系，就必须要证明世界贸易的格局和动因产生了巨大的变化，并且这种变化已经影响到了战争的转变。然而这两种说法都是站不住脚的。

有观点认为，经济全球化是一个历史上前所未有的现象，这受到了许多历史社会学家的质疑。例如，赫斯特和汤普森（1999）、曼（1997；2003）以及霍尔（2000；2002）等证明，北美、日本和欧盟GDP现有水平的12%，几乎与第一次世界大战前的水平相同，世界生产总量中超过80%的部分，仍然是在民族国家内部进行的交易（曼，2001）。大多数所谓的跨国公司实际上是国家企业，其所有权、资产、销售收入和利润都存在于民族国家的范围之内。这些公司主要依赖于自身教育体系培养的国内人力资本，现有的国家通信基础设施，以及对经济薄弱行业启动大规模国家保护主义（卡诺伊[Carnoy]，1993；韦德[Wade]，1996）。科技的生产也主要存在于国家层面，同时绝大多数企业仍只在国家股市交易。世界贸易并不是全球性的，而是明显的"三边贸易"，美国、日本和欧洲的生产和消费超过了世界贸易的85%（曼，1997；霍尔，2000）。换言之，与新型战争范式的观点相反，经济全球化并没有削弱民族国家的影响力。相反，最强大的民族国家是世界贸易的中坚力量。正如曼（1997：48）所说的那样："资本主义仍然是在先进民族国家主导之下的地缘经济秩序，民族国家的聚集提供了全球化的阶层秩序。"此外，民族国家仍然全面控制着本国的人口，因为人类的流动性相比于货物、资金和服务要弱得多，尽管国际法的适用范围在扩张，但民族国家仍然保持着自身领土范围内的法律垄断（赫斯特、汤普森，1999）。①

第二个观点则更成问题。没有直接证据表明经济全球化导致了国家内部暴力冲突的升级，因而只能关注间接的关联，即便忽视这一事实，也不难证明这个观点所存在的明显缺陷。实证研究证明了国内战争在减少，所以，倘若说全球化确实带来了影响，也只可能被解释为一个消除暴力的因素，而且更重要的是，暴力私有化同样存在于全球化时代到来之前。卡利瓦斯（2006：333）和纽曼（2004：183—184）正确地指出，一种类似战争封地制（war–lordism）的混乱模式、犯罪和暴力私有化，远在现代时期到来之前便已经出现了，例如，1943—1949年的希腊内战、20世纪60年代初的尼日利亚—比夫拉内战和刚果内战。不仅"战争经济全球化"无法解释更为旷日持久的冲突，例如在车臣共和国、斯里兰卡、巴斯克地区和印度尼西亚的冲突，甚至被视为新型战争缩影的暴力冲突，在许多方面形成于经济自由主义力量存在之前，或是形成于其外部，比如在巴尔干地区、非洲之角和高加索地区。南斯拉夫继承战争和经济全球化几乎没有什么关联，其最初起源不是经济冲突而是政治冲突，部分程度上是由政党精英创制的，他们试图通过分权以避免真正的民主化，另一部分则源于其独特的联邦机构。

鲍曼和卡尔多认为，新型战争已经丧失了地缘政治意义，因为"空间时代"（the era of space）一去不复返了，领土对于新型全球化战争的意义无足轻重，这种观点同样站不住脚。首先，这种说法是基于对早期现代民族国家、晚期现代民族国家和后现代政体之间的过度对比，其中前者被描述为高度团结，权力集中并且官僚气息浓厚，全面掌控着领土、经济和人口，而后者则截然相反。这种观点认为，早期的现代性只与沉迷于领土扩张的经济政治独裁的民族国家有关，而当今时代中全球经济相互依存、彼此融合。然而，正如蒂利（1975）、唐宁（Downing）（1992）、埃特曼（Ertmann）（1997）、曼（1986；1993）以及其他历史社会学家所述，后威斯特伐利亚（post-Westphalian）民族国家出现并形成于两股对立力量的竞争博弈之中：国际贸易与政治军事竞争。现代民族国家并不是彼此孤立的独裁者，而是通过紧缩财政和扩张公民权的方式来应对变

---

① 赫斯特和汤普森（1999：277）认为："民族国家作为法治的源头，为国际法的规制提供了先决条件，同时，民族国家也是包罗万象的公共权力，对于多元化'民族'社会的维系至关重要，这种多元化体现为管理形式的多样性和团体标准的多样性"。

换的地缘政治环境,实现自身成长。商业发展和贸易增长都增强了国家的实力,在这个过程中将其成就为一个动能更为强劲的军事机器。换言之,跨国经济区域谈不上一种全新的产物,也无法割断与民族国家的诞生之间的关联。早期民族国家的行政和领土疆界始终更多地关乎统治者预期的构想,较少涉及现实情况。基础设施和监管力量的提升在大多数方面与当代民族国家有更紧密的关联,因为民族国家直到最近才得以充分管控边境、收缴税款、面对全体公民集思广益并且成功地掌控自己的领土。

此外,军事力量仍然在为经济长期健康发展保驾护航,因为三大经济体——美国、欧盟和日本,在美国的军事霸权的保护下实现了经济的发展和持续繁荣,确保了北方地缘政治的稳定性和安全性。虽然北方的大多数国家已经脱离了曼(1997)所说的"硬地缘政治"(hard geopolitics),过渡到"软地缘政治"(soft geopolitics),但世界其他地区却尚未如此。普遍征兵仍是大多数国家通行的做法,非洲、拉美、东欧和亚洲(包括超级大国俄罗斯)的大多数国家都推行义务兵役制度。[①] 事实上,新型战争范式的支持者将其评价为西方世界的历史过往,可谓言之尚早。几乎所有的国家都保留在面对重要战争情况下恢复征兵制度的权利。从历史上看,有些事情在重演:1870—1914年所谓的长期和平见证了类似"和平主义"理论的主导地位,提出了以经济学取代地缘政治的论断(J. A. 霍布森,1901;安杰尔[Angel],[1909] 2007;列宁,[1916] 1939)。然而,尽管大多数西方国家和西方化国家的军队规模被裁减,国家对合法暴力的垄断却在加强,体现在警察部队、监测设备、各种规模的私营和国有控制安全机构的持续扩张。

在后殖民时代发生变化的不是所谓的空间无意义,而是征服领土的非法性。事实上,当今世界的空间比以往任何时候都更加重要,因为它是经过制度化确定的,几乎每个人都认为国家的边界不能随意变更。正如当美国士兵最初将星条旗放置在萨达姆雕像上时,很快就意识到占领其他主权国家领土的行为是不可能合法的,遂不得不迅速将其替换为伊拉克国旗。这如同一个强大有力的警钟时刻在提醒,内部空间的暴力垄断是通过借助领土主权的理念来定义的,这仍然是国际关系无可争辩的

---

① 尽管在过去的20年中,取消征兵的现象在迅速增加,但全世界仍然只有32个国家没有义务兵役制。

原则。尽管该原则最初被理解为政治家和政治精英的特权，但经年累月的强制官僚化和离心式的意识形态化在过去的两个世纪中将其转变为一种普遍现象。换言之，领土完整的不可侵犯已经根深蒂固地渗透入意识形态和组织架构之中，任何人试图破坏这一规则都会很快被公认为是非法的并受到严厉制裁。倘若说晚期现代性，或是鲍曼所称的流动的现代性，是一个可以超越空间的时代（对此观点深表质疑），这一时代的到来也绝不能简化描述为"地理疆域变为历史事实"的全球主义模型，而只能通过下述唯一途径实现，即领土主权经过制度确认、渐成常规、被视为天经地义，最终转变为一种不可剥夺的、极少有人敢于挑战的权利。在很多情况下，国家领土的神圣性是显而易见的，包括马岛事件中英国迅速奔赴人烟稀少的遥远海岛作战、海湾战争时伊拉克侵犯科威特主权一致引发的公愤、毁灭性的车臣战争，以及一系列悬而未决的争端，包括俄罗斯和日本之间的千岛群岛争端，英国和西班牙的直布罗陀争端，希腊和土耳其针对塞浦路斯和爱琴海的许多杳无人迹的石山产生的争议。任何国家权威，无论是民主的还是专制的，庞大的还是弱小的，发达的还是欠发达的，都永远不会轻易放弃哪怕一小块领土。自中世纪时代开始，发动战争是国王和贵族的唯一特权，直到十九世纪中叶，俄国沙皇亚历山大二世在1867年把阿拉斯加以720万美元（詹森，1975）卖给美国，统治者在分裂、交易和割让国土时不会面对公众的群起抵制。如今，经年累月的强制官僚化和离心式的意识形态化这两个进程的成功推行，让领土议价几乎不再可能。无论是现代民族国家的社会组织还是民族主义的意识形态力量，都已在社会秩序中生根发芽，这会让任何关于领土的让步都要面对公众的羞辱，而这亦直接导致了第二个问题——所谓的现代战争目标的转变。

五 现代战争的目标

新型战争范式的支持者坚称，现代战争与之前战争的区别在于目标和矛头的明确转变。新型暴力冲突不再关涉意识形态，尤其与民族主义无关，而是指向身份（卡尔多）、全球化的经济逻辑（鲍曼），或是对西方利益与规范中的风险认知（肖）。他们将其表述为："国家建设与爱国动员的齐头并进，不再是社会融合和国家自我声明的主要工具"（鲍曼，

2002a：84）；"在全球化的背景下，过往时代的意识形态和/或领土分歧，逐渐取而代之以另一种新出现的分歧……以包容、多元文化价值观为基础的普世主义和排他主义身份政治之间的分歧"（卡尔多，2001：6）；并且它是"一个现代晚期特有的西方式观念"，认为"战争只有在回应显而易见的威胁时才具有正当性"（肖，2005：71—72）。

卡尔多对身份和意识形态进行的严格区分是站不住脚的，因为身份话语几乎始终嵌入在特定意识形态的言论之中。换言之，宣称属于某个特定或普遍的身份，如德国人、印度锡克教徒、女警、毛利人、同性恋者或者是世界主义者，其前提总是基于特定的政治任务，究竟什么意味着典型的德国人、印度锡克教徒、女警、毛利人、同性恋或世界主义者。国际化还是世界性的个人、独特的政治项目特定的或普遍的认同。某人能够成为一个特定群组的成员从来就不止一种方式，集体团结的身份语言本质上是政治性的：在语言上体现为文化真实性，在实践中则体现为政治任务。认为身份不同于意识形态，意识形态信奉系统化的思想观念，身份仅仅是群体标签，同样不成立。巴特（Barthes）（1993）和阿尔都塞（Althusser）（1994）的观点让我们深知，意识形态采纳群体标签的方式能够发挥最佳效果，以此将个人禁锢于某个特定的"身份"。更重要的是，群体标签只有被认为对特定的政治任务不可或缺时，才会引发民众的共鸣。尽管规范的意识形态在世界范围内呈现明显的多样性，离心式的意识形态化过程的运作类似于：意识形态信息通过采用并且不断重申其核心原则，来实现从中心的向后辐射。从此种意义上说，当今将伊拉克公民描述为相互排斥的什叶派、逊尼派和库尔德人，其实是援引群体标签作为具体意识形态任务的一部分，以证明一项特定政治行动的正当性，包括战争，也为了动员民众的支持。民族意识形态、宗教意识形态和民族主义意识形态具有完整的体系化，就像自由主义和保守主义的"旧式"意识形态一样。无论是旨在实现一幅无阶级社会蓝图，还是致力于建立一个种族纯粹的民族国家，这两项政治任务并不存在显著的本体论差异。换言之，不存在没有意识形态的身份，同样，如果没有构建有意义的群体标签，意识形态也不可能成功地获得大众支持。在这方面，新型战争的目标和言语模式并没有显著改变，因为它们都必须依靠民族主义的图景来获取群众的支持。离心式的、大众的意识形态化的历史进程不会因为经济全球化而停止前进的步伐。

卡尔多经济主义观点存在的问题在于，民族主义从未被视为社会行为的原始动力，而是始终作为一个二阶现实，一种被动回应其他主要因素的反作用力，全球化就是假设的其他主要因素之一（卡尔多，2001：76、78—79）。她分析了作为新型战争典型的1992—1995年波黑战争，认为其核心目的不是意识形态或地缘政治，而是基于身份——为了对"其他身份"进行种族清洗。这种观点混淆了手段和目的，因为种族清洗和种族灭绝在极其罕见的情况下会自行结束，其仅仅是执行特定意识形态任务的手段。波斯尼亚的种族清洗肯定不是地方军阀进行的混乱的、各行其是的自发反应，而是如新近研究所示（切基奇［Čekić］，1999；奥伯沙尔［Oberschall］，2000；罗恩［Ron］，2003），其实是一个高度结构化的、精心组织并且周密记载的过程，得到当时中央集权的国家结构支持，从塞尔维亚和克罗地亚的高层军政领袖，到市政执行委员会、市长办公室、当地警方、市政领土防卫组织，再到所谓的危机委员会，作为"人口交换"（population exchange）的主要工具。波斯尼亚的情况如同其他新近战争一样，占据主流的是"旧式的"、地缘政治的、组织性的和意识形态的动机。也就是说，其核心目标在于占领一个特定的区域，以便建立一个更大的塞尔维亚和克罗地亚，实现清晰明确的政治目标。二战后的国际秩序无法再容忍对于领土的征服这一事实，是南斯拉夫冲突从表象上看似乎有些复古的主要原因之一，这场战争被不合理地贴上了原始"标签"，它遮盖了其本来的样貌——有组织地夺取领土，进而实现特定的意识形态任务。在此背景下，正如卡利瓦斯（2001）、纽曼（2004）和贝达尔（Berdal）（2003）所正确指出的，发生变化的不是战争性质本身，而是西方式的战争观念。

同样，鲍曼认为流动的现代性是一个超越空间界限的时代，在这个时代，全球资本主导着民族国家，消费者权益保护击败了民族主义。但实际上，这一观点并不完全妥当。跨国公司的利益有时可能与强国意识形态和地缘政治动机发生重叠，但两者没有因果关联。所谓的"全球化"战争几乎只有美国一个国家的参与，美国和现代历史上任何社会组织或民族国家一样，始终在追求自己的地缘政治和意识形态目标。正如曼（2001b；2003）正确强调的，美国的经济实力无法堪比其军事实力，无法在欧洲和日本的竞争面前呼风唤雨，因为他们在遇到世界资本发展的突发事件与不稳定波动时都是"指手画脚的后座司机"。1991年海湾战争的打响是为了恢复原状，进而有助于西方主导的跨国公司进一步扩大并发挥控制作用，而其他的"全球化"战争的发起和持续都是出于意识形态和地缘政治原因，并非基于全球经济逻辑，比如科索沃战争、阿富汗战争和伊拉克战争即是如此。显然，贫瘠荒凉的阿富汗和渺小偏远的塞尔维亚都不是值得为之开战的理想新市场。在这两种情况下，战争的核心动机源自一份饱受创伤的民族自豪感（因而也是由于民族主义），或是因为超级大国在自己的土地上遭受了攻击（"9·11"），或是因为某些小独裁者敢于抵抗强大西方国家的意志。这两个战争的根源都来自于对意识形态转变的渴望，事实上它们也成功了，实现了用更温和的政治制度替代塔利班强硬的伊斯兰主义者和米洛舍维奇的专制民族主义者。伊拉克战争背后的动机或许更为复杂，因为还牵涉可能使跨国公司受益的经济动机（石油储备的控制），但即便是这种动机，也是特定的社会组织或民族国家为了实现资源（和安全）的地缘政治掌控而提出的要求，而不是为了开拓全球经济新市场。此外，意识形态的动机也令人担忧，由于战争在一定程度上是为了实现某个特定的新保守主义蓝图（包括"重建美国防御体系"和极具影响力的美国新世纪计划的其他动议）（曼，2003：3；P.史密斯，2005：164）。在这三种情况下，战争都依靠强大的民意支持。而在科索沃和阿富汗，民族主义得到了更广泛的国际"人道主义"和"正义事业"言论的补充，进而扩大了战争的国家支持根基，伊拉克战争是国际舞台上的政治不稳定因素，进而强化了美国民族主义并几乎完全依赖于它。简言之，"全球化"战争的目标并没有发生实质性改变，因为特定社会组织的意识形态和地缘政治的动机依然和以前一样重要。

虽然肖在其论述中承认本土组织和地缘政治的重要性，这显然更具说服力，但他也认为新型战争从属于经济和其他全球性力量。在他的风险转移论述中，西方和非西方世界的区别及其相应战争形式之间的区别被过度夸大。尽管技术的成熟对精准定位和空军力量的依赖显然具有历史创新性，但这并不是一个全球性发展，而是象征着特定民族国家的力量——美国的力量。他对近期的"全球监视战争"进行了分析，发现除了时间短、规模小的战争以及非典型的马岛战争，几乎所有的冲突中美国军方即便不是唯一参与者也是主要参与者。换言之，风险转移并不是一种典型的西方现象（尽管它在英国和其他一些欧洲国家产生了一定共鸣），因为它是一种独特的社会组织或民族国家现象美国——现象。从这个意义上讲，美国堪称一个真正的军事帝国，作为唯一在世界上153个国家拥有军事驻军的国家，掌控着技术知识、加油设施、激光制导导弹、航空母舰等，向全世界施加其军事霸权。正如曼（2001b：6）所说的："没有国家会理性地寻求与美国交战，很少有国家能在和美国的战争中独善其身……这是美国霸权，不是北方霸权。它并不是效劳于北方经济帝国主义，而是服务于美国政府所定义的利益。"这在民意支持的背景下至关重要，正如肖指出的，西方式的全球战争不再需要直接的大规模群众动员，更倾向利用媒体导入式的被动动员。然而，这是时代自我中心主义（chronocentrism）的另一种情况，试图基于一段非常短暂的历史时期进行归纳总结。尽管一个像美国这样的巨型超级大国可以依靠专业军队在确保低伤亡率的情况下进行小规模作战，不必太多理会内部争议，然而，潜伏着巨大伤亡可能的大规模战争仍然需要和以往一样进行同等水平的直接动员，越南战争和伊拉克战争就很好地说明了这一点。为了参与一场旷日持久的大型战争冲突，即使是最强大的国家也不得不慎重考虑重启征兵制，如果必要的话，这一考量会优先于一切经济因素、国内政治和文化生活。所谓的"反恐战争"清楚地表明，"经济、政治和文化"如何会轻易成为战争目标的附属品，以及日常民族主义如何迅速转变为面对敌方的战斗呐喊和全力征讨。爱国者法案（Patriot Act）的迅速推动以及国会的一致通过，在"9·11"之后的一段时间内几乎没有面对民众的质疑，这有力地提醒人们，社会组织或民族国家能够迅速地掌控整个社会的走向。因此，引发公众支持的不是对"西方利益和价值观"受到威胁的感知，而主要是各种形式的民族主义意识形态用以确保全民动员，以及支配民族国家行为的整套地缘政治逻辑。于此而言美国也不例外，只是其规模和实力都超过以往任何一个社会组织。

六　新与旧之辨[①]

尽管"新型战争"社会学在解释论上存在瑕疵，但它仍旧开辟了一

[①] 标题的原文是What is old and what is new？这部分作者围绕影响战争的新旧元素进行了分辨，空间哪些是"旧"哪些是"新"？战争技术与形式虽"新"，但战争的成因与目标与全球化到来之前并无本质区别；民族主义并未彻底消亡，只是改头换面，极端侵略性的民族主义让位于温和的日常民族主义，从某种意义上说是"新瓶装旧酒"。针对这部分内容更多是在新旧之间进行一种"辨别"，因此译为"辨"似更切题。——译者注

个重要的研究领域，针对新近战争冲突提出了新问题。最重要的是，这种社会学论述将新型战争论辩放置于更广泛的社会历史背景之中，试图将暴力形式的转变与现代性的变革联系起来进行分析。现代战争爆发的原因和目标与全球化到来之前的战争并无显著不同，对这一点的坚称并不顺理成章地表明一切都没有发生改变。恰恰相反，二战结束后世界的历史格局发生了重大转变，因为民族国家的传统地缘政治目标，如领土扩张、殖民统治和帝国征服，在国家层面尤其是在国际层面丧失了合法性。这种情况尤其体现在20世纪一些主要的规范意识形态之中，比如优生学、科学种族主义、法西斯主义和帝国文明的使命。现代战争萌发于不同的历史环境中，因而其目标和宗旨受到这些宏观层面的结构性力量的塑造，也为其所限制。无论具有何种军事或经济实力，没有国家可以合法地侵犯其他国家的领土，或是将他国公民视为劣等文化或劣等种族。此外，军事变革也经历了一种新发展，像美国这样的超级大国广泛依靠先进的技术，向不配合的政府施压，发动中小规模的即打即跑式战争。然而，这两个新发展都没有整体改变战争的成因和目标。虽然新技术在某种程度上改变了战斗手段，如在短暂的局部战争中依靠空军力量和短程导弹导航实现精准打击以减少伤亡人数，但它并没有改变战争的目标。[1]

同样，新的社会和历史背景限制了行为，尤其是北方民族国家的行为，强迫他们采用温和的地缘政策，比如议价、诱导、偶尔施压，放弃空间征服的强硬地缘政策，但这并没有削弱导致暴力冲突的多重"旧"因。在19世纪和20世纪，战争的起因源于生态、经济、政治，但其中最重要的是意识形态、组织机构或地缘政治的原因。经济全球化的加速或许又增加了一层复杂性，以及对"传统"国家意识形态和地缘政治动机的约束性，但却既不可能消除这些动机，也不能够抹杀民族国家本身。不仅是广泛的经济一体化需要更完备的国家行政监管，而且事实上，倘

---

[1] 然而，即使是卓越的技术在历史背景下产生的影响也是相对的。正如比德尔（2004：23，58—59）所示，整个20世纪军事领域惊人的技术发展几乎没有影响战争的成功，"从1900年到1990年，武器平台的额定速度增长了10倍，然而自拿破仑时代以来军队的平均行进速度几乎维持不变……自1918年以来，无论是直接火力、火炮或是空投武器，其主要杀伤力均未增强，针对有掩体的目标和暴露目标的打击效果相同……今天的军队必须使用的生存法则和1918年时是一样的。"

若没有强大的民族国家提供地缘政治稳定性，全球经济的扩张与并合将会在残暴的准达尔文世界里烟消云散。

不仅如此，现代战争如果想要取得胜利，就必须建立在民众的支持之上，和以前一样，这种支持主要来源于意识形态和民族主义。自从现代性诞生于法国和美国以来，启蒙运动、浪漫主义和民族主义一直是统治合法性的主要黏合剂（盖尔纳，1983；A. D. 史密斯，2003；马莱斯维奇，2006；2007）。民族主义千变万化的强大能力，能够适应多样化的现代政治形态，比如自由民主国家、现代君主制、军人集团和神权国家。如果不能树立"我们光荣的国家"这样精诚团结的形象，那么，没有一个国家权威能够获得群众的广泛支持。尽管与20世纪初相比，民族主义在北方的杀伤力已经弱化，但是，缺乏爱国主义情怀的领袖和政党无法拥有长久的政治生命。两次世界大战的侵略性、军国主义和推行强硬外交的民族主义，已经让位于平庸温和的民族主义，然而，这一事实并不意味着新型战争模式支持者所坚信的民族主义日渐式微。相反，随着现代民族国家基础设施能力的发展，其习惯特征和常规本质确保了民族中心世界观成为持久的规范并且被内化吸收。而成就这种长久规范化的，是大众媒体、教育系统、"高级"文化机构、国家行政系统、大众文化输出、青年组织、公民社会团体，甚至还有互联网网站。所有这些，都使民族主义成为日常生活的强大思想力量，一种面对重大危机时迅速进行全民动员的力量。正如比利希（1995）敏锐地观察到的，平庸不等同于宽容。与此相反，日常民族主义会复制国家结构和体制，其中蕴涵着可以被迅速释放的巨大能量，从而会轻而易举地摇身一变，成为一个长着娃娃脸的杀手。

七　结论

尽管人们普遍认为有组织暴力和人类的历史一样悠久，但从历史视角观察，战争仍是一个相对较新的现象。一旦我们从概念上将个体攻击从战争的社会学过程和集体暴力中剥离出来，就有可能意识到，我们祖先中的绝大多数都没有参与过残酷的战争。智人（Homines sapientes）在99%的历史中，生活在小规模的、平等主义的、从事狩猎和采集的游牧群体中，缺乏社会组织和规范团结性，他们既没有手段，也缺乏兴趣或意愿投入到旷日持久的暴力冲突中去。因此，有组织暴力并不是倒退回原始社会，而是社会发展的直接产物。埃克哈特（1992：3）的综合数据很好地说明了，文明和战争同步出现，以及"在不考虑人口的情况下，晚近文明比早期文明在穷兵黩武方面有过之而无不及"。和伊莱亚斯（[1939] 2000）的论断恰恰相反，文明并没有驯化我们先天的侵略性，反而为暴力的大规模升级创造了制度性条件。因此，无论是生物构成还是文化教养，都没有让人类做好实施暴力行为的准备。唯一让人们参与或支持战争、杀戮和赴死的可靠方法，是利用社会组织和意识形态的动员能力和正当化权力。如果缺乏有组织行为和为其提供合法化依据的学说，便不会有战争。

但是，这并不意味着社会组织或意识形态拥有超人般的力量，会决定我们如何思考或行动。相反，两者都是由成千上万的个体持续的社会行动创设的，因之两者仍然依赖于人的机构。关键在于，这些权力在经年累月中形成的特征严重制约了自身转型的可能：尽管可以努力试图推翻专制的政府，取代现有的政治秩序，或是将现有的社会形态一分为二，但若要解体整个社会组织，如民族国家、军队、大型企业和警察力量，则难如登天。然而，即使有可能这样做——就像当代索马里和刚果民主共和国所证明的那样，也并不符合大多数人的期待，因为丧失了在特定领土内垄断暴力的合法性，只会导致战火不断，目的是重建对暴力的垄断。正如柏拉图寓言中的洞穴，一旦你看过真实的太阳并且理解人类的阴影并不构成真正的生命，就没有回头路可走。任何意在摒弃战争和有组织暴力的尝试，都应考虑这样一个事实，即我们不能重现早期狩猎者和采集者的世界，我们也不能废除现有的组织和意识形态力量。一方面，存在着相似的力量能够为世界上成千上万的个人提供安全保障、经济增长和社会福利；另一方面，强制力采用了类似的方式积聚能量：它可以被限制、控制、隐蔽、删除，从一个地方转移到另一个地方，并且转化为另一种完全不同的形式，但它却永远不会被摧毁。谁试图驱散已经积累而成的强制权力，谁也会依赖于对相同权力的充分利用，从而不可避免地导致更严重的流血事件。雅各宾的恐怖统治和红色高棉政权就很好地说明了，各种运动和社会组织披上了意识形态的铠甲，高声拥护激进的平等主义、绝对正义以及强权解体，自己最终却成了最极致暴力的代言者。

同样，一旦在（历史）运动中，便无法逃离离心式意识形态化。在世俗化却未必世俗的现代社会，日常生活依赖于使用不同甚至往往是语义相互排斥的语篇，读写能力也成为一种常态，对社会政治现实的诠释必然充满意识形态的色彩。此外，由于意识形态的信息持续从不同的来源以不同的方式传播出来，发散向不同的受众，存在于现代性中的一个意识形态杂音不断创造流行的"意识形态的困境"和"常识的矛盾"（比利希等，1988），这种困境和矛盾往往会通过暴力的方式得以消解。然而，人们生活在现代社会主流语义世界之中意味着也具备一定程度的政治素养，每一个社会政治行为都假定处于特定意识形态的包裹之中。换言之，由于社会政治事件与进程不会为自己代言，因此需要用特定的意识形态模型对其进行诠释。正如利用强制官僚化的情形一样，那些鼓吹意识形态中立客观性的人，往往反而将意识形态发挥到了极致。法兰克福学派的社会学家（马库塞［Marcuse］，1964；阿多尔诺［Adorno］、霍克海默尔，1972）很久前就注意到，正是因为科学技术在现代社会拥有毋庸置疑的地位，且在此过程中自我设定为合法权威的主要来源，进而消除了其他论述的合法性。一位母亲仅仅由于"专家证人"的证言被错误地指控杀死亲生婴儿，最终受到公开放逐、监狱囚禁、感情破裂的折磨。此外，巴特（1977；1993）的许多研究证明了意识形态力量正在隐形地扩张：许多事件、意义、过程被视为自然而然、司空见惯，鲜少面对质疑。因此，离心式的意识形态化是一个过程，发挥了净化价值，让某些意义似乎无可指责并显而易见。我们不怀疑自己所见是正常的、自然的，这是所有意识形态话语追求的终极目标，即通过标准化和行为的习惯性而成为隐形之物。

因此，遏制官僚主义和意识形态力量的最现实路径，不是去尝试解散社会组织或抑制意识形态的话语，而是在面对其扩张时始终保持一种平衡的视角，即在不同的组织层次和意识形态运动之间保持平衡。似乎更合理的方式并非削弱官僚主义和意识形态，而是让力量相等或相近的社会组织和意识形态教义彼此竞争，相互制衡，避免单一霸权实体的出现或无政府状态的战争领主主义（war-lordism）。欧盟作为一个典范，表明组织层的叠加有助于避免单一民族国家的主导地位，因为从历史角度看，民族国家是具有战争倾向的社会组织。因此，与其用全球实体替代民族国家或是反对超国家实体的存在，不如采取一种更为合理的路径，也就是在不同层面上激励长期稳定的社会组织逐渐扩张：从本地的、区域的、国家的、洲际的组织，到全球性组织乃至进一步超越。

生活在 21 世纪的欧洲或者北美会给人一种感觉，即今天的有组织暴力和意识形态，较之曾经的时代显得无足轻重。然而，这只是一个错觉。事实上，这种感觉只是一个直接结果，其成因是一个持续数千年的漫长过程，即经年累月的强制官僚化和离心式的意识形态化。北半球享受着稳定、繁荣与和平这一事实与另一种意识的广泛传播没有关系，即认为战争与暴力是不符合现代性的野蛮行为；由于历史进程很少仅仅通过普通大众的感知而改变，这一结果也不例外。如果不是因为经年累月的强制官僚化和离心式的意识形态化，我们就不会处于当下的时代。幻想我们生活在一个相对不野蛮的、较少意识形态羁绊的世界，这种幻想源于对社会现实的时代自我中心主义（chronocentric）感知，却忽视了另一个事实：这种和平状态是具有历史特殊性的短期样态。这种样态基于特定的地缘政治现实，也就是暴力的组织性垄断与二战战胜国的温和意识形态霸权（加之政治和经济主导地位）相结合，带来了北半球的和平。在世界其他地方——那些意识形态和组织性斗争仍然显而易见的地方不会有这种虚幻的感知。

因此，当主流社会学家将研究聚焦于性别、分层、民族主义和团结时却只字不提组织强制或战争，这种分析路径不仅过于简单化、缺乏完整性，也有可能对社会现实做出不准确的解释。正如本书反复强调的，无论是组织强制还是社会强制，在没有审慎考察两者互动关系时都无法得到充分的阐释。如同战争和暴力是最为重要的社会学现象，不借助社会学工具便无法得到充分的表述，对于人类的主观性来说也是如此，对其充分解读的前提是深入研究它的一个关键历史构成——有组织暴力。虽然两者之间的联系若隐若现，但我们作为社会学家的任务，就是发现其中的关联并阐明其重要性。某些并不明显的事实甚至与我们的分析更为相关，因为社会学的研究对象主要是一些非显性现象。正如柯林斯（1992：188）所言："杰出的社会学（研究）就像一个隐藏的宝箱。大多数人不了解社会学实际超越了某些显而易见的东西……非显性的社会学洞悉到宝箱中的某些内容，引领我们看到在背后推动我们的深层次条件，赋予我们掌控航程的能力，而不是一味地随波逐流。"正是这种非显性特征，使强制官僚化和离心式的意识形态化如空气一般，无声无形，却又无处不在。

人名译名索引

A

Adams 亚当斯
Addis 阿迪斯
Adorno 阿多尔诺
Adshead 阿兹黑德
Aho 阿霍
Alexander Rustow 亚历山大·罗斯托
Anderson 安德森
Angle 安格尔
Anthony Giddens 安东尼·吉登斯
Antonucci 安东努奇
Ajangiz 阿汉西斯
Atkinson 阿特金森
Althusser 阿尔都塞
Alpern 阿尔珀恩
Alperovitz 阿尔佩洛维茨
Andren 安德瑞恩
Angel 安杰尔
Angold 安古尔德
Ardant du Picq 阿尔当·杜皮克
Ashworth 阿什沃斯
Ayton 埃顿
Ayubi 阿尤比

B

Bales 贝尔斯

Balikci 巴里奇

Banton 班顿

Baron 巴伦

Barthes 巴特

Beeler 比勒

Bell 贝尔

Bentley 本特利

Berdal 贝达尔

Berkun 博克顿

Bernard 伯纳德

Bernhard Giesen 伯哈德·吉森

Biddle 比德尔

Black 布莱克

Blanchard 布兰查德

Boudon 布东

Boehm 贝姆

Bollas 博拉斯

Booth 布思

Boothby 布思比

Bourne 伯恩

Bourke 伯尔克

Bowlby 鲍尔比

Braverman 布雷弗曼

Breuilly 布鲁伊

Browning 布朗宁

Brubaker 布鲁巴克

Burk 伯克

C

Carl Schmitt 卡尔·施米特

Campbell 坎贝尔

Caputo 卡普托

Carnoy 卡诺伊

Cashdan 卡什丹

Cayton 凯顿

Čekić 切基奇

Centeno 森特诺

Cerf 瑟夫

Charles Tily 查尔斯·蒂利

Childe (s) 蔡尔德

Chomsky 乔姆斯基

Clodfelter 克劳菲尔德

Cockburn 科伯恩

Coie 奎尔

Cole 科尔

Collier 科利尔

Collins 柯林斯

Cordesman 考兹曼

Costello 科斯特洛

Coughlan 考弗兰

Coupland 库普兰

Crozier 科洛齐尔

Curtin 科廷

D

Dahn 达恩

Dahrendorf 达伦多夫

Dandeker 丹戴克

Daniel Bar-Tal 丹尼尔·巴特尔

Daniel Lerner 丹尼尔·勒那

Dart 达特

Davies 戴维斯

Davis 戴维斯

Dawkins 道金斯

Deborah Samson 黛博拉·萨姆森

Desmond Morris 德斯蒙德·莫里斯

De Waal 德瓦尔

Dickens 狄更斯

DiMaggio 迪马乔

Dmytryshyn 德米特里新

Dodge 道奇

Dollard 多拉德

Downing 唐宁

Drake 德拉克

Duncker 东克尔

Droysen 乔伊森

Duffield 达菲尔德

Dunn 杜恩

Dupuy 迪普伊

Durham 德拉姆

Durkheim 涂尔干

Dyer 戴尔

E

Eager 伊格

Eagly 伊格雷

Eckhardt 埃克哈特

Edensor 恩瑟

Edgerton 埃杰顿

Edwards 爱德华兹

Ehrenreich 埃伦赖希

Eibl – Eibesfeldt 艾布尔 – 艾贝斯菲尔特

Elias 伊莱亚斯

Eller 埃勒

Elster 埃尔斯特

Eltis 艾尔迪斯

Enloe 恩洛

Ernest Gellner 欧内斯特·盖尔纳

Ertmann 埃特曼

F

Fearon 费伦

Featherman 费泽曼

Festinger 费斯廷格

Fletcher 弗莱彻

Floud 弗卢

Forrest 弗里斯特

Foucault 福柯

Fowles 福尔斯

Fox 福克斯

Frank 弗兰克

Frances Day 弗朗西斯·岱

Franziska Scanagatta 弗兰齐斯卡·斯卡纳加塔

Franz Oppenheimer 弗朗茨·奥本海姆

French 弗伦奇

Fry 弗赖伊

G

Gafar 加法尔

Galanter 加兰特

Galtung 加尔通

Gambetta 甘贝塔

Gardner 加德纳

Garrett 加勒特

Gat 盖特

Gellner 盖尔纳

Genghis Khan 成吉思汗

Genovese 热诺维斯

Georg Simmel 格奥尔格·西梅尔

George Mosse 乔治·莫斯

Georges Bataille 乔治·巴塔伊
Georges Sorel 乔治·索雷尔
Gianfranco Poggi 贾恩弗朗哥·波齐
Gilligan 吉利根
Gleditsch 格莱迪奇
Glickman 格利克曼
Glick Schiller 格里克·席勒
Glodfelter 戈德弗雷德
Gochman 戈奇曼
Goebbels 戈培尔
Goldsmith 戈德史密斯
Goldstein 高德斯坦
Goldstone 戈德斯通
Goldthorpe 哥德索普
Gottam 科塔姆
Goodall 古多尔
Gorsky 戈尔斯基
Gouldner 古德纳
Graves 格拉夫
Gray 格雷
Griesse 格里斯
Griffith 格里菲斯
Crompton 克洛姆普顿
Grossman 格罗斯曼
Grusky 戈鲁斯基
Guilaine 吉莱恩
Gumplowicz 贡普洛维奇
Gurney 格尼

H

Hafez 哈菲兹
Hall 霍尔
Halperin 霍尔珀林

Hampson 汉普森

Hanley 汉利

Hannah Arendt 汉娜·阿伦特

Hans Joas 汉斯·约阿斯

Hanson 汉森

Haraway 哈拉维

Harbom 哈尔布姆

Harding 哈丁

Hartup 哈塔普

Hauser 豪泽

Hayden 海登

Hebert 赫伯特

Hechter 赫克托

Heinrich von Treitscheke 海因里希·冯·特赖奇克

Hellie 赫利

Henderson 亨德森

Heuer 霍伊尔

Hicks 希克斯

Hirst 赫斯特

Hitler 希特勒

Hobsbawm 霍布斯邦

Hobson 霍布森

Holmes 霍姆斯

Holsti 霍尔斯蒂

Hopkins 霍普金斯

Horkheimer 霍克海默尔

Howard 霍华德

Huntington 亨廷顿

Hutschinson 哈钦森

Hyde 海德

I

Immanuel Kant 伊曼努尔·康德

Inalcik 伊那志克

Ingle 英格尔

Insoll 伊恩索尔

J

Jacques Ellul 雅克·埃吕尔

Jancar 詹卡

Janowitz 加诺维茨

Jeffrey Alexander 杰弗里·亚历山大

Jensen 詹森

Jervis 杰维斯

Joas 约阿斯

Jones 琼斯

Jorgensen 乔根森

Jowett 乔伊特

Julius Caesar 尤里乌斯·凯撒

Jung 容

K

Kalyvas 卡利瓦斯

Kant 康德

Kaplan 卡普兰

Karve 卡夫

Kassel 卡塞尔

Kelly 凯利

Keegan 基根

Keeley 基利

Keen 基恩

Kimura 吉姆拉

Kleiber 克莱伯

Knightley 奈特利

Knudsen 克努森

Kohn 科恩

Komlos 孔洛斯

Konner 康纳

Kuhn 库恩

L

Lacina 拉西纳

Laitin 莱汀

Lamont 拉蒙特

Lash 拉什

Lee 李

Lenin 列宁

Lensid 莱恩希德

Lenski 伦斯基

Lentner 伦特纳

Lerner 勒那

Lester Ward 莱斯特·沃德

Letiche 里奇

Lever 利弗

Levy 利维

Lewis 刘易斯

Linn 林

Lockwood 洛克伍德

Lorenz 洛伦兹

Low 洛

Lowell Carr 洛厄尔·卡尔

Lukacs 卢卡奇

Luther 路德

Lynn 林恩

Lyon 莱昂

M

Maccoby 迈克比

Machiavelli 马基雅维里

Mack 麦克

Mackenzie 麦肯齐

Maddison 麦迪逊

Mandel（1）曼德尔

Mango 曼高

Mannheim 曼海姆

Maoz 茅兹

Marat 马拉

Marcuse 马库塞

Marlin 马林

Air Chief Marshal Arthur Harris 空军上将亚瑟·哈里斯

Marsland 马斯兰

Martins 马丁斯

Martin Shaw 马丁·肖

Marvin 马文

Marwick 马威克

Mary Kaldor 玛丽·卡尔多

Mazur 马楚尔

McCarthy 麦卡锡

McLuhan 麦克卢汉

McNeill 麦克尼尔

Melander 梅兰德

Mellaart 米拉尔特

Merleau–Ponty 梅洛·庞蒂

Michael Billig 迈克尔·比利希

Michael Freeden 迈克尔·弗里登

Michael Mann 迈克尔·曼

Milanovic 米拉诺维奇

Miles 迈尔斯

Min 米恩

Monaghan 莫纳汉

Monter 蒙特尔

Moore 摩尔

Morris 莫里斯

Moscovici 莫斯科维奇

Mosse 摩斯

Muhammad Fathi Farhat 穆罕默德·法希·法哈特

Munkler 蒙克勒

N

Nairn 奈恩

Natalie Angier 纳塔利·安吉尔

Neil Smelser 尼尔·斯梅尔瑟

Neville 内维尔

Newman 纽曼

Norman 诺曼

O

Oberschall 奥伯沙尔

O'Donnell 奥唐奈

Oman 欧曼

O'Shaughnessy 欧莎纳西

Otto Hintze 奥托·欣策

Otterbein 奥特拜因

Overy 奥弗里

P

Pape 佩普

Parker 帕克

Parkin 帕金

Pareto 帕累托

Parsons 帕森斯

Passerson 帕斯森

Peel 皮尔

Perry 佩里

Peters 比德斯

Peterson 彼得森

Pierre Bourdieu 皮埃尔·布尔迪厄

Pomeranz 彭慕兰

Ponsonby 庞森比

Porch 鲍尔齐

Poulanzas 波朗查斯

Posen 波森

Price 普莱斯

R

Ratzenhofer 拉岑霍费尔

Rene Girard 雷内·吉拉尔

Resnik 雷斯尼克

Rex 雷克斯

Richardson 理查森

Ridley 雷德利

Ron 罗恩

Ruane 鲁安

Ruddick 鲁迪克

Ruge 鲁格

Russell 拉塞尔

S

Sahlins 萨林斯

Sakwa 萨科瓦

Salter 索尔特

Sanday 桑迪

Sarah Emma Edmonds 莎拉·艾玛·埃德蒙兹

Sassen 萨森

Siniša Malešević 锡尼萨·马莱斯维奇

Scholtz 舒尔茨

Scruton 斯克鲁顿

Sedan 色当

Segal 西格尔

Semmel 泽梅尔

Serge Moscovici 塞尔日·莫斯科维奇

Service 瑟维斯

Shalit 沙利特

Shils 希尔斯

Sidebottom 赛德巴图姆

Siegen 锡根

Sirfry 西弗里

Sklair 斯克莱尔

Smith 史密斯

Snow 斯诺

Sollenberg 佐伦贝格

Sorokin 索罗金

Spengler 斯宾格勒

Stanislav Andreski 斯坦尼斯拉夫·安德烈斯基

Stepper 史泰普

Stermer 施坦默

Steven Vogel 史蒂文·沃格尔

Stiehm 施蒂姆

Stites 斯蒂茨

Stone 斯通

Stouffer 斯托弗

T

Taagepera 塔格佩拉

Tamerlane 帖木儿

Taylor 泰勒

T. E. Lawrence T. E. 劳伦斯

Textor 特克斯特

Thomas 托马斯

Thompson 汤普森

Tiger 泰格

Tilly 蒂利

Tinbergen 廷伯根

Totman 托特曼

Toynbee 汤因比

Townshend 汤森德

Turner 特纳

Tyerman 泰尔曼

U

Ulrich Beck 乌尔里希·贝克

Urry 尤里

Usman dan Fodio 奥斯曼·丹·福迪奥

V

Van Creveld 范·克雷韦德

Van Den Berghe 范登伯格

Van Den Dennen 范德登南

Van Hooff 范霍夫

Vashee 佛希

W

Wade 韦德

Wallensteen 瓦伦斯腾

Wallerstein 瓦伦斯坦

Walzer 沃尔策

Webster 韦伯斯特

Wegener 韦格纳

Weingast 温格斯特

Weintraub 温特劳布

Welchman 韦尔什曼

Werner Sombart 维纳尔·桑巴特

Wheeler 维勒

Whiting 怀廷

Whyte 怀特

Wilson 威尔逊

William Eckhardt 威廉·埃克哈特

William Sterling Parsons 威廉·斯特林·帕森斯

Wimmer 温默尔

Winter 温特

Winterhalder 温特哈尔德
Wintrobe 温特罗布
Wittfogel 威特福格尔
Wright 赖特

Y

Yuval-Davis 尤瓦尔·戴维斯

Z

Zammit 扎米特
Zygmunt Bauman 齐格蒙特·鲍曼